21 世纪全国高等院校旅游专业现代应用型系列教材

总主编　叶骁军

旅 游 美 学

第二版

主　　编　于德珍

编　者　和　洁　张文敏

罗艳菊　钱益春

付美云　陈建军

南开大学出版社

天　津

图书在版编目(CIP)数据

旅游美学 / 于德珍主编.—2 版.—天津：南开大学
出版社,2012.8(2022.7 重印)
21 世纪全国高等院校旅游专业现代应用型系列教材
ISBN 978-7-310-03971-5

Ⅰ.①旅…　Ⅱ.①于…　Ⅲ.①旅游－美学－高等
学校－教材　Ⅳ.①F590

中国版本图书馆 CIP 数据核字(2012)第 170089 号

旅游美学(第二版)
LÜYOU MEIXUE (DI-ER BAN)

南开大学出版社出版发行

出版人:陈　敬

地址:天津市南开区卫津路 94 号　　邮政编码:300071
营销部电话:(022)23508339　营销部传真:(022)23508542
https://nkup.nankai.edu.cn

天津泰宇印务有限公司印刷　全国各地新华书店经销
2012 年 8 月第 2 版　　2022 年 7 月第 13 次印刷
230×170 毫米　16 开本　17.25 印张　314 千字
定价:50.00 元

如遇图书印装质量问题,请与本社营销部联系调换,电话:(022)23508339

21 世纪全国高等院校
旅游专业现代应用型系列教材
编撰指导委员会

（按姓氏笔画排列）

卜复鸣	王安国	王 冰	王仲君	王建平	王雅红
叶骁军	邓 辉	任 平	任昕竺	何若全	华国梁
朱 耀	朱俊彪	沈文娟	沈鸿秋	刘庆友	李亚非
李京霖	陆 峰	沙 润	杨新海	周武忠	肖 飞
俞晓红	喻学才	顾 钢	黄震方	蒋亚奇	鲁 斌
臧其林	魏向东				

21 世纪全国高等院校
旅游专业现代应用型系列教材
编写组

叶骁军	王建平	陈来生	马洪元	于德珍	邢夫敏
柯 英	李 晓	黎宏宝	谢 佳	李雪东	陈建军
吴 捷	吴新宇	曹灿明	邵 兰	王雅红	许云华
蔡军伟					

总 前 言

旅游,最时尚的活动。

旅游,最让人钟情的积极休闲方式。

当旅游成为一种产业,而且是世界最大的产业的时候,关于她的研究,关于她的人才培养——专业教育,便纷至沓来……

中国的旅游业离不开世界的土壤,中国的旅游教育是世界旅游教育的有机组成部分。中国最初的旅游教材主要是在借鉴国外教材的基础上编撰的。最初的教材,她们,是中国旅游教材的弹词开篇;她们,是中国旅游教育的奠基石;她们,是国产旅游教材的阶梯……

其后,旅游教材如雨后春笋,茁壮成长。

旅游科学是理论与实际密切结合的科学。中国高等教育已进入大众化时代,它要求每一个大学毕业生必须既具有高度的理论基础,也必须具备实际的工作能力。旅游教材应跟上现代社会的发展,告别一支粉笔一本书的时代,告别仅给教师一本书让教师自己制作 PPT 的时代,告别学生纸上写作业的时代,进入电脑网络教学的时代,进入通过现代教学手段实现理论与实践教学密切结合的时代。

我们这套教材是为适应高等教育大众化时代,要求本科教育培养现代化应用性新型人才的大趋势而产生的。她是由国内多所高等院校旅游类专业的资深教师联合编撰的最新旅游类专业新概念系列教材。

本教材适合旅游类专业(包括旅游管理、饭店管理、导游、餐饮与烹饪等专业)本科生使用,同时也适合于广大的旅游爱好者及相关培训使用。

教材具有以下特点：

1. 系统性。全套教材每本约 30 万字，包括旅游理论、旅游资源、旅行社管理、酒店管理、财会管理等模块。

2. 时效性。它采用了 21 世纪最新的体系、理论、观点、数据、资料和案例。

3. 统一性。全套教材体例统一，教学要素完整，章节层次脉络清楚。各章节有内容提要和练习。其他教学要素如教学大纲、重要概念、图片、表格、阅读材料、资料卡片等刻制在光盘中。

4. 实践性。重视实践活动，有书面及电子实训和练习。可用电脑和网络进行作业和实训。

5. 方便性。为了方便教师课堂教学和学生课后学习的需要，本书配有与教材相配套的网页式辅教光盘。光盘采用 Frontpage 软件制作，版面活泼，色彩丰富，使用方便。内容包括课程教学大纲、全书各级目录、主要内容、重要概念、图片和表格、练习和思考，以及超级链接：扩展知识面的阅读材料、资料卡片等，生动、形象、直观，可与纸质教材相互配合使用。大幅度减轻教师负担，特别是基本免除教师板书之劳。

作者

2008.04

内容提要

　　旅游美学是以旅游审美活动为其特定研究对象的一门学科。旅游美学源自美学，是美学的分支。旅游美学是以旅游审美对象（即旅游者的观赏对象）、旅游审美主体（即旅游者）为其研究对象，分析旅游活动中的各种审美关系，特别是人与人之间的关系，从中总结其规律性的一门学科。

　　旅游美学有别于传统的美学。它多以实践为出发点，注重美与现实直观性的联系，强调美与社会生活的结合。旅游美学不同于其他分支，既有很强的实用性和针对性，又有自己独特的系统，属于应用美学的范畴。

　　本书集合了多位旅游美学教师多年的教学经验和知识积累，在内容的编排上，在介绍旅游美学理论知识的同时，注重审美意识的培养。针对旅游美学涉及的相关美学基础知识较庞杂的特征，对与旅游美学相关联的美学基础知识作了简要介绍，增加了阅读材料以拓宽学生的鉴赏能力。

　　本书共分九章，第一、二、三章分别介绍了美学的基本知识，以建立起较为系统的美学知识体系，论述了美感受的内容随社会的发展逐步丰富和深化，以及怎样把握观赏的位置、角度、距离、时间去进行旅游审美。第四、五、六章分别阐述了自然景观、人文景观、民俗旅游景观的审美，即研究旅游审美对象的审美特征和审美属性，并从理论上揭示了这些审美对象之所以美的内在奥秘。第七、八、九章分析了旅游者在旅游审美活动中的心理、审美体验和旅游工作者的审美要求,分别从感觉、知觉、情感、想象、理解的角度进行了详细的分析和研究;从旅游审美的需要、需求与动机、旅游审美心理意识与个性、旅游审美感受的层次着重探讨旅游者的审美心理。旅游活动中存在很多审美关系,特别是旅游者与旅游从业人员的审美关系,本书从旅游工作者美的形象、美的服务、美学修养几个方面论述了如何协调旅游工作者与旅游者之间的审美关系。

目　　录

第一章　美学与旅游美学

本章提要

　　本章以较大的篇幅介绍了美学的基本知识,如美的本质、美的特征、美的形态、美的欣赏,以增加在美的认识上的基本概念,帮助大家建立起较为系统的美学知识体系。在"旅游美学的研究范畴"一节中界定了旅游美学的概念,简述了旅游美学的研究范围,还简单分析了现代旅游审美的基本特征。最后介绍了"移情说"、"内摹仿说"及"审美距离说",这些理论对确立旅游观赏方法及分析旅游观赏的心理特征起着重要的指导作用。

第一节　美学的概述

一、既古老又年轻的美学

　　美学作为研究美、审美和艺术的科学,既古老又年轻。人类的审美意识和美学思想是很古老的,美学作为一门学科却又十分年轻。从人类发展的历史来看,人们发现美、欣赏美以及在实践中从不自觉到自觉地创造美,由来已久。据考古学证明:人类大约产生于四五百万年以前。开始创造原始的艺术品,大致在距今数万年前的旧石器时代。至少在三万年前,人类开始以粗略的轮廓和抽象的符号表示动物、人体的图画和雕刻,后来图画变得比较清晰、细致。人们在改造自然,在与自然间建立一种审美关系时,美和美的感受就同时诞生了。这时的自然界对人类而言不仅是与人的生物本能活动、物质实践活动相联系的具有实际功利性的对象,而且也具有了超功利性的供人们作为精神享受的观赏价值。

人类从对具体事物的欣赏,到凝聚为一种较为抽象的美的观念,要经历一个漫长的发展过程。当人们对一些审美经验进行某种程度的思考并借助于文字表达时,说明审美意识开始了萌芽状态的理论形式。人们进一步对美的事物之所以美在观念上进行概括和辨析,标志着人类对美进行理论研究的开始。东西方美学思想的历史则可追溯到遥远的古代,经历了两千多年的漫长岁月。

中国早在两三千年前的奴隶制社会的西周,当时的人们对于一系列与美相关的问题,就已试图从理念上进行把握。春秋时期更是出现了以孔子、庄子为代表的大思想家,广泛涉及人类审美活动的许多方面。魏晋时期还一度对美与艺术进行了独立的探讨。后来又在浩瀚的哲学、文学、艺术学、地理学著作中留下丰富的美学思想。而古希腊是西方美学的发源地,美学上的一些根本性问题,例如美是什么,真、善、美的关系,审美快感的性质,艺术和美的关系以及艺术的创作规律等问题都已明确提出,并作了相应的研究,为后来的美学理论奠定了基础。在漫长的中世纪的黑暗时代,近千年时间内西方的美学理论研究进展甚微。直到14至16世纪的文艺复兴时期,西方的美学史才完成了从古代到近代的过渡。这一时期的美学理论主要探索艺术形式美的规律和艺术怎样真实地再现生活。

美学作为一门独立学科的建立,以1750年德国美学家鲍姆嘉通(1714年—1762年)出版的专著《美学》第一卷中创立了"美学"这门学科的称号作为标志。鲍姆嘉通认为:人的心理活动包括知、情、意三个方面,应该相应地在三门学科中来加以研究,研究"知"的是逻辑学,研究"意"的是伦理学,研究"情"的是美学;并明确提出了"美学是感性认识的科学"。从此"美学"逐渐得到学术界的公认,后经康德、席勒、黑格尔、车尔尼雪夫斯基等人的努力,美学学科得以确立。美学是研究现实美的规律及其表现和人们对美的欣赏与创造的科学。

二、美的本质

(一)美学史上对美的本质的探讨

美也许是人们谈论得最多,但又表达不清的东西。几千年来,不少的哲学家、美学家为了揭开美的奥秘,进行过艰苦的探索。"美是什么"是一个历史久远的难题。柏拉图(公元前427年—公元前347年)提出了"美的理念"论,亚里士多德(公元前384年—公元前322年)提出了"美的整一"说,车尔尼雪夫斯基

(1828 年—1889 年)提出了"美在生活"。在我国先秦时代,孔子(公元前 551 年—公元前 479 年)提出了"尽善尽美"说,孟子(公元前 390 年—公元前 305 年)提出了"充实之谓美"说,庄子(公元前 369 年—公元前 286 年)提出了"道至美至乐"说。

古希腊的哲学家柏拉图最早提出和探讨了"美是什么"的问题。他在《大希庇阿斯篇》(西方最早的一篇系统论述美的著作,用对话的形式写成)中,借当时著名的大学问家苏格拉底与诡辩派学者希庇阿斯之口提出了"美是什么"。柏拉图对许多有关美的看法作了一番比较后,十分感慨地写道:"我得到一个益处,那就是更清楚地了解一句谚语:'美是难的'。"柏拉图得到了这样一个不是结论的结论。

关于"什么是美",实际情形也是如此。人们一般可以从感性上把握和领悟美的事物,也可以从理性上说明该事物之所以美的原因。例如,盛开的鲜花、传唱的歌曲等,可以说它们很美,还能具体地说出它们美在哪里。譬如艳丽的色彩、动人的旋律……总之,美能够使我们感到精神愉悦。但当进一步追问能引起我们美感的根源究竟是什么时,就会发觉对这个熟知的东西事实上并不真正了解。

德国哲学家黑格尔(1770 年—1831 年)说:"乍看起来,美好像是一个简单的概念。但不久我们就会发现,美可以有很多方面。这个人抓住的是一个方面,那个人抓住的是另一方面,纵然都是从一个观点去看,究竟哪一方面是主要的,也还是一个引起争论的问题。"古今中外的美学家尽管对美的本质下了难以计数的定义,但依然是众说纷纭、莫衷一是,在研究和争论中形成很多流派。

历史上许多博学的哲学家、美学家们写下的讨论美学的著作浩如烟海,而每一部新的美学著作都产生了一种自己的说法。总结起来,美学家们对美的本质的探索大致分为三类:一类认为美是纯客观的,人们的审美快感不过是客观存在的美的直接、被动的反映,被称为"客观美论";一种把美作为人的主观感受,认为美是由审美意识所创造的,被称为"主观美论";第三类力图从主体、客体的关系上来解释美,认为美是客观对象和主观意识相统一的产物,被称为"主客观关系美论"。

"客观美论"认为美在物体本身、自然和社会本身。要从物体本身的属性方面去寻求美的本质。客观存在是美感的唯一来源。古希腊哲学家亚里士多德说:"一个有生命的东西或是由各部分组成的整体,如果要显得美,就不仅要在各部分的安排上见出秩序,而且还要有一定的体积大小,因为美就在于体积和大小秩序。"凡是大小得体,比例适当,能体现出"秩序、匀称、明确"的形式就是美的。古希腊的毕拉斯学派认为:美根源于一定事物自身的数量关系,数是万物的基础。因此美是由节奏、比例、对称、秩序等形式因素所构成的和谐。

"主观美论"认为美不在物,而在心,在精神。要从人的精神世界和心理功能上去寻求美的根源。他们认为对象本身并无所谓美与不美的问题。英国唯心主义哲学家休谟(1711 年—1776 年)强调感性经验是一切知识的来源。在美的本质上,把美与美感混为一谈,认为美不在对象,而在人的情感愉快。他说:"诗的美,恰当地说,并不在这部诗里,而在读者的情感和审美趣味。"近代意大利主观唯心主义美学家克罗齐(1866 年—1952 年)认为美就是非理性的直觉。他说:"只有对于用艺术家的眼光去观察自然的人,自然才显得美。"主观美论在近代西方广泛传播,是近代美学的主要趋势,并成为西方美学思想的主导思潮。我们常说的"情人眼里出西施"就是带着个人感情色彩去欣赏,对客体作出的符合自身审美情趣的主观评价。"主观美论"否定了美是一切美的对象既有的本质属性,显然违背了人们的审美常识。

"主客观关系美论"认为美既不在物也不在心,而在心与物之间,即主客观的统一;并不否认甚至明确肯定美不能离开作为其物质载体的对象及其形式,但却认为这个对象之所以美的决定因素和根源是人的心灵,是人的感情、想象"移入"对象或对象结构形式表现了人的情感、生命的结果。如德国的立普斯(1851年—1914 年)主张"移情说",认为美是主观情感"移情"、"外射"到物质对象上的结果。这种理论作为审美过程的心理描述,确有见地,在相当范围内合乎审美心理的事实。

"美是什么"这个问题,自从提出来后,两千多年来各位哲学家、美学家作了多种多样的回答,其中不乏真知灼见,但总的来说颇像是"不解之谜",以至于现代西方的不少人对能否认识美的本质持怀疑的态度。这种局面两千多年前的柏拉图似乎早就意识到了,美只好意会,不可言传,正如他所说的"美是难的"。但美的事物和现象存在于社会生活、自然界及艺术之中,对于美,人们极容易感受到。正如法国哲学家狄德罗(1713 年—1784 年)所说:"只要那儿有美,就会有人强烈地感觉到它。"

(二)美是一种价值

我们在美学中使用的"美"的概念有多种含义,因为"美"这个词本身的多义性,造成了许多困扰,所以我们要弄清其含义。李泽厚曾经作过总结:"在美学范围内,'美'这个词也有好几种或几层含义。第一层(种)含义是审美对象;第二层(种)含义是审美性质(素质);第三层(种)含义则是美的本质、美的根源。所以要注意'美'这个词是在哪层(种)含义上使用的。你所谓的'美'到底是指对象的审美性质,还是指一个具体的审美对象,还是指美的本质和根源?从而,'美是什么'如果是问什么是美的事物、美的对象,那么,这基本是审美对象的问题。如果是问哪些客观性质、因素、条件构成了对象、事物的美,这是审美性质问题。但如果要问这些审美性质是为何来的,美从根源上是如何产生的,亦即美从根本上是如何可能的,这就是美的本质问题了。"①而且人们在日常生活中使用"美"这个词,也有美学含义上的使用和非美学含义上的使用之分。当人们看到天边绚丽的彩霞时,会由衷地赞叹道:"真美呀!"在这里所用的"美",是一种肯定性的审美观点评价,是在美学的含义上使用。当人们在吃到适口的食物时,会情不自禁地发出"美味"、"美极了"的赞叹。这里所用的"美"是非美学含义上的使用,表达"好",即"好吃"的意思。

从以上的说明中,我们可以看出:日常用语中的"美"无论是美学含义上的使用,还是非美学含义上的使用,都是一种评价用语。它内在地表达了主客体之间的一种价值关系。当旅游者外出旅游时说"这儿的风景真美!"时,就表明旅游者对眼前的风景持一种肯定的态度,秀丽的风景引起他身心的愉悦。这种愉悦来自其审美需求的满足,它只会在人与审美对象发生某种关系或联系时才能出现。这也表明审美活动的实质是一种价值活动,因此,美是在这种活动中产生或形成的一种价值。

三、美的特征

(一)美的形象性

美的事物和现象的第一个特征,就是它的形象。凡是美好的事物,都是直观的、具体的,能被人们的感官感知,都具有形象。成为人们观赏对象的自然事物,无论是高山大川、行云流水,还是花草树木、飞禽走兽,都是直接的物质存在,分别以各自的物理形态呈现在人们的面前,具有一定的形态和模样,为人们所感知。

人们谈及春天的美,会提到桃红柳绿。桃花在初春时节花蕾绽放,其优美的花姿、绚丽的色彩具有一种浓艳华丽之美;而柳树柔嫩的枝条,随风婆娑起舞的形态传递着春的信息。春天的美,是通过桃花、柳丝的形象表现出来的。

艺术美就更富于形象性了。艺术对现实的反映,绝非简单地抽象概括,而是寓抽象于具象之中,凭借色彩、线条、形体、声音、语言等物质材料来造型,从而为人们提供可以具体感受的对象。苏州的园林是美的,造园时灵活运用形体、色彩、声音及其相关法则,调用多种多样的造园手法与技巧,采用概括、提炼的方式,将自然山水进行"移天缩地"式的典型处理,造出峰峦洞谷、流水小溪。在其上配置花草树木,再将亭台楼榭融合在人工创造的山林景色之中,巧妙地安排园

---

① 李泽厚.美学四讲.上海:三联书店,1989:60~61

林空间,来营造园林的意境。园林的景色使人陶醉,它既是一种客观存在,同时与人们的审美情趣相吻合,因而被誉为"无声的乐章、无字的诗歌、立体的画卷"。

黑格尔说过"美只在形象中见出",表明美与形象是结合在一起的。没有形象性,便没有美的存在形式。然而,形象是具体、生动、千变万化的,因而美就不可能千篇一律、万古不变,而是个性鲜明、绚烂多彩、异态纷呈的纷繁世界。美的表现是千姿百态的,有崇高的美,又有秀丽的美;有刚性的美,又有柔性的美;有运动的美,又有静止的美;有华贵的美,又有平淡的美;有雄奇的美,又有优雅的美等等。无论哪一种美,都是通过具体形象表现出来的。正因为美具有形象性,才能使事物的"美",闻之有声、视之有色、触之有物、呼之欲出,从而给审美者留下生动的印象。

(二)美的感染性

美具有一种悦情悦意,引起人的喜爱和崇敬感情的独特性质。凡是美的事物,都能使审美主体受到感染,以情感人,以情悦人,使人为之陶醉。具有这个特性是因为美的事物和现象是有表情性、有意义的形象,能吸引人们的注意,给人以愉快的审美享受,引起人们情感乃至心灵的愉悦反应。当人们感受美的景色、美的事物、美的乐曲、美的绘画、美的雕塑、美的建筑时,心中都会洋溢着兴奋和喜悦。

美的感染性,是美本身固有的特点,不是什么人主观外加的。它的来源,首先是美有其具体形象,可以作用于我们的感官,调动人们的情思,能给人带来幸福感和欢乐感,能引起人们的爱慕和追求,能使人心情舒畅、精神振奋。在蔚蓝的天空中迎风招展的五星红旗令中国人激动、愉快,凡是热爱社会主义祖国的人,都会无比地热爱五星红旗,看到它,就会自然而然地产生一种勃勃向上的情绪和作为一个中国人的自豪感。不仅是因为红黄两色鲜艳的色彩、长方形合乎"黄金分割率"的红旗的形状以及旗子上五星和谐的图案,更是因为五星红旗是成千上万的先烈用鲜血和生命换来的,它象征着自由和解放,标志着我们国家的尊严和民族的团结。如果没有这些深厚的寓意,五星红旗就不会那么强烈地打动人们的心灵。又如,当我们在戏院观赏一出戏剧时,随着剧情的发展,也会自然而然地沉浸在艺术的境界之中,关心人物的命运和遭遇,同他们一起分担欢乐和忧伤。这种强烈的感染力,主要也是来自人物的性格,来自人物与人物之间所展开的各种矛盾冲突。自然界的美,在显示人的本质力量方面,并不像社会美和艺术美那样直接、鲜明。但是,千差万别的自然景象、自然风光展现出大自然的无穷魅力,显示出自然界欣欣向荣的勃勃生机,都可以"显示生活和使我们想起生活"。因此,自然美,也能够激起人们深切的爱恋之情。

因为美所具有的属性适应了人类生存发展的需要,所以是对人类自身生活的一种肯定。美作为一种社会现象总是对人而言的,离开了人类的社会生活,就很难说清楚对象是美还是不美的问题。人们首先是满足物质的需要,然后才去追求精神的需要。"食必常饱,然后求美,衣必常暖,然后求丽"说的就是这个道理。

(三)美的新颖性

美来源于人们的实践活动,而人的实践活动带有一定的创造性,人的本质力量是积极的、向上的,因而美必然会同人类社会的进步性相联系,美本身也处于历史发展之中,充满着生机,充满着新颖性。

美的新颖性特征在社会美和艺术美中表现得尤为突出。人类的历史,是不断向高级社会形态发展演变的历史,这一历史过程永远不会完结。不论历史的进程多么曲折,人类绝不能老是停留在一个水平上。当然,随着历史的前进和人类征服自然、改造自然能力的日益增强,人类自身及其生活在一天天美化。人的创造性实践创造了美,美以直观的形象反映着人的创造。人的实践活动是社会的、历史的、具体的,这就决定了美也必然是社会的、历史的、具体的。在不同的社会和时代,美的创造呈现出种种不同的状况。在人们的生活中,在人与人之间的各种关系中,到处存在着美的事物、美的现象,愉悦着人们的精神。随着社会的进步、科技的发展,人类的视野在扩大,人们对于火山、海底、峰巅、高空、北极、南极,以至月球、宇宙世界、生物体内、微观世界等领域,倾注了越来越多的注意力,开始欣赏荒凉的沙漠、旷野以及充满惊涛骇浪的大洋、湍急的瀑布河流。至于对地球极地的征服,甚至去太空漫游,会逐渐地出现在人们的旅游活动范围中。

在实际生活中,人们在孜孜不倦地追求社会美的同时,也在强烈地追求着艺术美。艺术美的独创性十分突出。一切成功的美的艺术,以其鲜明的独创性被世人认可。艺术的独创性依靠艺术家:"他凭着清醒而可靠的感觉,自然而然能辨别和抓住种种细微的层次和关系:倘若是一组声音,他能辨出气息是哀怨还是雄壮;倘若是一个姿态,他能辨出是英俊还是萎靡;倘若是两种互相补充或连接的色调,他能辨出是华丽还是朴素。他靠了这个能力深入事物的内心,显得比别人敏锐。"[1]正是这种细致敏锐的感受,使他们再现了艺术的典型化,这样才会创造出有独特性、个性化的艺术形象,才有可能真切生动地反映现实生活多彩多姿的各具特色的美的风貌。

艺术一旦走入模仿、雷同的误区,它的美也就丧失殆尽。所以美产生于人类改造世界的实践中,是主观交互作用的产物。在不同的社会和时代,美的创造性

---

[1]　丹纳.艺术哲学.北京:人民文学出版社,1963:28

呈现出种种不同的状况。例如,以西方建筑为例,从古埃及金字塔的原始神秘、古希腊神庙的和谐典雅,到古罗马建筑的世俗奢华、中世纪教堂的神秘辉煌、文艺复兴时古典回归以及巴洛克的奇诞怪异、洛可可的妖媚柔靡,所有这些形形色色的审美追求,无不包含了创造者对所处年代政治的、经济的、宗教的现实考虑;但以上种种的审美的差异并没有阻碍美的创造,各个时期的建筑都为人们留下了一些杰作。①

四、美的形态

探求"美是什么",了解美与人类社会实践的关系,可以激发我们对生活的热爱。通过对美的特征的了解,我们可以知道,美是一切美的对象所具有的本质属性,是客观的,而不是人的意识所赋予的。人们在审美活动中直接感受到各种具体的美。美的基本形态可以分为自然美、社会美、艺术美三种,有人也把自然美与社会美总称为生活美。

(一)自然美

自然美指客观自然界事物的美,即能够引起人们审美愉悦的自然物的生动形象。浩渺无垠的星空、汹涌澎湃的大海、逶迤的山峦、奔腾的江河;瑰丽的色彩、生动的形态、动听的声响、神奇的变化等,自然物以其感性特征直接引起人们的美感。人们在欣赏自然风光时,无不赞叹大自然的鬼斧神工。

大自然的迷人风光,激起人们的种种情思。登泰山极顶"一览众山小",激起人们奋发向上的豪情;上岳阳楼望洞庭"衔远山,吞长江,浩浩荡荡",联想到"先天下之忧而忧,后天下之乐而乐"的忧国忧民的思想;登龙门俯瞰"五百里滇池奔来眼底",让"数千年往事注到心头"。

自然可分为"原态自然"和"人化自然"两种形态。"原态自然"是指未经人类直接加工改造的、自然界原本所具有的形态。例如巍峨的高山、辽阔的海洋、茫茫的荒原等,它们保留了自然的原生状态,以其天然的本来面目呈现于人们的面前。

从文明的发展历史及人类社会的劳动实践历史来看,人们对自然美的欣赏是一定社会实践的结果。在远古时代,在生产力极度低下和科学文化极度缺乏的客观条件下,原始人无法理解自然现象,如日出日落、风雨雷电、惊涛骇浪、洪水猛兽等等,认为这许多的自然现象中有着无限神秘的威力。原始人对巨大的自然事物或自然现象的感受是惊异、畏惧。无论是天上的日月星辰,还是地上的花草树木、鸟兽虫鱼,都仅仅是一种自然的存在,正所谓"流水无情草自青"。也

---

① 吕道馨.建筑美学.重庆:重庆大学出版社,2001:2~3

正如马克思、恩格斯所说:"自然界起初是作为一种完全异己的、有无限威力的和不可制服的力量与人类对立的,人们同它的关系完全像动物同它的关系一样,人们就像牲畜一样服从于它的权力。"

随着人类实践活动的向前发展,自然界和人本身两方面都得到"人化",人类与自然的联系在拓宽。从狩猎、驯养动物、捕鱼到采集果实、种植植物等,人的实践活动扩大了人们的视野,丰富了人们的需求。自然事物本身的属性,出现了是否适合人的问题。凡适合于人的,人们则加以肯定,反之则加以否定。人与自然的关系,是在实践中逐步形成和发展起来的。通过对自然的支配、改造并使之为"我"所用,人与自然建立起特定的审美关系。

"人化自然"是指人类在物质生产和社会实践的过程中对自然界加以利用和改造,使自然景物与人类实践活动的成果相融合而形成新的景物。"人化自然"包含两方面的内容:一是自然被改造。例如人类通过自己的实践活动,不同程度地改变了自然的外貌。如生产劳动使沙漠变绿洲、沧海变桑田。人类改变了自然物的原有面貌,刻下了人类智慧、才能的印记。二是一些自然物通过人类的想象,被赋予神化的色彩,从而获得"人化"。如云南石林中的一块石峰,与当地撒尼族的神话巧妙地结合在一起,使这一块没有生命的岩石仿佛"活"起来了,石峰"阿诗玛"在人们的眼中显得"楚楚动人"。

在绚丽多彩的大自然中,美的自然景物层出不穷,表现形式更是千姿百态。然而,自然美与社会美和艺术美相比,有着自身显著的特征:

第一,突出的自然性。自然事物的审美属性,是自然美形成的必要条件和基础;离开了自然事物的自然性,就没有了自然美。巍峨的山峰、挺拔的青松给人以不同的造型美,而奔腾的江河、咆哮的大海,以锐不可当的力量表现出磅礴的气势美。一切自然美景都是由自然事物的独特性构成的,而且是天然形成的。人们喜爱松、竹、梅、兰,把它们誉为"四君子",是与它们的自然属性分不开的。松的挺拔坚强、竹的虚心有节、梅的不畏严寒、兰的秀质清芳,这些特征是这些植物自身所固有的。

第二,以形式美为重。自然事物的内容多数情况下依稀可辨,显得模糊、隐约。在外表上,美一般是在比例、对称、和谐方面给人以美的享受,而不是在思想上给人以启迪,情感上给人以熏陶。形式美大于内容美。这种以形式美为重的特性,经常在审美过程中表现出来。例如蝴蝶在未羽化前的幼虫时期,蚕食农作物,危害庄稼,但因其羽化后有着斑斓色彩和翩翩起舞的舞姿而惹人喜爱。

第三,美具有多面性。自然物的美在一定条件下,在与人们社会生活的特定联系中,会显现出不同的侧面。也就是说,同一事物,有时表现出一种美,有时又表现出另外一种美。例如天上的月亮有时皎洁如盘、有时弯曲似弓,这种阴晴圆缺的变化显现出种种不同的美态,引发出观赏者的不同情感。自然景色因季节、光线、云雾、雨雪等因素变幻无穷,雨中的西湖、雾中的庐山、雪中的北国,大自然无时无刻不在重新塑造审美对象,让人们感到美不胜收。

(二)社会美

美不仅存在于自然界,还存在于社会生活中。哪里有生活,哪里就有美。社会主要是人类征服自然和改造自身的产物,人类的实践活动构成整个社会生活的核心。社会美存在于社会生活的各个领域,如经济、政治、科学实验以及人的衣食住行、交际往来等等方面。社会美主要体现在实践活动美、实践主体美、实践成果美这几个方面。

1. 实践活动美

人类最基本的实践活动是生产劳动。生产劳动是人类最基本的生命活动。为了达到"食必常饱,衣必常暖"的目的,人类世世代代劳作不止。人的一切生命活动总是在一定意识和目的的支配下进行,是"按照美的规律来建造"的活动,从而使劳动摆脱了物质的束缚,成为一种自由自觉的创造性活动、一种显示人的本质力量的活动。在这种劳动中,人把自身的聪明才智、人格力量投射到对象上,使"自然人化"并成为人的本质力量的一种确证、人的生命价值的象征,因而劳动本身和劳动创造的产品都是美的。

劳动过程的美外在形式上表现为劳动场面的美,内在结构上表现为内部组织的协调和劳动节奏的和谐。移山填海、植树造林、修路筑桥体现出劳动主体的雄伟气概,呈现出恢宏之美;飞针走线、精雕细刻体现出劳动主体精巧灵活、精益求精的精神,呈现出恬静之美。

劳动产品的美是指由产品体现出的人的创造智慧及其本身的功能、形式等显示的美。功能美是首要的,而功能美首先在实用。形式美具体表现在线条、形状、色彩本身以及它们内在组合比例的外观或形式上。例如:整齐、光洁、对称、平衡、节奏、韵律、和谐、多样统一等等。劳动产品往往以最合理、最优化、最鲜明、最美观的外形美来表现产品的特性和用途,赋予产品以审美价值。

2. 实践主体美

人是社会实践的主体,人的美集中体现了社会美的特点。人的美包括外在美与内在美两个方面。外在美是指人的相貌、体态、服饰、行为、风度等方面;内在美是指人的精神品质、心灵和情操等等。内在美要通过外在美来表现,外在美受到内在美的制约,人的美正是这二者的统一。

人的相貌、体态,通常称为人体美。人体美是一种自然美。人体的相貌美是由比例适当的五官、匀称的身材和光洁的皮肤等构成的。体态美通过姿势动作表现出来,是身体各部分的配合而呈现出来的外部形态的美。美的姿态必须是自然的姿态。忸怩的姿态,断然是不美的。出自《庄子·天运》的东施效颦的故事就能很好地说明这一点。同村的丑女看到生病的西施皱眉的模样很是美丽,便自己也来装扮人家那般的模样。只可惜,这个丑女东施只知"颦美"却不知"颦之所以为美"。这个"颦"只有在西施这个自然的姿态才会是美的。

当然,人的形体、相貌,也不是纯粹外在的,内在的神、情也会通过外在的貌表现出来。黑格尔说:"目光是最能流露灵魂的器官,是内心生活和情感主体性的集中点。"他还认为口是面部仅次于眼的最美部分,"口通过极度轻微的运动和活动可以生动地表达出毫厘不差的讥讽、鄙夷和妒忌以及不同程度的悲,就连静止状态的口也可以表现出爱情的温柔、严肃、拘谨和牺牲精神等等"。

服饰是人的相貌美的重要组成部分,穿着打扮之美称为服饰美。服者,着衣也;饰者,装饰、修饰也。包括衣服、鞋帽、首饰、提包、腰带、手套、袜子等。着装应尽可能因时因地而异,与自己的职业、身份、性别、年龄、学识、修养相协调。色彩款式应得体,以求得与形体的和谐统一,衬托和增添人体的外在美。

人们在长期的审美活动中,逐渐认识到内在美更重于外在美的道理。内在美是指一个人的心灵美,主要表现在品德、情操等方面。在我国先秦时期,对于美的看法,就强调美与善的统一,认为真正的美是内在人格的善表现于外在的东西。个人的努力修养而充实于内的善,当它表现于外时,就成为美。

3.实践成果美

实践成果美是人类利用自然、改造自然的成果。人们在实践中创造的美可以在实践成果中体现出来。当前社会中鳞次栉比的高楼大厦、宽阔坦荡的高速公路、琳琅满目的商品,这些都表现出强烈的实践成果美。

(三)艺术美

1.艺术美来源于生活

同自然美与社会美不同,艺术美是艺术家对现实生活进行创造性反映的产物。艺术美是美的客观存在形态,艺术品是人类审美意识的结晶,艺术美存在于各类艺术作品的艺术形象之中。现代意义上的艺术,仅指精神文化中的艺术创作,即音乐、舞蹈、绘画、雕塑、文学、戏剧、电影以及书法、摄影等。它们都是直接脱离了功利需要而专门满足人们的审美需要的精神产品。艺术美作为生活美(自然美与社会美的总称)的反映,一方面反映现实,一方面又融进了艺术家的思想感情。人们的生活中存在着艺术美的原始素材。艺术家的创作激情也来自生活。现实生活中有着无比生动、丰富的内容。生活中的美是自然形态的东西、是粗糙的东西,但也是最生动、最丰富、最基本的东西,在这一点上可以让一切艺术品中的美相形见绌。因而生活中的美是艺术创作取之不尽、用之不竭的源泉。但与艺术美相比较,生活美总是存在于现实的一定时间和空间之中,它们常处于活动状态,缺乏稳固性和普遍性。社会美的直接现实性消逝后,如果没有传播媒介的帮助,美感影响也就消失了。而自然美则依赖于自然状态,时序的更替和环境的变化必然影响到自然美存在的永恒性和自由性。因而生活美的美学意义远没有艺术美那样具有更高的审美价值与持久的生命力。

现代画家黄宾虹(1865 年—1955 年)擅画山水,他对自然美中的山水与绘画中的山水画进行区分,有这样一段话:"山川入画,应无人工造作之气,此画图艺术之要求。故画中山川要比真实山川为妙。画中山川,经画家创造,为天所不能胜者。"他又说:"山水画乃写自然之性,亦写吾人之心。山水与人以利益,人生息其间,应予美化之。"现实中的美虽有千姿百态,但它们是分散的、孤立的,存在于个别的美的现象之间,常常缺乏内在联系。艺术美的创造正因为写进了艺术家的"吾人之心",将现实生活中的一些现象经过加工、概括、提炼,一方面将分散的美集中起来,进行艺术的典型化;另一方面又把与美混杂在一起的多余的杂质去掉,使之更纯净,使生活美得以强化,使之更集中、更强烈、更有代表性。

典型反映了一定范围内的普遍性与特殊性的统一。现代画家齐白石曾说过:"作画妙在似与不似之间,太似为媚俗,不似为欺世。"画家所言的"太似"是指拘泥于生活表面的"真","不似"是指歪曲生活的"伪"。而"妙在似与不似之间",就要求画家不能局限于局部的真实,而要把握生活的趋势,展现生活的底蕴,通过典型的艺术形象,展现生活中具有普遍意义的美。

艺术美是艺术家自由自觉创造出来的,不是生活形象的简单再现,而是艺术家主观感受的体现。任何成功的艺术作品总是传达了艺术家心灵的声音,倾注着艺术家追求艺术美的热情。艺术家将社会美和自然美纳入心灵,用情感去冶炼它,用想象去完善它,将自己的审美理想、审美趣味、审美激情熔铸进去,化为作品的血肉和灵魂,从而使现实美升华,成为心物一体的美的对象。艺术家的创作激情也来源于生活。艺术作品不是简单记录各种生活现象,而是艺术家深入观察生活、研究生活,在实践中培养出对深入生活的感情,在生活中激发出创作的激情,并发挥其想象而创作出来的。

2. 艺术美高于现实生活美

艺术美是对现实美的升华,主要是通过典型化和理想化来实现的。艺术家对现实材料进行加工,把现实美中不美的部分"清洗"掉,把分散的美集中起来,创造出典型形象,使之更符合美的规律,更纯粹、更精致。同时,艺术家建构的艺术形象具有十分紧密、协调的内在联系,是用一种完整的面貌向世界说话,表现出一种理想美的色彩,因而是普遍自由的形式与普遍自由的内容相结合的一种新的美的形态。

艺术美高于现实美的另一个特点在于:艺术从本质上说是以审美为其核心

的,而现实生活与自然界,并非处处都是美的,同时会有大量的丑并存其中。而且现实中的、自然中的丑就是丑,是生活美的反面。在现实生活中,丑不能成为审美对象,它常引起人们的心理抗拒和情感排斥,从而被排除于审美视野之外,不为审美心理所容纳。但是丑进入具有真正审美价值的艺术系统之中,它就不再是单纯的丑了,而是在与美的矛盾统一体中起着衬托美、反射美的光辉的作用。丑以各种各样的表现形式取得某种审美价值,以至于以其"丑得如此精美"而激发起强烈的美感。

3. 艺术家与艺术美的创造

艺术美是由艺术活动的主体创造出来的,艺术生产的主体不一定就是艺术家,但艺术家一定是艺术生产的主体,并且艺术生产的性质集中体现在艺术家身上,因为艺术家是专业化的艺术生产主体。艺术美从本质上看,是艺术家按照"美的规律"进行创造性劳动的产物。

艺术美的创造过程是艺术家通过创造性劳动对生活进行提炼的过程,是艺术家的思想情感与生活相融合的过程。艺术美是艺术家把人类及其自身对生命超越的渴望和激情外在化,根据自己的审美理想感情,运用高超的技巧,创造出符合生活本质的形象。只有当人类自觉地意识到有必要通过专门的创造性劳动来满足自身的审美要求时,真正意义上的纯粹艺术才会产生。通过艺术家的想象力、创造力,艺术得以实现,真正专业化的艺术家才会出现。

艺术美就其内容来说,是艺术家对于生活美的真实反映;就其形式来说,它是作品存在方式,是艺术家运用一定的物质媒介创造出来的体现个性鲜明、具体可感的形象来反映社会生活的艺术形式。艺术美注重形式,没有形式,艺术作品无以存在。艺术美也不脱离内容,因为在艺术欣赏中仅仅靠形式是不能影响人的思想感情的。如果没有内容,艺术形式也无以依托。罗丹说过:"没有一件艺术作品,单靠线条或色调的匀称,仅仅为了视觉满足的作品,能够打动人的。"在一件具体的艺术品中,美都是内容与形式的统一,是由美的形式直接引起欣赏者的美感。

在以上的内容中分别论述了自然美、社会美和艺术美。实际上自然美、社会美和艺术美三者的界线又并非清晰可见,它们是互相联系、互相交织的,是互相融合、互相渗透的。自然美也可以变为艺术美,比如自然界中存在的美丽的景物,通过画家描绘下来成为艺术品,自然美就转化为艺术美;社会美本身就有自然美的成分;人们去游览美的风景,欣赏美丽的花卉,这种赏心悦目的事情就是生活美,而其观赏的对象是自然美。艺术又来自自然,来自社会。自然延伸出社会,社会产生艺术。三者之所以都称为"美",是因为它们都具有满足人的缺乏性动机的潜在价值。

五、美的欣赏

（一）美感

美感是人类所独具的高级意识，是在接触到美的事物时所引起的一种感动。当人们面临一个审美对象时，审美对象的外在形式吸引人们、打动人们，并使人们对其产生一个强烈的"第一印象"。这种印象会唤起人们的情感，唤起人们的记忆，激发起活跃的想象和理解，并不自觉地进入审美对象所引领的某种境界，似乎有所发现，有所领悟，进而产生一种赏心悦目和悦情悦意的精神愉悦。

在西方美学史上，美感又叫审美鉴赏、审美判断。美感有两种含义：一为广义的，包括审美意识的各个方面及各种表现形态，如审美趣味、审美能力、审美观念、审美理想、审美感受等；一为狭义的，专指审美感受，它是审美意识的核心。我们所研究的美感是指后一种。

人类的美感并不是与生俱来的，而是伴随着社会实践而产生，并随着人类的社会实践活动不断展开而不断发展的。社会实践的丰富性，带来了美的对象的丰富性，美的对象的丰富性形成了人的感受的丰富性，人的美感体验在丰富的感受中得以逐渐发展。只要作为最终根源和动力的社会实践在不断扩大，作为一种社会历史现象的美的对象大都凝聚着人类丰富的历史经验，美感作为人类高级精神活动之一，其发展必然与社会实践的发展同步，总是处于不断的进步与发展之中。

美感是人这个审美主体对客观存在的美的对象的主观反映，是主体与对象在互动中产生的，是人们在审美过程中的心理感受，它始终伴随着强烈的感情活动。人们要审美就要有与美的特性相适应的审美感官，具有审美能力的感觉器官是美感产生的必要条件。人的感官，眼、耳、鼻、舌等都是审美感官。作为审美的感官，主要的是视觉和听觉。眼睛可以看到各种色彩、线条、动作的表情等，耳朵可以听到各种声音、音调。欣赏自然美、社会美和各种各样的艺术美，离不开视觉和听觉的直接感知。虽然主要的审美感官是视觉和听觉，但由于各种感官内在的联系和互相补充，才能够完整地认识到美的不同方面。

美感不等于一般的通过五官感觉得来的快感，但必须以感官的生理快适为基础。车尔尼雪夫斯基这样说："美感的特征是一种赏心悦目的快感。"美的对象能使人产生喜悦和愉快，这点人们都能共同感受到。但是美感并不等于快感，快感是纯生理基础的，它能引起生理的舒适和愉快，它只是美感产生的生理基础和必要条件。因为美好的事物不仅具有感性形式、生动可感的形象，而且还有内有的本质、一定的生活内容。除了生理快感以外，还要有理性认识和思维活动。

美是客观存在，一座雄伟壮观的水库、一处秀丽的自然风光所显示出来的美就属于此。美感则是意识,是审美对象直观到人的本身,满足了审美需要和美的理想而引起的积极的、肯定的情感体验。即欣赏者在审美对象上面有所发现、有所领悟、有所体会、有所感动,因而才感到沉迷陶醉、其乐无穷。美感是一种情感,一种使人精神愉快的、心融意畅的情感。它不单纯是生理欲望的满足,更主要的是精神上的审美需要的满足。车尔尼雪夫斯基曾说过:"美的事物在人心中所唤起的感觉,是类似我们当着亲爱的人面前时洋溢于我们心中的那种愉悦。我们无私地爱美,我们欣赏美,喜欢它,如同喜欢我们亲爱的人一样。"这说明审美的快感的获得,是人被调动起来的各种心理功能对美的对象进行欣赏,而后由这些心理活动产生的综合成果。

(二)美感的特征

1.具有个人直觉性

一方面审美过程始终要在形象的、具体的、直接的感受中进行,美感是个体对感性形象的直觉,美感愉悦是个人的现实感受。另一方面在美的感受中,无须借助抽象思考,便可不假思索地判断对象的美和不美,具有非概念的直觉性。如欣赏一首歌曲,也许还未听清歌词,但其悦耳的旋律已令人陶醉。

2.美感在个人直觉中潜藏着社会功利

美感在个人的直觉感受中是无功利的。审美时,当人们获得美感时急欲与他人分享,这说明美感不是一种自私的享乐,而是一种无私的、社会性的愉悦。

在个人的无功利中,社会功利以曲折、隐晦、复杂的形式潜藏在美感深处。美感增强斗志、激励人心是一种需要,单纯的愉悦作为休息的安慰也是一种需要,体现出一种普遍而广泛的功利性质。

3.美感的直觉是动情的,具有愉悦性

美感是由生理快感与实用满足感升华而成的一种人类高级情感形态,它摆脱了种种狭隘的生理需要和实用需要,能激发人们的思想、情感和意志。

美感区别于理智感和道德感。理智感是认识过程中发生的,它由求真来满足。理智感一般不直接渗入认识过程。而审美情感则不同,直接渗入对象,渗入感受的全过程,使审美直觉同时变成一种情感体验。道德感是在一定社会道德准则和行为规范的基础上发展起来的,它要求立即转化为符合某种道德准则的现实行动。而审美情感虽与道德情感有联系,但一般并不要求立即转化为现实行动。审美情感不表现为现实的善恶利害关系,而是通过直接感受和情绪感染来达到某种社会功利目的。

(三)审美标准

在审美过程中需要对对象的美作出一种评价和判断。这是否要遵循一个共同的准则? 作为审美判断的客观标准是什么? 纵观人类的审美实践,人们在自觉不自觉地运用着某种相对固定的尺度,去衡量审美对象。所谓的审美标准就是指这种尺度。

审美标准作为人们审美过程中的理性因素,经审美经验上升到审美理想而凝聚出来,是社会意识的组成部分。社会意识是社会存在的反映,它的一切内容都是由社会所处的客观历史条件来决定的。正确的审美标准其根源存在于客观的美的现实之中,客观的美决定着审美标准的客观内容。我们说自然美"贵在自然",是以其客观的自然性作为主要特征来欣赏的。

我们承认审美评价存在着客观标准,那么,这个标准是相对的,还是绝对的?我们说是相对与绝对的统一。对于审美标准的相对与绝对的关系,我们必须用历史的发展的观点去认识。因为审美标准是人们在社会实践中对客观对象的反映的产物,而客观对象总是包含着不依赖人的主观意识而客观存在的社会内容。正如美的本身是随着社会实践的历史发展而不断更新着和创造着的,客观审美标准也不是凝固的、一成不变的尺度。人们在社会实践的基础上形成的任何一种新的审美认识,必然是对旧的审美标准的否定,但否定并不是简单排斥,而是在向前发展的过程中舍弃陈旧的、腐朽的、没落的东西,发扬积极的、向上的、具有生命力的东西。一种新的审美标准的确立也不可能长驻久存,它又必然在历史的不断发展中被更新的标准所代替。这正如美在变化的相对性中具有绝对性一样,在具体的、相对的审美标准中也具有绝对性的内容。

人们各自把握的审美标准是否科学,取决于多方面的因素,但都应以社会实践为出发点与归宿。能符合美的规律的就是科学的、进步的;反之,则是片面、落后的。即便是符合某一阶段需要的客观的、进步的审美标准,也不能涵盖一切历史阶段,如果把它夸大到独步历史、超越时代的永恒地步,必然会堵塞美的创造,使思想僵化,阻碍美的进步和发展。我们只有把握了创造美的一般原理,不断探索,才能找到时代的、民族的共同美。

审美标准作为主观性与客观性、相对性与绝对性的统一,代表着审美主体在具体审美判断中所能观照到的人的本质力量所达到的程度。审美客观标准的具体内容可以从以下三个方面来把握:

第一,美是人的本质力量的感性显现,美感则是欣赏者从中实行自我观照所得到的精神愉悦。因此观照对象是否体现了人对事物内在规律的把握和利用,也即是否蕴含着"真",就成为具有普遍意义的一条审美标准。

第二,美作为人的本质力量的感性显现,实质上又是人类对目的性的社会实践的肯定。因此,是否符合人类的功利目的,是否有利于社会和历史发展,就成为判别对象是否美的又一项客观标准。

第三,美是以感性的形式显现的人的本质力量,美感是人们通过感性形式实行自我观照获取的精神愉悦，因此，对象的内容与形式所达到的和谐统一程度也是审美标准的标尺之一。

（四）审美差异性和共同性

1. 审美差异性

人们在审美过程中，对于同一事物和形象往往会产生不很相同，或很不相同的审美感受，或者同一事物或形象对于同一个人在不同时期会引起不同的审美感受的现象，美学上称之为审美差异。

审美的差异，首先取决于审美主体个性的不同特征。审美主体的生理基础、心理素质、文化教养、生活环境和生活经历各不相同会导致审美主体的审美情趣有明显的个人差异性。巴甫洛夫说："现在人们坚决主张，人一面有着先天的品质，另一方面也有着为生活情况所养成品质。这是很显然的。这就是说，如果说到那些先天的品质时，这就是指神经系统而言；如果说到性格的话，那就是指那些先天的倾向、意向与那些在生活期间受生活印象的影响所养成的东西之间的混合物。"[①]对于性格、气质、兴趣爱好不同的审美主体来说，他们有各自的审美偏好，而文化教养、生活环境和生活经历的不同会形成千差万别的个性。审美情趣的人性差异导致审美主体依据自己以往的生活经验来确定对审美对象的感知选择和注意，并在这些基础上进行联想、想象，补充和丰富审美对象的内容，理解审美对象的含义。而且不同的审美主体对具体的审美对象的关系不同，态度不同，感受时的选择方向、敏感程度、注意程度、侧重方面以及记忆和联想的具体内容也会有许多差别，因而感受时领悟和情感反应也不尽相同。有时同一个人在不同的心境下对同一审美对象也表现出大相径庭的审美趣味。例如人们在高兴时看周围的景致是花欢草笑，在忧愁时看周围的景致是云愁月惨。

黑格尔说："每种艺术作品都属于它的时代和民族。"在谈到审美标准时，我们说实践发展了，时代不同了，人们用以判断美的标准就大不一样，因此审美的时代差异必然历史地存在，使人们的审美认识具有了明显的时代特征。

审美情趣的民族性是每一个民族共同历史生活的结果。民族是历史上形成的人的稳定的共同体。同一民族一般有共同的语言、共同的居住地域，有共同的经济生活和表现在共同文化上的共同的心理素质。各个民族在生活习惯、文化传统、民族心理和感情等方面形成的民族之间的差异是客观存在的，这就使审美认识上的民族差异也成为必然的结果。例如在中世纪的绘画中，圣母像都戴有大大小小的光环，没有动态，没有太多的表情，似乎显得很威严。而到了文艺复兴时期，出现了栩栩如生、和蔼可亲、年轻貌美的圣母像。从这之中可以看出不

---

① 巴甫洛夫.论克瑞奇米尔所著《身体结构与性格》一书.北京:科学出版社,1955:398

同时代的审美情趣的变化。

客现存在的审美修养上的差异,表现在审美欣赏上就不可能整齐划一,而是出现了各自的审美趣味。审美趣味的多样性本身并没有成为审美活动的阻力,它成为一种客观需要,为艺术表现形式的多样化提供了有利的条件。

2.审美的共同性

审美情趣的共同性和人类社会实践活动相联系。任何时代的社会实践活动都只能在继承前人实践活动的基础上才能进行。经济的、意识的传统总能一代代积淀下来,传承下去。作为人类的生命活动物质基础的生理组织结构的同一性是形成共同性的一个根源。在这一层面上,共同性表现为对同一对象的相同审美经验。如声音美、色彩美、形体美、几何美以及一些自然景物的美。

相同的文化心态是构成民族审美情趣的共同性的重要基础。地理环境的一致,风俗习惯、语言气质以及历史文化传统等又有许多共同的条件,就能产生共同的审美情趣。每个民族都有自己的文化传统和历史渊源,相应地形成了本民族的传统的审美心理定势。

审美情趣的共同性还体现于时代因素的共时性之中。一个时代具有一个时代的风尚。审美情趣的共时性还表现在一个民族所形成的对一些服饰、习俗等所具有的长期稳定的审美情趣方面。

阅读材料 1—1 审美的生理基础——生物习性

审美是一种精神性的活动,只有人才能审美,动物不能审美。有的人认为动物也能审美,实际上是一种误解。例如,达尔文就认为动物与人一样能够审美,他说:"美感——这种感觉也曾经被宣称为人类专有的特点。但是,如果我们记得某些鸟类的雄鸟在雌鸟面前有意地展示自己的羽毛,炫耀鲜艳的色彩,而其他没有美丽的羽毛的鸟类就不能这样卖弄风情,那么,当然,我们就不会怀疑雌鸟是欣赏雄鸟的美丽了。其次,因为世界各国的妇女都用这样的羽毛装饰自己,所以,当然谁也不会否认这种装饰的华丽了。非常喜欢以色彩鲜艳的东西装饰自己玩耍地方的集会鸟,以及以同样的方式装饰自己的窝巢的某些蜂鸟,都明显地证明它们是有美的概念的。关于鸟类的啼声,也可以这样说,交尾期间雄鸟的优美的歌声,无疑地雌鸟是喜欢的,假如雌鸟不能够欣赏雄鸟的鲜艳的色彩、美丽,以及悦耳的声音,那么雄鸟使用这些特性来诱惑雌鸟的一切努力和劳碌就会消失,而这显然是不可设想的。"(普列汉诺夫. 没有地址的信——艺术与社会生活. 北京:人民文学出版社,1962:9～10)达尔文注意到了人类和动物都对某些现象产生情绪反应,但错误地把动物的生理反应与人类的审美心理活动等同起来,从而把审美降格为一种生物学现象。但是,我们在拒绝达尔文的美学观念的同时,也必须承认人类审美与动物习性的某种联系,人类的审美需要和审美能力,固然是社会生活的产物,但也有生物习性作为先天的条件。动物在觅食、求偶、栖息等生存过程中,对特定的色彩、形状、声音等形成了某种情绪性的生理反应。这种反应不是审美,但成为人类审美的生理条件。人类作为高等生物,也继承了某些动物习性,包括对某些色彩、声音等的情绪性生理反应。正如达尔文所揭示的:"以一定的方式配合起来的一定的颜色和一定的声音为什么能引起愉快,正如这个或那个东西为什么对于嗅觉或味觉是好闻或可口一样,是很少能得到解释的。但是,可以有把握地说,我们和下等动物所喜欢的颜色和声音是同样的。"(普列汉诺夫. 没有地址的信——艺术与社会生活. 北京:人民文学出版社,1962:9～10)当然,人类对色彩、声音等的生理反应是与精神活动联系在一起的,它可以转化为审美活动,而动物却不能把这样生物习性转化为审美活动。审美的生理条件并不是不重要的,因为审美虽然是精神活动,但也包含着生理反应,是全身心地参与并因此获得全身心的愉悦。对色彩、声音反应迟钝的人,很难成为美术家和音乐家。正是因为具备了这种生理条件,才有可能发生更高级的审美活动。

（杨春时. 美学. 北京:高等教育出版社,2004:74～75）

第二节　旅游美学的研究范畴

一、旅游美学的概念

(一)概念

旅游美学,就是以旅游审美活动为其特定的研究对象的一门学科。旅游美学源自美学,是美学的分支。旅游美学是以旅游审美对象(即旅游者的观赏对象)、旅游审美主体(即旅游者)为其研究对象,分析旅游活动中的各种审美关系,特别是人与人之间的关系,从中总结其规律性的一门学科。

旅游美学之所以有别于传统的美学,是因为传统美学在长时期内以哲学美学为标榜,研究抽象思维的精神、理念和灵魂的问题,探讨美的本质、美的范畴、审美意识与审美对象等问题;而旅游是一种社会实践活动,与物质生产和各经济部门有着紧密的联系,是集自然美、艺术美和社会美之大成的综合性实践活动。因此,旅游美学多以实践为出发点,注重于美与现实直观性的联系,强调美与社会生活的结合。旅游美学不同于其他分支(如绘画美学、音乐美学、服饰美学、建筑美学等),既有很强的实用性和针对性,又有自己独特的系统,属于应用美学的范畴。

旅游美学是新型的、交叉的、边缘的学科,不仅与审美心理学、人类文化学、景观学、地理学、园林学等学科密切相关,而且与建筑、雕塑、绘画、书法等艺术相关联。

(二)旅游美学研究的对象和内容

旅游美学所要研究的内容极其广泛,这些内容都与旅游活动有着密不可分的联系。具体包括以下几个方面:

1. 美学基本原理

美学基本原理是对旅游美学进行研究的基础和前提,它包括美的本质、美的特征、美的形态、美的欣赏及旅游审美心理等内容。学习这些基本原理,有助于我们透过事物繁杂纷扰的表象,去把握审美对象的美的本质特征,从而提高自身的审美能力。

2. 旅游的审美对象

旅游的审美对象是旅游美学研究的核心问题之一。旅游的审美对象,即旅游景观。作为审美对象的旅游景观必然具有一定的欣赏价值。旅游景观中所蕴含的美的因素,可以引起旅游者内心的共鸣,感染他们的情绪,激发起他们的旅游审美心理活动。人们外出旅游,想看些什么呢? 美丽的大自然无疑是最重要的内容之一。人们有的去"童话世界"九寨沟,去"奇山异水"的张家界,去云南中甸"香格里拉"探秘,为的是回归自然,领略大自然的神奇秀丽;有的去北京看宏伟的长城、富丽堂皇的故宫,去西安观赏神奇的兵马俑、雄伟的帝王陵,去敦煌欣赏莫高窟雕塑的奕奕神采。这一类的人文景观是人类文明历史的见证,是人类的伟大创造、人类智慧的结晶。它们既有历史的遗迹,也包含现代人的创造。人文景观中所蕴藏的历史内涵和文化意蕴,使人们在旅游的过程中追思过去、丰富文史知识的同时,也陶冶了审美的心胸和情操。异地、异域、异国的民族风情也让旅游者神往。民族特色的聚会歌舞、当地的美味佳肴以及融洽和睦的人际关系,都具有审美的属性,为旅游者所倾倒。旅游景观的内容异常丰富,可以说是无所不包,有自然景观,如雄伟壮丽的名山大川、秀丽多姿的湖光山色、阳光和煦的海滨浴场等;也有人文景观,如历史悠久的帝王古император、雄伟壮观的古代建筑、珍贵罕见的文化遗产等;还有丰富多彩的民族文化、绚丽多姿的风土人情。这些都为旅游者提供了看不完、赏不尽的审美对象。因此,提示审美对象的美,提示这些美的成因,研究和分析蕴含在旅游景观中的美的特点和规律是旅游美学的重要任务。

3. 审美心理

旅游者作为审美主体,他们的审美心理也是着重探讨的内容。千差万别的审美个性,对审美心理影响很大,所以需要对旅游者的审美个性给予足够的认识。研究旅游审美心理,要注重对其过程和内在机制的研究,例如旅游的感知、想象在旅游审美活动中所起的作用;还要研究旅游审美心理要素,如审美需求、审美动机以及审美情趣等,通过有针对性地对旅游者在旅游审美过程中的心理分析,探求其旅游审美心理活动的变化规律。

4. 旅游审美关系

旅游活动中存在着许多的审美关系,如旅游者与审美对象的关系。还有,旅游者与旅游业从业人员有各方面的接触,自然而然会产生各种关系。旅游业从业人员在与旅游者交往的过程中,举止文雅、态度亲切、语言优美、服务周到、风度翩翩,让旅游者得到美的感受。旅游审美活动的实现离不开各个环节的服务,服务是具有人情味的,是直接可感的,作为旅游业的从业人员应该是美的解释者、美的传播者。而且旅游者与提供服务的旅游企业之间的审美关系,也是旅游美学研究的重要内容。

二、现代旅游审美的基本特征

现代旅游活动作为一项内容广泛的社会实践活动,是多层次的改善和提高生活质量、追求有品位生活的有效途径之一。在旅游中,人们除了满足物质的需求之外,还有着更高尚的精神需求,而审美需求就是其中之一。现代旅游审美活动呈现出以下几个特征:

(一)现代旅游审美的大众性

现代旅游已成为当代人的一种生活消费方式,旅游审美活动作为这一生活方式的主要内容,审美的主体已不再是少数富有者的特权,而且旅游审美者人数之多、队伍之庞大,是其他任何审美领域所无法比拟的。

旅游节庆活动已成为最重要的旅游活动之一,参与者更为广泛。旅游节庆借助于地方的文化资源,挖掘历史传统,办得红红火火。旅游节庆活动的群体化、节庆内容的文化艺术化吸引更多的人们参与其中。上海的旅游节、南京的梅花节、青岛的啤酒节、哈尔滨的冰雕文化节,以其欢乐性、群体性、大众性受到旅游者的追捧。

这些都进一步表明旅游审美已成为大众性、普及性的文化消费。而且随着社会的不断发展、人们生活水平和文化水平的不断提高,会引发人们对旅游、度假的更高的期望。这种旅游消费方式会越来越具有普及性,越来越大众化,成为人们所喜爱的一项群众性活动。

（二）旅游者审美注重于感悟美

尽管现代旅游与古代旅行存在着质的差别，但在感悟美、获取审美的愉悦上，是一脉相承的。无论是周穆王的漫游天下、文人士大夫们的寄情于山水，还是当代人的旅游都不带有个人的功利性。面对一座雄险的山峰，古今旅游者在游历攀登过程中，直接感受的是山峰的雄伟与壮美，通过对旅游景观的欣赏，获得一种精神的愉悦，领略包含在山水之中的情趣，使心灵在自然山水中获得完全的自由舒展。

（三）旅游者审美情趣多样化的同时注重回归自然

旅游是人们日常生活中的一种间歇。在旅游的这一段时间内，旅游者远离他们平常的生活轨道，各自在寻求一种不同于常规的氛围。他们的审美对象不仅在乡村，去那里休息消闲，轻松一番；还在较少受人类活动影响的自然环境优美之处，回归自然，享受自然；也在城市、在繁华的街区、在各种主题公园，领略当前的流行时尚和物质文明。

即便是同样的自然景观，人们的欣赏方式与以往的旅游者相比，也发生了较大的变化。以往的旅游者更多地是观赏自然中的青山绿水、风景名胜，现在的旅游者情趣多样化的同时更多地表现为回归自然，希望全方位地认识自然、了解自然。面对人迹罕至的大漠荒原、充满惊涛骇浪的大洋深处、湍急汹涌的激流险滩，现代的旅游者勇于进取挑战，表现出探索大自然的勇气，尝试着以不同的审美视角去观赏自然。他们对于自然的态度也有很大的转变，不再追求征服自然，而是崇尚自然、向往自然，旅游之际注意保护自然的环境，遵循生态原则，恪守环保意念，不去损害旅游对象和周围环境，关爱自然生命，维护自然的和谐美。

（四）旅游审美表现出文化跨越性特征

由于人们日常生活的范围有一定的时空限制，产生了特定的不可及性和特定意义上的"距离"，对异地异域的自然景观、异质文化产生憧憬。对于不同地域的旅游景观产生的理想化的联想，激起人们外出旅游的欲望。现在人们的旅游审美活动，大多不是在自己生活的区域进行，而是异地观赏。人们欣赏的是其他地域、其他民族或其他国家的自然景观、文化风貌。这里与他们日常熟知的一切有许多截然不同之处，往往引发人们的好奇心和探求欲，因而人们选择的旅游目的地具有明显的文化跨越性特征。当然，随着社会的发展，人们对自身所处环境的依附性变小，借助于便捷的交通，旅游的范畴更加广泛，不再囿于中国一地、停留于观赏中国的旅游景观，而是将审美视野扩大到世界，文化的跨越性特征更为明显。

（五）现代旅游审美注重于文化的倾向

现代旅游审美作为一项大众化的文化消费活动，其审美倾向更重视文化内容。不仅重视旅游景观的外形所带来的美的感受,而且注重旅游景观所具有的文化内涵。旅游者外出旅游时接触、观赏、体验到异地、异质的文化,其审美视野得到调整。旅游审美的范畴变得宽泛化,既有对高雅、古典艺术的欣赏,也有对通俗、现代文艺的欣赏;既有对自然山水、艺术的纯美观照,也有对民俗旅游景观的欣赏,特别是对民俗景观、民族歌舞、民俗文化表现出更为浓厚的热情。关注文化不仅欣赏中国的文化景观,而且观赏异国他乡的文化景观。通过旅游,促进了不同的文化相融合。外出旅游改变了旅游者的生活节奏,也淡化和消除了日常生活中的烦躁感、枯燥感。群体内外部组织的各种活动增进了对旅游目的地的文化了解,使旅游者主动学习其他文化。旅游者与目的地的居民通过沟通交流,实现文化传播。

第三节　旅游美学思想的溯源

近现代美学倡导用心理实验和心理分析的方法来研究审美关系和审美活动,使心理学美学发展成为一个学派。心理学美学中的代表性学说"移情说"、"内摹仿说"、"审美距离说"等对在旅游审美中确立旅游观赏方法及分析旅游观赏的心理特征起着重要的指导作用。

一、移情说

(一)移情说的产生

"移情"是在艺术活动中经常出现的现象,从古至今许多美学家都注意到并分析过这种现象。对这种移情现象作出真正的理论概括是德国学者费肖尔父子。"移情说"在西方近代古典主义哲学中曾占有重要地位,而将移情这一美学概念应用到普通心理学中去则是 19 世纪末以来的事情。

德国的洛慈(1817 年—1881 年)曾对移情现象作过这样的描绘和解释:"我们的想象每逢到一个可以眼见的形状,不管那形状多么难驾驭,它都会把我们移置到它里面去分享它的生命。这种深入到外在事物的生命活动方式里去的可能性还不仅限于和我们人类相近的生物,我们还不仅和鸟儿一起快活地飞翔,和羚羊一起欢跃,并且还能进到蚌壳里面分享它在一开一合时那种单调生活的滋味。我们不仅把自己外射到树的形状里去,享受幼芽发青伸展和柔条临风荡漾的那种欢乐,而且还能把这类情感外射到无生命的事物里去,使它们具有意义。我们还用这类情感把本是一堆死物的建筑物变成一种活的物体,其中各部分俨然成为身体的四肢和躯干,使它现出一种内在的骨力,而且我们还把这种骨力移置到自己身上来。"洛慈在这里已指出移情现象的主要特征,把人的生命移置到物和把物的生命移置到人,所差的只是他还没有用"移情作用"这个名词。

最早把"移情"作为一种美学观念提出来的是德国学者费肖尔父子。其主要观点是:美并非事物固有的客观属性,而是人的意识活动的结果,是主体把自己的感受、情感和思想注入对象使之染上主观色彩的结果,因而美根源于主体的移情活动,美感的核心本质也就是移情现象的发生。显然,在费肖尔父子那里,移情观念已大体上确定了。

把"移情"提高到科学形态的是活跃于 20 世纪初的德国美学家、心理学家立普斯(1851 年—1914 年)。立普斯的《论移情作用,内摹仿和器官感觉》(1903)、《再论移情作用》(1905)是移情论美学的集大成之作,建立了美学理论上有重大影响的一个学说。有人把美学中的移情说比作生物学中的进化论,立普斯甚至被尊称为"美学史上的达尔文"。立普斯原是一位心理学家,翻译过英国休谟的《人性论》,他的移情说有受到休谟的同情说影响的痕迹。他的研究对象主要是几何形体所产生的错觉,他的移情说大半以这方面的观察实验为论证,这也足以说明他继承了费肖尔的衣钵,因为费肖尔也是着重研究空间形象感觉的。一个多世纪过去了,移情说并未减少它的理论魅力。在中国,自 20 世纪 30 年代朱光潜先生的《文艺心理学》评介该学说以来,接受此说的人也很多。

所谓"移情作用"是指人在聚精会神地观照一个对象(自然或艺术作品)时,由物我两忘达到物我同一,把人的生命和情趣"外射"或移注到对象里去,使感情变成事物的属性,使本无生命和情趣的外物仿佛具有人的生命活动,达到物我同一的境界。有了这种情感(如:悲花、悯草、伤心木等)的艺术表现手法,使本来只有物理性质的东西也显得有人情。也就是把我们人的感觉、情感、意志等移置到外在于我们的事物里去,使原本没有生命的东西仿佛有了感觉、思想、情感、意志和活动。"移情作用",通俗地说,就是指人面对天地万物时,把自己的情感移置到外在的天地万物身上去,似乎觉得天地万物也有同样的情感。这种经验,很多人都有过的。如杜甫"感时花溅泪,恨别鸟惊心",描写的就是这种情感。当然,花不会掉泪,鸟也不会惊心,只是杜甫将自己的悲欢移情到花鸟的身上。这样使得花鸟更接近人、更亲切,因而显得更易理解。

立普斯在《空间美学》一书中所讨论的具体的例子:希腊建筑中道芮式石柱。道芮式石柱支撑希腊平顶建筑的重量,下粗上细,柱面有凸凹形的纵直的槽纹。这本是一堆无生命的物质,一块大理石。但是立普斯在观照这种石柱时,它却显得是有生气、有力量、能活动的。他这样描述道:"在我的眼前,石柱仿佛凝成整体和耸立上腾,就像我自己在镇定自持,昂然挺立,或是抗拒自己身体重量压力而继续维持这种挺立姿态时所做的一样。"这种姿态,令人可喜,其内在充满生气的模样引人同情,从中能够再认识到自己的一种符合自然的和令人愉快的仪表。"所以一切来自空间形式的喜悦……一切审美的喜悦,都是一种令人愉快的同情感"。从物我关系上讲,"在对美的对象进行审美观照时,我感到精力旺盛、活泼、轻松自由或自豪。但是我感到这些,并不是面对着对象或与对象对立,而是自己就在对象里面","在它里面,我感到愉快的自我和使我感到愉快的对象并不是分割开来成为两回事,这两方面都是同一个自我,即直接经验到的自我"。

(二)审美移情说的要点

1.审美移情作为一种审美体验,其本质是一种对象化的自我享受

审美体验作为一种审美享受,所欣赏并为之感到愉快的不是客观的对象,而是自我的情感。审美主体用自己的思想感情去推断驱动对象外形的内在本质,就可以获得一个感官的对象,在审美享受的瞬间,把自我的情感移入到一个与自我不同的对象(自然、社会、艺术中的事物)中去,并且在对象中玩味自我本身。

2.审美移情的基本特征是主客交融、物我两忘、物我同一、物我互赠

移情和感受是不同的。在感受活动中,主体面对客体,主体与客体是分离的,其界限是清清楚楚的。但在移情活动中,主体移入客体,客体也似乎移入主体,常由物我两忘走到物我同一,由物我同一走到物我交往,于无意之中以我的情趣移置于物,以物的姿态移置于我,主客体融合为一,两者间已不存在界限。

3.审美移情发生的原因是同情感与类似联想

如前所述,移情的基本特征是物我同一、物我互赠,即物移入我、我移入物。但物我之间的同一、互赠、移入是怎样发生的呢?立普斯认为:审美移情不是起因于人的生理活动,而是起因于人的一种心理活动——类似联想。审美的人都具有同情心,即以自己在生活中体验到的某类情感,去类比、理解周围的看起来是同类的事物。这种同情,不但及于同类的人物,而且也及于生物、非生物。而这种对天地万物的同情感,即类似联想。

4.审美移情的功能是人的情感的自由解放

在立普斯等人看来,尽管移情不一定伴随美感,但美感则必定伴随移情。因为审美移情能给人以充分的自由。人的不自由常常来自人的自身,自身是有限的,它是自由的牢笼。可是在审美移情的瞬间,自身的牢笼被打破了,"自我"可以与天地万物相往来,获得了自由伸张的机会,"自我"与天地万物的界限消失了。在审美移情的瞬间,人的情感从有限扩大到无限,审美移情的体验包含了心灵的丰富化、开阔和提高。

立普斯的"移情说",侧重于对主体心理功能的体验,把主体的感觉、情感等

提到了审美对象的地位,揭示了美感中包含了审美主体的心理错觉等美感心理
规律。

二、内摹仿说

(一)内摹仿说的产生

内摹仿说是关于美和审美本质的学说,是移情说的分支,以主观唯心主义作
为哲学基础。该学说的创始人是德国的谷鲁斯(1861年—1946年),英国的浮
龙·李也是该学说的重要代表。谷鲁斯是一位从心理学观点出发去研究美学的
德国学者。他所提出的"内摹仿说"不仅受到立普斯的"移情说"的影响,而且受
到席勒"游戏说"的影响。主要著作有:《动物的游戏》、《人类的游戏》、《美学导
言》、《审美的欣赏》。在他的著作中表达出这样的观点:艺术创造和欣赏都是"自
由的活动",游戏也是"自由的活动",艺术和游戏是相通的。而摹仿和游戏都是
人的本能,也是艺术活动和审美活动的重要因素;但审美活动和艺术活动并非简
单的摹仿或纯粹的游戏,而是一种表现为"内摹仿"自由的活动。

谷鲁斯认为在一般审美活动中,游戏和摹仿总是密切联系在一起的。他说
一般知觉的摹仿大半外现于筋肉动作,看见别人发笑,自己也笑;看到别人哭,自
己也会哭;看到他人踢球,自己也不敢放出声;听到寺庙里的钟声,人的肌肉也会
一紧一松地模仿其节奏。审美的摹仿大半内在而不外现,只是一种"内摹仿",即
人在内心里摹仿外界事物精神上或物质上的特点。谷鲁斯曾说:"例如一个人看
跑马,这时真正的摹仿当然不能实现,他不愿放弃座位,而且还有许多其他理由
不能去跟着马跑,所以他只心领神会地摹仿马的跑动,享受这种内摹仿的快感。
这就是一种最简单、最基本也最纯粹的审美欣赏了。"内摹仿不仅把自我投射到
对象中并与之合为一体,而且把主体的摹仿冲动精神化,以便分享他人的情绪。
内摹仿可以是知觉的摹仿,比如看见圆形物体,眼睛就依循物体作一个圆周运
动,这是谷鲁斯所论述的;也可以是内脏器官的反应,这是浮龙·李主要论述的。
如观看一个花瓶,瓶是左右对称的,两肺的活动因而左右平衡,随着瓶腰由左右
向外从细到粗到细,再到瓶颈时变粗,两肺随之作吸气、呼气、吸气运动等……内
摹仿的运动知觉集动作和姿势的感觉、轻微的筋肉兴奋、视觉呼吸器官的运动于
一体,这种运动知觉是审美活动的核心,也是审美情感发生的心理机制。后来谷
鲁斯对自己的内摹仿说有所修正,承认内摹仿并非审美情感的唯一源泉。

内摹仿活动是美感的基础,甚至可以说是美感本身。只有能产生内摹仿时,
才有审美愉快。内摹仿是美感的关键因素。内摹仿说表达了审美主体和客体相
互影响产生美感的思想,有一定影响。

"内摹仿说"的合理处在于肯定并且强调了人在审美时的心理因素,注意到

主体心理因素在审美活动中的重要作用;不足之处在于过分强调了生理、心理作用,如此很容易把人的美感、审美等等同于动物的条件反射。

（二）"内摹仿说"和"移情说"的异同

谷鲁斯的"内摹仿说"和立普斯的"移情说"有相似之处。谷鲁斯把这种"内摹仿"看作审美活动的主要内容,正如立普斯把"移情作用"看作审美活动的主要内容。不过立普斯的"移情作用"并不完全排斥"内摹仿",谷鲁斯的"内摹仿"也不完全排斥"移情作用"。朱光潜说过,"谷鲁斯认为'内摹仿说'是美感经验的精髓,其实就是移情作用"。两人只在侧重点上有所不同:立普斯的"移情说"侧重的是由我及物的一方面,谷鲁斯的"内摹仿说"侧重的是由物及我的一方面。这相当简明扼要地说出了"内摹仿说"的真正定义。由于侧重点不同,"移情说"和"内摹仿说"就显出一些重要的差异。

三、审美距离说

（一）布洛的"心理距离说"

"心理距离说"是瑞士心理学派美学家布洛关于审美本质和艺术本质的理论。布洛1912年发表了《作为艺术中的因素和一种美学原理的心理距离》一文,用"心理距离"解释一切审美现象,提出了著名的"心理距离说"。它是布洛在对实验美学批判的基础上所创立的,在现代西方美学史上影响很大,是人所共知的心理学美学的一个重要分支。

"距离"一词的本义是对空间和时间而言的。在空间中某一点到另一点之间间隔着一个长度,这一长度即空间距离;在时间进程中某两个不同的时间点存在一定的间隔,时间相隔的长度叫做时间距离。

值得注意的是,时空距离有利于审美态度的产生。时间距离、空间距离是美的塑造者。在现实生活中,我们观看空间中的某一事物时,会有"横看成岭侧成峰,远近高低各不同。不识庐山真面目,只缘身在此山中"的现象。太近看不清事物的全貌,过分注重细节;太远模糊不清,无法分辨出事物的特征。只有在适当的空间距离观看,方能获得美好的感受。一般的山体从近处看平淡无奇,但你若登上高山往下俯瞰,就是另一番景象。正如宋代诗人杨万里在诗中描绘的:"登山俯平野,万壑皆白云。身在白云上,不知云绕身。"平常的山体,放到一定的距离之外,得到诗化、美化,变得多么动人。时间距离中的事也是这样,尘封已久的事则易淡漠,难以让人激动;刚刚经历的事又过分真切,功利关系牵涉太多,不能超然物外,也难以唤起美感。只有在适当的时间距离上回忆才会变得美好起来。

但是,布洛"心理距离说"中的"距离",不是指上述时空相隔的长度,而是指心理的距离。这里所谓的"距离"是指一种在结构特征上与时空中的距离有某些相似之处的心理事实。布洛曾以浓雾之中乘船的人的心理状态为例来说明心理距离的作用。设想，海上起了大雾，这对正在船上的水手和乘客来讲，都是一件很糟糕的事。在茫茫雾海中，意味着隐伏的危机。水手因判别不清方位和信号，担心撞船和触礁，而使精神极度紧张，感到万分焦急；乘客则除了担心船出危险而恐惧外，还会因船速放慢耽误航程而心绪不宁，一切都因这场大雾而变得心情烦躁不安，哪怕轻微的颠簸都会引起极大的恐慌，最有修养的人也只能做到镇定。但是布洛又说，假如水手和乘客暂时忘却海雾所造成的麻烦，忘却危险性所带来的忧闷，换个角度去看雾，把注意力转向"客观地"形成周围景色的种种景物，用欣赏的态度把雾看成半透明的帷幕笼罩着平谧如镜的海水，会被眼前大雾弥漫的景象所吸引，那么海上的雾也能够成为浓郁的趣味与欢乐的源泉。看着那轻烟似的雾气笼罩着平静的海面，感受着天海相连的神秘意味等，得到一种愉快的审美体验。船处在雾海中所造成的远离尘世的沉寂，也能给人一种恬静、安宁、自由、快适的感觉，仿佛与世隔绝，这是很愉快的经验。

同一场景，却产生了完全不同的两种感受，这是怎么回事呢？布洛说：这是"由于距离从中作梗而造成的"。在前一种情况下，海雾与人们的现实功利态度叠加在一起，中间不存在"距离"，我们只能用普通的眼光去看海雾，所以，只能感受到海雾给我们带来的灾难。在后一种情况下，是使现象和现实的自我相脱离，允许人们站在个人的需要和目的之外去看待眼前的现象，海雾与人们的现实功利态度保持了一段"距离"，人们能够换另一种不同寻常的眼光去看海雾，所以能够看到海雾客观上形成的美景。

由此不难看出，事物的美与不美，是由审美时人们出现的一种奇特心理状态即审美态度决定的。布洛所说的"距离"，不是指实际的时空距离，而是一种比喻意义上使用的"距离"。这种距离的插入，是靠自己的心理调整而实现的，所以叫做"心理距离"。

布洛区分了在审美知觉中可能出现的三种距离，即过远的距离、过近的距离、适中的距离。

距离过远，审美主体与审美对象发生不了共鸣，得不到审美效果，充其量只是冷眼旁观。由于不理解或其他原因造成看不清、听不清，就像没有了欣赏美景的洞察力和听懂音乐的耳朵，囿于个人的想象和深思之中，就如人们难以对浩瀚的天空作出具体审美活动一样。

距离过近，也就太实际了，常把日常现实与审美对象紧密联系起来，搅在一起分不开，不能产生不同于实用态度的审美观照、审美欣赏，因而不能产生美感。如在现实生活中人们看到险峻的高山，便想到既没法耕种，也不适宜居住，产生不了美感。

所以只有距离适当,适当的距离往往在最近距离与最远距离两者之间的一些点上。在这一个"若即若离"的距离范围内,既不使因距离过远而无法理解,也不使因距离消失而让实用动机压倒审美享受,这样审美主体在面对审美对象时才能获得美感。保持适当的心理距离,以非功利的审美态度来看待审美对象,实现审美主体与对象间的感情交流,促成美感的发生。如旅游者外出旅游,刚到达一个城市时觉得一切都是新奇的,别有一番美妙的感受,因为新环境还未变成实用的工具,人们没想到银行、剧院在哪儿(此为适当距离),以非功利心态对待审美对象,尽量欣赏周围的美的景色。

(二)心理距离说的主要观点

1.心理距离使情感转化为审美享受

美感是由于审美主体和审美客体之间插入了审美距离才产生的;这种距离不是时间距离,也不是空间距离,而是一种心理距离。心理距离本质上说是审美主体要排除占有欲,以非功利心态对待审美对象,不以占有欲望对待审美对象。这种心理距离既可以使对象无法与现实和自我直接关联而呈现出其本色,也可以使主体因为摆脱了自身与对象的认识关系和功利关系而形成审美观照态度,使审美主体的情感转化为审美对象的特征进而获得审美享受。

2.恰当的心理距离产生美感

在审美活动中,心理距离并不意味着审美主体与审美客体之间不存在融合倾向。恰恰是审美的心理距离同时要求审美主体与审美客体保持"切身"的关系,这种关系中包含审美主体对审美客体的浓厚感情,即审美主体与审美客体之间的心理距离不能太远;如果审美主体与审美客体之间没有切身关系,客观事物引不起审美主体的注意、情感,也不能产生美感。

3.心理距离可以发生变化

无论在艺术创作过程中,还是在审美鉴赏过程中,心理距离都可以发生变化。它既取决于审美主体保持心理距离的能力,也依赖于审美对象的特征;一旦心理距离消失了,那么,审美主体的美感也就随之烟消云散。

布洛的"心理距离说"抓住了审美的某些规律,尤其是对于审美态度的研究有一定的独到之处,具有实用价值。旅游者外出旅游可以主动调整心态,暂时改变自己的社会角色,从利害关系的参与者变为没有什么利害关系的旁观者,使自己与生活在其中的现实世界拉开一段心理距离,从而获得好的审美体验。

思考与练习

1.怎样认识美学的本质?

2.历来的美学家对美的本质的认识有哪几大学派？

3.怎样评价历代美学家提出的关于美的本质的代表性学说？

4.什么是美感？美感的社会根源是什么？

5.美的形态有哪些？试举例说明。

6.什么是自然美？它有哪些特征？

7.怎样看待"人化自然"与自然美的关系？

8.简要说明自然美、艺术美和社会美的主要内容。

9.什么是旅游美学？它与哪些学科有联系？

10.现代旅游审美活动的特征是什么？

11.何谓"移情说"？请举例说明旅游审美中的移情作用。

12.简述"内摹仿说"的内容。

13.何谓"审美距离说"？用事例说明在旅游审美中的心理距离的功用。

第二章　旅游美学的历史积淀

本章提要

　　旅游美学的历史积淀反映在美感内容随社会的发展逐步丰富和深化方面。自然崇拜、原始巫术对美感初步形成起着重要的中介作用。伴随着自然物开始由生活背景转换成具有审美意义的自然存在，人们的审美感受趋于雏形状态。人们的审美意识在慢慢觉醒，在先秦时期出现了"比德"的审美观，在魏晋时代人们的审美感受从"比德"发展到"畅神"。随时间的推移，人们对自然景观美的把握越来越深入，在游记、诗文、山水画理论文章中流露出山水自然审美意识形成了旅游审美的优化积淀。而当代人在继承前人审美观点的基础上进一步发展，其审美情趣表现为回归自然。

第一节　审美意识雏形时期

一、对自然的崇拜

　　远古时代，在生产力极度低下和科学文化极度缺乏的客观条件下，原始人无法理解自然现象，如日出日落、风雨雷电、惊涛骇浪、洪水猛兽、鸟兽鱼虫、生老病死等。原始人对巨大的自然事物或自然现象的感受由惊异、畏惧、依赖、感恩等情绪所构成。自然界中旷大幽远的景象、磅礴巨大的气势、变幻莫测的时空,使他们感觉到无此类经验,使之产生对自然的崇拜和无限的憧憬;但洪水、地震、暴风等不时发生的自然灾害又使他们束手无策。原始人感觉到自然现象表现出生命、意志、情感、灵性和神奇力量,会对人的生存及命运产生各种影响,因而产生了自然崇拜的心理,即崇拜天地日月、雷雨风云、水火山石等具体的自然物以及相应的神灵,而且具有近山者拜山、靠水者敬水的地域特色。据《山海经》记载:山岳之神魍龙、黄河之神河伯、闪电之神雷兽、飓风之神风伯、雨水之神雨师、太阳之神神曦、月亮之神常曦等等,原始人将这些神瘴视为自然的主宰加以顶礼膜拜。他们面对庞大而复杂的世界,对于一切不可理解的自然现象,都把它们作为自己崇拜的对象,对自己生存的自然环境中不可预测的力量产生了敬畏之情。为了感谢自然的养育之恩,为了趋吉避凶、禳灾祈福,于是敬畏就变成了崇拜。其中对自然力的崇拜,直接表现为对自然物体本身的崇拜。如:处于氏族社会的原始人相信本氏族起源于某一动物、植物或其他特定物类,并认为这种物类是其氏族的象征和保护者,因而对之加以特殊爱护并举行各种崇拜活动。而且原始人一般对这些物体持禁杀、禁食或禁止触摸等谨慎和敬畏的态度。

（一）山川崇拜

自然崇拜中以山川崇拜最为基本。特别是山岳的体量巨大,高耸入云,在地面上是距天最近的场所,理应是神仙异人们居住的地方,是人间通往天堂的联系通道。在《诗经·周颂》中记载"天作高山"。《述异记》说:"盘古氏头为东岳,腹为中岳,左臂为南岳,右臂为北岳,足为西岳。"《山海经》与《尚书》记载:九州之内约有400座山和300条河,在当时被尊为神山神水而广受膜拜。

山岳崇拜的表现形式有多种,其中之一便是封禅。在当时"封禅祭祀,祈风求雨"之风盛行,名山、大川被尊为自然神灵受到顶礼膜拜。其中东岳、西岳、南岳、北岳、中岳等"五岳",黄河、长江、淮水和济水等"四渎",均属于祭祀对象。据说,齐、鲁一带的儒生和方士认为,天下最重要的山为五岳,其中又以泰山为最高,居五岳之首。泰山最高,自然距离天最近,所以帝王应该登泰山之巅,筑坛祭天,称为"封";在山南的梁父山辟场地祭地,称为"禅",合称封禅。司马迁在《史记·封禅书》中引《管子·封禅》说:"古者封泰山,禅梁父者七十二家。"东汉哲学家王充在他的《论衡·书虚》中也说:"为王太平,开封泰山,泰山之上,封可见者七十有二,纷纷湮灭者,不可胜数。"司马迁从《管子》中找到名字的是十二位,他们是:无怀氏、伏羲氏、神农氏、炎帝、黄帝、颛顼氏、帝喾、尧、舜、禹、汤、周成王。这些人大都是古代比较强大的部落首领,是传说中的人物。

正史有确切记载的第一个行封禅礼的是秦始皇。封禅是一种祭祀性的礼仪活动,"封"是在泰山上堆土为坛,在坛上祭祀天神,报答上苍的功绩;"禅"是在泰山下扫出一片净土,在净土上祭祀土神,报答后土的功绩。载入史册的封禅从秦始皇开始,秦二世、汉武帝、汉光武帝、汉章帝、汉安帝、隋文帝、唐高宗、唐玄宗、宋真宗等帝王,都曾到泰山登封告祭、刻石记功。其中汉武帝七次东巡登封。中国历史上最后一次封禅泰山的皇帝是宋真宗。元明以后改为祭祀。需要说明的是,后世的这种封禅是告成功于天,以强调帝王统治权力的礼仪活动,区别于先前原始的自然崇拜。

（二）原始巫术

原始巫术对审美意识的初步形成起了重要的中介作用。原始巫术和图腾崇拜都起源于"万物有灵论"。原始人处在生产力极度低下和科学文化极度缺乏的客观条件下,无法理解自然现象,把自然力人格化,把它看成与人一样有生命、有意识、有灵魂的东西。原始社会,福祸是要趋避的,鬼神的意旨是要推究的。要趋吉避凶,要探究神旨,他们用的是两种方法:一种是用祭祀来奉承,取悦于神;一种是用巫术来探测神旨。

原始民族都经历过一个巫术统治的时代,巫术观点及活动曾渗透到人类生产和生活的一切领域,以至于艺术活动也成为巫术的一个组成部分。

英国著名人类学家爱德华泰勒在他的《原始文化》第四章中指出,"野蛮人的世界观就是给一切现象凭空加上无所不在的人格化神灵的任性作用……古代的野蛮人让这些幻想来塞满自己的住宅、周围的环境、广大的地面和天空"。在原始人思维中的"万物有灵论"和巫术信仰,使他们不能区分客观与主观,凡是他们所经验之事、感觉、思想、梦幻甚至记忆,他们都认为是实在的、客观的。整个原始文化包括原始艺术活动皆受制于这种思维。

原始人认为,两物体如果有联系,必然会相互影响。而且只要其中之一受了外界影响,必然会传给另一个物体,反之亦是如此。这种观念来自"万物有灵论"。那时的人们物我不分、名实不分,认为万物同源,人有灵魂,所以万物也必然有灵魂。他们幻想通过一定的仪式把主体意志强加给客体的活动。五谷不登,通过祈祷可以使五谷丰登;狩猎不易,能通过禁咒,使猎物难逃。在实际的生活中某些偶然的因素,如有几次随意性的禁咒或祈祷,偶然奏效,或当时的时空条件与自然规律恰好吻合,于是,巫术便由自发到自觉,由个人行动转变为集体行动。如果说体力劳动是当时人类物质生产占统治地位的形式,那么,巫术在当时人类的精神生活中占统治地位。

原始巫术的运用范围很广,生产、劳动、战争、治病、丧葬等都渗入了巫术礼仪。这些缺乏成功把握的场合,正是巫术可以大显身手之处。狩猎巫术之所以盛行,是因为当时的人们想通过幻想的巫术手段来弥补现实狩猎手段的不足。

在欧洲史前洞穴岩画中可以观赏到画的内容多是狩猎动物。许多动物画像明显地有被反复改写及用矛枪之类加以戳刺的痕迹及符号,似乎是以此来预示狩猎的成功。

原始人所描绘的史前洞穴壁画中虽然有许多在我们今天看来是美丽的动物形象,但他们当时却是出于一种与审美无关的动机,即巫术的动机。欧洲史前洞穴岩画大多画在洞穴最黑暗、最难接近之处,有的岩画还画在距地面不到一米的岩石底部,要平躺在地上才能画出或观看这些画。这显然是在刻意寻求隐蔽性,并没有考虑观看的便利。

作为宗教意识萌芽的巫术观点,是与萌芽的审美意识各自产生并相互渗透、相互促进的。原始巫术的性质决定了其在审美意识产生初期的重要意义。

二、对自然的喜爱

自然在另一方面以其内在的功能给予人们生存所需,例如日月之光、风雨之惠、山水林木之无限宝藏,使人们对赖以生存的环境产生依附性和感激之情。自然景观对人类来说是与人们的生产活动密切相连的。石器时代的原始人其主要生活方式是采集和渔猎。原始人对自然景观的审美最先表现在对"石"、动物及其"骨"、"皮"、"羽毛"的认识和加工上。俄国的美学家普列汉诺夫曾注意到,一些以狩猎为生的部落,虽然他们的生活环境中不乏美丽的植物花卉,但从不用花卉来装点环境、打扮自己。其饰品多用"兽皮"、"牙齿"、"羽毛"等,表明以狩猎为主的生活将其审美的视野局限在动物的圈子内。法国西南部的科拉斯岩洞、西班牙北部的塔米拉洞窟中的壁画彩绘的是马、鹿、野牛和猛犸等动物的形象。我国的人类学家对山顶洞人的研究发现:山顶洞人佩戴兽牙来装扮自己,以显示出他们的英雄和智慧。兽牙很有可能是当时被公认为英雄的那些人的猎获物。每得到这样的猎获物,即"拔下一颗牙齿,穿上孔,佩戴在身上作标志",又因为犬齿"齿根最长,齿腔较大,从两面穿孔很容易穿透。另一方面犬齿在全部牙齿中最少,在食肉类动物的牙齿中也是最尖锐有力的","取最尖锐有力的牙齿更能表现其英雄"。[①]

正如西方美学家格罗塞在《艺术和起源》中所说:"原始装饰的效力,并不限于它是什么,大半还在它是代表什么。一个澳洲人的腰饰,上面有三百条白兔子的尾巴,当然它的本身就是很动人的,但更叫人羡慕的,却是它表示了佩戴者为了要取得这许多兔尾巴必须具有猎人的技能;原始装饰中有不少用牙齿和羽毛做成的饰品也有着同类的意义。"

---

① 贾兰坡.中国大陆上的远古居民.天津:天津人民出版社,1978:126~127

以后当原始人转入农耕生活后，当时的人们才感受到植物花卉美丽多姿。这样，植物的形象才用来装点生活。例如我国考古发现的彩陶装饰图纹中就描绘了许多植物、动物形象。这一切表明：原始人越来越喜爱自然物，并逐渐由起初单纯的实用对象演变为审美对象。随着人类实践活动的不断发展，人的认识日益提高，精神生活也开始丰富，其审美能力、审美情趣也在不断提高。山水等自然物开始由人们的生活背景转换成具有审美意义的自然存在对象。自然景观给人的审美感受趋于雏形状态。

第二节　比德的审美观

春秋以后，随着社会文化的向前发展，人们的审美意识在慢慢觉醒。人们的审美从起初对山川的原始崇拜到先秦时期发展为"比德"的审美观。

一、比德审美观的产生

"比德"是将自然的美与人的精神道德情操联系起来，以自然物的某些特征来比拟、象征人的某些美德。这是中国古代传统的自然审美观念。它认为大自然的品格是人类一切美好品德的母体。

人对自然山水的欣赏不能仅仅停留在外部形象上，而应从其神态中发掘内在的精神品质之美，使观赏者得到借鉴和陶冶，从而进入更高的精神境界。比德的审美观表现在：人对自然物的欣赏和赞美，是因为自然物的某些特征能够比拟、象征人的某些美德。通过对自然美的欣赏，使心灵和自然呼应契合，使情感得到抒发和满足。

最早提出"比德"这一概念的是荀子，在《法行》篇中他伪托孔子之言曰："夫玉者，君子比德焉。温润而泽，仁也；栗而理，知也；坚刚而不屈，义也；廉而不刿，行也；折而不挠，勇也；瑕适并见，情也；扣之，其声清扬而远闻，其止辍然，辞也。"

在这里对于玉的欣赏不再停留在玉的本身，而是把玉的光滑、润泽、纹理细腻、坚刚不屈等特点与儒家个人修养中的仁、知、义、勇等品质相类比，找到了玉与人的品质之间的契合点。

"比德"之说，后由孔子发扬光大，并正式确立。《论语》中就记载了孔子的很多这类言论，如"子曰：岁寒，然后知松柏之后凋也"（《论语·子罕》），"知者乐水，仁者乐山"（《论语·雍也》），表明了他的自然审美观点。因为松柏岁寒而不凋，后人就把它们比喻君子、英雄,寓以正直长青之意、崇高景仰之情。而后来的儒家在解释"知者乐水,仁者乐山"的含义时说,人们爱山爱水是因为山水有美德。山巍峨崇高、胸怀博大,为万人所敬仰;山安稳紧固,表示出志士仁人的敦厚;山里林木繁茂,蕴藏宝藏,繁殖飞禽走兽,它养育万物但无厌倦之意,好像志士仁人的品格气度,所以品德高尚的人爱山。水默默地灌溉大地,遵循从高处到低处的规律、浩浩荡荡,出入于险峻的峡谷也不畏惧,象征着志士仁人的无私品行,流动不息的水体现出志士仁人的聪明才智和探索精神。因为山水具有德、义、道、勇、公平、明察等多种品德,故而智慧的人喜爱山水。

孔子最早用人的道德内涵来比附自然现象的外观形式,并将人与自然的审美关系建立在这种伦理性的类比之上。他所说的这些话,体现出一种旅游审美观点。尽管是片言只语,却对后世产生了很大的影响。这一思想后来经过历代儒家的发挥,成为内容丰富的"比德"说。这种"比德"性的审美观以后一直影响着中国人对自然美的欣赏。正如当代的美学家李泽厚先生所言:孔子在塑造中国民族性格和文化心理结构方面的历史地位,已是一种难以否认的客观事实。

比德审美观的出现,标志着人与自然审美关系的初步建立。人们感悟到具体的山水风物与抽象的智慧品德之间的象征性契合关系。对某种自然物的审美观照,是从人自身的伦理道德等社会观念出发,将自然物的外观特征伦理化、社会化、人格化。因为自然的一些形态特征与人的品格相通,用自然物来象征、比喻人的精神品格,从而使自然物成为人格美的隐喻或象征。

《诗经》中脍炙人口的"昔我往矣,杨柳依依,今我来思,雨雪霏霏",《孔子家语》中的"芝兰生于深林,不以无人而不芳;君子修道立德,不为困穷而改节",周敦颐《爱莲说》中的"出污泥而不染,濯清涟而不妖",这些都体现出比德的审美心理,表明着重从人的伦理道德的观点去看自然现象,把它看作人的某种精神品质的表现与象征。

二、"比德"的审美价值

从现代人的观点来看,"比德说"无疑存在缺陷。它有牵强附会之处,也有忽略自然山水形象美、形式美的倾向。但这并不掩盖它的审美价值。

(一)比德学起寓教于游的作用

"比德说"使人们的山水意识从山川崇拜中解脱出来,将神化的自然转变为人化的自然,把人性美(人的道德情操之美)与山水之美有机地结合起来,强调人和自然的互相交流,把自然之美和人的精神道德联系在一起,有助于旅游者在领略自然景观美的同时,更自觉地接受人格操守的陶冶,起到寓教于游的效果,这对提高旅游者的文化修养、道德水平起着积极的作用。

（二）比德说引导人们发现自然景观的象征美

比德说对大自然精神意义的发掘和推崇，总是沉淀在人们的审美心理中，时时启发人们去发现自然景观的象征美。自然美的根本属性，不是自然物的自然属性，而是自然物所象征、比拟的社会性。比德说有助于人们在欣赏自然山水时越过表面现象去寻找山水的内在蕴藏，并且为后代的艺术家从更高更深的层次探究山水之美开辟了道路。中国人对山川之美不仅注意其色彩、线条、形态之美，更注重其蕴含的意境、格调、气韵之美。好的山水要具备诗情画意，具有丰富的寓意。这种艺术眼光是与"比德说"有密切联系的。

（三）比德说使中国的自然景观得到了"人化"

以自然山水的某些形态特征与人的道德情操之间的相通作为契合点，把二者相比拟，为将理性的社会内容强化为人的内在人格找到了感性依托，借自然的感性审美力量，将自然事物的属性人格化。千百年来，随着人们不断用比德的眼光去注视、欣赏某些自然景观，久而久之，这些自然景观仿佛被刻上了人的道德情操的印记，自然景物作为人的精神品质的象征而存在，使自然之美和精神之美融合在一起，从而具有比一般自然物更高的价值。例如，梅、兰、竹、菊不是普通的植物，而被誉为"岁寒四君子"。梅花疏影横斜的风韵，清雅宜人的幽香，独步早春而不同于寻常花木。特别是梅花的精神，剪雪裁冰，一身傲骨，浩然正气，令人赞叹。兰花生长在深山幽谷之中，不与群芳争艳，即使无人，也依然含苞吐露，芬芳四溢，被称为"天下第一香"。竹子不但具有千姿百态的形象，更蕴含了一种悦志悦神的意境。竹子高风亮节的风格，给人一种情趣、一种激励、一种启示。菊花不与百花争艳，而在百草凋零的季节里傲然凌霜，独吐幽香，内含民族气节。

泰山是天下山岳之首，雄踞于齐鲁大地，是标记着中国封建社会的统一与繁荣的神圣之山。在文化上更具有一种崇高感、浓厚感、博大感。泰山已同黄河、长江、长城一道成为中华民族的一个象征。如果我们不了解这些积淀在自然景观中的文化内容，就不可能真正揭示这些自然物的价值。

阅读材料 2—1　知者乐水，仁者乐山

比秦始皇更早到泰山的，据说是孔子。现在每个登上泰山的人都会看到一处石碑，上面写着"孔子小天下处"。当然，谁也不会相信这就是孔子登览过的地方，但是，"登泰山而小天下"已成为名言，大家都认为孔老夫子说得有道理，站得越高，望得越高，望得越远嘛。

比这句话更有影响的是孔子在水边说的一句话："逝者如斯夫，不舍昼夜。"用现代的话来说，就是：光阴像水一样流逝，不论是白天黑夜。这句话虽然平凡，却能引起人们的共鸣，它也属于这位哲人因山水而产生的睿智。

孔子还有一段关于山水的话就使人费解了。他说:"知者乐水,仁者乐山;知者动,仁者静;知者乐,仁者寿。"山水和仁知,一个是自然现象,一个是精神现象,怎么能扯到一起去呢?原来这是以孔子为代表的儒家特有的思维方式。汉代刘向在《说苑》中载有孔子和他的弟子子贡的一段对话。子贡问孔子:君子为什么见到大江大河一定要驻足观看?孔子答道:君子用水来比附德行。你看水遍流到各处,没有私心,像德;它使万物生长,像仁;它按规律向低下之处流动,像义;它的深处难以测量,像智慧;它一心奔向深谷,像勇敢;它虽然柔弱,却无处不到,像明察;它对任何不好的东西都不拒绝,像宽容;它把一切不干净的东西都洗清了,像用善良去教化人;它始终保持平面,像公正;它盛满了以后就不再进入了,像有度量的人;河流再怎么曲折,总是向东流,像坚强的意志……这一段话是不是汉代人的伪托,姑且不论,但是这种把山水人间道德相联系的"天人合一"思想,却对后人有相当的影响。儒家哲学是一种道德哲学,它把天下万物都看作有善恶的道德属性,都可以导向道德的思考,这种思想落实到山水之上,就必然出现"知者乐水,仁者乐山"的说法。

但这种说法不过是比喻,是象征,人们既可以给山水套上道德的外衣,也可以利用山水的道德外衣来文过饰非。十六国时代前凉国的张天锡,是个淫佚奢靡的昏君,史书上说他"数宴园池,政事颇废"。他手下有个官员叫索商,上书劝谏,他却回答得十分巧妙:我并不是喜欢到外面去游览,游览的目的是为了得到启发:看到早晨花开就会敬重优秀的人才,赏玩芝兰就会爱护有德行的大臣,看到松竹就会思念有贞操的贤者,面观清流就会重视廉洁的行为,看到蔓草就会鄙视贪秽的官吏,遇到飚风就会痛恶凶狡之徒。这样引申下去,触类旁通,发扬光大,就不会在道德和政治上有什么遗漏了。——真是说得天花乱坠,表面上却与孔子以山水比附道德的说法似乎无甚区别。由此可见,伪道学与真道学虽然内心不同,口吻倒是一致的。当然,孔子本人也未必时时处处都把自然山水与道德说教结合得那么紧密,他也是一个有血有肉有情感有性情的人,而且比一般人更率真、更深沉。我们不妨看一看《论语》中一段著名的对话。孔子一日同子路、曾皙、冉有和公西华四个得意门生在一起,询问他们各有什么志愿。子路说想要治理一个"千乘之国";冉有说他只想领导一个小国家;公西华则更谦虚,说自己的才能有限,只能学习一些宗庙祭祀时当赞礼人员的工作。唯有曾皙在一边不开口,不停地弹奏乐器。孔子一再问他,他才说:我的志向是在暮春之时,约几个同伴到沂水去洗澡,并且到舞雩坛的树林中乘凉;然后一面唱歌,一面归来。想不到孔子对此大加赞赏,并且说:我与你一块儿去!——我相信,这时子路、冉有和公西华站在边上一定惊讶得目瞪口呆,心里想:老夫子,你怎么啦?

对于这个问题,后代的儒生们议论纷纷,但只有宋代的朱熹在他的《四书章句集注》里似乎搔到了孔子的痒处。他说,这就叫做"人欲尽处,天理流行,随处充满,无少欠缺"。表现上看来,曾皙不过讲的是到大自然中去洗澡、乘凉、歌咏之类的日常行为,但是他胸襟开阔,悠然自得,言外之意是"天地万物,上下同流,各得其所"。对于这样从容而开朗的精神境界,孔老夫子怎么会不"叹息而深许之"呢?

孔子一生讲"仁"、讲"礼",无非是希望社会和人事都能和谐统一,各安其位,各得其所。他强调的"君君、臣臣、父父、子子",也就是希望保持一种自然而和谐的社会秩序,因而他十分美慕大自然有秩序地运行,在无言之中显示出高度的统一。所以,他要进一步把和谐的自然与和谐的社会在哲学的高度上统一起来,在崇高伟大的山川自然中见到崇高伟大的人间道德。他的这种追求也是崇高伟大的。难怪司马迁用《诗经》赞美他道:"'高山仰止,景行行止。'虽不能至,然心乡往之。"

而后世的那些陋俗却破坏了山水自然本身的和谐之美,硬把那些不相干的道德训诫强加给大自然,甚至把一些自欺欺人的文字镌刻在名山胜水之处,这就令人望而生厌了。倒不如后代的村夫子将《论语》中曾皙的那段话翻译为:"二月过,三月三,穿上新缝的大布衫。大的大,小的小,一同到南河洗个澡。洗罢澡,乘晚凉,回来唱个《山坡羊》。"真是理解得妙不可言。

（商文敬.中国游览文化.上海:上海古籍出版社,2001:8~11）

第三节　畅神的审美观

一、畅神审美观的形成

以庄子为代表的道家基于与儒家不同的宇宙观和对人生意义的不同看法,形成了对天然美的推崇,可以说是畅神审美观的雏形。道教讲究人对宇宙天地、大自然生生无穷、运作不息的大道的感悟。"道"被看成"虚无",是宇宙之终极、天地之本源,是超时空的永恒存在。同时,又是其运作变化之动力,有"道生一、一生二、二生三、三生万物"之说(《老子·四十二章》)。道教认为"道"是宇宙的主宰,包含于一切事物之中,又超越于一切事物。"道"包含了物质世界和精神世界的全部内容,是天地万物的本原和宇宙的原动力,是至高无上、具有神秘力量的人格化的神。道家所提倡的就是对这种宇宙大道的感悟,通过感悟大道从而实现对宇宙本体的认识,感受大的自由。

"畅神"的自然审美观与这种悟道思想相一致,表现为内在精神上的领悟,人的内在精神完全浸润于自然之美中。"神与物游"融合在淡泊而又生机盎然的大自然中,体悟到无言之美、逍遥之趣、无上妙境。在人与自然的和谐之中寻求一种无限与永恒,实现心灵的超越与自由。

道家在对待自然美上,认为天地之美是客观存在的,它们按照自己的自然本性表现自己,人们应该顺应自然,不要以外力去强行干预,改变自然。对于自然应以一种超功利、无目的、非思辨的态度与之自由交往。就好似儿童做游戏一样,除了自己当时获得快感满足以外,无其他任何目的。《庄子·知北游》中说:"天地有大美而不言,四时有明法而不议,万物有成理而不说。圣人者,原天地之美而达万物之理,是故至人无为,大圣不作,观于天地之谓也。"庄子这段话的意思是说:自然界有自己的运行规律。天地、四时、万物都按照自身规律造就了自然界的和谐而生生不息。它们并不是为了和谐之美而有意为之,但在客观上都是大美。自然而然造成的美才是真美。

二、畅神说的完善

畅神学的进一步完善是在魏晋南北朝时期。魏晋南北朝时期大部分时间陷于战乱,国土长期分裂,朝代频繁更迭,社会剧烈动荡,世族地主的统治极端腐朽,生产力不断遭受战争的严重破坏,人民生活陷于深重苦难之中。但另一方面文化思想异常活跃。传统儒教失去它原有的维系人心的力量,玄学思想风靡一时,外来的佛教在中国土地上获得广泛传播和狂热信仰,因而成为中国历史上一个少有的思想活跃的时代。处在动荡不安的社会之中的文人士大夫们由于政治风云变幻莫测而对现实世界感到绝望,为了明哲保身躲避灾祸而寄情于山水之间,把心中的不满吐向大自然,滋长了隐逸思想。他们寻求各种精神寄托,或清谈玄学,或寄情山水,或羡慕神仙,或玩世不恭,或恣意声色。多种多样的精神享乐,无拘无束的个性发展,给这一时期审美的发展创造了良好的条件。以至于当今的学者赞叹道:"汉末魏晋六朝是中国政治上最混乱,社会上最苦痛的时代,然而却是精神上极自由、极解放,最富于智慧、最浓于热情的一个时代,因此也就是最富有艺术精神的一个时代。"

当时社会极度动荡,政治频频分裂,使人感受到"人生若尘露"。在这种状况下人们认为:尘世间的功名利禄、祸福是非蒙蔽了人的本性,只有投身自然,超脱尘世,返璞归真,才能恢复内心的平静,享受人生的乐趣。为了处世避祸、对抗黑暗,崇尚无为、浪迹山水成为当时的风尚。

在人与山水的关系日趋密切的情况下,人们对山水自然美的认识大大深化了。虽然儒家的"比德说"仍然还产生着影响,但人们已开始自觉地追求自然美。自然山水园、自然山水诗、自然山水画以及山水文学在这一时期兴起。大自然的山山水水成为文人士大夫游览的对象,他们尽量地欣赏自然美,尽力地描摹自然美。而且人们更多地注意到山水自然的感性美、形式美的特征,再不仅仅把它当作某一抽象道德概念的象征了。同时人们开始把对自然山水美的观赏与人的内心体验结合起来,从主客体的对立统一关系来把握山水之美的特征。

"畅神说"是南朝山水画家宗炳提出的。宗炳(公元 375 年—公元 443 年),字少文,南阳人,好琴书,善书画,精于玄理,是当时著名的画家、哲学家。他所作的《画山水序》是我国早期山水画理论的代表作,其中也有丰富的自然审美思想。宗炳在论山水画时强调一个"道",论及道与山水的关系时说:"圣人含道应物,贤者澄怀味象。至于山水质有而趣灵,是以轩辕、尧、孔、广成、大隗、许由、孤竹之流,必有崆峒、具次、藐姑、箕首、大蒙之游焉。又称仁智之乐焉。夫圣人以神法道,而贤者通,山水以形媚道,而仁者乐。"讲的是山水画家要置身于自然,与山水为友,感受自然。大自然给人的美感享受是畅神,再现自然美的山水画给人的美感享受也是畅神。宗炳提出了"澄怀味象"的自然审美观。澄怀是审美的目的,是澄清胸怀中一切世俗之念,做到虚静、坐忘,在自然山水的忘情游乐之中,获得生命的激情和超然,得到心灵的愉悦。味象是审美的手段。味即品味,它要求人们在欣赏自然山水时要有想象、联想,激发出审美情感,在自然山水中寻找到与人的内在心灵性情相通相融的精髓所在,能超越自然山水形体的局限,领略包含在山水之中的情趣,使心灵在自然山水中获得完全的舒展自由。

从此以后人们开始以真正审美的眼光来欣赏自然。自然山水不再只是道德的比附物,而是亲切的充满生机与活力的自然物。

畅神是中国审美传统中,通过对自然美的欣赏,使心灵和自然呼应契合,使情感得到抒发和满足,精神为之一畅。它所看重的是自然本身足以令人舒畅愉悦的审美价值,而不是被人为地加上去的道德伦理价值。

畅神说比先秦儒家的"比德说"前进了一大步,将审美的境界提到了一个新的高度。"畅神"自然审美观是一种完全意义上的审美,它肯定了人们可以从自然物中直接获得审美的满足。

畅神自然审美观强调自然审美中品味的重要性,主张欣赏者观察、探究、想象、联想、思索、鉴别等主体意识的积极参与,重视把握自然山水的意象美、整体美。这些观念无疑开拓了人们自然审美的思路,为人们深入了解山水之美开辟了新的途径。

三、魏晋南北朝时期的旅游审美活动

与魏晋南北朝时代相适应,也与当时流行的三大哲学——玄学、道教、佛教相呼应,产生了三种新型的旅游方式——玄游、仙游、释游。

(一)玄游

魏晋时代,随着传统儒学的失落,产生了玄学。玄学是崇尚自然、强调理性思辨的哲学观。玄游的主角是代表不同阶层利益的玄学家,他们执著于不同的思想观点和追求,漠视功名利禄,清谈玄理,寄情景物,极力推崇高情远志、名流风范,"以玄对山水",主张从自然山水中领悟"道"。他们既追求"庙堂"之上的尊荣,又追求山林隐士的美名。他们痛恨现实政治和名教礼制,思慕老庄逍遥游,崇尚远离尘世而栖息山林,寄情山水田园自然风光,寻求具有玄妙氛围的自然环境,参悟玄机,印证玄理,领悟无上的妙境。于是社会上逐渐形成游山玩水之中陶冶自然之情、自然之性的浪漫风气。这种逃避现实、浪迹山水、陶醉于自然之中,寻求超越、解脱、怡情的旅游方式即为玄游。

东晋的大书法家王羲之所组织的兰亭聚会"流觞曲水","畅叙幽情",是魏晋南北朝历史上规模最大的一次玄游集会。王羲之在《兰亭集序》中记载:"永和九年,岁在癸丑,暮春之初,会于会稽山之兰亭,修禊事也。群贤毕至,少长咸集。此地有崇山峻岭,茂林修竹,又有清流激湍,映带左右,引以为流觞曲水,列坐其次,是日也,天朗气清,惠风和畅,游目骋怀,信可乐也。"王羲之等四十余位社会名士为修禊事,在会稽山西南十余里的山麓群贤聚集,沿清溪两侧排开坐定,流觞曲水。流觞是在一条曲折的小溪上放置一托盘,上载酒杯顺水漂流。上首第一人为主人,出诗题,命韵脚。每当酒杯漂到一个人面前停住,此人便要及时联上一句。若应对不出,便要罚酒三杯。一边赏景观水,一边作文吟诗。"一觞一饮","游目骋怀",深感快意。王羲之写下了流芳百世的《兰亭集序》。后来王羲之离开官场,"与东土人士尽山水之游,弋钓为娱。又与道士许迈共修服食,采药草不远千里,遍游东中诸郡,穷诸名山,泛沧海",成为东晋最著名的玄游家。

(二)仙游

仙游是当时人们为追求成仙得道而辗转奇山异水的一种旅游活动。

道教酝酿于东汉,雏形于魏晋,形成规模于南北朝。道教以成仙得道、返璞归真为宗旨。认为一个人可以用各种方法修炼,修到长生不老而变成神仙,最后达到与天地同辉、日月同寿的境界。所以特别重视人与自然的相融关系,认为神仙都是居住在风景秀美、环境幽深的奇山异水之中。因此,许多道人为了长生不老、羽化成仙而搜集方术,为采炼灵丹而遁迹深山幽谷、海滨海岛,成为"仙游大家"。

陶弘景是南朝出类拔萃的仙游家。陶弘景自幼聪颖,不到 20 岁便在朝廷任职,后来辞官隐居在句容县的句曲山。梁武帝即位后,礼聘他下山从政,陶弘景执意不肯。后来遇国内大事不能决断之时,梁武帝会亲自去山中咨询。所以当时人们称之为"山中宰相"。皇帝问及句曲山有何种东西使之如此着迷而不出山时,陶弘景用一首小诗回答道:"山中何所有,岭上多白云。只可自怡悦,不堪持赠君。"表达了自己只愿隐居山中而不愿做官的决心。在隐居的日子里,志在山水,向往自然。《南史·陶弘景传》中记载:"遍历名山,迅访仙药,身既轻捷,性爱山水,每经涧谷,必坐卧其间,吟咏盘亘,以能已已。"山川之美,让他游山成癖。他在给友人的信中写道:"山川之美,古来共谈。高峰入云,清流见底。两岸石壁,五色交辉。青林苍翠,四时俱备。晚霞将歇,猿鸟乱鸣。夕日欲颓,沉鳞竞跃。实是欲界之仙都。"这种对自然的挚爱、对功名利禄的淡漠,是仙游倾慕之士的共同心态。

(三)释游

佛教于汉代传入中国,经过与中国传统思想文化的相互冲突、融合,逐渐发展形成具有中国民族特色的中国佛教。与佛教有关的传经、取经或居静修行、坐谈佛理或拜佛所展开的旅游活动即佛游。因佛教的创始人是释迦牟尼,所以又将其称为释游。释游又可分为异域来华释游及中国西行释游。

西汉末年,地处中亚的大月氏使者伊存取道丝绸之路来到中国。他旅居长安,口授浮屠经,成为佛法东传的第一人。之后,由丝绸之路来华释游的宗教旅行者不绝于道。魏晋南北朝时,来中国传教的异域僧人有安清、鸠摩罗什、达摩、竺法护等人。安清,本来是安息国的太子。父亲死后,让位于叔父,自己出家学习佛教,精通小乘经典等。后来到东方释游,传播佛教。于公元 148 年到达当时京城洛阳,并在此居住二十多年,将佛教经典译成中文,为佛教在中国传播作出了贡献。

与域外佛徒释游相对应,中原人迢迢西行求法的中国僧人有朱士行、竺佛念、法显、僧纯等,其中最著名的是法显。法显是东晋山西平阳郡武阳(今临汾)人,三岁即被送到寺庙为沙弥(小和尚)。他信仰坚决,聪明正直,又循规蹈矩,因而被称为"志行明敏,仪规整肃"。公元 399 年,当时已 65 岁高龄的法显西去天竺,取经求法。他和其他四人一起从西安出发,沿河西走廊经敦煌,出阳关,进入著名白龙堆沙漠,狂风一起,黄沙遮天蔽日。法显等人冒险前行,依靠堆堆白骨辨别道路,经过 17 个昼夜,行走 750 公里路程,终于闯过了这道令人生畏的"沙关"。之后,他们经鄯善、焉耆,斜穿过东西长 1000 公里、南北宽 500 余公里的塔克拉玛干大沙漠。那里没有水草,气候无常,白天酷热难忍,夜里穿着皮裘还不能御寒。法显等人整整走了 35 天才死里逢生,来到于阗。其中的艰难,都浓缩于法显记下的"所经之苦,人理莫比"。在于阗这一当时佛教在西域的中心,法显一行停留了三个月,考察佛教情况、佛教遗迹,观赏了宏大的佛教仪式,然后翻越了"其道艰阻,崖岸险绝,其山唯石,壁立千仞,临之目眩,欲进则投足无所"的葱岭(天山、喀喇昆仑、兴都库什三道山脉交汇的帕米尔高原古称葱岭),进入古印度境内。他们学习当地的语言,遍访佛教圣地,并在古印度最高学府学习三年。法显等人的释游前后用了十多年,游历了三十多个国家,可以说是历尽了艰险。他们后来于公元 411 年取道狮子国(今斯里兰卡)回到中国。法显将旅行途中的所见所闻写成类似于游记的专著《佛国记》,是中国和世界重要的旅游文献,也是世界公认的著名旅行游记。

阅读材料 2—2　庄子旅游思想

庄子旅游思想主要有这样几个方面的内容和特点:

1."道法自然"的旅游氛围

"道法自然"是庄子哲学总的特征,也是庄子旅游总的特征。庄子认为,美在自然,天放而成,天机独得。泽雉,"十步一啄,百步一饮",何等悠闲,倘若蓄乎樊中,"神虽王,不善也"(《养生主》);"鸟,栖之深林,游之坛陆,浮之江湖",何等逍遥,倘若"御而觞之于庙","鸟乃眩视忧悲,不敢食一脔,不敢饮一杯,三日而死"(《至乐》)。庄子旅游思想强调的是感性的自由、意识的超脱,即庄子所说的"法天贵真"、"返璞归真"、"天趣自然"。庄子说:"素朴而天下莫能与之争美。""道法自然"、"天趣自然",是庄子旅游思想的主旋律。

2.鲲鹏图南的远游精神

庄子时代,生产力水平不十分发达,各项旅游设施和旅游条件都非常落后,旅游基本上局限在一般人所熟悉的行动范围内。那里不仅交通条件极差,甚至连最基本的食宿条件都不具备。"适莽苍者,三餐而反,腹犹果然,适百里者,宿舂粮;适千里者,三月聚粮"(《逍遥游》)。旅游不仅要忍受肉体上的饥饿和痛苦,而且还要冒着生命危险,所以,古人常常是谈"游"色变,视旅游为畏途。

庄子不然,他是浪漫主义者,总是以大无畏的英雄气概,执著地追求着远游生活。《庄子·逍遥游》通过"鹏程万里"、"青云直上"的寓言,表现一条"北冥"之鱼化作大鹏鸟,万里远游来到"南冥"途中的时空感受和远游经历,说明为人一世,远游经历的重要。同时,他还通过对昆仑之神和海上神山的渲染,来表达他对域外世界的向往,传递出他渴望到域外世界远游的信息。

庄子渴望远游,但在当时对外部世界还知之甚少的情况下,毕竟路途茫茫,非常人常力所能胜任。为了摆脱这个困境,庄子展开了丰富的想象,设计勾勒出了一个又一个超乎常人常力的旅游真人、神人和至人,以满足他的远游梦想。

《庄子》中的真人、神人、至人,都能"不食五谷,吸风饮露;乘云气,御飞龙"(《逍遥游》),"大泽焚而不能热,河汉沍而不能寒,疾雷破山而不能伤,飘风振海而不能惊"(《齐物论》),即不受任何旅游条件限制。旅游既突破了条件的限制,远游也就由理想变成现实。于是就有了庄子的"四海之外"、"尘垢之外"、"无何有之乡"、"圹埌之野"、"大莫之国"的域外世界之游。

庄子的远游理想和远游追求,在他那个时代,近乎类于痴人说梦,但正是这种怪诞奇异的尘海之中放大的影子,透露出了庄子远游精神的光辉。

3.性命兼修的旅游养生思想

古代社会,人们终日忙忙碌碌,煞费苦心,上层者或图名利或谋禄位,下层者或图生存或谋温饱,很少得到清静和健康。庄子对当时的人生曾有过这样一番极其悲观的描绘:"一受其成形,有化以待尽。与物相刃相靡,其行进如驰,而莫之能止,不亦悲乎!终身役役而不见其成功,恭然被疲而不知其归,可不哀邪。"(《齐物论》)因不满这迫厄的现实,庄子要"经举而远游",要"修道而养寿"(《史记·老子韩非子列传》),秉承原始巫教的生命为狂,整个地融入狂热的自由和长寿的追求之中。

庄子旅游养生思想包括"食气"、"养形"等内容。食气,即我们今天所说的气功导引术。庄子认为,气是人的生命的基本构成,是世界万物、所有生命的始原,将气这个生命的本源纳入身体之中,就能使人长生不老。《周易参同契》说"术士服食之,寿命得长久"。吐故纳新、吸风饮露,要有良好的自然环境,于是为探幽寻胜、找寻物华天宝,或为求寻吐故纳新养生术的合适的自然环境的养生旅游,大规模地发展起来了。《逍遥游》描绘的"肌肤若冰雪,绰约若处子,不食五谷,吸风饮露。乘云气,御飞龙,而游乎四海之外"的藐姑射山上旅游得道的神人和《大宗师》中的"其寝不梦,其觉无忧,其食不甘,其息深深"的真人等,就是庄子在对自然山水和田园景物的爱恋中,通过人与自然在情感上的合一来与大自然融为一体的旅游养生思想的具体体现。

4.虚静的旅游方式

虚静是"道"的特性,《老子》说"致虚静,守静笃","道者,虚无平易,清静柔弱"(《道原》)。庄子继承和发展了老子的"道"的理论,以虚静为纲,强调清心寡欲、恬淡无为。

虚静既是庄子"道"的特性,是"天地之本"、"万物之本",那么,受庄子之"道"熏陶和影响的庄子旅游也以虚静为纲;用庄子的话说,叫做"居而闲游,则江海山林之士"。

庄子虚静旅游方式和旅游思想,可以从三个方面获得佐证:(1)虚静是庄子旅游审美观照的前提条件。如《逍遥游》就是以"至人无己,神人无功,圣人无名"

作为"乘天地之正,而御六气之辩以游无穷者"的前提和条件。三句话中,尤以"无己"为关键;无己,则自然无功、无名。(2)虚静是庄子最常见、最基本的旅游方式。《庄子》中的旅游,都是些隐逸、散漫人的个体行为,极少场面较大的群体行为。(3)虚静是庄子旅游的本质和特性。庄子的"心斋"、"坐忘"在于体"道",在于与"道"为一。庄子旅游也是为了体"道",为了与"道"为一。庄子以寄意自然达到人与自然的沟通为旅游最高境界,以产生虚静的心境和超然物外的解脱之感为旅游最终目标,以能聆听风壑万籁之声、体验四时变化之景、洞穴探幽等作为最佳旅游环境,时时处处都体现了庄子崇尚虚静的旅游方式和旅游思想。

5."小国寡民"的旅游思想

庄子崇尚的是"道"的原始生命力,也即像婴儿一样,回归"天下之母"的怀抱,回归"道"的境界,回归"小国寡民"的远古社会。庄子曾不止一次地说"通乎物之所造"(《达生》)、"浮游乎万物之祖"(《山木》)、"游心于物之初"(《田子方》)、"上与造物者游"、"独与天地精神往来"(《天下》)。庄子理想中的旅游胜地和旅游模式,是一种归于本根的"小国寡民"的纯自然世界,是一种谁也说不清的"无何有之乡"、"广莫之野"。庄子的旅游要求,不在有人工景点,而在万物的原有之姿,即自然的自然。"小国寡民"所特有的神秘、原始、奇特、自然、幽僻,是庄子理想的旅游模式。

6.神与物游的旅游审美

神与物游,是中国传统的旅游审美方式和审美思想。神,是指宇宙万物生成变化的神奇莫测,或者说是对宇宙万物生成变化的神奇莫测的最高概括。在庄子那里,主要是指人的精神,即审美主体。庄子说,"臣以神遇而不以目视;官知止而神欲行"(《养生主》),即属此类。物,主要是指自然景物,即审美客体。神与物游,不仅是审美主客体的统一,而且还是实现这种统一的心理活动,贯穿在中国古代的全部旅游审美活动之中。

庄子是中国古代"神与物游"旅游审美方式和旅游审美思想的创始人。庄子旅游审美方式主要是一种主体直觉的旅游审美方式。《秋水》记庄子与惠子游于濠梁之上的那场著名的辩论,实际上是一场代表不同的旅游审美方式的辩论。

在这场辩论中,庄子所代表的是以无用为用、忘我物化的艺术境界;而惠子所代表的是"遍为万物说",以"善辩为名"(《天下》)的理智精神。两人对于同一的濠梁旅游之乐,实采取了两种不同的态度,庄子是以恬淡的感情与知觉,对鱼作美的观照,因而使鱼成为美的对象。"鱼出游从容,是鱼之乐",正是庄子对于美的对象的描述。而惠子是以认识判断来看庄子的趣味判断,惠子之"知",是认识之"知"、理智之"知";而庄子"我知之濠上"之"知",是孤立的知觉之"知",即美的观照中的直观、洞察。所以,体现在《庄子》中的旅游审美方式是一种直观、抒情,以追求自由心境为主体的旅游审美方式。庄子旅游,强调和追求的是游于人世之上、自然之上、万物之始的审美情趣。

7. 逍遥游的旅游哲学

庄子旅游,果然是出于审美的要求,但更主要的恐怕是为了逍遥与超然,即追求主观精神上的自由,也即庄子所说的"逍遥游"。钟泰《庄子发微》说"唯逍遥而后能游"。"逍遥",既是庄子旅游的条件,又是庄子旅游的目的。因为不逍遥、不自由,所以庄子要旅游。但现实中的旅游总是有条件限制的,这一点庄子自然明白,所以,庄子的逍遥游并不一定要在现实中实现,而是身在尘世中,精神却投向宇宙、自然,与造物者为友,独与天地精神往来。这就是庄子提倡的"游心乎德之和"、"乘物而游心"的思想遨游和精神漫游。由此可见,庄子旅游哲学上是一种"逍遥游"旅游哲学,它所强调和追求的是逍遥与超然,即排除客观世界,只限于主观精神的自由的思想遨游。

8. 豪迈奔放的旅游风格

庄子在诸子百家中有其独特的旅游风格。如果说,庄子的文章,想象丰富、气魄宏伟;庄子的性格,深幽飘逸、天放卓群;那么,庄子的旅游风格就是豪迈奔放、潇洒浪漫。

《逍遥游》记"鲲鹏南游","怒而飞,其翼若垂天之云,击水三千里,扶摇而上九万里",气势雄伟,浩渺壮阔。《秋水》写"秋水时至"河伯望洋兴叹,气贯长虹,一泻千里。《田子方》描述"列御寇为伯昏无人射","登高山,履危石,临百仞之渊",警辟奇险。

庄子豪迈奔放的旅游风格,还表现在他企图控扼宇宙观万物的决心和信心上。《齐物论》:"天地与我并生,万物与我为一";《天下》:"独与天地精神往来而不敖倪于万物";《大宗师》:"彼方且与造物者为人,而游乎天地之一气",踌躇满志,出语惊人,充分显示出庄子企图控制身心,驾驭和游历整个自然界的大无畏气概。

综上所言,庄子旅游思想、旅游风格和旅游特征,可概括为这样的几句话:环绕"道"的氛围,追求时髦和奇特,富有幻想,轻视传统,喜爱冒险,强烈要求变化,憧憬人迹未至、稀奇古怪的旅游胜地。

(沈祖祥.旅游与中国文化.北京:旅游教育出版社,1996:47~54)

第四节　旅游审美的优化积淀

　　中华民族有喜好山水游的历史传统。自然之美,是人们旅游欣赏的主要对象。山水是大自然中最美的部分,文人雅士在游历祖国大好河山、充分领略山水之美以后,喜欢舞文弄墨,总是以诗文、游记,甚至以画的形式,记录下自己的游览感受,出现了许多以旅游美学研究方面为主的文章、著述。文人雅士寄情于山水之间,漫游于五湖四海,考察研究山水等自然景观之美,将同大自然精神与感情的交流中孕育出来的山水自然审美意识,写进文字之中,有人还将这种审美经验上升为理论。中国古代尽管没有旅游美学专著,但在浩瀚的哲学、文学、艺术学、地理学著作中留下了对自然美及其内涵、对人与自然之间的关系进行研究的丰富的美学思想。这些对后世游记文学的发展有着深远的影响,对推动旅游景观的审美历程、丰富旅游景观的审美功能产生了重要的作用。

一、文人漫游

　　文人雅士大都喜爱游山玩水,他们对旅游活动有一种发自内心的审美渴求。在人生得意之际外出旅游,以怡情爽心,增加生活的乐趣,并向大自然抒发自己的胸怀;在人生失意的时候也去旅游,通过寄山托水,宣泄无尽的忧伤。游山玩水之后将漫游过程中的所见所闻、所思所想写成游记,在文中借山水抒发感慨。同一类山水景观,被不同的作者描述得新颖别致、情趣各异。他们笔下的种种奇异景观,都是大自然的神奇造化,也是他们审美观念与审美情趣的外在表现。他们写下的游记大大丰富了旅游审美文化。

　　东汉人马第伯所作的《封禅仪记》,记述光武帝封禅之事,较为生动地描述了泰山的险峻、攀登泰山的情形和沿途所见的壮丽风光,被认为是现存最早的游记文字。

　　最早写游记的是谢灵运,他写有《游名山志》(虽未列入作者的诗文总集,但可以从《初学记》和《太平御览》中看到一些片断)。这些是我国山水游记的始祖,所以一般认为文人旅游始于南朝诗人谢灵运。他在任永嘉太守时,就曾游遍当地名胜。他后来"称疾去职",返回故里,常与几位好友寄情于山水之中,啸傲风月,积旬累月地四处游玩。他还为登山专门制作了"康乐屐",上山时则去其前齿,下山时去其后齿,使登山始终如履平地。后人称之为"谢公屐"。他在旅游中,对山水景物观察细致,体验深刻,领悟独到。《登池上楼》、《山居赋》、《石门岩上宿》就是其中的名篇。谢灵运善于运用敏锐的观察力,从山水的千变万化之中捕捉大自然的美丽。他写的旅游审美诗中很多叙事、写景、抒情三者结合,给后人留下许多写景名句。他的旅游审美诗像一幅优美的图画,有很高的审美境界和艺术魅力。谢灵运是我国早期山水诗开创者中最杰出的代表。

唐宋两代,游记文学步入了成熟与发展的时期。这一时期从游记写作形式、内容到语言手法都有较大的创新与发展,许多表现山水主题的题记、铭文、诗序、书信已形成了具有独立意义的游记散文,移步换景、即景抒情、借景议论等表现手法都被运用于其中。

唐代大诗人李白是我国古代最杰出的游美大家之一,他"一生好入名山游",从"十五学神仙,仙游未曾歇",到62岁逝世于旅途。他的一生基本是在四方漫游中度过的。

李白青年时代曾游历蜀中,到过险峻的剑门关,登上过秀丽的峨眉。他开阔了视野,写下了最早的旅游诗篇。后又辞别亲友,仗剑远游,足迹遍及大半个中国。《渡荆门送别》就是李白25岁出蜀时所作。诗中写道:"渡远荆门外,来从楚国游。山随平野尽,江入大荒流。月下飞天镜,云生结海楼。仍怜故乡水,万里送行舟。"李白这次出蜀,由水路乘船远行,经巴渝,出三峡,抵宜昌,流连于荆楚,凭吊襄阳诸葛亮的故居,游览赤壁古战场,登黄鹤楼、岳阳楼,泛舟洞庭湖之中,在湖北、湖南一带楚国故地游览。这首五律旅游诗,意境高远,风格雄健,形象奇伟,想象瑰丽。诗句对整个长江中下游数万里的山势与水流的景色,给予高度集中和艺术概括。李白瞧不起一般读书人所热衷的进士科考,希望通过在四方漫游,通过写诗作文张扬名气,一旦在社会上扬姓播名,就有机会一登卿相,大显身手。因而他将漫游作为实现人生理想的重要手段,漫游丰富了阅历,扩大了见闻,也练就了他诗人的气质。在漫游途中他游览观赏、触景生情、吟诗作文,旅游审美的热情始终高涨,写下了"飞流直下三千尺,疑是银河落九天","君不见黄河之水天上来,奔流到海不复回"等描绘赞美壮丽自然景观的不朽诗篇。

柳宗元,是中国第一个倾注大量心血写作游记的文人,创作了大量的记游写景、抒情寄慨的山水游记。他的《永州八记》与前人的游记有所不同,专写游观,在体裁上有创新,标志着古代游记的成熟。柳宗元的游记一方面通过亲身的观察发现美景,运用联想、想象深入的体会,悉心地鉴赏寻味美景美感,运用简洁、准确、生动、细腻的语言,将那些易于被人们忽视和遗忘的自然景色鲜活地再现出来,给人一种身临其境的真切之感。另一方面他创作描写山水木石、鸟兽鱼虫的声色动静时,往往将自己横遭谪贬、饱受压抑的仕途感慨境况反映出来,表达出自己在政治上遭受打击之后,寻求精神解脱而又执着于现实的矛盾心情,托景寓情、借景言情,达到情景交融的程度。

金元两代历时不长,游记散文写作未曾中断,其中不乏优秀之作。明清两代也是古代游记散文繁荣昌盛的时期。这一时期的大多数文人学者喜爱山水游,创作了大量的风格多样的游记文章。

古代的很多文人、诗人,如王维、杜甫、孟浩然、欧阳修、王安石、苏轼、陆游、徐霞客、龚自珍等都有漫游山川的旅游审美经历和不朽的审美体验名篇,由他们所代表的中国古代游记文学,成为中国古典文学中一颗灿烂的明珠。其中如曹操的《观沧海》、王维的《山居秋暝》、杜甫的《望岳》、欧阳修的《醉翁亭记》、王安石的《游褒禅山记》、苏轼的《石钟山记》、陆游的《入蜀记》等为国内外旅游审美爱好者经常吟诵的脍炙人口的游记、诗文,这些都为旅游的审美体验积累了理论基础。

二、科学考察旅游

以科学考察为主要目的的旅游,最典型的有汉代的司马迁、北魏的郦道元和明代的徐霞客。司马迁是中国历史上杰出的史学家和文学家,也是突出的旅行家。他是西汉太史令司马谈之子,少时受其父熏陶,10岁能诵读古书。司马迁于公元前126年,他20岁时开始了第一次漫游。这就是《史记·太史公自序》中所说的:"二十而游江淮,上会稽(绍兴),探禹穴,窥九嶷(山名),浮于沅湘(屈原自杀处)。北涉汶泗,讲业齐鲁之都,观孔子之遗风……过梁楚以归。"这一次漫游,司马迁游览了江淮,到了会稽,探究了有关大禹的遗迹,考察了传说舜帝南巡死葬之地九嶷山,在当时长沙国的汨罗江畔凭吊了屈原,往北还游览了中国的大思想家、儒教文化的创始人孔子的故乡曲阜。在饱览山川名胜的同时,他也收集了不少史料和传说,还陶冶了情操。其后,奉武帝命令,他巡视了四川南部和云南边境,还随武帝从长安出发,往东到泰山举行封禅典礼。封禅之后,司马迁又随武帝"帅师巡边"北上,出长城,直到呼和浩特一带。

司马迁的这几次漫游,南到巴蜀、云南,西至陇海,北到长城内外,遍及大半个中国。所到之处,司马迁不仅游历了名胜风景,收集了史料、传说,增长了见闻,还接触了广大的民众,了解了民俗风情,完成了学术考察。在此基础上他撰写了由十二本纪、十表、八书、三十世家、七十列传组成的《史记》,被鲁迅称为"史家之绝唱,无韵之《离骚》"。

南北朝时期产生了一些带有学术性质的游记,在文章中除记载山川特点,还描述人物古迹、风土人情。其中的代表之作当数郦道元的《水经注》。

郦道元,北魏时范阳郡(今河北省涿州市)人,曾任安南将军、御史中尉等职。他为政清廉而严酷,吏民与权豪都颇为惧怕。郦道元的主要志趣在博览奇书,他喜欢游览祖国的河流、山川,尤其喜欢研究各地的水文地理、自然风貌。他利用在各地做官的机会进行实地考察,留心观察江河水道,访问当地长者,了解古今水道的变迁情况及河流的渊源所在、流经地区及风土文物。他还利用业余时间阅读了大量古代地理学著作,如《山海经》、《禹贡》、《禹本纪》、《周礼职方》、《汉书·地理志》、《水经》等,积累了丰富的地理学知识。通过把考察所看到的地理现象同古代地理著作进行对照、比较,他发现其中很多地理情况随着时间的流逝发生了很大变化。郦道元决定以《水经》为蓝本,以作注的形式写一本完整的地理学著作。为了写作此书,他搜集了大量文献资料,引用书籍多达 437 种,辑录了汉魏金石碑刻多达 350 种,采录了不少民间歌谣、谚语方言、传说故事等,还亲自实地考察,寻访古迹,追末溯源,以严谨、科学的态度写作《水经注》。郦道元的《水经注》,不同于一般的注释,实际是一部创作。《水经注》四十卷,是集当时地理学大成并且具有极高文学价值的巨著。《水经注》是我国古代重要的地理学专著,不仅具有很高的科学价值,而且也是我国山水文学的珍品,因它在描写山水景物上,取得了值得珍视的成就。郦道元文笔绚烂,叙事写物,简明生动,详细地记述了所经地区山陵、城邑建筑、人物故事、历史古迹、地理沿革,以至神话传说。

徐霞客是明代地理学家、旅行家、探险家、文学家。名弘祖,字振之,号霞客,南直隶江阴(今江苏省)人。因明末政治黑暗,不喜官场仕途,立志远游,考察祖国山河。从 23 岁起开始外出旅游,直到生命结束为止。足迹所到,北至燕晋,南及云、贵、两广,共 19 省(区)。徐霞客在考察大自然的过程中,三十年如一日,不管困难多么大,条件如何恶劣,他每天都坚持用日记的体裁,对沿途的风景名胜、地质地貌、水文气象、植物动物、民俗风情进行观察、思索,将调查研究的结果和自己的心得体会用优美的文笔记录下来。后经人整理,编辑成六十余万字的《徐霞客游记》。游记凝聚着地理学家的学识、旅行家的情怀、探险家的勇气和文学家的修养,成为我国传统文化宝库中的一颗明珠。游记不仅科学地记载了沿途风土人情,还涉及了广阔的科学领域,内容十分广泛、丰富。从山川河流、地形地貌的考察到奇峰、异洞、瀑布、温泉的探索;从动植物品种到手工业、矿产、农业、交通运输、城市建制的记述;还有民族关系和边陲防务的关注等皆有记载,收录了许多以前不为人知的东西。游记中有科学的记载,有生动的描述,也有抒情的一面。徐霞客漫游的过程中重实践、勤考察,不迷信书本知识和民间传说。他能够经常遵循科学的原则去认识和解释自然界中各种奇异现象。《徐霞客游记》为我国历史自然地理和历史人文地理的研究都提供了极其珍贵的资料,也开辟了地理学上系统观察自然、描述自然的新方向,具有很高的地理价值,在世界科技史上也占有重要的地位。

《徐霞客游记》不仅是一部地理学名著,还是一部享有盛名的文学佳篇;不仅有很高的科学价值,而且有很高的文学价值。祖国的锦绣河山、自然界的万千奇景,在徐霞客的笔下,犹如一幅幅线条清晰的山水画,又如一首首意境优美的山水诗,真可谓诗情画意兼备。写动态,变化万千;写静态,明丽清秀;写山,或峻险幽奇,或巍峨雄壮,令人目不暇接;写水,或碧波荡漾,或水清石寒,令人心旷神怡;如此种种,美不胜收。《徐霞客游记》文字优美,语言生动,景物形象而逼真,感情真挚而浓厚,表达深刻,感染力强,具有非凡的旅游审美价值。其洋洋洒洒六十多万字,流畅优美,人们读起来,如身临其境,深受感动,爱不释手,真不愧为脍炙人口的名篇佳作。

阅读材料 2-3　金沙堆观月记(宋·张孝祥)

月极明于中秋,观中秋之月,临水胜;临水之观,宜独往,独往之地,去人远者又胜也。然中秋多无月,城郭宫室安得皆临水?盖有之矣,若夫远去人迹,则必空旷幽绝之地。诚有好奇之士。亦安能独行以夜而之空旷幽绝,蕲顷刻之玩也哉!今余之游金沙堆,其具是四美者与?

盖余以八月之望过洞庭,天无纤云,月白如昼。沙当洞庭、青草之中,其高十仞,四环之水,近者犹数百里。余系船其下,尽却童隶而登焉。沙之色正黄,与月相夺,水如玉盘,沙如金积,光采激射,体寒目眩,阆风、瑶台、广寒之宫,虽未尝身至其地,当亦如是而止耳。盖中秋之月,临水之观,独往而远人,于是为备。书以为金沙堆观月记。

[译文]

月亮在中秋之夜最为明亮,在中秋那天赏月,以靠近水的地方为最佳;到水边去赏月,应当单独一个人前往;独身前去的地点,离开众人越远就越好。然而在中秋之夜往往看不到月亮,城邑和房屋又哪里能都建在水边呢?中秋有月亮而城邑房屋又在水边,如果要选择远离人迹的去处,那一定是空旷幽静、人迹罕至的地方;果真有喜爱猎奇的人,又哪里有人能够在夜间单独行走去到空旷幽静、人迹罕至的地方,求得片刻之间赏月的乐趣呢?现在我一人到金沙堆赏月,岂不是中秋有月、临水赏月、独身前往、远离众人这四个好条件全都具备了吗?

我在八月十五日这一天经过洞庭湖,天空没有一丝云彩,月光皎洁如同白昼。金沙堆处在洞庭湖和青草湖之间,突出水面有十仞高,四面环绕的水面,距陆地最近的都有几百里远。我把船停靠在金沙堆下,叫所有的书童和仆役都留在船上,独自一人登上金沙堆。这小岛上湖沙的颜色是一片纯正的金黄,和洁白的月光争相辉映;湖水好像一只巨大的白玉盘子,湖沙好像是黄金堆积,湖水和沙滩放射出明亮的光采,令人感到身上发寒、双眼发花。仙界的阆风山、瑶台和广寒宫,我虽然不曾亲身到过那些地方,想必应当也如同这里的境界而已。总之,中秋的明月、临水赏月、独自前往、远离众人,在这里全都齐备。于是写下这篇文章作为金沙堆观月的记载。

(贺葵.历代游记菁华.武汉:湖北人民出版社,1998:168~169)

第五节 当代人的审美情趣时期

随着生产的发展、社会的进步,城市化进程逐步加快,在都市生活的人们越来越多。现代都市生活工作节奏快,生存空间变得有限,人们必然感到失去了无限的自然空间。城市的紧张生活节奏使人们身心疲惫,喧嚣、烦杂、竞争激烈的城市生活使人们感到压抑。他们迫切要求利用闲暇时间,暂时离开城市转换生活环境。然而我们每一个人,无论是男女,还是老幼,对大自然都怀有一种特别的亲近感,渴望回归自然、走向自然、融入自然,去到那些受人类活动影响较小、自然生态环境保护良好、景色优美的地区旅游,摆脱世事的羁绊烦恼,沉浸于自然之中,体味人与自然环境和睦相处的生态美景所给予的舒畅之情。

自然表现出以下的种种生态美,让人们向往自然、走向自然、亲近自然。

一、活力美

生态美显示出来的一大特征是大自然充满着蓬勃生机,充满着生生不息的活力。

从科学的角度来分析,地球上的各种生物之间,以及生物与非生物间(水、气、光、热、岩石、土壤等)存在错综复杂的相互依赖、相互制约的有机联系,并构成一个生态系统。生态系统内通过能量转换和物质循环、系统的输入和输出构成动态平衡。大自然的生态美体现为以能量的持续流动来维持大自然中各种生物的生长发育、繁衍生息,使得大自然充满活力和盎然生机。绿色植物吸收太阳能,依靠叶绿素在光合作用过程中生产出具有初级能量的有机物质,养育着草食动物、肉食动物、杂食动物,维持生态系统的运转,使整个大自然充满生机。千姿百态、姹紫嫣红的花草树木显示出生命的活力之美,绿色植物春华秋实的季相变换表现出生命的运动与流逝。动物各自永不停息的生命的繁衍传承,骏马奔腾、蝶飞蜂舞、雁过蓝天、鱼游于水等动物的行为中,无不充满了生命的活力。人们似乎体察不到微生物的美,但从它将动植物碎屑和残体分解为元素和简单分子归还自然,再进入新的一轮能量的流动转换,在大自然中诞生新的生命,将死亡变成生命这一转换过程来看,也充满着新陈代谢的承续之美。因能量流动还使得一些无生命的生态因子——太阳辐射、大气、水等也参与到生命循环的过程中,仿佛这些无机的生态因子也具有了生命气息,使得整个地球洋溢着盎然生机。

反之,在我们长期生活的城市明显地感受到缺乏生态之美的滋养,目光所到之处无不是"水泥丛林",城市中大量的人口、大量消费以及废弃的不再利用的物质和能源、各种在短期内不能返回自然生态系统的能量转换过程的产品和难以分解的各种垃圾,引起人们的种种不适和痛苦,因而人们希望逃离这样压抑的环境,特别向往回归于自然的怀抱。人们一旦有机会进入优美的自然风景区,一种"久在樊笼里,复返得自然"的欣慰感就会油然而生。在对自然美的欣赏过程中,人的疲劳消除,由对美丽自然的热爱上升到对人生的向往,潜移默化地陶冶人的情操、寄托人的理想,以自然的美丽风光来荡涤城市的紧张单调,在对自然的欣赏中丢弃城市生活的喧嚣。

二、和谐美

大自然是一个精巧而复杂的生态系统。它的魅力,正在于树木、溪流、泥土、昆虫、苔藓、真菌等这些形态各异、纷繁复杂的万物在相依相存中的生生不息。生命与生命之间、生命与环境之间相互支持、互惠共生以及与环境融为一体而展现出和谐美。系统中不同的生物个体通过竞争求得生存。各种生物在生长过程中与环境达到协调发展,大自然充满着和谐之美。自然界的每一棵树、每一块石头、每一种动物,都已在此和睦地生活了几十年、几千年乃至几十万年。人是生态系统中的一分子,应该与大自然中的整个生命相连接,与自然万物同生共运。

现实生活中由于人们的急功近利,滥用科技的手段,试图摆脱自然的束缚,战胜自然、征服自然,迷恋于占有更多的物质财富,加速对自然界的索取和掠夺,造成了严重的生态破坏,人们的生存环境恶化,人与自然和睦相处的关系遭受损害。具体表现在:大气污染,全球每年释放二氧化碳达 220 亿吨,温室效应加剧。由于温室效应引起温度和雨量变化,使干旱和洪水频繁发生。地球臭氧层减少,这使紫外线对人类的危害加剧,患皮肤癌和白内障等疾病的人不断增加。土地退化和沙漠化,全球每年约有 700 万顷的耕地变为不毛之地。水资源短缺,污染严重,全世界每年有 2.5 万人由于饮用被污染了的水而致病死亡,12 亿人缺少安全饮用水。海洋环境恶化,全球每天往海里倾倒的垃圾和污染物多达数万吨,使沿海居民中患肝炎、霍乱等病例增多,使鱼虾和其他海洋生物减少。"绿色屏障"锐减,每年热带雨林面积减少 1700 万公顷,约占总面积的 0.9%,生物种类不断减少。目前地球上,每天有一百多种生物灭绝。垃圾成灾,全球年产垃圾一百多亿吨,绝大多数得不到有效处理。人口增长过快,对地球资源开发利用的速度赶不上人口增长的速度,对环境的影响和破坏日益严重。[①] 流经城市的河流已不再清澈涟漪,而是浊流滚滚,城市的天空不时被烟尘、沙尘笼罩。这些不仅影响人们的身体健康,而且还会对人们的心理造成无形的压抑。

当前人们的旅游审美指向原始森林、广袤的草原、无垠的大海,自然旅游、绿色旅游、环保旅游和生态旅游等诸多形式盛行。人们在山林、旷野、海滨等处领略大自然的野趣,欣赏和亲近久已疏远的自然物,有助于唤醒人类对已淡化的自然本源的回忆,返璞归真,敬畏生命,遵循生态原则,恪守环保意念,不去损害旅游对象和周围环境,关心自然、爱护自然,维护自然的和谐美、有序美、整体美,实现人自身与自然的交流,满足精神消费的需要,达到人与自然和谐共存。

思考与练习

1. 怎样理解原始巫术对人类美感的初步形成所起的中介作用?
2. 自然是如何与人的审美活动发生联系的?
3. 什么是"比德"审美观? 它怎样影响人们的审美活动?
4. "比德"的审美价值主要有哪些?
5. "畅神"审美观是怎样形成的?
6. 从谢灵运、陶弘景、法显等人的漫游中,谈谈宗教观念与旅游审美的关系。
7. 请分别说明什么是"玄游"、"仙游"、"释游"。
8. 试述徐霞客的科学考察旅游。
9. 简要说明旅游审美的历程。

---

① 田连波.旅游审美学.郑州:河南大学出版社,1997:166

第三章 旅游审美对象欣赏的方法原理

本章提要

本章首先分析了欣赏空间的构成。观赏位置不同时产生不一样的视点,如平视、仰视、俯视,其审美感受也随之变化。观赏的角度不同造成视野范围有所差别,所获得的美感是不同的。观赏风景时,观赏距离是影响能否获得最佳审美感受的重要因素。观赏距离有实际距离和心理距离之分。要获得好的观赏效果,还需要注意观赏时间的选择。掌握好观赏的位置、角度、距离、时间,就获得了欣赏景观美的初步能力。最后讲了动态观赏与静态观赏,并分析了直线景观的欣赏线路、园林景观的欣赏线路和自然景观的欣赏线路。

第一节 欣赏空间的构成

自然景观或人文景观,都会有一个最佳的观赏空间。"横看成岭侧成峰,远近高低各不同"表明同一景物从不同的位置、不同的距离去观赏,所获得的审美体验是不尽相同的。对于旅游审美对象的欣赏,从景观所存在的具有长宽高三维空间的基础上,还会发展延伸到四维空间。也就是说人们在旅游欣赏的过程中,会随着旅游者的动态进行不断地展开它的时间序列。时间在欣赏景观时,转换为第四维空间的特性。

一、观赏的位置

旅游景观具有空间的真实性,旅游者深入其中、身临其境地观赏成为可能。跋山涉水,漫步幽径,找一观赏佳处,由点到面,由局部扩展到整体,由近到远,由表及里,从不同的视点、角度、方位去观赏,获取不同的审美感受。

（一）视点

旅游者观赏景物时因视点不同,分为平视、仰视、俯视。

1. 平视

观赏时视线与地平线平行地向较远的方向延伸,头部不必上仰或下俯。

宋代的名画家郭熙在讲中国山水画取势时,曾总结出平视具有“平远”的观赏效果,他说“自近山而望远山谓之平远”,又说“平远之色有明有晦”,“平远之意冲融而缥缥缈缈”。

平视可以看远处的景色,欣赏开阔的旷景。如站在太湖岸边眺望烟波浩渺的水面时,可以用平视的视点观赏到“白浪茫茫与海连,平沙浩浩四无边”的旷美,这种水天一色、碧波帆影的景色使人心胸开阔,心旷神怡。

观赏黄山的雾海奇观也应取平视,正如徐霞客所描述的“时浓雾半作半止,每一阵至,则对面不见,眺莲花诸峰,多在雾中。独上天都,予至其前,则雾徙于后,予越其右,则雾出于左”,观赏到了“冲融而缥缥缈缈”的效果。

2. 仰视

当景物高大时,须抬头往高处仰望,才能获得满意的观赏效果。郭熙把仰视观景称为“高远”,他说“自山下而仰山巅谓之高远”,又说“高远之色清明”,“高远之势突兀”。

布达拉宫坐落在拉萨的红山上。它由红山南麓奠基,沿山而上,依势迭砌,从平地直达山顶,几乎占了整座玛布日山。从山脚仰望这座融宫堡与寺院合一的宫殿,只见层层殿堂,巍峨耸峙,辉煌夺目,分外壮观。

在园林中为强调景物的高大,常将视距有意安排得较近,观赏者要抬头才能看到全景,感受到景物的高大。如苏州留园的冠云峰高 6.5 米,是我国现存最高的独峰观赏假山。为突出冠云峰,从“林泉耆硕之馆”到冠云峰的水平距离小于6.5 米,因而观赏假山时需要仰视。且四周的建筑、陪衬的峰石都要比冠云峰低,这样就越发突出了假山高挑纤细的美丽。

3. 俯视

视点位置高,景物在视点的下方,观赏时要从高处往下观看的叫俯视。郭熙把俯视观景称为“深远”,他说“自山前而望山后谓之深远”,又说“深远之色重晦"，"深远之意重叠"。

泰山高耸于齐鲁大地，在泰山顶上看下面的群山，便有"登泰山而小天下"的感觉。在北京景山万春亭上看故宫，豪华宏伟的宫殿建筑群分为六个大小不同、纵横有别的空间，层层推进，逐步起伏产生高潮，以突出太和殿前雄伟壮阔的正方形广场。其壮美之极，令人叹为观止。

在实际的观赏过程中平视、仰视、俯视是有机地结合在一起的。在游览苏州拙政园中部假山时，看到"一池三山"的传统格局，池中的假山有高有低，有远有近。从东面看去，一山高过一山；从南面看，一山连一山；从西南看，一山压一山。用绘画的术语来说，分别是"深远之景"、"平远之景"、"高远之景"。

阅读材料 3—1　视力特点与观赏分析

一、竖直视角分析

摄影上有所谓全景、近景及特定镜头之分，同样，景观也有远眺、近赏及细品的区别。远眺是一种全景式的整体观赏，用于总览景观或建筑群体的全貌风姿；近赏是一种近景式的个体观赏，可以对某景物、个体建筑或建筑主体进行独立的审美活动；细品是一种特写式的细部观赏，用于窥视景物或建筑局部的形态、质感、纹样以及雕饰。

根据实测及经验，一般认为在平视条件下，当观赏距离 D 与平视以上的景物 H 不同比例时，观赏效果是不一样的。当 D/H＝3 时，也即观赏的视距是景物高度的 3 倍，观赏竖直视角（仰角）g＝18°，这是远观景物或建筑群体的基本视角；当 D/H＝2 时，g＝27°，视距是景物高度的 2 倍，这是近观个体景物或建筑主体的最佳视角；当 D/H＝1 时，g＝45°，是观赏景物局部或建筑特写的极限视角，此时，主要是品评或观赏建筑细部。不难看出，在这里，观赏点的选择是颇为重要的。观赏点应该选择典型的视点，它与人流路径有关，常常是人们易于短暂停留或驻足的地方。在自然景观面前有时因条件限制不宜选择最佳视点。在人文景观特别的观赏性建造物中，例如，建筑的入口、庭院的中心、廊下的柱间、台阶的踏步前，以及空间的结合部位等，都可以找到恰当的观赏点。有了观赏点，或懂得了观赏角度，就能动静结合地观赏。

事实表明，竖直视角以 18°、27°、45°相应作为基本的、最佳的、极限的视角，这是具有确定的客观价值的观赏视距视角。以观赏建筑为例，世界上许多优秀建筑都遵循这种视觉规律。如北京天坛，它的完美的空间关系历来都受到人们的肯定，其中一个原因不能不归结于它具有良好的观赏条件。天坛的祈年殿是一座具有三级须弥座的攒尖三重檐的圆形建筑。它有三个典型视点：第一是祈年门以它的柱廊及栏杆形成一个画框，框下了祈年殿全景的完美画面，这时的竖直视角刚好是 18°；第二个视点在庭院中央，观赏祈年殿的竖直视角正好是 27°，当人们从祈年门走向祈年殿经过庭院时，从此处能够获得最佳的观赏效果；第三个视点是在须弥座最上一层台基的边缘，其竖直视角是 45°，处于极限状态，此时人们的视线已被室内的景物及架梁彩画所吸引，视线很自然地就从观赏全景过渡到品味细部。

二、水平视野分析

为了获得广阔的画面，摄影常常借助于广角镜头，电影则用宽银幕替换窄银幕。观赏景观的视觉分析也要研究最佳水平视角，以便提高审美效果。根据科学测定，人眼的较好水平视角为 60° 左右，这与面阔与视距相等时的视线夹角 54° 是接近的。显然，这个水平视角与最佳竖直视角 30°，前者刚好是后者的两倍。这是因为，在平视条件下，最佳视角 30° 有仰角和俯角之分，其最佳竖直视野实际上就是总夹角为 54° 的视线范围。这样一来，竖直的与水平的最佳视角实际上相同。当然，这绝不是一种巧合。事实是，人们在平视条件下双眼和同视域实质是一个顶锥角为 54° 的圆锥体。因此，在视觉分析中，如果对景观进行 18°、27° 及 45° 的竖直视角校核后，最好在 27° 的相应视点上力争用 54° 的水平视角去分析研究，使其既满足竖直方向的 27° 仰角要求，又满足水平方向的 54° 视野的要求，成为观赏有关景观空间的最佳视点。

北京故宫建筑群的中心建筑是太和殿，为了衬托、对比及呼应等美学需要，在太和殿的周围，还对称地建有中左门及中右门、弘义阁及体仁阁、昭德门及贞度门。从午门到太和殿，基本上存在三个典型视点：第一视点是午门，按 54° 的水平视角望去，只见一条金水河上并列五座金水桥，重檐歇山顶的太和门居于构图中心，左右昭德及贞度二门恰好在视野之间，丰富的层次、严谨的布局，作为参观太和殿的前奏，确有引人入胜的吸引力。第二视点在太和门，从此处观赏太和殿刚好又是 54° 的水平视角，巍峨的太和殿及中左中右二门，全部被纳入图画。主体在观赏中，既不觉其散漫，也不感到局促，真是恰到好处，十分得体。由于午门到太和门的距离小于太和门到太和殿的距离，根据 54° 的视觉要求，昭德及贞度二门的间距因而比中左中右二门的间距小。第三视点处于弘义阁与体仁阁前横向轴线和故宫的纵向轴线的交点上。从这个登临太和殿三重大台基之前的视点观赏太和殿全貌，水平视角正好是 54°，竖直视角恰好 18°，充分体现了观赏角度的合理性。

三、视力敏感度分析

一般情况下，人眼的视力功能（视距和视野）具有生理的局限性。在平视情况下，人眼的明视距离也即人与物体的距离在 25 米（或 80 英尺，合 24.4 米）左右时才能产生亲切感，这时可以辨认出建筑细部和人脸的细部，可见墙面上粗岩面质感。仅从视力所及而言,人站在一广场中,向四周望去,其空间的最大距离不应超过 450 英尺(137 米)。当超过 137 米时,广场周边建筑物墙上的沟槽线角消失,透视感变得接近立面。就巨大的广场而言,主体的清晰视力只及广场的部分。事实上,当广场尺度超过某一限度时,广场越大给人的印象越模糊,其中各区域的关联越小,给人的视觉空间感会减弱,当然局部区域小范围场所感会增强。人在广场中行进有时就和植有树木的狭长空间一样,如某纪念性建筑的前景,而成为直线观赏景物的引导线。当视距再远,达到 250~270 米时,可以看清物体的轮廓,至 500 米时只有模糊的形象。当人与物体的距离超过 1000 米(或 4000 英尺,合 1219 米)时就看不到具体形象了,这时所看到的景物脱离人的尺度,仅保留一定的轮廓线。而远到 4000 米时则看不清物体。

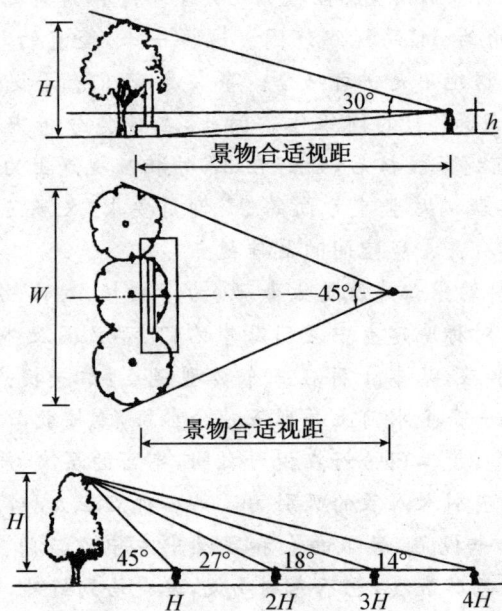

旅游者在城市中活动时,头和眼是按照能吸引人们的物体而活动的。当视线向前时,人们的标准视线决定了人们感受的封闭程度即空间感。这种空间感究竟定格在何处,很大程度上取决于人们的视野距离和景物的吸引力。景物的吸引力是多方面的,如建筑体量、造型及色彩、音响等。良好的景观空间不仅要求周围景观具有合适的高度、奇特性和连续性,而且要求所围合的地面具有合适的水平尺度。如果景观空间场所过大,与周围景物的界面缺乏关联,以至视力不及或被视力所忽视,从而也就不能形成有形的空间场所。如果城市广场地面太大,周围建筑高度过小,必然造成墙界面与地面的分离,难以形成封闭的空间。

由此,该建筑景观就难以引人注目。这涉及观景的视距敏感度问题。从理论上来分析,景观敏感度是对景观被注意到的程度的量度,它是景观的醒目程度等的综合反映,与景观本身的空间位置、物理属性、光线及空间介质等都有密切关系。

1.视距与敏感度关系。景观相对于观景者的距离越近,景观的易见性和清晰度就越高,人为活动可能带来的视觉冲击也就越大。对象离主要观景点及道路的视距,一般可划分为四个距离带:近景带、中景带、背景带和鲜见带。与此相对应,景观敏感度呈相应的递减趋势。

城市观光充分利用了近景带的视觉敏感区,从空间构成的角度看,城市的街道景观基本都属视觉的近景带区域。就欧洲的古典街道来看,中世纪时期街道空间比较狭窄,街道的宽度仅为街边建筑物高度的一半;到文艺复兴时期街道较宽,经达·芬奇研究揭示,当时街宽与建筑物高度相等;到巴洛克时期,街道宽度一般为建筑高度的2倍。日本学者芦原义信的总结为:"当 D/H＞1 时,随着比值的增大会逐渐产生远离之感,超过2时则产生宽阔之感;当 D/H＝1 时,高度与宽度之间存在着一种匀称之感,显然 D/H＝1,是空间性质的一个转折点。"(D 为街宽,H 为建筑物高度)街道和建筑这样的大致比例在中国古代城镇、街道游览中也可体会和印证。

从视觉分析的角度看,当人的视点与建筑之间的距离 D 同建筑高度 H 之比等于2时,即仰角为27°时,才能观赏到路边建筑的整体。在欧洲许多城市空间中,著名建筑物前面都有2倍于建筑高度的空间距离,其目的就是使大众可以充分欣赏该建筑的主要立面。这种观赏尺度,对上海的市民来说有一个最好的例子,那就是外滩。以前站在黄浦江边观赏外滩建筑时,显得高大、清晰且有亲切感,印象深刻。改造后,黄浦江岸向外扩展了14米。现在来看外滩建筑,显得疏远而不亲切,不那么高大,加上浦东陆家嘴景观的出现,外滩建筑似乎不那么显眼了。其原因就在于路面外移,路面距离已远远大于建筑物高度2倍的合适比例。

2.景观在视域内出现的几率与敏感度。景观的敏感度既和景观被观赏者注意到的程度有关,也和被观看到的几率有关。景观在观赏者视域内出现的几率越大或持续的时间越长,就是景观的高敏感度。在这里,几率也就是观赏频率,它在主体的整个观光过程中,或单位时间内,在其视域内出现的特定景观频率越高,也即景观敏感度越高。造就景观的敏感度有两个条件,一是被观赏到的几率,二是靠景观自身的吸引力。两者相比,观赏几率是首要的、更为重要的。观赏敏感的景观对所有观赏者来说应该大致相同,由此高敏感的景观必然带来较大的游人密度。旅游者经常会遇到有些景观在取景点等待照相的人排起了长队的情况。由此也可以说,景观附近的人为活动可能带来的冲击也就越大。这样的人为活动和冲击力到一定程度,就会对观景不利,也降低了观景的观赏频度。

3.坡度与景观敏感度。这主要出现在自然景观中。景观表面与观景者视线的坡度越大,景观被看到的部位和被注意到的可能性也就越大;景观立面越接近90°就越容易被游人注意到。景观立面成坡形,向后倾斜,立面就不易被注意,如呈水平状态或接近水平状态均无法观赏其面貌。景观立面与观赏者所站立平面的相对视角,一般可确定在90°左右为佳。其余过大和过小都会减弱视线的敏感度,不利于观赏,也不易被人注意到。

(章海荣.旅游审美原理.上海:上海大学出版社,2002:294~298)

(二)观赏的角度

旅游者在观赏风景时,所站的角度不同,造成视野范围有所差别,所获得的美感是不同的。正如宋代画家郭熙所言:看山要面面看,"山正面如此,侧面又如此,背面又如此,每看每异,所谓山形面面看也"。并说这样看,一山可得数十百山的形状。

在确定观赏角度时,旅游者要根据观赏对象的景观特征来确定观赏的角度。一般来说,每一个景物都有它自己的主要观赏面。倘若把一个景物的中线视为它的主轴,两侧的景物呈现出相对左右对称或相对均衡的特点的话,那么旅游者宜将正面作为主要的观赏面,因为只有从正面才能观赏到最佳的景象。

在湖南张家界国家森林公园有一景点叫"夫妻岩"。其实每一位游览张家界的旅游者都可以看到这一位于张家界公园入口处的高大的岩石,只不过是"夫妻岩"的背面,无多大的观赏价值。只有绕过山后从清风亭对面山坡拾级而上300米,进入最佳观赏角度,"夫妻岩"才能形象地映入眼帘。对面远方有两座山峰的顶端紧相依偎,酷似一男一女,耳鬓厮磨,窃窃细语,把万千情意彼此赠与。稍高的山峰幻化成伟岸的丈夫,表情沉稳,浅含笑影。稍低的山峰变成娇美的妻子,低眉含羞,微启媚态,其脸庞、眉眼、口鼻、牙齿及披散的头发都清晰可见。而且那神态逼真、酷似人体五官的孔窍是风雕雨凿、岩石节理的天工造化。

另一类景物,有多个观赏面,如果从不同的面去观看,其观赏效果有所不同。可以选择最佳的作为主观赏面,因为只有在主观赏面才能获得最佳的审美体验。倘若换个角度,这种形象效果就可能被削弱。比如:在许多名山中都有一些似人似物的景点,被赋予形象有趣,且起到画龙点睛作用的景点名。如黄山的喜鹊登梅等景观,只能从主观赏面进行观赏,否则就无法看出它那活灵活现的逼真的神态。

最令人称奇的是可以动态观赏的景物,从不同的角度观看能欣赏到一系列变化的景象。

张家界国家森林公园内有一景点叫"望郎峰",被称为张家界的四大爱情绝景之一。它位于黄石寨后山而下的游览道路旁。从黄石寨后山而下,可见一座突起的山峰貌似妙龄女郎的侧面剪影伫立在山峦之间,"她"身材匀称,曲线流畅,长发披肩,翘首向西南凝望,人称"望郎峰"。"望郎峰"是一处神奇的动态景观,沿途观景,随着旅游者前移的步伐,妙龄女郎的年龄随之增长,其外形在观赏者的视野中逐步发生变化:从曲线分明的年轻女子变成成熟稳重的中年妇女,再变成老态龙钟的老婆婆。其前方石壁上有一圆洞透光,正好处在这个石像的视线之内,传为此女望郎而穿。传说这里曾住着一对恩爱夫妻,男耕女织,日子过得甜甜蜜蜜。一日一队兵士闯入家门将丈夫抓去当苦力,痴情女子盼郎归,不等回来誓不休。她等啊,望啊,盼啊,日复一日,年复一年,从春等到夏,从秋望到冬,仍不见郎君的踪影。终于有一天,她的眼泪流干了,眼睛哭瞎了,连对面的石壁也被望穿了。后人对她的忠贞不渝非常感叹,将那座石峰取名叫做"望郎峰",那个圆洞石壁取名为"望穿石壁盼郎归"。

二、观赏的距离

观赏风景时,观赏距离是影响能否获得最佳审美感受的重要因素。正如宋代画家郭熙在《山水训》中指出的:山要远近地看,"由近看如此,远数里看又如此,远十数里看又如此,每远每异,所谓山形步步移也"。在旅游审美活动中,旅游者需要同观赏对象保持一定的距离,适当的远近距离有助于旅游者获得最佳的观赏效果。观赏距离有两种:一是心理距离,二是空间距离。

（一）心理距离

心理距离是瑞士心理学家、美学家布洛在 1912 年提出的。布洛认为,"最广义的审美价值,没有距离的间隔就不能成立"。[①] 当人们进行审美活动时,审美主客体之间一定要保持着无功利、非实用的"心理距离"。正是由于这种审美心理距离的存在,才使得客体成为"以自身为目的"的,从而达到像康德说的那样,是一种"无目的性的合目的性";同时,"审美心理距离"也使主体把审美提高到超出个人利害的狭隘范围之外,从而产生了一种自由的观赏态度,所以布洛说"距离提供了审美价值的一个特殊标准以区别于实用的(功利的)、科学的,或社会的(伦理的)价值"。[②]

我国著名的美学家朱光潜对此曾作过明晰易懂的阐述。他说:心理距离"其实不过是由于暂时脱开实用生活的约束,把事物摆在适当的'距离'之外去观赏罢了。我们在游历时最容易见出事物的美。东方人陡然站在西方的环境中,或

---

①　布洛.西方美学家论美与美感.北京:商务印书馆,1980:278

②　布洛.西方美学家论美与美感.北京:商务印书馆,1980:277

是西方人陡然站在东方的环境中,都觉得面前的事物光怪陆离,别有一种美妙的风味。这就是因为那个新环境还没有变成实用的工具……它们和你的欲念和希冀之中还存在一种适当的'距离'。池塘中园林的倒影往往比实在的园林好看,也是因为'距离'的道理"。①

旅游者与观赏对象保持一定的心理距离,方能达到融为一体、"物我两忘"的审美境界。

当人们在审美过程中对某一事物认识得越多,了解得越仔细,人体对审美对象的心理距离就越缩短。但过于熟知的,会因为心理距离太近,形成一定的心理定势,纵然有千般美景也会熟视无睹、漠然置之,感受不到其中的美。在湖南武陵源风景区的天子山有一景点叫"空中田园"。它是一块三面临渊、凌空托起的台地,其下是万丈深渊的幽谷,台地上有 3 公顷面积大小的斜坡梯形良田,阡陌相连,明亮如镜。这块空中田园,春来绿油油,夏到穗点头,秋日金灿灿,冬日菜花稠。而且它的周边峰峦叠翠,林木参天,白云围绕,让人觉得这片田园仿佛是空中飘来的一样,所以称它为"空中田园"。旅游者游览后觉得是世外桃源,美不胜收。在此小憩时,与当地耕作的山民攀谈,赞赏此处的美景。不料山民回答道:风景没什么大不了,自己田里种的庄稼倒有些看头。这种现象的出现是因为心理距离太近的缘故。

影响旅游审美的心理距离的因素,还与人们的心态和生活中的功利性有关。外出旅游可以暂时改变自己的心态,变有利害关系的参与者为没有功利关系的旁观者,以客观超然的态度进行审美欣赏。这样更有利于观赏到美的事物,获得美的享受。如:同一条山溪,旅游者眼里看到的是小溪的清澈、美丽,感动它的欢快和生机。而居住在山里的村民考虑的则是溪流的宽度、水的湍急度与水深,还会不时想到溪水给他行路带来的种种不便。

审美心理距离需要一种既超然(功利)而又投入(情感)的审美态度。可以说美的产生基于审美距离,审美距离适当,审美注意就自然地产生了,审美活动才真正成为可能。

(二)空间距离

空间距离指旅游者和审美对象之间的实际间隔距离。距离不等,所看到的景致相异。距离远,会构成远景和全景;距离近,将取得近景或"特写景";距离适中,则组成中景。这些具有一定差异的景致,往往使人获得不同的审美体验。

例如,驱车前往莫干山游览,从 5 公里开外的远距离望去,树绿、竹绿、草绿、山绿,如绿色的海洋,满目皆翠,轻雾缭绕的山色峰影就像一幅写意水墨画。若

---

① 朱光潜.朱光潜美学文学论文选集.长沙:湖南人民出版社,1980:58

靠近 3 公里左右,景象大为改观,绿荫如海的修竹、清澈不竭的山泉、星罗棋布的别墅呈现在旅游者面前,景致立体深邃,好似一幅以绿色为主调的立体画卷。可当旅游者进入山里,漫步于竹林或休憩于林阴,来到剑池,那飞流直下的三叠泉、"万绿丛中一点红"的观瀑亭、此起彼伏的鸟鸣、清凉幽静的环境,使人感到清新宜人、神舒气爽……所有这一切,显然与"远望之,以取其势;近看之,以取其质"之类的"空间距离"有着不少的联系。

四川乐山有一尊 4000 米长的隐佛。远远望去,这尊巨佛四肢齐备,体态匀称,仰面朝天,安闲地漂躺在青衣江上,慈祥凝重,是一尊头南足北、逆江而卧、庞大的隐形巨佛。"佛头"、"佛身"和"佛足"分别是岷江与大渡河汇流处的三座连在一起的山。从长航码头至横渡码头一段观赏大佛,特别是在最佳观赏处中间的短航码头(专航凌云寺、乌尤寺)观望,可见"那头部浓密卷曲的发髻,宽阔饱满的前额,眼睑上长长的睫毛,高高隆起的鼻梁,还有双唇、下颌,无不历历在目,细微可辨,令人为之动容。通观全佛,体态匀称,妙相庄严,气势雄伟"。[①] 这是由于所站的位置适当,加上观赏者的联想,越看越像。其实这三座山存在已久,只是以前就近观看,映入眼帘的是山体的局部,一堆山石。

德国的美学家费肖尔曾论述道:"我们只有隔着一定的距离才能看到美。距离本身能够美化一切。距离不仅掩盖了物体外表的不洁之处,而且抹掉了那些使物体原形毕露的自由微小细节,消除了那些过于琐细和微不足道的明晰性和精确性。"

三、观赏的时间

旅游景观欣赏随着旅游者的动态行进不断地展开它的时间序列。时间序列是指物质运动的顺序性和连续性。时间空间的变化十分复杂而微妙,不少的旅游景观因时间的变幻给人以奇妙的审美感受。要获得好的观赏效果,还需要注意观赏时间的选择。

(一)观赏时机

不同的景观有其观赏的最佳时节,如果时机不当,就难以观赏到一些独特的景观。例如一般的瀑布景观,在丰水期大显声威,蔚为壮观。按这种常规去观赏黄河壶口瀑布,将大失所望。壶口瀑布是黄河中游的一处胜景。在这里黄河的河床宽度由 250 米收束成 50 米,水被夹在壶口般的地形中,然后骤然跌入 30 多米深的深槽,形成高达 20 多米的瀑布。赶上丰水期,瀑布因落差的骤减变为一滩激流,此时来观赏,不免要望河兴叹——全然认不出壶口瀑布的真面目了。

---

① 赵银洲.四千米隐佛来源初探.旅游天地,1992(2):35

（二）时相

在特定的时间内，自然景观会呈现出不一样的景象。正如宋代的郭熙所言：一切景物，"朝看如此，暮看又是如此，阴晴看又是如此。所谓朝暮之态不同也"。

宋徽宗赵佶，政治上昏庸，生活上荒唐，艺术上聪颖，被后人称为江山不恋重丹青的皇帝。在艺术上他是个天分极高的书画家，对于绘画有相当的研究。据邓椿在《画继》中介绍："徽宗建龙德宫成，命待诏图画宫中屏壁，皆极一时之选。上来幸，一无所称，独顾壶中殿前柱廊拱眼斜枝月季花。问画者是谁？实少年新进。上喜赐绯，褒锡甚宠，皆莫测其故，近侍尝请于上。上曰'月季鲜有能画者，盖四时朝暮，花蕊叶皆不同。此作春时日中者，无毫发差，故厚赏之'。"[①]作画的少年之所以得厚赏，是因为他准确地画出了月季在春天中午的时相。

著名的自然奇观吉林雾凇，其观赏就很讲究时效性。观赏雾凇，讲究的是在"夜看雾，晨看挂，待到近午赏落花"。"夜看雾"，是在雾凇形成的前夜观看江上出现的雾景。大约在夜里10点多钟，松花江上开始有缕缕雾气，继而越来越大，越来越浓，大团大团的白雾从江面滚滚而起，不停地向两岸飘去。"晨看挂"是早起看树挂。十里江堤上的树木，一夜之间变成一片银白。棵棵杨柳宛若玉枝垂挂，簇簇松针恰似银菊怒放，晶莹多姿。"待到近午赏落花"，是说树挂脱落时的情景。一般在上午10时左右，树挂开始一片一片脱落，接着是成串成串地往下滑落，微风吹起脱落的银片在空中飞舞，明丽的阳光辉映到上面，空中形成了五颜六色的雪帘。

（三）季相

因气象、物候、花草、树木及山水的季节性的变化给自然景观提供了时间的信息。因气候春、夏、秋、冬的更替，植物随之发展了相应的物候期：叶芽萌动、发芽、抽叶、开花、结实、落叶。一年四季景色应运而生："几处早莺争暖树，谁家新燕啄春泥"，"接天莲叶无穷碧，映日荷花别样红"，"秋阴不散霜飞晚，留得枯荷听雨声"，"万花敢向雪中出，一枝独先天下春"。观赏者的审美感受也会随之呈现出不同特征："春山烟云连绵人欣欣，夏山嘉木繁荫人坦坦，秋山明净摇落人肃肃，冬山昏霾翳塞人寂寂。"

秋季观赏红叶时，也要选择恰当的时间段。受地形地貌和当地气候与阳光照射等因素的影响，再加上由于气温随着山的高度增加而降低，因此植物叶子变红的地区和时间都是不同的。山峰高处寒冷，故红叶比低洼地区要红得早些。在观赏时间上，北方又比南方早。著名的观红叶胜地北京香山，在进入寒露节气，昼夜温差加大，树叶经过深秋季节低温和初霜气候的"洗礼"，也变得格外

---

① 邓椿. 中国绘画史. 上海：上海美术出版社，1983：224～225

"红"。最佳观赏期在 10 月下旬。尤其是当一次冷锋过境，温度骤降后，旭日东升，天蓝叶红，正可谓是"西山红叶好，霜重色愈浓"。

第二节　动观与静观

在旅游审美活动中人们对审美对象的欣赏，总是从对景观的感性直观开始的。观是审美欣赏的第一个阶段。自然景观从不同的方面、用不同的形式传递着各种美的信息：山的峻峭奇特、水的清澈明净、花的幽香扑鼻、鸟的婉转啼鸣、云的绚丽多彩等等。旅游者对这些审美信息的获得，是通过"观"来实现的。也就是说，观主要表现为对旅游审美对象整体的直观性把握。当旅游者离开自己熟悉的环境进入一个风景区，旅游景观的形状、色彩、线条、质地等各种要素挟带着形、色、声、味各方面的审美信息迎面而来，给人一种清新爽快的感受和激动不已的兴奋。如旅游者远途跋涉，来到世界遗产地武夷山，被"碧水丹山"这典型的丹霞地貌所吸引。先去攀登位于九曲溪正中的天游峰，登临巍然高耸、独出群峰的峰顶，可见"山耸千层青翡翠，溪流九曲碧琉璃"的美妙景色。然后去漂九曲溪，看溪流依山傍峦，溪水清澈见底，两岸树绿竹翠，奇峰突兀，真是"曲曲备幽奇，别具山水理"。乘竹排顺流而下，轻舟慢筏，随波逐流，抬头可观奇峰，俯首能赏秀水，远望郁郁葱葱的绿色植被，让人心旷神怡。

观，是赏景的第一境界。观不等同于绘画、摄影等视觉艺术的纯视觉感知，而是一种综合性的感知。旅游者的审美结构是主体的生理和心理的混合物，是自然性和社会性的结合体。完善的审美结构是获得旅游审美愉快的重要基础。旅游者来到山青水秀、鸟语花香的风景区，就会产生生理上的舒适和愉悦。美就是以此为基础而产生的。"山青"和"水秀"的信息依赖于视觉来获取。欣赏"鸟语"与"花香"分别要求旅游者的听觉和嗅觉参与。"观"并非仅仅指视觉、听觉和嗅觉，它还包括主体知觉系统的其他感觉器官的功能，如触觉、味觉及其心理通感。

观又分为动态观赏和静态观赏两种最为基本的观赏方法。从效应上看，两种观赏方式具有互补性。因此，旅游者要根据景观特征和游览需要来灵活地运用这两种观赏方法，方能达到良好的观赏效果。

一、动态观赏

动态观赏作为旅游审美活动中广泛应用的方法之一，是指人们在游览中，沿着一定的风景线，或徒步或乘车、乘机或坐船……于地面、空中或水上移动的过程中欣赏流动变化的风光胜景。

动态观赏时旅游者的观赏点与审美对象的距离在不断变化之中。原来的远景随着旅游者向前位移，变为近景，而原有近景有可能转换成远景。观赏的内容时而是整体轮廓，时而转换成细致的局部。移动的快慢涉及速度，速度快慢导致观景距离的变化，观赏的内容随之转换，从而影响到审美感受，审美感受又会去调节游览的速度，从而形成新一轮的往复循环。

当采用动态游览中最常用的方式步行游览观赏时，旅游者观赏视野的选择非常自由，前后左右随意观看，步行速度也自行把握。人在景中，与景物没有阻隔，可随心所欲和全身心（各种感官）地投入悠然自得的观赏中，能体验到较强的亲切感和立体感。

坐船游览一直备受人们喜爱。观赏时可选择船上的门洞窗框，对自然景色作一些取舍，组成一幅幅天然的图画。随着船的前行，色彩缤纷的各种画面串联起来犹如一组组电影镜头，或一幅幅活动图画，展现出来，令人目不暇接。清代的李渔曾叙述他坐船游西湖的经历，为观赏到流动的景象，他特将船舱遮蔽，留下左右各一扇面窗："坐于其中，则两岸上之湖光山色、寺观浮图、云烟竹树，以及往来之樵人牧竖、醉翁游女，连人带马，尽入画面之中，作我天然图画。且又时时变幻，不为一定之形。非舟行之际，摇一橹变一象，撑一篙换一景，即系缆时，风摇水动，变刻刻异形。是一日之内，现出百千万幅佳山佳水……"

人们常用"水绕青山山绕水，山浮绿水水浮山"来赞美桂林的迷人景色。特别是由桂林到阳朔的水路，被称为漓江百里画廊，像一条青绿色绸带，盘绕万点峰峦间。乘船游览，可见奇峰夹岸，碧水萦回，青山浮水。游船好似在山顶上行，人们好像在画中游。如同清代诗人袁枚所称颂的："江到兴安分外清，青山簇簇水中生。分明看见青山顶，船在青山顶上行。"诗歌将动态观赏的愉悦感受细腻地表达出来。

二、静态观赏

静态观赏是指旅游者在游览中驻足流连，呈相对静止状态有选择地凝神观照周围景物。面对佳景，在从容地感受景观外在的形、色、声、味等多方面审美信息的同时，运用形象思维的想象、联想和移情，去领悟景观所蕴含的无穷意味。

静态观赏相对于动态观赏的匆匆一瞥的短暂观赏来说，可暂作停留，较长时间地、少受干扰地观赏。在初步获取景观信息的基础上，仔细琢磨，反复咀嚼，去感悟景物的诗情、画意、哲理或禅味，进行审美主客体的情感交流，通过细心品味，将眼前的感性认识升华到理性认识。正如唐代大诗人李白观月一样，不是将其简单地看成一个天体,而是遥挂在天际的"灵物"。儿时,他是"小时不识月,呼作白玉盘。又疑瑶台镜,飞在青云端",以后却是"我寄愁心与明月,随风直到夜郎西"。

为引导旅游者很好地进行静态观赏,我国的名山大川、名胜古迹和古典园林在布局和设计之时,充分考虑到这一审美情趣,在适宜观赏景观的位置设置有各种形式的亭、台、楼、阁、榭等观景建筑。通过这些小品建筑向旅游者传达一个信息:此处有无限的风光,请驻足歇憩,尽情观赏。如安徽滁州的醉翁亭、浙江桐庐的严子陵钓台、上海豫园的静观厅、湖南洞庭湖边的岳阳楼、北京颐和园的佛香阁等。这些观景建筑,精心选址,供旅游者途中休憩,还供他们静观周围的景象。另外这些建筑本身构造奇巧,并与环境融合构成新的景致,起到了观赏与实用相结合的效用。

实际上旅游者在游览观赏过程中,动态观赏与静态观赏是不可截然分开的。旅游审美活动既离不开动态观赏,也离不开静态观赏。动态观赏与静态观赏二者不可偏废,动观之中有静景,静观之中又有动景。园林学家陈从周先生对动静关系有过十分精辟的阐述:"动静二字,本相对而言,有动必有静,有静必有动,然而在园林景观中,静寓动中,动由静出,其变化之多,造景之妙,层出不穷,所谓通其变,遂成天下之文。若静坐亭中,行云流水,鸟飞花落,皆动也。舟游人行,而山石树木,则又静止者。止水静,游鱼动,静动交织,自成佳趣。故以静观动,以动观静,则景出……静之物,动亦存焉。坐对石峰,透漏具备,而皴法之明快,线条之飞俊,虽静犹动。水面似静,涟漪自动。画面似静,动态自现。静之物若无生意,即无动态。故动观静观,是造园产生效果之最关键处。明乎此,则景观之理得初解也。"[①]旅游者在游览过程中有行有止,有动有静,动静结合,才能获得良好的观赏效果。

第三节 欣赏线路的构成

无论是自然景观还是人文景观的观赏都要用一个行进的线路,将一个个观赏点连接起来。在游览线上行进时,旅游者的视点是活动的,欣赏视野的界面是不断变化的。对同一景物,观赏的视距与景物高度的比例,从俯视、仰视、平视等

---

① 陈从周.说园.北京:书目文献出版社,1984:56~57

不同的视角观赏,都会产生不同的观赏效果。其中一个景物的静态观赏空间中包含相应的审美信息的"点",流动的"线"串连静态的"点",构成欣赏线路。欣赏线路不同、涉及的"点"不同以及"点"呈现的顺序不同,审美感受也就不同。

欣赏线路的选择首先要满足旅游者的观赏要求,还要考虑符合人们视觉观赏空间的变化规律。旅游者观赏景观进行审美的过程,不仅仅在空间中展开,而且要经历时间流程。因而旅游审美感受是在四维时空的流动空间中获得的综合感受。

欣赏线路是一系列观赏空间的载体,大的序列又由若干观赏空间构成。实施精心组织的、有个性的空间序列,才能获得艺术格调高雅而又富于创造性的景园整体环境。

一、直线景观欣赏线路

直线欣赏线路是指旅游者逐步接近审美对象,首先观赏其整体与环境,随着行进逐渐变为观赏其细部。这种方式多运用于欣赏街道、建筑等。

北京故宫,位于北京市城区中心,旧称紫禁城,是明、清两代的皇宫,是当今世界上现存规模最大、建筑最雄伟、保存最完整的古代宫殿和古建筑群。故宫规模宏大,东西宽 753 米,南北长达 961 米,总占地面积达 72 万平方米。全部建筑由大小数十座院落组成,建筑面积约为 16 万平方米,有大小宫室 9999 间半。这些宫室,沿着中轴线排列,并左右展开,南北取直。宫殿四周围有高约 10 米、长约 3.5 公里的紫红色宫墙。宫墙四面都建有高大的城门,城墙四隅各矗立着一座风格独特、造型绮丽的角楼。宫墙外围环绕着一条宽为 52 米的护城河,使北京故宫成为一座壁垒森严的城堡。

故宫体现了封建帝王的意识形态。为突出帝王至高无上的权威,最尊者择中而居。古代"天子中而处","中央"成为最尊贵、最显赫的方位。故宫是一个完全对称的平面,有一条贯穿宫城南北的中轴线,在这条轴线上为"五门三朝"、"前朝后寝"布局。前朝以太和殿、中和殿、保和殿这三大殿为主体建筑,是皇帝举行大典和召见群臣、行使权力的主要场所。特别是太和殿,俗称金銮殿,是故宫中最大、居于宫城正中的宫殿建筑物,是皇帝发号施令、举行庆典的地方。"左祖右社"、"文左武右"也都强调着"王者居中"的模式。后寝的主要建筑有乾清宫、交泰殿、坤宁宫。其布局重复了前朝三大殿的基调,但尺度上大为缩小。前后两组宫院布局基调一致,表现出后寝对前朝的呼应、衔接,如同乐章中的主旋律的再现。从正阳门顺着中轴线向北,空间大小纵横,宫室高低错落,在高深宽上最终突出太和殿。

游览故宫时,随时都离不开一条无形的中轴线的引导,若稍有疏忽,流连于某一小的偏殿,也会自然而然地回到极为壮观的中轴线上。沿着轴线直线式欣赏故宫的整体布局、空间组织、宫室的安排时,能体会到进入正阳门如同乐章的序曲缓缓展开,在太和殿则达到高潮,穿过御花园后以高耸的神武门结束故宫的布局。但中轴线并未在此戛然而止,而是以景山和其上的一组园林建筑作为轴线的有力收结。

二、园林景观欣赏线路

瞬间看东西时,不可能一眼就看清楚整个对象,而是有一定的先后顺序,这种先后顺序即视觉流程。视觉流程对园林景观线路的组织起至关重要的作用。一个园林,其叠山、理水、建筑、植物配置等造园要素均不改变,但只要更换观赏顺序,就有可能发展成审美感受与原来殊不相同的园林。

园林的布局与构图和建筑对称规整的布局是大相径庭的。园林的格局师法自然,宛如天开,很少有天然的对称和规整的几何图形,呈现的是不对称的均衡。园林内的自然空间层次较多,有高有低,有隐有显,因而游览只能在蜿蜒曲折的观赏线路上进行。

路因景成,园林景观欣赏线路把分散的景点连贯起来,将旅游者引导至适当的位置、角度去观赏园林中最佳的画面。随着旅游者脚步的移动,其亭台楼阁、背景以及花草树木等点缀物也处于变换之中,游客只有一步一步仔细欣赏,方能体会到其意味之精妙。

苏州的留园将一连串的园林空间用欣赏线路组合成结构层次丰富、景色多样、步移景异的时空奏鸣曲,既婉转悠扬,又有鲜明的节奏感,在抑扬顿挫的变化中,使游赏内容和景园空间变换丰富。即使在游完全园后,还意犹未尽,在愉快的回味中深化审美享受。

留园没有严格的轴线关系,但空间序列安排主从分明、曲折有致,形成几个循环。中部以山水见长,池水明洁清幽,峰峦环抱,是全园的精华所在;东部重楼叠屋,以建筑取胜;西部林木高耸,尽得山林野趣;北部则是一派田园风光。经过留园的门厅到入口处,是一条"S"形的狭长曲折的过道,采用的是欲扬先抑的手法。到了"古木交柯"处,空间由封闭转为开敞,是一个过渡的空间系列,预示着观赏高潮的来临,游人兴趣开始高涨,想进一步观赏美景的急切期待心理更为强烈。紧接着是"绿荫轩",空间至此豁然开朗,这里面对着全园的中心空间——荷花池开阔的水面。经过高低逶迤的爬山廊登高至"可亭",沿途从各个角度、各空间层次观赏,见到各景物大小各异,进退起伏,都显得错落有致。游人面对绚丽多彩的景观,得到了初步的满足,并产生继续向前观赏的兴趣。由于小径的引导,游人通过"曲溪楼"、"西楼"。"西楼"处于"五峰仙馆"和"曲溪楼"之间,为取得与周围环境的协调,东边采用木菱花装饰,在尺度和比例上与"五峰仙馆"相呼应,而西边是粉墙漏窗和飞檐翘角,与"曲溪楼"相呼应,起承接作用。而这一段显得较为封闭的走廊,空间明显再度收缩,使期待的心理相应地再次高涨,其作用如同相声中的"包袱"一样,欲彰先盖。而到"五峰仙馆"前院,空间又稍为开朗,凝聚起来的兴趣得到再次奔放的机会。从"五峰仙馆"经过一连串小空间,虽然使人再度感到压抑,但却处理得很巧妙,在重复中有着变化,使人饶有趣味。经过"揖峰轩",再穿过"林泉耆硕之馆",最后是"冠云峰"前院,这里空间又一次扩大,几经迂回曲折,又一次使人顿觉开朗,至此形成最高潮。这是一收一放的变化中的最后一放,游人的兴趣这时被充分地调动起来。一个完整的空间序列基本完成。在这个空间序列中结合景区特色恰当布置园林建筑,采取一收一放的对比手法,形成空间大小、明暗、开合虚实的对比变化,使旅游者能够有更丰富的节奏感,抑扬顿挫,随之起伏,从而达到引人入胜的审美效果。

三、自然景观欣赏线路

自然景观散布在不同的地点,要选择合适的欣赏线路。旅游者沿欣赏线路观赏到的重重叠叠的景观构成一个渐次展开的秩序,即一个有"起"(起式)、"承"(承接)、"转"(转折)、"合"(通摄全体之高潮)的时空结构。

对旅游者的审美情趣的诱导,也不是一味地强调兴奋激越,而是通过对比、重复、过渡、衔接、照应、引导等一系列手法,使旅游者获得一种类似欣赏音乐的审美感受,有起、有伏、有抑、有扬;有一般,有重点;有序曲,有高潮,有尾声,使之真切完整地体会到自然景观所蕴藏的美。

在五岳之中,华山以险著称,登山之路蜿蜒曲折,长达20公里,到处都是悬崖绝壁,所以有"自古华山一条道"之说。这条道是华山的游道中最典型、最可取的观赏华山险境的欣赏线路。

玉泉院是上华山的起点,沿溪流逶迤曲折往南行,至桫椤坪,向前谷底已无路,左盘右盘,行十八次。这就是华山著名的十八盘。这一段好似华山险境的序曲。

经青柯坪南行6公里,就到达了回心石。回心石之上便是华山第一险境千尺幢。华山在此初显"险姿"。"回心"指游人至此畏险徘徊之意,因石前峭壁如削,游人只有克服了畏惧心理,才能举步攀登千尺幢。这里幢壁直立,绝壁上陡立着一条狭窄的宽仅容身的攀行通道,其坡度达70度,人们手抓铁链,小心翼翼地攀登,在最上端的出入口犹如"天井",让人体会到一夫当关、万夫莫开。华山在此初显"险姿",犹如乐曲抒情的展示部分。

向北折即到了百尺崖,只见这里危石耸立,直插云端,令人望而生畏。峡的两壁几乎就要贴在一起,上有两块巨石悬顶,人从两块石头下钻过,实在是惊心动魄,生怕石块从两壁间掉下来,此石又名"惊心石",果然名不虚传。行大概两公里就到了老君犁沟。这是一条临崖深沟,东边是陡峭的石壁,西边是深邃莫测的幽谷深不见底。传说这里原来没有路,是老子驾着青牛用铁犁犁开的,形如耕地时留下的犁沟,故称为"老君犁"。再往前行还有擦耳崖,过此处绝壁,要贴崖擦耳而行。这一段险境叠起,好像是多声部的齐鸣汇成一个高潮。

云台峰是按照现行的观赏线路所达到的第一峰,即华山北峰。从云台峰到主峰直线距离虽只有 1500 米,但其间有惊险的苍龙岭,因其岭脊青黑,蜿蜒盘旋,如同苍龙腾空而得名。它是华山峪和黄莆峪的分水岭,坡度极为陡峭,南北长达 1500 米,路宽仅 1 米左右,中间突起,两旁皆是万丈深渊,深不可测,令人心惊目眩不敢侧视。苍龙岭上流传着韩愈投书的故事:"韩愈好奇,与客登华山绝顶,顾视其险绝,恐栗,度之不可下,乃发狂恸哭,欲遗书以为诀。"当然唐宋八大家之一的大文豪韩愈不可能如此狼狈,故事要渲染的只是华山绝顶的险峻。此处好像是一个尾声,与十八盘遥相呼应。华山一条路的险显得有头有尾,好似一首结构完整的交响乐。

思考与练习

1. 景物的欣赏空间由哪些要素构成?

2. 举例说明直线行进观赏时的审美感受。

3. 举例说明对于同一个景物观赏位置不同时其审美感受相异。

4. 宋代的名画家郭熙是怎样论述"平视"、"俯视"及"仰视"的观赏效果的?

5. 影响观赏时间的因素有哪些?试举例说明。

6. 在旅游审美活动中,何时适宜动观,何时适宜静观?

7. 园林景观的欣赏线路组织应注意哪些因素?

8. 安排自然景观欣赏线路时理念是什么?

第四章 自然景观的审美

本章提要

本章从山地景观、水景景观、生物景观、气象景观四个方面介绍了自然景观，分析了自然景观的形态美、色彩美、动态美、静态美和听觉美，这些都是自然景观审美的基础。重点阐述了自然景观的雄壮之美、秀丽之美、奇特之美、险峻之美、幽深之美、空旷之美的审美特征。从这几方面掌握其特征，有助于我们欣赏自然景观。最后还从中西自然景观的比较及中西自然景观的审美观两方面进行了中西自然景观的美学比较。

景观是地理学或景观地理学的概念，最早由德国的地理学家在 1885 年提出，后来被移植于旅游学中。景观主要指一个地区的整体外貌，即由地形、生物、水体、人工因素等构成的相互联系的和谐的综合体。这些自然要素在特定条件下表现出不同的组合，形成千变万化的环境造型和景象。旅游景观是一个相当狭义的概念，学者王柯平将其界定为：一种具有审美信息、空间形式和时间立体性的外在观赏实体。所谓的审美信息是针对景物的审美形态、审美价值、审美特征而言的；所谓的空间形式是指下有基岩、地层，表有地貌、山形、土壤、植被、水体、生命、建筑或古迹，上有天空、日月、群星、云雾、风雨、光照或彩虹的立体综合体；所谓时间的立体性一般是指积淀和凝结在旅游审美对象中的历史文化内容，它体现着人类文明和审美意识的进程与成果，给景观增添了历史舞台的色彩。[①]

---

① 王柯平.旅游美学新编.北京:旅游教育出版社,2000:103

　　旅游景观分为自然景观和人文景观两大类型。自然景观是大自然鬼斧神工的杰作,有的是远在人类出现之前就已存在于地球之上的纯自然物,有的蕴藏着丰富的文化内涵。在人类漫长的历史长河中,自然景观一直不断地被融入各历史时期的社会文化内涵及人文景观的某些内容。根据人类对自然景观的不同影响将自然景观分为三类:一是纯天然的、人迹罕至的原始景物,如奇峰怪石、原始森林等;二是印上人文痕迹的人们劳作场所,如田园风光、草原牧场等;三是自然与人文相融合的艺术化了的自然景物,如西湖美景中的苏堤春晓、曲院荷风等。在本书中自然景观是指以自然山水为基础,受人类影响较小的表现出自然美的不同形态的景观。而"人化自然景物"含有较为深广的社会内容和历史内容,将其归为人文景观的范畴。

第一节　自然景观的构成

一、山地景观

　　山地是指具有一定的海拔高度和坡度的、高于周围平地、内部又有一定高差的地面。大山、峻岭、丘陵、高原等是其主要的地形标志。山地是地壳在构造抬升运动的基础上经过强烈的侵蚀切割及大自然漫长的风化而形成的。山地因其地势高、体量大、范围广,多独自成为旅游区。山景垂直变化大,气候多样,景色丰富,植被保存较好,给人以探胜、寻幽、避暑、攀登和滑雪之利。在不同时间,山会给人以不同的感受,如:春见山容、夏见山气、秋见山情、冬见山骨。

　　山体指山所占的空间位置,可用其衡量山的规模与大小。不同的山体给人不同的审美感受。

　　(一)按其功能分

　　1.登山山体

　　登山自古以来一直为人们所喜爱。历代帝王中"功德昭著"的,并且在位期间出现吉祥天象的"真命天子"都到泰山去"封禅"。从秦始皇到宋真宗,那些自以为建立了丰功伟绩的帝王们为了祈求天地神癨的祝福,都特地到最神圣的泰山来报天地之功。民间在九九重阳之日有登高、采菊、插茱萸的习俗,登高更是当代人喜爱的旅游活动之一。它使人们在饱赏壮丽的山川风光的同时,又能锻炼意志、增强体质、增长知识,所以登山已成为一项群众性的活动。但这里的登山山体是指为体育登山活动而开放的高大山体。在我国西部有九座对全世界登山爱好者开放的山峰。如西藏的喜马拉雅山、四川的贡嘎山、新疆的博格达峰等。特别是喜马拉雅山的珠穆朗玛峰是世界第一高峰，被称为地球之巅。珠穆朗玛峰气势雄伟，山脊和峭壁之间分布着数不清的崖沟、峡谷，大多为厚厚的冰雪所覆盖，分布有数十条冰川，其地形复杂，险峻异常。在举世闻名的珠峰绒布冰川上，有一大片天然冰塑，上尖下宽，形似宝塔，多如森林，故称"冰塔林"。其造型千姿百态，绵延数公里，蔚为壮观。珠峰神奇莫测，具有举世无双的海拔、水晶宫般的冰峰与冰川、绚丽多姿的地质地貌，是世界各国登山家、探险家、科学家们所景仰的地球的第三极。

2. 历史文化名山

历史文化名山具有一定的历史、文化地位，以优美的自然景观和人类文明的印迹相融合而形成。人类文明的印迹是在历史的过程中，社会的、经济的、文化的、军事的、民族的因素在山地空间的积淀。人们对历史文化名山的喜爱，源于对山神的图腾崇拜。如：中国古代盘古造天地的神话中，盘古在完成了天地开辟任务之后，就将自己的双眼化成了日月，将躯体与头颅化成了五岳，将血脉化成了长江与黄河。盘古的头为东岳泰山，腹为中岳嵩山，左臂为南岳衡山，右臂为北岳恒山，足为西岳华山。因而，著名的五岳能激发人们的思古之悠情。

南岳衡山位于湖南省中部，是国家重点风景名胜之一，号称五岳独秀。衡山有 72 峰，南以衡阳回雁峰为首，北以长沙岳麓山为尾，逶迤八百里。南岳位于湘中丘陵，这里层峦叠嶂，峰峰秀丽、峰峰神奇，以祝融、天柱、芙蓉、金简、石廪最高，主峰祝融峰海拔 1290 米。南岳衡山以秀色闻名，自古有"五岳独秀"之誉。南岳衡山自然风景绚丽多彩，众多的寺庙古迹隐藏于绿山丛中，景色别致。南岳是东南亚佛教圣地，还是我国唯一佛、道并存的名山。寺庙道观中以南岳大庙的气势最为宏大，是我国五岳庙中规模最大、总体布局最完整的古建筑群之一，与泰安岱庙、登封中岳庙并称于世，在国内均有很大影响。

衡山具有悠久的历史，相传从舜帝南巡起，便成为历代天子巡狩和祭祀的地方。南岳的自然风光与人文景观无比壮美，自古以来人杰荟萃，文人墨客在此留下了 375 处摩崖石刻，遍布各个景区，各种书体流派琳琅满目。历代著名的诗人如李白、杜甫、韩愈等都留下了众多千古传唱的诗篇。

南岳风景区面积 184 平方公里，有南岳古镇、水帘洞、忠烈祠、磨镜台、祝融峰、藏经殿、方广寺、龙凤潭 8 个景区。其中以祝融峰之高、方广寺之深、藏经殿之秀、水帘洞之奇并称为"四绝"，吸引着大量的中外旅游者。

3. 宗教名山

宗教名山是在历史发展的过程中，由于宗教因素的渗入而形成的名山。佛教、道教都讲究肃穆澄静、返璞归真、超凡入圣、驱除邪恶,需要寻找远离尘世、险峻幽静的场所出家修行。他们选择清净优美之处建立宫观道院,由此形成了十六洞天、三十六小洞天及七十二福地等一大批的宗教名山。如苏州西山的林屋洞是道教的第九洞天。林屋洞因洞顶平整如屋顶,洞内岩石耸立如林而得名。传说此洞虽在太湖之中,但能潜通各地名山,且大禹治水存书于洞中石室。唐宋时期成为道教圣地,是帝王祭祀龙王的场所。而今附近有梅林上万亩,构成江南一绝——林屋梅海。

宗教名山中最为有名的是佛教的四大名山:五台山、峨眉山、普陀山、九华山;道教的四大名山:武当山、崂山、青城山、龙虎山。武当山是国家第一批公布的重点风景名胜区,1994年又被联合国教科文组织世界遗产委员会列为世界文化遗产。武当山方圆400公里,位于湖北省北部丹江口市境内,崛起于汉水平原之南,西接秦岭,东迤大洪山,南邻神农架,北临丹江口水库,气势雄伟,景观壮丽。武当山上奇峰嵯峨,溪谷幽深,道观林立,景象万千。主要有72峰、36岩、24洞、11洞、3潭、9泉、10池、9井、10石、9台。主峰天柱山海拔1612米,犹如擎天宝柱,其余各峰均俯首倾向天柱,呈现万山来朝的天然奇观,非常符合道教所追求的仙境,被誉为"仙山"。

群山逶迤的武当胜景以雄为主,兼有幽、奇、秀、险等特色。武当山四季风光不同,景色各异,春天山峦滴翠,繁花似锦;夏日风雷激荡,云飘雾绕;金秋林疏叶红,满目清新;冬季银装素裹,冰柱撑天。当年徐霞客游武当山时曾写道:满山乔木夹道,密布上下,如行绿幕中。明代著名药材专家李时珍也时常来此山采药,北宋大书画家米芾更是将之誉为"天下第一山"。

4. 风景名山

它以优美的自然景观、特有的地貌造型、丰富的色彩、茂密的森林、神奇的云雾变化等奇特的景观吸引游人。如黄山、雁荡山、武陵源。

武陵源位于湖南省西北部的武陵山脉中,其中景区面积369平方公里,包括张家界森林公园、索溪峪自然保护区和天子山自然保护区三部分,是国家重点风景名胜区,1992年又被联合国教科文组织世界遗产委员会列为世界自然遗产。武陵源融奇峰、怪石、古木、珍禽、溶洞、瀑布、民族风情于一体,是国内旅游资源最为齐全的风景区之一。境内有原始的生态系统,成片的原始次生林呈现出幽静古野的情调。森林覆盖率为97%,有银杏、珙桐、白豆杉等古老珍贵树种,还有龙虾花、山荷花等奇异花卉。野生动物有数百种,其中不乏猕猴、灵猫、娃娃鱼、穿山甲等稀有动物。其中的张家界景区是我国的第一个国家森林公园。武陵源以山色雄奇而著称,为国内外罕见的砂岩峰林地貌景观,因而被列为世界地质公园。景区内有3000多座形状各异的山峰拔地而起,石峰嶙峋直刺蓝天。水绕山流,山溪秀丽,峰回路转,美不胜收。在漫长的地质时期内,岩石经受流水的切割、自然风化等各种地质营造力的作用,形成千姿百态的奇峰异石,似人、似仙,形态逼真,栩栩如生,让人感叹大自然的鬼斧神工;似禽、似兽、似物,界于似与不似之间,留给旅游者再创造的空间和无限的遐想,被誉为"大自然的迷宫",是"扩大了的盆景,缩小了的仙山"。景区内许多条晶莹碧透的溪涧,依山蜿蜒流淌,溪水异常清澈。山因水而活,水得山而媚,山水相依,为景区增添了不少秀色。

5.疗养型山地

疗养型山地由于自然环境优美、气候条件适宜、地理位置优越而成为避暑、疗养地。如庐山、天目山。

庐山风景名胜区面积 302 平方公里,外围保护地带 500 平方公里。庐山有独特的第四纪冰川遗迹,有河流、湖泊、坡地、山峰等多种地貌类型,为世界地质公园。庐山也是世界自然、文化双重遗产。第四纪冰川期,庐山上升强烈,许多断裂构造形成众多的奇峰、怪石、沟壑、瀑布、岩石等,形成了奇特瑰丽的山岳景观。庐山还是一座集风景、文化、宗教、教育、政治为一体的千古名山。庐山也是中国山水诗的摇篮,古往今来无数的文人墨客慕名登临,留下了四千多首诗词歌赋。晋代高僧慧远,在山中建立东林寺,开创了佛教中的"净土宗",东林寺也就成了净土宗的发源地。遗存至今的白鹿洞书院,是中国古代教育的理学中心学府。

庐山面江临湖,山高谷深,具有鲜明的山地气候特征。因水气缭绕的万顷江湖,庐山夏日清凉。庐山顶端地处高空地带,湿润气流在前进中受到山地阻挡,易于兴云作雨。所以,庐山雨量丰沛,全年平均降雨量 1917 毫米,年平均有雨日达 168 天,年平均雾日 191 天,年平均相对湿度 78%,夏季最热月(7月)平均气温只有 23 ℃,夏季极端最高温度 32 ℃,凉爽宜人。良好的气候和优美的自然环境,使庐山成为世界著名的避暑胜地。自 1886 年英国的传教士在这里租地修建别墅以来,陆续修建了数以百计的代表世界各国建筑风格的别墅,至今有保存完好的国际别墅群。现有英、美、德、法等 18 个国家建筑风格的别墅 600 余栋,美庐别墅、原歇尔曼别墅、原威廉斯别墅等已成为国家文物保护单位。在中国的名山中,唯有庐山有这样大规模的"世界村"。庐山翠夏如春,凉爽的气候、优美的景色、密绿的植被、新鲜的空气、充足的阳光以及丰沛的降雨,使得庐山成为最为理想的山地气候疗养区。

6.城郊名山

位于主要城市的郊区,尽管其观赏价值并不大,但对旅游者而言存在着较大的吸引力。如苏州的虎丘。

虎丘位于苏州古城区西北约 5 公里处,突兀于一片平原之上,海拔高度 34米,面积为 28.29 公顷。相传在远古时期,这里是海边的一个小岛,后来海陆变迁,成为一座小山,又被称为海涌山。苏州城的建造者吴王阖闾的墓葬于虎丘,2500 年以来流传着令人神往的典故和传说。虎丘实在算不了什么山,如果不临近上海、苏州这些大城市,不依附于蕴含其中的人文景观,单凭山体,仅一个小山丘而已。

阅读材料 4—1　从泰山封禅说起

历代的帝王,从秦始皇到乾隆皇帝都要到泰山去"封禅"。什么叫"封禅"呢?据《史记·封禅书》说:"此泰山上筑土为坛以祭天,报天之功,故曰封;此泰山下小山上除地,报地之功,故曰禅。"那些自以为建立了丰功伟绩的帝王们为了祈求天地神祇的祝福,保佑帝国的长治久安及自身的长生不老,都特地到最神圣的泰山来报天地之功,这当然是一大盛典。

司马迁在《史记·封禅书》里记载了这么一段故事:春秋五霸之一的齐桓公曾向他的谋士管仲提出,要到泰山去封禅。管仲举出十二位著名的君王——无怀氏、伏羲氏、神农氏、炎帝、黄帝、颛顼、帝喾、尧、舜、禹、汤、周成王,说他们都是在受命之后才举行封禅仪式的。言下之意,你齐桓公不过是一个诸侯,还没有封禅的资格。当然,管仲所列举的十二位先王的封禅,不过是古代的传说而已。但齐桓公却认为自己"九合诸侯,一匡天下",与三代受命的君王没有什么区别,执意要去。管仲接着不客气地说:古时候封禅,用鄗上的小米和北里的谷物作为祭品,以江淮间出产的三棱白茅垫衬献祭的美玉。东海献来比目鱼,西海献来比翼鸟,出现种种瑞应。"今凤凰麒麟不来,嘉谷不生,而蓬蒿藜莠茂,鸱枭数至,而欲封禅,毋乃不可乎?"这盆冷水一浇,齐桓公只好灰溜溜地打消封禅的念头。

齐桓公没有资格做的事,中国第一个专制皇帝秦始皇做到了。他即位的第三年就带了大量的扈从准备登泰山。随行的人员中有齐鲁一带的儒生博士七十人,到泰山脚下,儒生们纷纷议论登山的方式。有的说,古代登山封禅是乘坐蒲草包了车轮的车子,怕伤了山上的土石草木。有的说,扫地而祭,要用菹秸织成席子。秦始皇一概不听他们的意见,直接从泰山的南面登上山巅,在山顶立了一块石碑说明封山的情况,歌颂自己的"帝德",又从山的北面下山,在梁父山行"禅"礼。他所用的礼仪完全是采用自己老家——秦国关中祭神的老一套。如今这一块由他的御用文人李斯书写的石碑,还残存二十几个字,保存在泰山脚下的岱庙里。

秦始皇在登山之时,遇到了暴风雨,他只好躲在大树下避雨,这就遭到被他罢黜的儒生们的讥笑,说这是由于不合古代封禅礼的报应。但暴风雨过去之后,秦始皇照旧登山,还将遮雨的大树封为"五大夫"。现在,我们经过泰山云步桥时会看到一座"五松亭",而松树则是清代雍正八年(1730)所补植的。"五大夫"是秦代官阶的一种,即五等大夫之意,后人不知,误以为是"五位大夫",于是补种了五株松树。

紧跟着秦始皇封禅的是另一位好大喜功的皇帝——汉武帝。当时儒生们也免不了指手画脚议论一番。先是在起草封禅的礼仪程序上,儒生们寻经索典——其实经典上并没有记载——筹划了几年也没有弄出眉目来。等到汉武帝自己设计了封禅的祭器,儒生们又说:"不与古同。"武帝请教他们的"古礼"到底是什么样子,结果众说纷纭,这一下汉武帝索性"尽罢诸儒不用"。在公元前110年,带了霍去病的儿子子侯从山南登上泰山,第二天就从山北下来了。司马迁在《史记》中记载此事时,特地加了四个字"其事皆禁",可见其中的神秘。不过,汉武帝没有遇到暴风雨,只是不久之后,子侯就暴病而死了。

第三位封禅的是东汉开国君王光武帝刘秀。他在登山前,先派人去检查沿途的道路情况。有一位虎贲郎将马第伯试登之后,向他汇报道路的险状:是朝上山,骑行。往往道峻峭,不骑,步牵马……仰望天关,如从谷底仰观抗峰(高峰)。其为高也,如视浮云;其峻也,石壁窅察(深远),如无道径。遥望其人,端端如杆升,或以为白石,或以为冰雪。久之,白者移过树,乃知是人也。

马第伯在半山中仰视泰山峰顶,就像从洞穴中遥遥地望见洞口的一方天空;垂直而上的七里山路,都是逶迤的羊肠小道,往往要借助粗绳登攀。登山时要用两个人左右挽扶,前面还要有人相牵;后面人仰头看见前面人的脚底,前面人回头只看见后面人的头顶。身体紧贴着山石,举步维艰,好像用手能摸到天的一般。他又说:

初上此道,行十余步一休。稍疲,咽唇燋,五六步一休。蹀蹀(小步行走)据顿(趴在地上),地不避湿暗。前有燥地,目视而两脚不随。

——这一份报告大约算得上是中国古代第一篇游记散文了。尤其是"目视而两脚不随",确实是每个登泰山者的实际经历,使后世的读者如临其险境,如历其险,真是一段可贵的实录。

帝王们登泰山封禅的过程,也是一场大规模游览的过程,只是这种游览,带着对自然力量膜拜的成分。把崇山峻岭看作神灵们居住之处,这是古代中国人很自然的观念,这种观念尤其受到统治者们的重视,因为他们更需要得到精神上的依傍和寄托。这也为后世留下许多遗迹和传说。这些遗迹和传说,散布在祖国大地山山水水之间,为后人的游览平添了一重趣味,增加了许多怀古的幽思。

(商文敬.中国游览文化.上海:上海古籍出版社,2001:3~7)

（二）按其构造地貌分

山地景观按其构造地貌分，主要有花岗岩地貌、玄武岩地貌、酸性喷出岩地貌、丹霞地貌、喀斯特地貌等。

1. 花岗岩地貌

花岗岩是由地球内部岩浆侵入地表冷凝而成。质地坚硬致密，岩性较均一，抗风化能力很强。垂直节理发育，多构成山地的核心，形成浑圆的隆起地形。在流水侵蚀和重力崩塌等外力的作用下，由于节理风化常形成峭壁悬崖、孤峰擎天、石柱林立的景观。山体岩石裸露较多，因节理丰富而产生的小岩块，与外表接触面大，受水分、温度等因素的作用大，首先被破坏，久而久之棱角消失，表层岩石多呈现球状风化，形成各种造型逼真的怪石。我国的花岗岩山地分布广泛，著名花岗岩地貌的风景区有黄山、华山、衡山、崂山等。

黄山雄踞风景秀丽的安徽南部，素有"中国第一奇山"之誉。黄山是首批国家重点风景名胜区，1990 年被联合国教科文组织列入《世界自然与文化遗产名录》，2004 年入选为世界地质公园，成为全人类的瑰宝。黄山是安徽省的最高峰，也是我国东部地区少有的高山。总面积 1200 平方公里。黄山山体奇特，玲珑巧石，万姿千态。主峰莲花峰海拔 1864 米，为华东第一高峰。中央主峰突起，四周小峰簇拥，就像一朵莲花，凌空而立，仰天怒放。那片片"花瓣"正是由花岗岩的三组斜节理裂解演化而成的。

黄山美在奇松、怪石、云海、温泉"四绝"，有"五岳归来不看山，黄山归来不看岳"之誉。这里峰林如海，石峰如削，辟地摩天，危崖突兀。有名可数的有三十六大峰，三十六小峰。其中峰花峰、天都峰、光明顶在峰巅鼎足而立。在怪石的缝隙中，松树峭拔屹立，干曲枝虬，苍翠欲滴。形状各异的松树与山石组合成景，灵秀多姿，美不胜收。

地质多样性、节理切割、冰川活动，使黄山成为一个巨大的地质公园。黄山复式花岗岩体不同的岩石结构，形成了风景区内自然景观分布总格局。断层和节理在漫长的地质年代里，则不断地改造着花岗岩的自然面貌，就像一位雕塑大师，将黄山雕饰得愈加奇险秀丽。黄山的石峰千奇百怪，令人叫绝。"象形"是黄山奇峰的特点，似人、似物、似鸟、似兽，情态各异，形象逼真。

2. 玄武岩地貌

玄武岩是岩浆喷出地表后冷凝而形成的，呈灰黑色，风化后带黄褐色，是分布最广的喷出岩，占地表 70％以上的海洋其底部几乎全是玄武岩。常见的较为特殊的形态有桌状山，玄武岩高原、玄武岩台地。由于玄武岩浆粘度小，喷溢出地表时，易流动形成大规模熔岩流，特别是在高原地区常形成面积达数千甚至数十万平方公里的玄武岩高原。在玄武岩台地形成时，岩浆在广大面积上相对均匀的冷却,熔岩围绕着冷凝面上若干冷凝中心冷却收缩。平面上形成四、五、六边形竖起的多棱柱形石柱,且石柱垂直于冷凝面。以后再经崩塌侵蚀,形成绝妙的高度达十余米至数十米的石柱林景观。我国著名的玄武岩地貌的风景区有五大连池等。

五大连池位于黑龙江省西北部的五大连池市,小兴安岭西南侧山前台地上。这里分布有14座火山和熔岩台地。早在不同时期先后爆发过火山,早期火山距今已有130万年,近期喷发的火山也有280多年的历史。目前火山地貌保存十分完整,火山锥、火山口明显可见,由火山喷发时溢出的熔岩流所形成的各种熔岩台地,形成别具一格总面积达700平方公里的风景区,人们也称这里为"火山公园"或"自然火山博物馆",区内火山锥体拔地而起,锥体中的火山保存完整,从火山口流出的巨大的熔岩向河谷低处倾泻,一直延伸到17公里以外。阻塞河流形成五个串珠状湖泊——五大连池。这里的熔岩地貌类型多样,有世界稀有的火山喷气锥、喷气碟,有典型的绳状熔岩、翻花状熔岩及各种具有极高美学价值的象形熔岩、火山弹、浮石、熔岩隧道等。景区空气清新,环境幽雅,湖光山色,还具有较高医疗价值的温泉,可治疗多种疾病,因此成为一个集旅游观光、科学考察和休假康疗的胜地。

3.酸性喷出岩地貌

酸性喷出岩,也是由岩浆喷发冷凝而成。由于岩浆黏滞度大,流动缓慢,又加上石英含量高致使岩性坚硬,抗风化力较强。酸性喷出岩常有流纹构造,不同于玄武岩。岩石呈浅色,以坚硬、易破碎为特征,常在岩石节理与地壳抬升作用下,出现奇峰异石、断崖陡坡、石柱、洞穴。我国著名的酸性喷出岩地貌的风景区有雁荡山等。

雁荡山位于浙江省温州乐清市境内,是首批国家重点风景名胜区,也是十大名山之一。2005年入选为世界地质公园。雁荡山是具有世界意义的典型的白垩纪流纹质古火山,被誉为"古火山的立体模型"。雁荡山是火山爆发造就的奇观,是火与水合力创作的一个奇迹。据地质考察:大约在1.2亿年前火山爆发形成山体,到了距今三四千万年时沉没于海中,岩体受到海水的侵蚀。又过了二千多万年,逐渐出露海面。以后又遇冰川期,遭受冰川洪水的袭洗,岩体进一步崩解和剥蚀,形成众多的奇峰、怪石、幽洞、飞瀑、屏嶂。雁荡山风景区总面积达450平方公里,是滨海山岳型风景区,分为北雁荡、南雁荡、中雁荡和东雁荡。有灵峰、灵岩、大龙湫、雁湖、三折瀑、显胜门、仙桥、羊角洞等八个景区。其中灵峰、灵岩、大龙湫精华荟萃,被誉为"雁荡三绝"。雁荡山属于流纹岩地貌,富于垂直节理,以其"峭拔险怪"闻名于世。以"日景耐看,夜景消魂"、"观山景,尝海鲜"、"一景多变,移步换形"三大特色区别于其他名山大川,让旅游者流连忘返。

4. 丹霞地貌

丹霞地貌是指一种在内陆盆地沉积的中生代侏罗纪至新生代第三纪形成的粗细相间的红色岩系，颗粒粗大的岩层叫"砾岩"，细密均匀的岩层叫做"砂岩"。在地壳运动间歇抬升作用下，岩石在差异风化、重力崩塌、侵蚀、溶蚀等综合作用下形成顶平、身陡、麓缓的方山，孤立的山峰和陡峭的奇岩怪石，再被流水切割侵蚀，进一步风化形成堡状残峰、石墙或石柱等各种丹霞奇峰。

世界上的丹霞地貌主要分布在我国，已发现的有 350 多处，其中又以广东仁化丹霞山面积最大，发育最典型，类型最齐全。因而该类地貌被命名为"丹霞地貌"。我国著名的丹霞地貌的风景区有丹霞山、青城山、武夷山、龙虎山等。

丹霞山为广东省四大名山之首，位于韶关市仁化县城南 9 公里，是国家级风景名胜区、国家级自然保护区、世界地质公园。丹霞山风景区总面积 350 平方公里。风景区内"丹霞地貌"类型齐全、形态丰富、风景优美。陡峭山崖裸露且成群分布，山石高低参差、疏密相生，群峰林立，组合有序，富有韵律感和层次感。连绵的红色山岩，像天边片片飘落的红霞。红色的石头、红色的山崖，宛如一方红石雕塑园。丹霞山主要由三级悬崖和三层平阶分为上层、中层、下层三个景观层。上层景区有长老峰、海螺峰、宝珠峰；中层以别传寺为主要景点，可感受浓郁的佛教文化特色；下层是锦岩胜景。锦江秀水纵贯南北，沿途丹山碧水，林木婆娑，满江风物，一脉柔情。有人曾赞誉道："桂林山水甲天下，不及广东一丹霞。"我国著名地理学家曾昭璇在比较了国内外的丹霞地貌之后，认为丹霞山"无论在规模上、景色上"，皆为"中国第一"，"世界第一"。

5. 喀斯特地貌

喀斯特地貌在我国又被称为岩溶地貌，是指由石灰岩溶蚀而形成的各种奇特的地貌。喀斯特地貌不仅发生在地表，而且发生在地下。地表上岩溶的初级状态是溶沟和石芽，当水流经岩石裂隙或稍低处不断溶蚀，可形成溶沟，溶沟之间则为石芽，其深度可达半米或数米以上。溶沟和石芽大规模出现的溶蚀谷地构成石浪起伏、沟壑纵横的美景。地下水沿可溶性岩体的各种裂隙溶蚀、侵蚀扩大形成复杂弯曲的地下溶洞。溶洞内流水的继续溶蚀造就出巧夺天工的洞穴瑰丽奇景。碳酸盐岩石构成的山峰遭受强烈的溶蚀作用后形成峰林、峰丛、孤峰等千姿百态各具特色的地貌形态。我国著名的喀斯特地貌的风景区有桂林山水、云南石林、长江中下游溶洞群等。

素有"山水甲天下"之誉的广西桂林，是国家级名胜风景区，以独特的喀斯特地貌和秀美的漓江使之成为举世闻名的旅游胜地。桂林地区四周山地环绕，地势由西向东依次降低，在地貌上是一个巨大的岩溶盆地。典型的喀斯特地貌赋予桂林山青、水秀、洞奇、石美的自然风光。"无山不洞，无洞不奇"以及"水绕青山山绕水,山浮绿水水浮山"的迷人景色,让无数人为之赞叹。

桂林市位于岩溶盆地的中心,所以城市与景区相融。推窗、出门就能观赏风景。漓江之畔是桂林山水的精华。江水如一条青绿色的缎带,盘绕在万点峰峦间。岸边奇峰峭拔,造化为世界上规模最大、景色最为优美的岩溶景区。乘舟泛游漓江,可观碧水萦回,削壁垂河,奇峰倒影,风光旖旎,犹如一幅自然山水画卷。

二、水域景观

中国的自然风景,几乎都离不开水,主要是淡水性的河、湖、泊、泉、溪等等。在中国文字中,带三点水的字特别多,大约有 500 个,大部分是说明和描绘与水相关的形态、位置以及其美妙的。在中国的旅游胜地中,以水著称的不计其数,如江南水乡、桂林山水、钱塘江潮、庐山瀑布等。另外,泛舟、观潮、钓鱼等旅游活动也都与水有关。

水是自然界中最活跃的因素,可以说没有水就没有生命。水性柔和,有时清澈见底,有时水绿如蓝,都给人以美感。水波所呈现的曲线美也极富魅力。我国河流如网,湖泊棋布,构成了绚丽多姿的旅游地。杭州的西湖,早已名扬天下。由西湖而派生出的名湖如扬州的瘦西湖、绍兴的东湖、嘉兴的南湖、武昌的东湖、沈阳的南湖等,都是景色宜人,引人入胜。我国许多天然大湖,烟波浩渺、水天相连,也都是著名的旅游胜地。从岳阳楼上观洞庭,在鼋头渚畔眺望太湖,由大孤山赏鄱阳,攀龙门俯瞰滇池,登高远望,水天一色,碧波帆影,尽收眼底,无不令人心旷神怡,流连忘返。

中国人爱水,自然也爱那种"飞流直下三千尺,疑是银河落九天"的势态,但更爱它的柔顺、润滑、洁净等形态,因而有歌唱道:阿里山的姑娘,美如水。

按其观赏形态分为:

(一)海洋

在我国古代旅游活动中,只突出名山大川,沧海大洋较少有人将它作为游览对象(可能是不能征服它的缘故,敬而远之),所以抒发对大海的崇敬心情,除曹操的《观沧海》等少量篇章外,极为罕见。现代旅游中海洋是最吸引游人之处。我国海岸线长达 1.8 万多公里,海岸曲折,港湾交错。漫长的海岸线外,散布着6500 多个岛屿、50 多个群岛与列岛。这些岛屿的岸线共长 1.4 万多公里。星罗棋布的岛屿,使海域内更为多姿多彩。

海岸按成因可分为侵蚀为主的海岸、堆积为主的海岸、生物海岸、断层海岸四大类。侵蚀为主的海岸通常是基岩海岸,常有突出的岬角和深入的海湾。岸边有许多海浪侵蚀后形成的海蚀崖、海蚀穴、海蚀桥、海蚀洞、海蚀柱等极具观赏价值的景点。堆积为主的海岸分布在渤海西岸、江苏沿海及长江、黄河、珠江各大三角洲等处。主要因为大量的泥沙堆集而成,其岸线多平直、岸边水浅、多沙滩。生物海岸主要分布于我国的南方,有珊瑚礁海岸及红树林海岸两大类型。其中红树林海岸在潮间泥滩上生长着红树林这种盐生木本植物群落,涨潮时树冠漂荡于水面,浓绿茂密;退潮时则成为点缀海滩的绿洲,景观奇特。断层海岸是由坚硬的岩石构成,由地质断层截切成断崖,岸形平直。我国山地丘陵海岸有很多小规模的断层海岸,有的形成奇特的景观,有较高的观赏价值。

海岛按成因可分为基岩岛、冲击岛和珊瑚岛。海岛因成因不同呈现出特色迥异的自然景观,有的悬崖受海浪的冲蚀拔海而起形成峭壁;有的礁石因海水、海浪的侵蚀千奇百怪;有的沙滩沙软潮平,风景秀丽,特别是热带、亚热带区域内的珊瑚岛,岸上的热带花草、洁白的珊瑚沙滩,水下的珊瑚礁滩正在生长的五彩缤纷珊瑚,游动的多彩的鱼类,极具特色。

海南省位于中国最南端,面积3.39万平方公里,是我国的第二大岛屿。北隔琼州海峡与广东的雷州半岛相对,东濒南海与台湾省相望。

海南岛地处热带北缘,海岸线长达1500多公里,是我国最具热带海洋季风气候的地方,素有"天然大温室"之誉,海水温度在18℃～30℃,阳光明媚,一年多数时候可进行海水浴、日光浴。海南岛的海岸带景观中沙岸约占50%～60%,沙滩宽数百米至1000多米,缓缓地向海面延伸;多数地方潮汐稳静,沙细水清,滩缓景幽,岸边绿树成荫,空气清新阳光和煦;从海口到三亚东岸线就有60多处可开辟为海滨浴场。环岛沿海有不同类型的滨海风光,在东海岸线上有热带特有红树林和珊瑚礁海岸景观。岛内建有东寨港红树林保护区等多处红树林自然保护区。

海南岛有海拔1000米以上的山峰81座,绵延起伏,山形奇特,气势雄伟。最高峰五指山,海拔1867米。在琼中县与通什市之间,横空出世,因山顶部呈现锯齿状形如五指,故名五指山。乐东县尖峰岭、昌江县霸王岭、陵水县吊罗山都密布着热带原始森林,古木参天,风景秀丽。陵水县的南湾半岛是猕猴的天然乐园,半岛上的树丛中,栖息着大约1000只、共25群猴子,素有"猴岛"美誉,是我国唯一驯养猴的自然保护区。在保护物种的同时还能观赏珍禽异兽,海南岛建立了多个野生动物自然保护区,如万宁市大洲岛金丝燕保护区、东方市大田坡鹿保护区等。

海南岛北部的一级低缓的玄武岩台地,大约在15万年前火山喷发时形成,留下了许多死火山口。在临高、琼山、文昌等县市都保留有完整的火山口地形,最为典型的是位于琼山市的石山,海拔200多米处的双岭上有2个火山口,中间连着一下凹的山脊,形似马鞍,又名马鞍岭。火山口下有多个火山洞,洞内有各种造型奇异的熔岩,景观十分优美。

海南岛上温泉分布广泛,如陵水的南平温泉、万宁的兴隆温泉、三亚的漱玉温泉等,海南的温泉矿化度低、温度高、水量大、水质佳,且温泉所在区域景色宜人,多处被开发成为观光、休闲的旅游景点。

(二)河流

沿地表低洼处集中的经常性的水流,流量较小的叫溪,较大的叫河或江。江河水景多分布在大河的上中游区。江河有时流经崇山峻岭,有时展现于平原之上。河流水面窄,多同两岸山崖构成山水综合景,河道迂回曲折,两岸奇峰罗列,山光水影,富有意境美。如漓江上游河段"几程漓江水,万点挂山尖"的人间仙境。江河下游,河流展宽,河水平静流淌,时而贴近山麓,时而展延平川,两岸山势和缓,呈现出壮观的场面。

长江三峡位于重庆与湖北的巫山山脉中,西起重庆的奉节白帝城,东至湖北的宜昌南津关,全长约 200 公里。由瞿塘峡、巫峡、西陵峡和其间的两个宽谷组成。它以幽深壮丽的峡谷景观为主。三峡山势奇特险峻,江流奔腾湍急,峡区礁滩接踵,夹岸峰插云天,是我国著名的水上游览区,在世界上也享有很高的知名度。

三峡系长江切穿巫山山地而形成,江面宽度 100～1500 米,最窄处不足 100 米,而两岸峭壁则平均高出江面 500 米,山峰险峻,峡谷幽深,有"西控巴渝收万壑,东控荆楚压群山"的雄伟气势。船行江中有"峰与天关接,舟从地窟行"之感,山、水、泉、林、洞相映成趣,是长江这条黄金游览线上风景最奇秀、最集中的山水画廊。三峡沿岸古迹繁多,如刘备托孤的白帝城、屈原故里、王昭君故里、三游洞等也是重要的人文景观。

(三)湖泊

人们常用"湖光山色"来形容自然风光的妩媚诱人。湖泊景观以水为中心,突出了水在大自然中所具有的声、形、光、影、味等生动形象。一个风景区有湖光的秀丽,才使山色增辉,山青水秀,绿山环绕,自然风光方能绚丽多姿。我国是一个多湖泊的国家,大小湖泊约 20000 个,面积在 100 平方公里的有 124 个,1000 平方公里的大湖泊有 12 个。许多著名的湖泊都与名山相配,鄱阳湖与庐山、洞庭湖与君山、太湖与洞庭山、滇池与西山、天池与博格达峰、日月潭与清龙山、姐妹潭与阿里山……湖光山色,交相辉映。

洞庭湖位于湖南省北部,长江中游以南。洞庭湖古称"云梦泽",有"八百里洞庭"之誉,后因江湖泥沙淤积,年复一年,湖面有所缩小,现在面积为 3900 平方公里,汪洋似海,是我国的第二大淡水湖。洞庭湖衔远山,吞长江,碧波万顷,浩无际涯,素来以气象万千、美丽富饶闻名天下。面对壮丽的洞庭湖,古人发出了"洞庭天下水"的赞叹;更令人惊叹的还有"岳阳天下楼"。岳阳楼是我国古建筑中的瑰宝,与南昌滕王阁、武昌黄鹤楼并称中国三大名楼。一般都认为岳阳楼始建于唐,后毁于兵燹,北宋年间重修和扩建。整个楼体结构,工艺精巧,造型端庄,其建筑风格可概括为"纯木、四柱、三层、飞檐"。主楼3层,楼高15米,以4根楠木大柱承负全楼重量,再用12根圆木柱子支撑2楼,外以12根檐柱顶起飞檐,彼此牵制,结为整体。全楼梁、柱、檩、椽全靠榫头衔接,相互咬合,稳如磐石。楼顶外形似古代将军头盔,俗称盔顶。在历代建筑中实属罕见,不愧是古人留下的艺术瑰宝!

湖中秀丽的君山岛犹如一颗青螺,在湖水中若沉若浮,山水相映,风光如画。君山岛面积不大,有0.96平方公里,是一个山体呈椭圆形、两旁高、中间低的岛,也是洞庭湖中最大的岛屿。由大小72个山峰组成,最高峰68.6米。72峰,峰峰灵秀,"烟波不动景沉沉,碧色全无翠色深。疑是水仙梳洗处,一螺青黛镜中心"。这灵景不知陶醉了多少文人墨客,那神奇美妙的传说,更引人遐想。岛上名胜古迹众多,历史上曾有5井、4台、36亭、48庙。现在尚存舜帝的"二妃墓"、秦始皇的"封山印"、汉武帝的"射蛟台"和"酒香亭"、吕洞宾的"朗吟亭"、柳毅传书入口处"柳毅井"与"传书亭"、杨幺起义的"飞来钟"、纪念二妃的"湘妃祠"及猴子洞、龙诞井、望湖亭等,吸引了络绎不绝的中外游客来这里游览。另外,君山还出产天下闻名的君山银针茶。

(四)瀑布

瀑布是自然山水结合的产物,是最受旅游者喜爱的自然景观之一。瀑布由溪流、跌水和深潭三部分组成。瀑布从陡峭的山崖上飞泻而下,像晶莹的水帘垂挂在天际,飞溅出水花如蒙蒙雨雾随风飘荡,阳光照射在水帘水珠上折射出五彩斑斓的光芒,雷鸣般的巨响在山谷中回荡,同时具备了形、声、色和动态变化的特征,构成独具一格的奇景。在我国以规模大而著称的瀑布有贵州的黄果树瀑布、山西的黄河壶口瀑布、黑龙江的吊水楼瀑布。

黄果树瀑布位于贵州镇宁县境内,是一个世上罕见的溶岩瀑布群,共有地表瀑布18个、地下瀑布14个。除黄果树大瀑布外,还有高130米的滴水滩瀑布、宽100余米的陡坡塘瀑布、滩面长300余米的螺丝滩瀑布及悬崖绝壁洞口喷吐出来的蜘蛛瀑布、急流滚滚被暗河吞没的银链坠滩瀑布等等。其中的黄果树瀑布,是我国最大的瀑布,也是世界最壮观的大瀑布之一。黄果树瀑布落差74米,宽81米,洪峰期的流量达每秒2000多立方米。河水从断崖顶端凌空飞流而下,倾入崖下的犀牛潭中,气势磅礴,水石相激,发出震天巨响,腾起一片烟雾,濛濛水汽可上升五六十米,迷蒙细雾在阳光照射下,又化作一道道彩虹,奇妙无穷。瀑布对岸高崖上的观瀑亭上有对联曰"白水如棉不用弓弹花自散,虹霞似锦何须梭织天生成",是黄果树瀑布的真实写照。黄果树瀑布的形态随季节的变化呈现出种种迷人的景象,冬天枯水季节,流量仅有每秒二三立方米,从崖壁上轻轻下泻,如银丝飘洒。黄果树瀑布后面隐藏着一个水帘洞,洞长 134 米,其内还有 1 个洞中瀑布。游人穿行于洞中,可在洞窗内观看洞外飞流直下的瀑布。每当傍晚时分,凭窗眺望,犀牛潭里彩虹缭绕,云蒸霞蔚,苍山顶上绯红一片,迷离变幻,这便是著名的"水帘洞内观日落"。

（五）泉水

泉是地下水的自然出露。泉的种类很多,一般按水温的高低可分为:冷泉、微温泉、温泉、热泉、高温泉、沸泉。与旅游活动关系密切的泉全国大约有 2600 多处。我国有很多以泉闻名的风景区,如泉城济南的趵突泉、敦煌的月牙泉、大理的蝴蝶泉等。矿泉的利用在我国有悠久的历史,如陕西华清池的温泉,远在 3000 多年前的西周时代就被利用。还有些矿泉中含有生物活性很大的微量元素,具有较高的医疗保健价值。

黑龙江五大连池的矿泉水水温低,含有几十种对人体有益的元素,统称为重碳酸矿泉水。这种矿泉水可饮可浴,能治疗胃病、神经衰弱、皮肤病、高血压等病症,成为我国北方最大的集疗养、康复、度假、旅游为一体的冷矿泉疗养院。五大连池的矿泉群中有医疗保健价值的主要有药泉山附近的南泉、北泉、翻花泉和火烧山东南麓的抗大泉。矿泉群中的各个矿泉的化学成分不一,疗效有别,在国内较为罕见。南泉对调节神经系统机能有作用,北泉促进肾脏的排泄,翻花泉对治疗皮肤病有显著疗效。当地还探索出了一套独特的饮水、洗浴、敷泥疗法。

五大连池矿泉水除具有治病、防病和健身的功能以外,还能饮用。据科学测定:矿泉水中含有四十多种人体必需的微量元素,清澈见底,有气泡溢出,属碳酸水类型。饮用清凉可口,如同汽水,可与世界著名的法国"维希"、俄罗斯"高加索"矿泉水相媲美,被并称为世界三大冷泉。

三、生物景观

生物是一个很大的概念,自然界中具有生命的物体都叫生物。生物中与旅游活动关系密切的景观主要有森林、草原及一些动物。

（一）森林景观

森林是由以树木为主体的许许多多生物所组成的生物群落。也就是说,森林是一个包括各种各样生物的群体,包括树木、林地以及依托其生存的野生动物、草本植物和微生物。茂密的森林,能有效地调节气候、吸碳制氧、消除烟尘、吸收毒气、杀灭细菌、隔音消声、净化水源、美化环境、改善人类生活环境。

森林景观是以树木为主体的,同一定的地理地形、气候气象、建筑相融合,能为人们提供有利于身心健康的户外游憩环境。地理地形由茂密的森林植被与山体和水域结合而形成,山峦重重、林海莽莽,能产生雄伟、雄奇、雄秀、雄险等不同的审美体验。而森林同江河溪涧、瀑布泉流一道,又能造成幽远秀美的意境。气候气象主要指林木的季相变化,以及风、雨、云、雾、霜、雪、日、月等气象因子对森林的影响使得森林在空间背景上获得形态色彩变化及动感。建筑是指亭台楼榭及民居等建筑,散布树林边或幽静处,与树木花草相映成趣,起到点缀和突出景观的作用。

森林依据其形成的起源,可以分为天然林和人工林两大类。天然林又可分为原始林和次生林;而人工林又可根据其用途分为用材林、经济林、防护林和风景林等。

天然林代表着森林景观的极致,具有原始、完整、多样但又不乏古老、蛮荒的特点,展示了森林的原始本色。天然林指未经人类染指的森林,或虽经人工破坏但采用辅助手段可恢复其自然风格的地带性森林植被。

我国从南到北由于环境因素和地理条件不同,形成了多种的森林类型和自然风貌。由于从南到北,气候由热到冷;从东到西,水分由多到少,使得森林的分布呈现水平地带性。分为南亚热带季雨林雨林带、中南亚热带常绿阔叶林带、北亚热带常绿阔叶树的落叶阔叶林带、暖湿带落叶阔叶林带、温带针叶阔叶混交林带、寒温带针叶林带。森林植物的种类由多到少,森林群落的结构也由复杂到简单。在属于寒温带针叶林带的东北林区,气候条件比较严酷,植物不过 30～40种,并且常形成由单一树种组成的纯林。而进入云南西双版纳热带雨林后,就会被那绿色的植物王国所吸引,植物种类可多达 130 多种。那些莽莽苍苍、遮天蔽日的巨大树木,如龙脑香、美登木、望天树、依兰香、番龙眼、大王莲等构成了绿色的天幕。高树下藤本植物缠绕,有花植物和蕨类附生在树干上形成“空中花园”。还能看见一些大乔木所具有的板状根以及榕属的乔木树种等所具有的发达的悬垂气生根,其中的一些气生根入土后,地上部分像树干一样继续增粗,形成“一木成林”的奇特景观,仿佛进入一个梦幻般的世界。

天然森林群落具有成层性的特征。森林一般可以划分为乔木层、灌木层、草本层和苔藓层。乔木层的高度在 3 米以上,高大挺拔的身姿雄踞森林的上层空间,它的树冠大小及林中树木的密度决定了森林的郁闭程度。郁闭程度越大,林内被树冠遮蔽越多,导致林内的透光性变得越弱。在夏季旅游进入林内时,旅游者会倍感凉爽宜人,体会到林内林外两重天。但是郁闭程度高,林下的灌木层和草本层的植物种类也会相应地减少很多。灌木层的树木长得较矮小,多从地面就分支,形成横、卧、弯、曲的形态,草本更是匍匐、低矮。在灌木、草本的映衬下,乔木树种愈发显现出挺拔、高大、雄伟。

随着海拔高度的不同,温度和湿度也会发生很大的变化。高大的山体随着海拔的升高,森林类型呈现有规律的带状变化,因而在同一山体,由于海拔高度的不同,森林的类型也会不同。当然,由于高大山体所处的经度、纬度以及山体的海拔高度不同,森林随海拔升高依次出现的植被带的具体顺序会有所差异。例如地处东北的长白山在1100米以下是针叶阔叶混交林带,1100～1800米是亚高山针叶林带,1800～2100米是山地矮曲林和亚高山草甸带,2100米以上是高山灌丛草甸带。

鼎湖山距广东省肇庆市城区东北18公里,是世界上距城市最近的天然森林,面积1133公顷。1956年经国务院批准,建立了我国第一个自然保护区,1980年加入联合国教科文组织国际"人与生物圈"保护区网,主要保护对象为南亚热带常绿阔叶林及珍稀动植物。鼎湖山位于北纬23°10′,东经112°31′,处于北回归线上。北回归线因太阳直射的关系,是被称为"火龙"的干热线。北回归线终年承受着太阳的辐射,造成干燥、闷热,植物难以生长,因而地球上北回归线穿过的地方大都是连绵不断的热带沙漠或干旱的草原。而同在北回归线上的鼎湖山却呈现出另外一番景象:从山麓到海拔1000.3米的山顶依次分布着沟谷雨林、常绿阔叶林、亚热带季风常绿阔叶林等森林类型,而保存较好的南亚热带森林典型的地带性常绿阔叶林是有400多年历史的原始森林。所以鼎湖山又被中外学者誉为"北回归线上的绿宝石"。

鼎湖山地处热带北缘,是中国南亚热带季风常绿季雨林保存比较完整的地区。区内的天然森林为世界上特殊的森林类型之一,林中动植物资源丰富,种类繁多,高等植物有2400多种,属于国家重点保护植物的有桫椤、苏铁、格木、野荔枝、鸡毛松等数十种。本区特有植物种类亦较多,单以鼎湖山命名为"模式标本"产于此地的植物就有20多种。

在鼎湖山的森林中还能观赏到植物世界生存竞争最残忍的一幕——绞杀现象。本来依靠鸟类或其他动物将种子携带到被寄生树的枝丫和树皮裂缝处,才得以萌发生长的榕树,非但不知恩图报,反而贪得无厌、得寸进尺,以自己的气生根垂吊而下形成的网状紧紧地将被寄生的树团团抱住并绞杀致死,进而占据其所在的位置,加速自身生长。绞杀现象是热带雨林的特征之一。

鼎湖山多样的生态和丰富的植物为动物提供了充足的食源和良好的栖息环境。因此这里的动物种类和数量也很多,高等动物有100余种,属于国家重点保护动物的有豹、苏门羚、蟒等。该保护区具有很高的科研价值,是开展生态系统定位研究的理想场所。

鼎湖山自唐代以来就是著名的佛教圣地和旅游胜地。公元676年,惠能高僧的弟子智常禅师在鼎湖山西南之顶老鼎建白云寺。此后,高僧云集这里,环山建起三十六招提,前来朝拜、游览的香客、游人越来越多。明崇祯年间,即公元

1633 年,僧人们在莲花峰建起莲花庵,第二年又迎来高僧栖壑和尚入山奉为主持,重建山门,改莲花庵为庆云寺。到了清代,庆云寺规模越来越大,成为岭南四大名刹之首。鼎湖山因为覆盖着茂密的森林而蕴藏着丰富的泉水,从而造就了千姿百态的流泉飞瀑。幽深的自然景观,东西两溪流形成两大景区:天溪景区、老鼎景区。20 世纪 90 年代新开发的鼎湖山新景区叫"新鼎景区"。

阅读材料 4-2　约塞米蒂公园的森林

　　无论是从树的大小、树的美丽程度,还是从树的集中的数量及其生长的山地的壮观程度看,约塞米蒂公园以及北美西部山地的针叶林总体上都要超过美洲乃至全世界任何地方的同类森林。离开枯燥之味的平原,徜徉在大山深处,我们找到了一个新的世界,站在庄严的松树、冷杉和巨杉旁,肃然起敬,默然无语,仿佛从其他星球新来的超级生物出现在自己面前,它们是那样平和沉静、光彩照人,就像神仙一般。

　　走向森林就是重返家园,我认为我们人类最初就是从森林中来的。然而在某些天然林中,那些敢于冒险的旅行家却像是一个软弱无力、不受欢迎的生灵;野兽和恶劣的气候试图置他于死地,密密匝匝的植物、丛生的荆棘,阻挡着他前进的道路,使他的生活成为一场艰苦的抗争。这里的一切却是热情好客和慈爱友善的,仿佛是为了赢得你的欢心而设计的,可以满足身心的每一样需求。即使是暴风雨也是友善的,仿佛把你看着是它的一个兄弟,它们的壮观美丽与忠贞不渝同样魅力无穷。然而大部分情况下天气都是晴朗的,无论冬季还是夏季,晴空万里、阳光普照是公园中最突出的特色之一。即使在树木最高、丛林最为稠密的主林带密林区,也不见丝毫的阴郁和惨然。灿烂的阳光穿过巨大的树冠,每一株林木都是健康与力量的象征。巨大的树干笔直地矗立,仿佛庙宇的廊柱,撑起一个由无数树叶交织在一起的拱形天棚,上面星星点点、天光四射。林木较为稀疏的部分就像开阔的公园一般,地上覆盖着小型灌木,或只在掉落的针叶间不时闪现些花朵。在那些地势平坦或坡度较缓的地方,树木丛生在一起,形成一个个小丛林,鲜花、低矮灌木及灌木丛错落有致,仿佛园艺公园或经过精心栽植的私家花园一般。它们有时还有规则地成行生长在草原和湖泊的周围,并沿着峡谷的陡坡生长。然而森林总体上还是按照气候及每一树种对土壤索取和固着能力的相对大小而广泛分布在一个宽阔的地带的,而地形的巨大变化以及像刺绣织锦一样千差万别的土壤则防止了树种的单调。这里的土壤都是古代冰川造就的冰碛土经过或多或少的风化及水流作用而形成的,树木寻找着这些土壤生存,翻山越岭,直到大山深处。在平地,它们比肩而生;在那些由逝去的冰川为它们准备好的肥沃的长长山坡边上,它们一株高过一株,层层叠叠地生长。

（[美]约翰·缪尔.郭名琼译.我们的国家公园.长春:吉林人民出版社,1999:68～69）

（二）草原景观

"敕勒川,阴山下,天似穹庐,笼盖四野,天苍苍,野茫茫,风吹草低见牛羊",这个诗篇展现的是一幅草原风情图。草原是温带半干旱半湿润环境下不受地下水或地表水的影响而形成的地带性草地植被。辽阔、一望无际是构成草原美的基础。人们视野所到之处,全是绿色,整片整片的绿、一望无际的绿,天也显得特别地低,天、地浑然一体。草原四季有花,处处有花,简直就是一个野生花卉园。春季乍暖还寒,蓝色的白头翁、紫色的马蔺、黄色小叶锦鸡儿就竞相开放;每临夏秋季节,清澈透明的溪水涓涓而流,在绿草如茵、厚如地毯的草场上到处是黄色的金莲花、白色的唐松草、黄色的野罂粟、淡蓝色的翠雀,一丛丛、一束束争相媲美,散发着芳香迷人的气息。在蓝天白云之下,牛羊成群结队,洁白如雪的蒙古包,还有草原上古老的传说、迷人的神话,会勾起人们无穷的遐想。一眼望不到边的大草原上的迷人景色,使人流连忘返。

博大宏伟的草原带给旅游者的不仅是视野的开阔,更是心胸的开阔。远离城市喧嚣的人们面对一览无余、好似接天连地的草原时,心胸为之开朗,烦恼郁闷一扫而光,忘记尘世间的纷争,融入自然的怀抱。

坝上草原位于河北省北部丰宁县境内,总面积约 350 平方公里。坝上在华北平原和内蒙古高原交接的地方陡然升高,呈阶梯状,故名"坝上"。坝上草原是内蒙古草原的一部分;平均海拔高度 1500～2100 米,旅游季节平均气温为 17.4℃,是理想的绿色健康旅游休闲胜地。这里牧场广阔,水草繁茂,牛羊成群,骏马奔腾,自古以来就是蒙古族的游牧区。近年被国家旅游局列为京北黄金旅游线,又因距北京较近,被称为"京北第一草原"。草原上地形起伏和缓,草滩宽广,风景优美。置身于草青云淡、繁花遍野的茫茫碧野中,似有"天穹压落、云欲擦肩"之感。夏季,云花清秀,野芳琼香;金秋时节,万山红遍,野果飘香;冬季,白雪皑皑,玉树琼花。这里犹如一首首甜美的诗、一幅幅优美的画,给人以无尽的遐想。

（三）动物景观

地带性植物及其栖息在其间的动物是自然界中最富有生气的组成部分。在很多风景区内有以动物景观而闻名的景点,如杭州的柳浪闻莺、花港观鱼等。

动物以其自身的形态、颜色、生活方式、鸣叫等不同特点而被旅游者欣赏。中国是世界上野生动物最多的国家之一,有许多是世界上唯中国仅有的,或主要分布于中国的。如大熊猫、华南虎、金丝猴、扬子鳄、中华鲟等,这些都具有很高的观赏价值。

老虎以珍贵的毛皮和斑纹博得人们的青睐,狮子以凶猛使人产生兴趣,猴群以灵巧、顽皮使人获得乐趣。其中大熊猫最具观赏价值。大熊猫是仅产于我国的珍贵观赏动物,被称为活化石;它不仅体形特别、举止笨拙,而且毛色也极为独特,具有极高的观赏和学术价值。

动物中,食肉类、大型兽类由于栖息地的破坏以及滥捕乱猎,除在所分布的保护区内,别处较难观赏到。相对来说,鹿科动物、犬科动物等小型食肉类、食草类动物就容易看到。同时,一些易对旅游者产生威胁的也不易观赏,如熊等,除非有保护措施方可进行观赏。旅游者通过对动物的观赏,获得生动直观的感性认识,同时也增添了旅游活动的参与性、惊险性、趣味性。

在峨眉山的众多动物中,最惹人喜爱的要算猴子。分布在九龙洞与遇仙寺一带的猴子,当游人上山之时,猴王率先挡住去路,双目不眨地注视着来客吱吱地叫,向旅游者索取食物。其余的猴子蜂拥而上,游人手里拿着的食物被毫不客气地夺走。若装有食物的袋子被猴子看到,它们马上一哄而上,摸包搜袋,甚至连包一起抢走。每当猴子来索取食物时,千万不要恐吓它们,也不要用假食物欺骗,否则会挑起它们的野性,向人进攻,把包、相机抢走,飞快地逃回山林,胡乱摆弄一气后,倒挂在树梢,或抛入山谷。而洗象池一带的猴子与之不同,晴天常在寺庙前的平台上嬉玩,且同游人并肩而行,互不干扰,时而闯进客房,时而攀扶栏。游人若给食物,则伸手去接,游人不给,也不强行索取。若游人要与之合影留念,会欣然乐意。在同它们分手时,还会握手告别。峨眉山的猴群给旅游者带来了诸多的情趣。

阅读材料4—3　野象、野马及克林顿的"亲戚"

我国有一处"天然的动植物王国"、"我国唯一的亚洲象故乡"——美丽的西双版纳。在这莽莽原始热带雨林深处,有条神秘、恐怖的野象谷,谷里栖息着野性十足的大象、凶猛无比的大眼镜蛇和重达五十余公斤的巨蟒等多种珍禽异兽,成为很多旅游和探险爱好者的首选之地。

据调查,在西双版纳这块仅占全国土地面积1/504的土地上,生长着5000多种植物,占全国所有植物种类的1/6。而陆栖脊椎动物就有539种,约占全国陆栖脊椎动物种类的1/4,其中,亚洲象、兀鹫、金钱豹、印度虎等24种被列为世界性保护动物;懒猴、白颊长臂猿、野象、野牛、金猫等13种被国务院列为国家一类保护动物,占全国一类保护动物总数的19%。西双版纳所处的特殊地理位置和气候条件,使之成为名副其实的植物王国和动物乐园。普照的阳光赋予它的光和热十分充足,变幻莫测的云层给予它丰沛的雨水,大自然提供给它肥沃深厚的土壤。另外,西双版纳是我国最典型的静风区,静风时间占全年的75%,风速平均每年只有0.5～1.4米。静风率高,大大减少了土地和植物叶面水分的蒸发。动物在这片土地上,有一个比较安静、适宜的生活环境。

野象谷地处西双版纳州勐腊县的龙门山原始森林腹地。龙门山山高林密,植被遮天蔽日,原始森林空气潮湿,迷漫着腐殖质散发出的浓烈霉味。野象谷四面群山峰峦环抱,参天古木葱葱茏茏,山间林地绿草茵茵。

野象是一种珍贵的庞大动物,体重有五六千公斤,观赏野象可以了解大型动物在自然界生活的情况,但应在当地旅游部门和导游的组织下前去。

观赏野象,首先要沿着"象路"。森林里本来没有路,"象路"是野象经常走的路。野象群找嫩树叶、竹叶、竹笋、蒲葵等植物吃,到水塘里饮水、洗澡,走来走去,便踏出一条路来,于是人们称之为"象路"。"象路"一般都比野象的身子宽,因为野象为了防人从背后袭击,有时走路是横着走的。

在"象路"上,可以发现许许多多野象的大脚印和一堆堆的象粪。野象的脚印有的比脸盆大,有的比脸盆小;象粪也是这样,一堆象粪有的比筛子大,有的比筛子小。说明野象群里既有大象,也有小象。如发现新鲜的象粪,就说明离象群活动出没的区域很近了。一般说来,象群的活动范围很宽,没有固定栖息的地方。当它们觅食或饮水时,都是成群结队的。象群有大有小,有的10多头,有的30多头,最多的有70多头。它们行动时,力气最大的野象分别在前头引路和在后面压阵,把小象和其他象放在中间,以便保护。在象群中,若有哪一头象受到威胁,整个象群就会来帮忙。象群包括一头大公象,若干头母象和小象。其中的首领并非大公象,而是一头大母象。大公象保卫象群的安全。日常的行动路线、时间安排、选食和休息地点,听从大母象的指挥。亚洲象的栖息,多偏重于有充足水源的茂密森林或丛林。一头大象一天能吃200多公斤芭蕉、竹叶、嫩枝叶、藤蔓、鲜草等等,所以没有茂密的林木,就供应不上象群巨大食量的需要。野象的水性很好,可以连游五六个小时而不乏,游泳的速度大约时速1.6公里。象群没有固定的住所,每天的活动范围很大,吃吃走走,可移动10公里之遥。

人们大都听说过"狐假虎威"的故事,可在野象谷,却实实在在地有"鹿假象威"的情况。在森林中,大象就是国王,象群后面常常跟着马鹿和鹿子。因为马鹿和鹿子单独活动时,容易受到老虎的袭击,被老虎吃掉。经过长期观察,它们发现老虎只怕大象,在大象活动的地方,看不到老虎的踪迹。于是,它们总是跟在象群的后面,安全有了保障。不仅如此,它们有时还以大象的粪便作为食物,因为大象吃下去的东西,并没有好好消化就排泄出来,里面的养料正好满足它们的需要。大象虽是森林之王,却并不仗着力大无比而随意欺负人和其他动物,它连一只小小的昆虫都不吃,颇具王者风范。

在野象谷观象,人们与在一般动物园里的感觉大不相同,就是与野生动物园里的感受也不一样，因为这是它们的"王国"。尽管在规模稍微大一些的动物园没大象的恐怕不多，但动物园里的象总显得不如自然界里的象那样精神抖擞，皮肤也不如那样光滑油亮。

可惜的是，野生动物"王国"的范围在渐渐缩小。

1997 年 7 月，在我国大西北新疆的野马饲养繁殖中心因经费不足，一项拯救"普氏野马"的工程难以为继，特向社会各界领养其中的 20 匹"普氏野马"。

"普氏野马"原叫蒙古野马。由于人类的侵扰，再加上自然环境的变迁，使我国的普氏野马濒临绝境，成为比熊猫更珍稀的动物。

在人类有史之前，蒙古野马就栖息于现在的蒙古、中国一带了。我国早就有关于野马的记载。到了 19 世纪末，由于其他种类野马的灭绝，蒙古野马成了世界上唯一仅存的野马。1876 年，俄国著名探险家普热瓦尔斯基率领探险队考察我国新疆罗布泊时，在阿尔金山山麓附近发现了野马，并设法带走一匹，轰动了欧洲，被命名为"普热瓦尔斯基野马"，简称"普氏野马"。

从那时起，中国新疆有野马的消息就传遍了全世界，那些外国冒险家纷纷涌进新疆盗捕。一个叫格里格尔的欧洲人率众捕捉时，因野马机灵且奔跑速度惊人，几次均告失败。后来他想了个办法，雇用当地猎人，先悄悄接近休息的野马群，然后猝然大声呼喝使马群四下逃散，猎人们便骑马猛追。这样，常可捉到累倒的小野马。当时，他一次就捕捉到 52 匹小马，除 24 匹在运输途中死去外，其余的 28 匹全被盗出我国。经过驯化和训练，这些野马及其后代成为各国杂技团最叫座的演员，从此中国野马名声大作。

解放后，普氏野马被我国列为珍稀重点保护动物。

1978 年 10 月，在荷兰召开的第一次关于野马保护会议上，与会专家提出在中国新疆放养野马。因为新疆是野马的原生地，且自然环境得天独厚，具备放养野马的基本条件。1986 年，国家在"野马故乡"准噶尔盆地边缘的新疆吉木萨尔县设立了"野马养殖中心"，进行繁育。11 年来，该中心克服了沙漠水草奇缺、自然环境恶劣等困难，开辟牧场 2600 亩，精心养育了一批野马，成为全球瞩目的珍稀动物集中地。1995 年底，该中心选择了 10 匹强壮的野马调往上海动物园安家落户，目前仍有 60 匹野马生活在天山脚下。

普氏野马身高 102～135 厘米。头粗大，鼻端广，两颊和下颌骨下有刺状长毛，鬃毛稀疏，尾似驴尾，毛短而粗刚，颈短，躯体宽大，胸腹部充实，背毛呈淡黄色到淡褐色，背中有暗色背线，口唇、耳内侧及下腹呈白色，足无距毛，蹄狭小。这些都是干燥草原与大陆气候条件下，草原野马所特有的体质。据有关专家介绍，普氏野马正面临着从地球上消失的危险，目前全世界仅有数百匹这类野马，都是 100 多年前从中蒙边境和新疆一带所盗捕野马的后代，而且已经是第八、第九代了。

与普氏野马生存状况相似,生长在我国的金丝猴也处于濒危的境地,也是为人们所喜爱的野生动物。

1998年夏,美国总统克林顿访问中国时,在桂林与七位中国公民就环保问题进行了约50分钟的座谈。其间,受美方邀请参加座谈的北京"自然之友"会长梁从诚教授向克林顿赠送了一张金丝猴的彩色照片。听完梁教授对金丝猴的简单介绍后,克林顿笑着说:"这是我的Cousin(亲戚)。"在场的美国议员和精通英语的中国环保专家们都给逗乐了。

金丝猴的鼻梁瘪瘪的,两只鼻孔还奇怪地朝上翻着,就因为这副模样,人们又叫它"仰鼻猴"。它是中国特有的世界珍稀动物之一,属于国家一级保护动物,产于中国陕西、四川、湖北、甘肃几省,分为川金丝猴、滇金丝猴、黔金丝猴三个亚种。国际自然与自然保护资源保护联盟将其列为"稀有级"动物。它们栖息于北温带人迹罕见的山地阔叶林、针阔混交林中。

在全国19家动物园中,分养着60多只金丝猴。它们相貌奇特,圆头长尾,青面蓝鼻,鼻孔朝天,肩背毛发光亮如丝,长达30厘米以上,宛如一件金黄色的毛皮"大衣",因此得名。

金丝猴善于攀树,机警过人,在林中来往如履平川。跑起来也很快,时速可达50公里。它没有固定的住处,平时主要生活在树上,偶尔也下地活动,靠吃树皮、树叶、嫩芽、花冠、野果和籽实等为主,偏爱在寒冷的雪山森林中生活,即使在零下10℃的大冷天,仍喜欢在雪地上活动。每年四五月份,天气转暖时,金丝猴却搬往海拔2500~3000米的高山区,度过炎热的夏天。

金丝猴喜欢合群,常常成群,甚至上百只集体活动。每群猴中都有一只身体强壮、经验丰富的猴王。猴王的地位是经过激烈搏斗产生的,因此,拥有至高无上的权力,大伙都得听它指挥。每到一处,猴王总是先挑选几名反应灵敏、遇事机警的猴子,担任"哨兵"或"警卫",其他猴子呆在猴王周围,有的替它梳毛,有的帮它捉虱子,有的向它呈上好吃的果实。

秋季是金丝猴的"恋爱"和"成亲"的季节。雌猴妊娠期为6个月左右,通常一胎一仔,偶产二仔。刚生下的小猴子脸呈暗蓝,毛色棕褐,叫声如婴儿哭泣,一个月后体重就达一公斤多。猴妈妈对子女十分疼爱,总把小猴抱在怀里。如遇上猎人无法逃脱时,猴妈妈会不断向猎人摆手,示意不要打它们;或把小猴子喂饱奶后,然后手指着自己的胸膛表示甘愿自缚,求救孩子。

金丝猴常会分泌一种特殊的芳香气味。人们对此反应不同,男士普遍认为很好闻,而女士则持反对意见,常常抱怨。

(曹敏鲁,安琪林.中国生态旅游指南.北京:经济日报出版社,1999:105～

112)

四、气象景观

气象为大气中所发生的风、云、雨、雪、冷、热、干、湿、霜、雾、光、声、电等的各种物理现象和物理过程。千变万化的各类气象景观与其他自然景观融合一起，再加上人文景观的点缀，就构成了一幅幅仙景幻影般的气象景观。气象景观中最为常见的有云雾景观、烟雨景观、冰雪景观、霞光景观、佛光景观等。

（一）云雾景观

雾是指近地层的气温下降时，空气中所含的水汽凝结成小水滴或小冰晶，悬浮在接近地面的空气中。而云是悬浮在距地面一定高度的空气中的小水滴或小冰晶。云和雾没有本质的区别，只是雾产生在低空，下层接地；云的凝结高度较高。云雾千姿百态，变幻奇特，霎时万变。有了云雾，一切都变活了，它与山峰、与日月、与风雨、与林木联系在一起，动静结合，姿态万千，造成了景色四季之不同、瞬间之变幻。

（二）烟雨景观

雨是具有观赏性的自然美景之一。特别是降水量不大、持续时间较长的小雨，唤起人们多种遐想。细雨如丝而成烟雾状态，蒙蒙烟雨能给旅游者带来清新的情思和朦胧的诗意。"水光潋滟晴方好，山色空濛雨亦奇"是描绘雨景的上佳之作。"江南烟雨"、"巴山夜雨"、"南湖烟雨"等都是著名的烟雨景观。

（三）冰雪景观

雪花，是空气中的水汽在 0 ℃以下的寒冷天气里，以尘埃粒子为核心凝结而成的冰晶。中纬度地区的冬季雪花飘飘悠悠，从天婀娜而降。漫天飞舞的雪花纷纷扬扬，悄无声息地落下，到处是银装素裹的世界。雪和冰常常是形影相随的，经过冰雪和冻雨之后，更变得披珠挂钻，堆银砌玉，苍莽壮观。冬季的北国，"千里冰封，万里雪飘"，一片银白色的世界。高纬度地区的雪山雪线以上的积雪终年不化，白雪皑皑的峰巅和银蛇蜿蜒的冰川，构成一个壮观的银色世界。雪淞、冰挂等奇景和冰雪体育活动项目已成为重要的旅游内容。

（四）霞光景观

由于大气对不同波长的辐射吸收和散射作用不同，引起日出日落时阳光透过云层呈现出黄、橙、红等彩色的光芒。彩霞绚丽，光芒四射，伴随旭日东升和夕阳西下，情景交融，美不胜收。我国许多风景区有观彩霞的著名景观。如"泰山日出"、"骊山晚照"等。

（五）佛光景观

佛光是在阳光斜射的条件下发生衍射分光作用，形成的彩色光环映现在旅游者面前的云雾层上的现象。阳光强烈时,光环色彩鲜明,外红内紫七色依次排列,五彩缤纷,美丽无比。如果游人的位置恰好在太阳与光环之间,且三者在一条直线上,人影就映于光环之中,人静影亦静,人动影亦动,产生奇妙的景象。我国的庐山、泰山、峨眉山、黄山均可以看到,而以峨眉山的金顶佛光最为壮观。

被誉为中国五大自然奇特景观(其他为桂林山水、长江三峡、黄山云雾、云南石林)之一的吉林雾凇,被国内外游人誉为"人间绝景"。雾凇通称"树挂",是雾气和水汽随风在树枝等物上不断遇冷凝结成针状或粒状的白色松脆结构的冰晶层。粒状雾凇结构紧密,形成一粒粒很小的冰块,而晶状雾凇结构比较松散,呈较大的片状。我国北方经常出现,在南方高寒山区也较常见。吉林的雾凇就属于晶状。

吉林冬季气候严寒,最低气温一般都在−25 ℃～−20 ℃。尽管松花湖面结了1米厚的冰,但从吉林市区溯松花江而上15公里是丰满水电站,大坝底部的冬季江水通过水轮机组,水温升高变暖,每到数九隆冬从水轮机组流出的水仍有4 ℃。江水载着巨大的热能,江水与气温的 25 ℃～30 ℃的温差,使得湖水刚一出闸,就腾起了浓雾,而且形成了松花江几十里缓缓流经市区不冻的奇境。在夜里一定气压、温度、风向等条件作用下,江面上蒸腾的雾气遇冷凝结于树上,渐渐形成了神奇、纯洁、瑰丽的冰花——雾凇,使得松花江堤上的大柳树成了"白发"的雪柳,苍松则成了"怒放"的雪松,数十里长堤上的垂柳青枝变成琼枝玉树,一片晶莹洁白,江岸雾凇缭绕,人在其中,犹入仙境。

第二节　自然景观的欣赏

一、自然景观美的表现形态

自然景观美的表现形态可以说是多种多样、千姿百态。正如法国 19 世纪著名的画家库尔贝所说的:"美的东西是在自然中,而它以最多种多样的现实形式呈现出来。"自然景观美的表现形态主要体现在以下几个方面:形态美、色彩美、动态美、静态美和听觉美。

(一)形态美

自然景观无论是林泉山水,还是花鸟走兽,都直接存在于真实空间中,有着自己固有的形态,在三维空间中占据一定的长度、宽度和高度。旅游者可以从不同的角度、不同的距离去观赏,甚至可以用手去触摸自然景观所特有的质感,获得"横看成岭侧成峰,远近高低各不同"的空间美感。自然景观千姿百态的造型中包含着一些最基本的线条及形状。如直线、曲线、波浪线;三角形、圆形、椭圆形等。这些因素体现出最单纯、最基本的形态美。而自然景观中挺拔的山峰、蜿蜒的流水、一望无际的草原、碧波万顷的海洋都以各自形态的特定结构呈现在旅游者的面前。旅游者在观赏眼前景物时,对真实空间中的景物形态的空间知觉形象进行感知、思维,获得直接、真切的审美感受。

(二)色彩美

自然景观不仅表现出多姿的形态,而且展现出绚丽的色彩。各种自然色彩给旅游者赏心悦目的感受,能调动旅游者的审美情绪。

1. 山色之美

山体的颜色是混合色、调和色。山色会因季节的更替、天气的变幻呈现出多样的色彩。宋代画家郭熙对山色之美有深刻的认识,说:"真山水之谷川,远望之以取其势,近看之以取其质,真山水之云气,四时不同:春融怡,夏蓊郁,秋疏落,冬黯淡……真山水之烟岚,四时而不同:春山淡冶而如笑,夏山苍翠而如滴,秋山明净而如妆,冬山惨淡而如睡。"我国的地理构成反映在山体的色彩上有所不同。江南处处是青山绿水,山被绿色植物所覆盖,满目翠绿;西北高原是无边无际的黄土地,黄色的世界;而东北黑土地孕育的是另一种色彩——黝黝的黑色。

2. 石色之美

石色是相对稳定的色彩,因山石的母岩不同而呈现不同的色彩。武夷山是由红色砂岩构成的碧水丹山景观。云南路南石林是由青灰色的石灰岩构成的。位于新疆吐鲁番盆地北部的火焰山是由红色的砂岩构成的。唐代边塞诗人岑参在诗中写道,"火山突兀赤亭口,火山五月火云厚。火云满天凝未开,飞鸟千里不敢来",形象地描绘了火焰山的色彩美。

美国科罗拉多大峡谷的颜色,因两壁岩石中含有各种矿物质及风化程度不同而呈现出五彩斑斓的色彩,其氧化物则产生各种暗淡的色调。山谷壁的断面在太阳照耀下,岩石颜色变化无穷,时而淡紫,时而深蓝,时而乳白,美不胜收。

3. 天色之美

正如宋代著名的书法家米芾曾经说过的"大抵山水奇观,变化万千,多在晨晴晦雨间"。阳光透过大气层,在不同的天气和时间出现五彩斑斓的朝霞、晚霞、云彩、雾霭,使天空呈现出蓝、紫、灰、红、橙、黄等色彩变化。尤其是初升的旭日、落日的余晖,色彩绚丽,层次丰富,不但给人以美感,还会引起人们无限的遐想。

明月和星星也是天色美中不可缺少的部分。月色之美最令人倾心,在诗人、作家的笔下被描绘得淋漓尽致。以月色取胜的景观也很多,如:卢沟晓月、三潭印月等。

4.水色美

水本来是无色透明的,然而在不同的地理环境、不同的季节及周围自然景观的影响下,产生丰富的色彩。水色还与天色、周围景色密切相关,有"春绿夏碧,秋青冬黑"之说。

九寨沟的美景美在水的清澈、水的晶莹。山上冰雪消融,成为落差悬殊的瀑布和激流,沿着光滑的钙华岩面奔流,形成世界上罕见的色彩斑斓的瀑布。而后再形成大大小小的高山湖泊(当地人称之为海子),水的深浅不一,湖底的沉积物及水生植物各不相同,在阳光的照耀下,呈现出不同的形态和色彩。

5.植物色彩之美

植物的色彩变化最丰富。春夏秋冬的交替、阴晴雨雪的变化,使植物呈现出瑰丽色彩。在春天表现为新芽吐绿,夹杂着嫩绿的树木新叶中点缀红、黄、紫、白各色杜鹃,一片生机;夏天构成绿色的海洋,新绿、翠绿、浓绿、黛绿,绿得那样青翠,给人以日新月异之感;金秋银桂飘香、榴果压枝,橙色的黄栌、浅黄色的椴叶、绛红色的枫叶、殷红色的野果,深浅相间,错落有致,万山红遍,层林尽染;冬天莽莽林海,在白雪的掩映下似玉树琼花,色彩明亮淡薄,而雪地中梅花傲雪绽放,更具刚毅不屈的精神。

(三)动态美

自然景观的动态美由流动的水、飘动的云雾、花草树木的季相变化及动物活动所组成。

1.流动的水

"山得水而活",水的流动、跌宕、声响,打破山谷的沉寂,山林沟壑间,瀑布飞泻,溪流潺潺也改变了景观的形态。水是最活跃、最富有动态美的构景因素。李白眼中的庐山瀑布"飞流直下三千尺,疑是银河落九天",杜甫笔下的黄河"无边落木萧萧下,不尽长江滚滚来",都淋漓尽致地传达出水的动态美。

2.飘动的云雾

流动的云雾构成的动态景观变幻莫测,深远神秘。云海忽而翻腾疾驰,忽而飘逸舒卷。云动山移,构成"山在虚无飘渺间"的朦胧美。

3.季相变化

花草树木在四季中体现出动态美。春天"野芳发而幽香";夏天"佳森秀而繁荫";秋天枫叶飘丹,硕果累累;冬天万木凋零。所以唐宋八大家之一的欧阳修发出了"四时之景不同,而乐亦无穷也"的赞叹。

4.动物活动

动物的行止跳跃同样能引起人们的美感。在茫茫草原上飞奔的马群,在蓝天上自由翱翔的鸟类,在林间小道与游人嬉戏的猴群,在草地上跳动的昆虫,在水中游动的鱼群,为旅游者的游览平添了无穷的乐趣。

（四）听觉美

自然景观中的听觉美主要来自风声、雨声、水声及动物的鸣叫声。瀑落深潭、雨打芭蕉、风起松涛、鸟鸣幽林,处处回旋着大自然中悦耳的旋律,给人以"鸟鸣山更幽"的意境。春天百鸟的欢歌,夏夜蝉、蛙的鸣唱；山中的猿啼、溪泉的流淌、林海松涛的吹拂、山谷余音的回响,这些大自然的天籁之声交织成一曲曲扣人心弦的抒情乐章。

二、自然景观的审美特征

（一）雄伟之美

雄伟是一种雄浑、高大、壮观、气势磅礴的形象,这一特征在自然风景中是广泛存在的。我国的无数高山大川,其巨大的空间形象、高大的形体、雄伟的气势,引起崇高的美感。例如昆仑山号称万山之祖,它以高大雄伟而闻名天下。昆仑山西起帕米尔高原,横贯新疆、西藏,伸延至青海境内。山脉全长 2500 公里,宽 130～200 公里,西窄东宽,总面积达 50 多万平方公里。平均海拔 5500～6000 米,最高峰在青海、新疆的交界处,名为新青峰——布格达坂峰,海拔 6860 米,是青海省最高点。山岭北坡长而陡峭,群峰挺拔,雄伟壮观。南坡较短而和缓,相对海拔在 500～1000 米。5000 米以上的山峰多发育现代冰川,寒冻风化强烈。青海境内的玉虚峰、玉珠峰长年银装素裹,山间云雾缭绕,传说是玉帝两个妹妹的化身。昆仑山在中华民族文化史上有"万山之祖"的显赫地位,是中国第一神山。

除了山景以外,水景中的雄伟当数钱塘江的大潮。钱江潮"壮观天下无"的雄奇景象与杭州湾外宽内窄、外深内浅的喇叭口地形有关。当东海的潮波传至杭州湾时,因河口急剧缩小,潮波能量愈来愈大,同时,河床急剧抬升,水面迅速升高,就形成特有的涌潮现象。

农历八月十八是观潮的最佳时机,号称"八月十八潮,壮观天下无"。在茫茫的天地间,潮水如巨龙翻滚,以千军万马之势,踏江怒吼,勇往直前。后浪推着前浪,前浪引着后浪,耸起一堵流动的潮墙。以排山倒海之势,雷霆万钧之力,铺天盖地,滚滚而来,气势壮观,令人惊心动魄。故有诗赞道:"远若素练横江,声如金鼓；近则如山岳,奋如雷霆。"

（二）秀丽之美

秀美是一种柔和、优雅、恬静、秀丽的形象。它是自然风景中最常见的形象美的形式,具有秀丽之美的自然景观,其形态婀娜多姿,轮廓清晰和谐,线条流畅修长,开合转折分明。秀美的山景一般常具有良好的植被,岩石较少裸露,山体地貌的轮廓线条变化较为柔和流畅,山明水秀。

在我国的名山中,四川的峨眉山以秀美驰名,享有"峨眉天下秀"的美誉。峨眉山山林葱茏,色彩碧翠。远观其形,"此山云鬟凝翠,鬟黛遥妆,真如螓首蛾眉细而长,美而艳也"。秀丽还可以同其他的审美特征相融合,如黄山的奇秀、雁荡山的灵秀、富春江的锦秀、洞庭湖的旷秀等,在秀丽中渗透出各自不同的个性。

提起水景的秀美,人们自然会想起杭州西湖。西湖宛如一位绝色的美女,天生丽质,不加任何修饰也是楚楚动人。历代诗人写下无数赞美西湖的诗篇,如苏东坡的《饮湖上初晴后雨》:"水光潋滟晴方好,山色空濛雨亦奇。欲把西湖比西子,淡妆浓抹总相宜。"西湖的秀丽体现在湖面的平静、湖水的清丽柔润及湖光山色的交相辉映上。河、湖、山、洞、泉、涧、瀑,兼而有之,形态的妩媚、色彩的和谐,给人一种赏心悦目的感受。

(三)奇特之美

奇特是自然风景形象美的一个重要特点,它是自然风景奇异、奇怪个性的展现,往往以其出人不意的形态,给旅游者一种离奇、变幻莫测、奇妙之感。

雁荡山的灵峰一带,沿河两岸奇峰竞起,巧石星布。灵峰高 270 米,与右侧的倚天峰紧紧相依,形如合掌,所以又称为合掌峰。在晴朗的夜晚,从稍远一点的距离观看,合掌峰又像一对久别重逢的夫妻依偎在一起。左边的灵峰是伟岸的丈夫,倚天峰则是娇美的妻子。而此时周围的一些山峰也转化为栩栩如生的各种角色。双笋峰幻化成一位老妇人,眼、鼻、发髻清晰可辨,因不好意思观看小夫妻幽会,羞转身去,背对夫妻峰。稍远处的金鸡峰幻化成一个顽皮的牧童,正在偷看月下相偎的夫妻。这一幅幅奇特的画面被当地人编为童谣:"牛眠灵峰静,夫妻月下恋。婆婆羞转身,牧童偷偷看。"

水景中奇特之美的代表则为山东蓬莱的"海市蜃楼"。实质上是光线在经过不同密度的空气层,发生显著折射(有时伴有全反射)时,把远处景色显示在空中或地面,出现高大楼台、城廓、树木等幻景。山东蓬莱海面上常出现这种幻景,古人归因于蛟龙之属的蜃,吐气而成楼台城廓。平静的海面、江面、湖面、雪原、沙漠或戈壁等地方,偶尔会在空中或"地面"出现奇异幻景。北宋时期科学家沈括在《梦溪笔谈》中曾经记载过:"登州海中,时有云气,如宫室台楼、城堞、人物、车马、冠盖,历历可见,谓之海市。"

(四)险峻之美

险峻是人类敬畏大自然的一个重要因素,也是自然风景外在形象的一个重要特点。险峻体现在危峰峻岭、悬崖绝壁、急流险滩、万丈深谷中。在大自然的面前,有时人的生命显得过于脆弱,但同时人类也具有不甘心屈服自然的意志。

险固然令人害怕,但险峻对旅游者来说又极富有吸引力而渴望去征服。越是险要的地方,越具有挑战性,就越想去亲自走一走、看一看。

在我国的众山岳中,华山以"天下险"而闻名。它是"五岳"之一,古称西岳。花岗岩断块山地,垂直节理发育,山势陡峭,群峰耸峙,以"奇险峻拔"群冠五岳。"华山自古一条路",就是指从青柯坪通往主峰的奇险无比的通道,要经"千尺幢"、"百尺峡"、"擦耳崖"、"上天梯"、"苍龙岭"等险径,才能到达最佳风景点华山顶。在苍龙岭上流传着韩愈投书的故事。当然,作为唐宋八大家之一的大文豪韩愈,不可能如此狼狈。传说无非是要渲染华山绝顶的险要。

水景之险莫过于长江的虎跳峡。虎跳峡位于距云南丽江古城18公里处,峡谷中最窄的一段,峡宽仅30余米,江心还有一个13米高的大石——虎跳石,相传猛虎曾借此石而跃过峡谷,故名虎跳峡。从入峡口到出峡口全长20公里,落差213米,分上、中、下三段,共有险滩18处,错落排列。峡口海拔1800米,从江滩上至两岸雪峰相对高度差3900多米,峡谷之深位居世界前列。上虎跳峡入口处绝壁直扑江底,江岸峭壁环锁,峭壁上怪石奇异。中虎跳峡是最慑人心魄的地方,仰视云雪交吻的两壁,只见蓝天一线,俯视脚下是礁石突兀,江水却在不到5公里的距离中跌落百米。江中礁石林立,似犬牙交错,圈圈漩流冲击滩石,卷起几米高的波浪,左冲右突,咆哮如雷,奔泻而下,撼天的飞瀑跌落成2公里长的"满天星滩"形成天崩地陷的"金江劈流"气势,卷起巨浪凌空,以雄、险、奇、绝同时出现而令人惊叹。下虎跳峡相比之下,似乎变得逐渐温顺,然而却比未入峡之前的江水水势猛,江水扑面而来,如猛虎下山,令人望而生畏。"虎跳峡天下险",这个"险"中却蕴藏着夺人心魄的险峻之美。

(五)幽深之美

它是自然风景中一种独特的审美形态,以清幽、幽静、幽远为主要特征。它既体现在景观之美上,又体现在意境之美上。具有幽深之美的自然景观有一定的水平深度、一定的开合度,以及视线的阻隔与开放、道路的曲折回转、明暗交替等空间序列的变化。密林中的弯弯小路、翠竹旁的曲曲小溪、群山之中的小小茅庐,都能体现出幽深之美。景藏得越深,越富于情趣,就越显得幽美,也就越能激发起旅游者的美感。

四川青城山的风景算得上是最幽美的。青城山位于四川省灌县城西南。它北接岷山,连峰不绝,深藏于岷江峡谷之中。林木青翠,四季常青,诸峰环峙,状若城廓,故名青城山,素有"青城天下幽"的美誉。山中有8大洞、72小洞,道家宫观,遍布其间。青城山最大的特点就体现在一个"幽"字上,旅游者沿山间小路上山,两侧苍松翠竹,碧绿成荫,溪泉清澈见底,潺潺入耳,偶而传来鸟鸣声,鸟鸣山更幽,真有一种幽深莫测的神秘感。

水景中具有幽深之美的是杭州西湖的九溪十八涧。这里谷地深幽,溪流蜿蜒纵横,林高水幽。诗人赞美道:"九溪十八涧,山中最胜处。重重叠叠山,曲曲环环路。叮叮咚咚泉,高高下下树。"

（六）空旷之美

空旷之美指自然景物空间宏大、高远而形成的美。如浩无际崖的海洋、坦荡无边的平川、连绵起伏的山丘、宽阔广袤的大草原等自然景观所展现的辽阔、开朗的空间美。具有空旷之美的自然景观为游人提供了一个浩大宽阔、简洁宁静的特殊环境,使之获得心旷神怡的快感。

李白"孤帆远影碧空尽,唯见长江天际流","黄河之水天上来,奔流到海不复回","两岸青山相对出,孤帆一片天际来";王勃的"落霞与孤鹜齐飞,秋水共长天一色"所描绘的都是空旷美。

滇池位于昆明城西南,又叫昆明湖,古称滇南泽,是云南省面积最大的高原湖泊。总面积 300 平方公里,湖岸线长 163.2 公里,南盘江、宝象河等 20 多条河流注入滇池,水面开阔。诗人在天下第一长联——大观楼名联中写道"五百里滇池,奔来眼底。披襟岸帻,喜茫茫空阔无边",描绘出湖上烟波浩渺、水景迷人的空旷之美。

第三节　中西自然景观美学比较

一、中西自然景观比较

自然景观来自大自然,但中西所处的地理位置和气候带有所差异,会影响各自景观的美学价值。

德国地理学家赫特纳认为,两个方面的因素影响景观的美学价值:一是土地构成,如山脉、高原、平原以及它们的单个形象。二是气候和由气候决定的自然景观及植被。气候决定了景观美学风格的总体方面;在气候影响下形成的植被和土地构成则是景观美学的次级变异。

我国土地辽阔,北起北纬 53°33′的黑龙江漠河,南达北纬 4°30′的南沙群岛的曾母暗沙。南北跨纬度近 50°,相距 5500 公里。在东西方向上西起东经 74°40′的帕米尔高原,东至东经 135°20′的黑龙江与乌苏里江的相交处。东西相距达 61°,相距 5200 公里。陆疆长达 2 万多公里,海疆也长达 2 万多公里。疆域辽阔,经度、纬度跨度大,导致中国气候多样。

中国的巨大地貌轮廓主要由山脉、高原、盆地、平原组成。地势高度相差甚大。西高东低,呈三级阶梯式:第一级是青藏高原,号称"世界屋脊",平均海拔在4000米以上。第二级在青藏高原边缘以东和以北,是一系列宽广的高原和巨大的盆地,海拔下降到1000～2000米。第三级在东部,主要是丘陵和平原分布区,海拔在500米以下。青藏高原高耸在西部,形成高寒特征的特殊自然区域。

中国分为9个气候带,分别是:北温带、中温带、南温带、北亚热带、中亚热带、南亚热带、北热带、中热带、南热带。又据干燥度分为湿润区、亚湿润区、亚干旱区、干旱区。森林主要分布在湿润区和亚湿润区。

受气候条件的影响,从北到南分布着寒温带针叶林带、温带针叶阔叶混交林带、暖温带落叶阔叶林带、北亚热带常绿阔叶林落叶阔叶林带、中南亚热带常绿阔叶林带、南亚热带季雨林雨林带。北部的森林气候条件比较一致并且严酷,植物种类较少;而热带雨林有良好的水气、热量条件配合,植物种类是最为丰富的。

(一)我国的自然景观因为气候、地貌的影响,表现出如下的特征

1. 山

我国是一个多山的国家,山地约占国土面积的1/3,高原约1/4,盆地与平原约1/3,丘陵约1/10。全国有半数以上的县位于山区。山岳景观类型众多,有号称世界屋脊的青藏高原;有世界上土层最厚、分布最广的黄土高原;有世界上发育最好、分布最广的喀斯特地貌的山地;有花岗岩风化而成的山峰,岩石裸露较多,节理发育,多球状风光,巍峨挺拔,气势壮观,如黄山;有尽脱山骨、岩石裸露、色彩似丹、灿若朝霞的丹霞地貌的武夷山;有岩层坚硬、轮廓线曲折、有着丰富造型的雁荡山。这些因奇特的地貌造型而成为有名的山地景观。

2. 水

我国河流如网,湖泊密布,构成绚丽多姿的水域景观。茫茫无际的大海,滚滚不息的江河,波光粼粼的湖泊,清澈见底的小溪,飞流直下的瀑布……成为人类的优美环境和供观赏的自然景观。

3. 气候

我国南北跨纬度近50°,东西相距达61°,地形高差上下几千米,距海洋远近又各不相同,导致我国具有多样的气候类型。除了水平方向上的北温带、中温带、南温带、北亚热带、中亚热带、南亚热带、北热带、中热带、南热带和高原气候区等气候带以外,在同一地区又因地势在高度上的明显差别而形成垂直气候带,也就是人们日常所说的"一山有四季,十里不同天"。

各地的气候分配也不平均,如南国的广州全年无冬,秋春相连,夏季长达200天;而春城昆明全年无夏,冬季短而且不冷,春秋不分,长达315天。这种多

样的气候资源,可扬长避短开展旅游活动。

4.生物

我国山川纵横,地形复杂,气候多样,生物资源异常丰富,有许多中国特有的奇花异草、珍禽异兽。以种子植物为例,我国有 301 科、2900 属、24550 种。在种子植物中唯中国独有的特有属就有 196 属。再以野生动物为例,我国有兽类 420 种、鸟类 1166 种、两栖爬行动物 510 种。我国陆地面积虽只占世界陆土面积的 6.5%,而兽类占世界总数的 11.2%,鸟类占 15.3%。为了保护这些珍贵的动植物资源和自然生态体系,我国兴建了大量的森林公园及自然保护区。截止到 2004 年 6 月,中国已成为世界上森林公园数量最多的国家,已建立各类森林公园 1658 处,规划面积 1900 多万公顷;建立自然保护区 1757 处,规划面积 1.5 亿公顷。

(二)欧洲的自然景观因为气候、地貌的影响,表现出如下的特征

西方(本书中以欧洲为代表)气候具有温和湿润的特征。大陆南北跨纬度 35°,包括附属岛屿也只有 47°,除北部沿海及北冰洋中的岛屿属寒带、南欧沿海地区属亚热带外,几乎全部都在温带。植被以温带阔叶林、温带草原为主。大陆东至极地乌拉尔山脉(东经 66°10′,北纬 67°46′),南至马罗基角(西经 5°36′,北纬 36°00′),西至罗卡角(西经 9°31′,北纬 38°47′),北至诺尔辰角(东经 27°42′,北纬 71°08′)。海洋对自然地理环境有很大的影响。大陆海岸线长 37900 千米,是世界上海岸线最曲折的一个洲。多半岛、岛屿和港湾,白海、波罗的海、北海、爱琴海、亚得里亚海等边缘海域深入内陆。欧洲地形总特点是以平原为主,冰川地貌分布较广,高山峻岭汇集南部,海拔 200 米以下的平原约占全洲面积的 60%,海拔 200 米以上的高原、丘陵和山地约占全洲面积的 40%,其中海拔 2000 米以上的高山仅占约 2%。欧洲各地由于距海远近和纬度高低的不同,气候存在着不少的差异。大西洋沿岸受北大西洋暖流和西风影响,冬季比较温和,夏季比较凉爽,年降水量比较多,季节分配较均匀,属海洋性气候。北部北冰洋沿岸,冬季严寒而漫长,夏季凉爽而短促。而南部三大半岛沿岸,夏季炎热干燥,冬季温和多雨,为地中海气候。

1.因近海海域深入内陆,多岛屿风光

如爱琴海区域包括希腊半岛、爱琴海中的各岛屿、克里特岛和小亚细亚半岛的西部海岸地带。这里呈现出与东方大河流域迥然相异的自然景象。湛蓝的爱琴海湾散布着多达四百多个岛屿,星星点点,真像被搅乱的棋盘。挂帆出海,随处都有可供停泊的优良港湾。希腊半岛三面环海,具有世界上最曲折的海岸线。

2.海岸类型多样

欧洲的海岸线近 3.8 万公里,平均每 260 平方公里就有 1 公里长的海岸线。

海岸曲折,多海湾、岬角,沿岸多深入内陆、两岸陡峭的峡湾。两岸多悬崖峭壁,风景优美。

3.气候温和

欧洲绝大部分地区气候具有温和湿润的特征。除北部沿海及北冰洋中的岛屿属寒带、南欧沿海地区属亚热带外,几乎全部都在温带。欧洲西部各地方距海洋均不超过 700 公里,而东部距海洋最远的地方可达 1600 公里,因此欧洲从西向东由海洋性气候过渡到大陆性气候。又由于平原辽阔,从浩瀚的大西洋吹来的湿润西风能无阻地深入内陆,湿润的空气调节了气温,北大西洋暖流使整个西欧及北欧西部沿海地区更为温暖。

4.森林风光旖旎

多雨温和的气候和肥沃的平原、谷地使得欧洲的森林覆盖率较高。分布有硬叶常绿阔叶林。森林中许多硬叶常绿树种能分泌挥发油,散发出浓烈的香味。林下多硬叶常绿灌木。

5.多湖泊

斯堪的纳维亚半岛上湖泊众多,很多是因冰川的作用而形成。广泛分布于芬兰、瑞典、德国、英国、瑞士等国,尤其以芬兰为最,有大小湖泊 6 万多个,有“千湖之国”之誉。因湖泊为山谷冰川积水而成,所以湖光山色,分外优美。

6.山地景观不多

南部的阿尔卑斯山是欧洲最著名的山,峰峦挺拔,山顶终年积雪。意法边境上的勃朗峰海拔 4807 米,是欧洲大陆最高的山峰。阿尔卑斯山是避暑胜地及开展冰雪运动的佳处。

二、中西自然景观的审美观

风景和自然景观的审美,是一种社会文化心理。中西方有着各自不同的审美心理及所产生的风景审美意识。西方与中国传统的农耕文化相对应的是工商文化。由于其在地貌上为在大半岛上伸出小半岛与群岛,且多岛屿和港湾,地势极为破碎,将陆地分隔成无数个小块地区,在崇山峻岭中缺少宽广的流域平原,农耕生产受到了极大的限制。相反,海岸曲折而且有不少的良港,具有专长航海通商的优越条件,从而形成了传统的工商文化。因不同的地理风景特征和不同的传统文化,形成了中西不同的风景观。

(一)中西自然景观审美的出发点不同

对于自然景观的认识、理解和歌颂,在中国有着悠久的历史。中国人对于风景美的鉴赏常带有“比德”的意味,在《诗经》中已有所反映。《诗经》中有许多诗就是以自然风景为起兴的。例如,“关关雎鸠,在河之洲,窈窕淑女,君子好逑。

参差荇菜,左右流之。窈窕淑女,寤寐求之。"在这首诗歌中人们以美好的事物起兴比喻男女间的爱情,可以说是有情有景、有声有色,非常生动。但诗歌中还不是对自然美的直接歌颂,不能认定为严格意义上的风景审美。真正开始把风景作为独立的审美对象,是魏晋时期,即至少在公元 3～4 世纪,是以这一时期兴起的山水诗和山水画为标志,它表明中国人已懂得如何欣赏和理解风景。

公元前 6 世纪,在西方出现了著名的文学名篇《荷马史诗》。有学者曾对《荷马史诗》中的《伊利亚特》做过统计,认为史诗中对事物的审美评价有 493 次,对人和神的审美评价 374 次,而对植物世界的审美评价才 9 次。可见自然在古代西方人的视野中地位是很低的,自然仅仅作为一种陪衬,以寄托诗人的情感。

西方人对自然景观的欣赏与中国人有所区别。他们对山水的欣赏出自纯粹欣赏自然的形态及感受与人的心情的契合。车尔尼雪夫斯基对水体的描绘就表达出这种审美观。车尔尼雪夫斯基这样写道:"水由于它的形状而显现出美,辽阔的、一平如镜的宁静的水在我们心理上产生宏伟的形象。奔腾的瀑布,它的气势是令人震惊的,它的奇怪特殊的形象也是令人神往的。水,还由于它的灿烂透明,它的淡青色光辉而令人迷恋,水把四周的一切如画地反映出来,把这一切屈曲地摇曳着,我们看到的水是第一流的写生家。"

(二)中西风景审美路径不同

在自然景观的审美中,中国人偏于抒情,注重捕捉自然景观的神韵,认为审美的最高境界是山景水景与人的心境的融合。从唐代诗人王维描写景物的诗句中可以体会出中国人的审美情趣。如:"明月松间照,清泉石上流","大漠孤烟直,长河落日圆","人闲桂花落,夜静青山空"。

西方的自然景观审美追求现实风景中的审美效果,他们偏重于客观地观察对象,讲究的是人与自然的交接,也就是人与自然景观分处于不同的位置互作观照,两者是一种若即若离的状态,对自然景观的审美感觉产生的只是一种心理的波动,所以西方人在欣赏原野、山川、海洋等自然景观时,注意层次、视角、距离和支点,以寻求自然景物的美。

(三)中西对自然景观的审美标准有差异

"山川之美,古来共谈",中国对自然景观的审美主要表现在山水的本身。山山水水是自然中最美的部分。中国人对高山峻岭、丘陵平原、江河湖泊怀有特殊的感情。而西方人因地理环境、民族性格等因素分外青睐大海。像希腊人以大海的美作为标准去衡量其他的艺术审美。西方人欣赏大海,从中体会到壮丽和崇高的美。

思考与练习

1.未经人类改造的自然景观具有旅游审美价值吗？

2.自然景观从哪几个方面展现其动态美？

3.自然景观的构成要素有哪些？

4.自然景观的审美特征是什么？

5.请举例说明自然景观的险峻之美。

6.为什么说动物是自然界中最富有生气的组成部分？

7.简述中西自然景观审美的异同之处。

8.我国的自然景观有哪些主要特征？

9.欧洲的自然景观的特征是什么？

第五章　人文景观的审美

本章提要

　　本章首先介绍了木构架的特点、古建筑的各种装饰、单体建筑形态和建筑组群形态等建筑审美的基础知识。介绍了中国各种类型古建筑的审美特性及欣赏和中国现代建筑的审美特性与欣赏，较为系统地介绍了中国古典园林的发展的历史沿革及常见的分类方法。从构园的四大要素叠山、理水、植物、建筑着手分析其审美特征，剖析了园林景观的美学特征。分析研究了中国雕塑的审美特性，介绍了对古代雕塑的欣赏。最后从中西方传统建筑文化比较和中西方古典园林艺术比较两个方面着手进行了中西方人文景观美学比较。

第一节　建筑审美的基础知识

一、中国传统建筑的特点——木构架结构

　　一个国家和民族的建筑风格，主要是由其建筑结构决定的。据考古证明：远在原始社会的中后期，当时的原始建筑活动有两种构架方式，"下者为巢，上者为营窟"。即地势低而潮湿的地区，利用树干、树叶、树枝等作巢居，体现长江流域

"水"文化特征；地势高而干燥的地区依赖天然的洞穴作穴居，体现黄河流域"土"文化特征。而巢居的穿斗结构和穴居的土木结构融合发展成梁柱式结构。

杨鸿勋列出的"巢居发展序列"

杨鸿勋列出的"穴居发展序列"

图 5-1　巢居与穴居发展序列

（侯幼彬.中国建筑审美.黑龙江科学技术出版社,1999）

这种结构成为我国古代建筑结构的主流。以后进一步发展，在秦汉时期已基本形成木构架结构。木构架结构距今已有 2000 多年的历史。

基本上为：先在地上筑土为台，台上造础，础上立木柱，然后在柱上安置梁架，梁架与梁架之间用"枋"连结组成"间"，在梁架上再架"檩"，上面架椽，以承托屋顶的重力，由此形成建筑的"骨架"——"框架"。

木构架建筑体系在漫长的发展过程中，之所以成为中国古建筑的主体，有多种原因，但主要是自然适应性和社会适应性。

（一）自然适应性

自然适应性体现在"墙倒屋不塌"。即采用木柱与木梁构成房屋的骨架，屋顶的全部重量通过椽、檩、梁传到立柱，再通过立柱传到地面。墙在房屋的构架中不承担主要重量，只起分割空间和保护的作用。也就是承重结构与围护结构分离。墙体可有可无，可厚可薄；墙壁的位置可根据所需空间的大小安排，并可以按需要而改动。因为墙体不承重，门窗的安排也可以很灵活，可多可少，可大可小，可高可低，甚至可以开成空窗、敞厅或凉亭。这样可以充分满足人们对所使用房间的不同要求。

木构架建筑的主要用材是木头和黏土。在我国绝大多数地区分布相当广泛。由于墙体不承重，材料更是不拘一格。可用木板、土坯、竹编、砖、毛石等构筑墙体，能够满足就地取材的要求。

木构架建筑结构组合方便，可以高低错落，适应于平原、坡地、依山、傍水等不同的地形。

（二）社会适应性

社会适应性体现在：木构架建筑材料以土木为主，很切合小农经济为主体的社会经济结构。在修筑房屋时，可采用农家加少量亲友协作的方式进行。黏土可就地挖取，夯土板筑只需要简单协作的劳动。土坯制作可自家积累，木材也有可能通过长期存储取得。

中国传统的古建筑在平面布局上讲究一定的组群程序和规律。建筑序列向平面展开，以纵轴线为中心，前后呼应，左右对称，以群体的统一、和谐造成气势。住宅由若干单体建筑和一些围廊、围墙之类环绕成一个个庭院。庭院式的布局形式，也充分适应了封建时代的伦理型社会结构。封闭式的三合院、四合院第宅，既适合小家庭必要的分栋分居，又适应大家庭追求的合院聚居，以主从有序、内外有别的空间布局，满足了在父权、族权支配下的一个独立的血缘单位、祭祀单位、经济单位的居住功能。而宫殿、宗庙、衙署、祠堂以至于寺庙、道观等的建筑布局，与第宅布局呈现明显的"同构"现象，实质上都是庭院式第宅自身的放大。一般以庭院为单元，沿着中轴线，一个接一个地展开。每个庭院的形状和大小不同，庭院的门、殿、廊庑以及组合形状也不相同，再加上地面的逐渐升高，整组建筑物就在不断的变化中通向主体建筑——正殿，形成高潮，后面还有若干庭院，作为尾声。木构架建筑虽然单体殿屋尺度等有限，但通过庭院自身的放大和院与院的聚合，可以铺展出庞大的建筑组群，有效地适应封建时代社会生活各个领域的功能需要。不仅如此，庭院式的封闭性结构与汉民族的文化心理结构也是契合的。"农耕经济是一种和平自守的经济，由此派生的民族心理也是防守型的"。在疆域上设万里长城，在城防上设围廊型城池，在建筑组群中采用高墙深院的庭院式封闭格局，可以说都是防守型的文化心理的物质表征。

二、千姿百态的装饰

中国古建筑非常注重建筑物的装饰，不论是室内装修、室外环境处理，还是对建筑的结构构件的处理，都体现出民族韵味的建筑艺术形象。

（一）屋顶的装饰

屋顶除了有遮风避雨的功能性作用外，还有很好的装饰效果。屋顶的装饰处理体现出理性精神与浪漫情调的结合。为改变屋顶在结构上造成的压抑感，古代的匠师们将屋顶设计成鸟翅般的举折与起翘，使之具有飞动轻快的美感。位于屋顶最高处的鸱尾，原本只是主脊和垂脊的交叉点，由于所处的地形的显要，把它做成鸱尾的形象（鸱，是传说中的一种神鱼，有喷水降雨的特性），不仅获得轩昂、流畅的生动形象和优美的轮廓，而且揉进了"虬尾似鸱，激浪降雨"的神话传说（虬龙：古代传说中有角的小龙）。这种形式一直延续到宋以前，从元代开始鸱尾逐渐演变为鸱吻(鸱吻:屋脊两端陶制的装饰物)。最后定型为龙吻,即以龙头装饰,张牙舞爪,咬住正脊,又称"吞脊兽"。这个龙吻同样蕴含着龙能降雨消灾的语义。这些都体现了理性与浪漫的交织。屋顶深远的出檐、凹曲的屋面、反宇的檐部,具有排泄雨水、遮蔽烈日、收纳阳光、改善通风等功用。

(二)琉璃瓦

琉璃瓦是一种在陶器的内胎上经烧制后的一种半透明彩釉的建筑材料,坚固而美观。从南北朝、隋唐开始用于建筑,到宋、元时期出现了用琉璃瓦全部铺盖屋顶或包砌全部建筑的情况,明、清时期被大量用于皇家建筑和一些重要建筑上。琉璃瓦色彩丰富,一般以黄、绿、蓝三色居多,还有褐、翡翠、紫、红、白、黑等颜色。黄色最高贵,只用于皇宫、坛庙等建筑上。例如北京故宫的屋顶大都使用黄色琉璃瓦,色彩灿烂。登景山观故宫,眼前一片金黄,令人炫目。除了瓦件以外还有琉璃贴面花饰,有各种不同的动植物、人物故事以及几何纹样的图案,装饰性很强。屋顶垂脊上装饰有一系列的琉璃制的走兽,种类和数量上也有严格的规定,最高等的用九种:龙、凤、狮、天马、海马、狻猊、斗牛、狎猊、押鱼。

(三)彩绘

中国古代的人们注重对建筑物色彩的处理,强调色彩的对比和调和。白墙红柱、红墙黄瓦、白墙灰瓦……鲜明的色彩形成明快的节奏,热烈奔放。其实远在殷商时代,人们就已在建筑物上涂色绘画;秦汉时期出现了在华贵建筑的柱椽上绘有云龙图案;南北朝时由于佛教的传播出现了有佛教色彩的花纹图案;到唐宋时已形成了一定的制度和规格。彩绘有实用和美化两方面的作用。最初是为了木结构防腐的实际需要,涂以桐油或矿物颜料,加以保护;后来与人们的审美要素结合,描成各式彩绘图案,既起到装饰作用,又代表一定的等级。彩绘有和玺彩绘、旋子彩绘及苏式彩绘。

(四)雕塑

中国古建筑的美感还来自其丰富的雕刻塑制。一类是建筑物上的雕塑。如:刻在柱子、梁枋、台基、窗棂上的飞禽走兽、人物故事、花鸟鱼虫等,或者是塑制在屋顶、梁柱上的同类图形。另一类是建筑物里面或前后的雕塑。如:宫殿前的日规、嘉量;宫门前的华表、石狮;陵墓前的神道、石刻;园林中的漏窗、小品;庙宇里的壁画、幡幢等。古建筑中雕塑和彩画争奇斗艳、相映生辉。

(五)斗拱

这是中国木构架古建筑中特有的构架技术。斗拱是在柱子的上部、屋檐之下用若干方形的小斗和若干弓形拱层纵横穿插、层叠装配的组合构件。斗拱既有结构上的作用,用以承托伸出的屋檐,将屋顶的重量直接或间接转移到木柱上;同时还具有装饰作用。斗拱用四种不同形状的部件搭建而成,本身结构的叠加错综之美像一架搭接美妙的积木,饱含着力与美的精髓。由于支撑,将屋顶的重量传递给木柱,屋檐出挑部分可以很深远。为使伸出的大屋檐不致遮挡室内的采光,斗拱撑持下的檐角以优美的曲线形式上翘,构成其形似翼、其势欲飞的"飞檐"。斗拱上加上色彩的运用,它的装饰作用似乎远超出其实际功用。在宫殿、寺庙等高级建筑物中,都有复杂精巧的斗拱构件。另外,斗拱也是建筑等级的象征,其层数的多少代表不同的等级。

三、单体建筑的形态及其审美

（一）台基

中国古建筑擅长用台基来衬托建筑的高大和威严。台基的形状一般是长方形。普通台基用砖石和灰土砌成或用碎砖三合土夯筑而成,四周包有一层用砖、石垒砌的座壁,无壁柱。座壁表面平整光滑无装饰。较高级的台基座壁上带有壁柱,基座上带汉白玉栏杆。最高级的须弥座,多数由汉白玉或琉璃等垒砌而成,壁面有华丽的装饰带,台基上带有汉白玉栏杆,显得华贵庄严。台基的审美功能主要体现在以下方面:

1. 调适构图

为殿屋立面提供很有分量的基座,避免了庞大屋顶可能带来的头重脚轻的不平衡感,增强殿屋造型的稳定感。

2. 扩大体量

因木构架自身的限制,屋顶的悬挑不能用过大的尺度。通过提高台基的高度、放大台基的体量来壮大建筑的整体形象,有效地强化了殿堂的崇高感、宽阔感,突出建筑宏大、庄重、崇高的气势。

3. 调度空间

在建筑组群构成中,台基起到组织空间、调度空间和突出重点的作用。主要体现在运用月台和多重台基,且四周围有栏杆,起到很好的装饰作用。起初是木制的栏杆,现在人们常见的"玉石栏杆"多是明清时期的作品。月台多用于建筑组群轴线上的主体建筑和重要殿堂的台基前方,成为台基向前延伸部分。月台上点缀着陈设和小品,既扩大了建筑的整体形象,也组织了富有表现力的"次空间",密切了主建筑与庭院的联系点,月台自身也成为庭院空间的核心。

4. 标志等级

台基的高度是建筑的等级标志。历代都有明确的规定。如在清代"公侯以下,三品以上,房屋台基高二尺,四品以下至庶民台基高一尺"。通过对台基等级的控制,还有助于区分建筑之间的主从关系,从而加强自身的整体协调性。

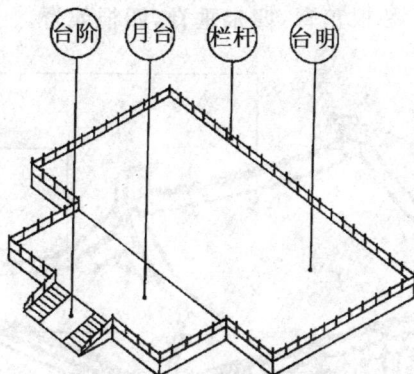

图 5-2　台基的基本构成

（侯幼彬.中国建筑审美.黑龙江科学技术出版社,1999）

（二）屋顶

屋顶在建筑外观上具有突出的艺术表现力。中国古建筑给人留下印象最深的是大屋顶。在古建筑群中屋顶的变化要多于平面上的变化。古建筑屋顶的变化大多程式化了,尤其是官式建筑的屋顶。脊与庇的组合构成了各式屋顶。庇:屋顶的覆盖面的主体——屋面。脊:庇与庇相交构成或庇与墙相交构成。建筑的屋顶分为庑殿、歇山、硬山、悬山、攒尖等五种基本类型。

1.基本类型

庑殿:四庇、五脊。一根正脊,四根垂脊。

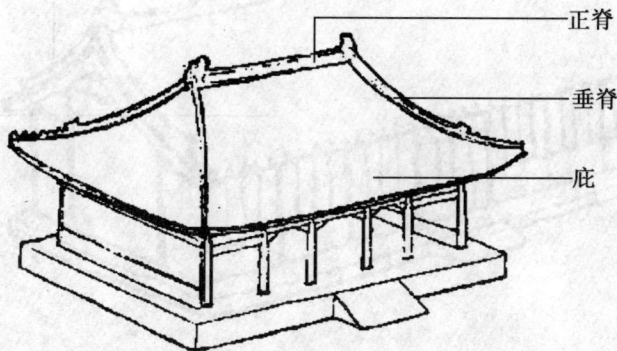

图 5-3　庑殿顶的脊、庇构成

（侯幼彬.中国建筑审美.黑龙江科学技术出版社,1999）

歇山:四庇、九脊。一根正脊,四根垂脊,四根戗脊。

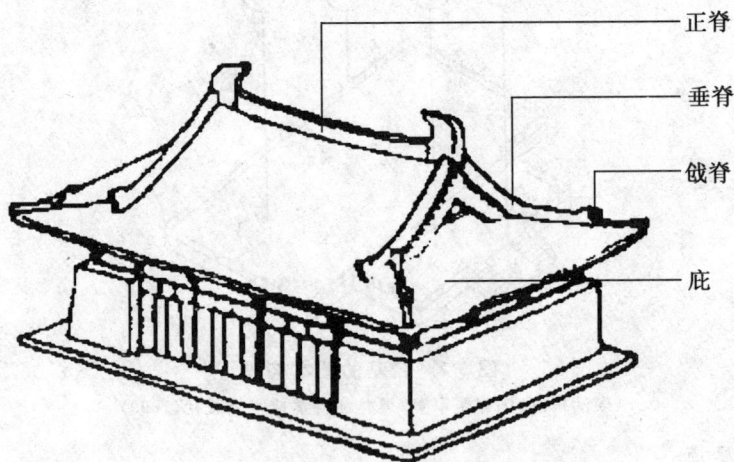

正脊

垂脊

戗脊

庇

图 5-4　歇山顶的脊、庇构成

(侯幼彬.中国建筑审美.黑龙江科学技术出版社,1999)

悬山:二庇、五脊。四根垂脊悬挑于山墙之外。

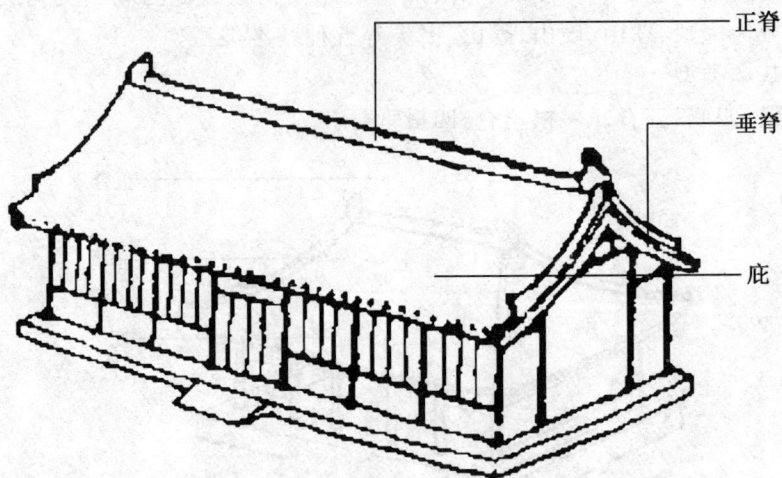

正脊

垂脊

庇

图 5-5　悬山顶的脊、庇构成

(侯幼彬.中国建筑审美.黑龙江科学技术出版社,1999)

硬山:二庇、五脊。四根垂脊落于山墙之上。庇与山墙的交接线聚在一起。

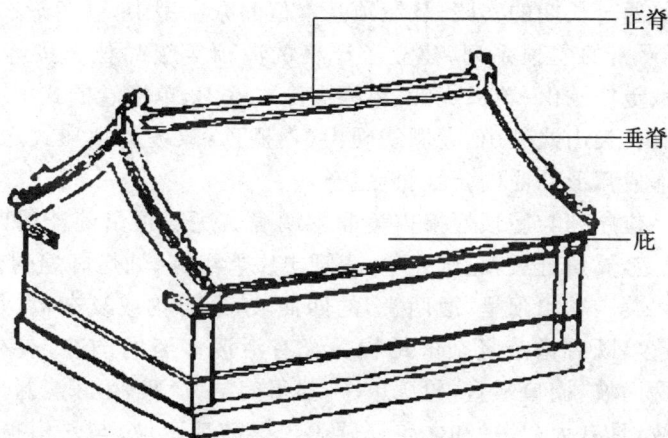

图 5-6 硬山顶的脊、庇构成

(侯幼彬.中国建筑审美.黑龙江科学技术出版社,1999)

攒尖:由庇和垂脊组成。根据屋顶的平面投影的四边、六边、八边,相应地有四、六、八庇屋面和四、六、八根垂脊。当平面为圆形时则形成整个圆锥形的庇而无垂脊。攒尖顶以庇脊攒于点。没有正脊而代之以"宝顶"。

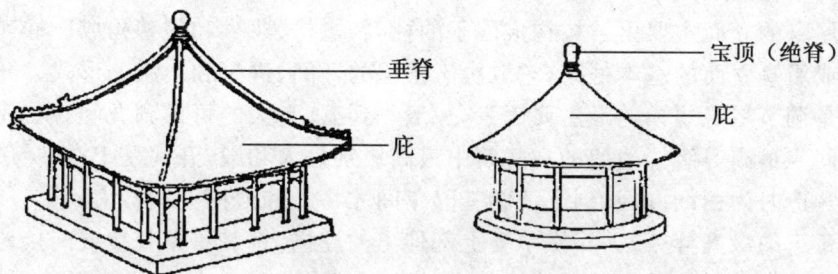

图 5-7 攒尖顶的脊、庇构成

(侯幼彬.中国建筑审美.黑龙江科学技术出版社,1999)

2.重檐

在基本型屋顶重叠下檐而形成。其作用是扩大屋顶和屋身的体量,增添屋顶的高度和层次,增强屋顶的宏伟感和庄严感,调节屋顶和屋身的比例。因此,重檐主要用高级的庑殿、歇山和追求高耸效果的攒尖顶,形成重檐庑殿、重檐歇山和重檐攒尖三大类别。庑殿、歇山只用二重檐,重檐攒尖则不乏三重檐的实例。在密檐式塔中,重檐被夸张成层层重叠的多重密檐,层数多达九层、十三层、十五层。

3.屋顶等级

官式建筑通过长期的实践,从屋顶基本型的派生型中,逐渐筛选出九种主要形制,组成了严密的屋顶系列,建立了严格的屋顶等级品位。按等级高低排列为:重檐庑殿、重檐歇山、单檐庑殿、单檐尖山式歇山、单檐卷棚式歇山、尖山式悬山、卷棚式悬山、尖山式硬山、卷棚式硬山(卷棚顶:双坡屋顶形式之一。特点是两坡相交处形成弧形的曲面,无明显屋脊)。

屋顶的品位序列与屋顶性格审美非常明确。庑殿顶呈简洁的四面坡,尺度宏大,形态稳定,翼角舒展,轮廓完整,表现出庄严肃穆、灿烂辉煌的艺术风格,也突出了雄壮之美。歇山顶呈"厦两头"的四面坡,形态构成复杂,翼角舒张,轮廓丰美,脊件最多,既有错落复杂的结构美又有活泼多姿的韵味,兼有壮丽之美。悬山顶前后两面坡,檐口平直,轮廓单一,显得简洁、淡雅,由于悬挑于山墙之外,立面较为舒放,具有大方、平和之美。硬山顶呈前后两坡,与悬山顶同样是檐口平直、轮廓单一,但是屋面停止于山墙内侧,两山硬性结束,显得十分朴素,也带有一些拘谨,具有质朴、憨厚之美。卷棚顶虽也是两面坡,但两庇相交处形成弧形的曲面,线形柔和秀婉、轻快流畅。

(三)屋身

屋身由结构构成因子、围护构成因子和装饰构成因子三部分组成。

1.结构构成因子

屋身的立面主要由结构构成因子的柱列、檐枋、斗拱和雀替构成。柱列和檐枋构成屋身立面的基本框架,它取决于殿屋的开间、进深和出廊的形式。开间的多少是调节屋身规模的最主要因素,一般三到五间,大的可做到九间。古代以面阔九间为最高等级。遗留的古建筑中最高级别是太和殿,开间是十一间(最初在明代建造时为面阔九间,到了清朝乾隆年间才将太和殿由九间扩大到十一间,代表着帝王的最高尊荣)。斗拱承受上部伸出的屋檐,将其重量直接或间接地传到柱子上。雀替最初是在柱与檐枋相交处所形成的框格中加的三角形的木块,放在横竖构件之间起到稳固的作用。雀替像一对翅膀以柱身为躯体向两侧延伸,使檐下的空间变得更为丰富起来。

2.围护构成因子

围护构成因子主要有墙体及外檐装修因子。墙体有山墙、檐墙、槛墙、廊心墙。外檐装修常用的门有板门和隔扇门,常用的窗有槛窗、支摘窗及直棂窗。装修因子具有很强的装饰性,装修的棂格、线条、纹样、色彩、材质,大为丰富了建筑立面和内里空间的形、色、质构成。装修的轻盈通透与屋面、厚重的墙体、规整的柱列、坚实的台基形成虚实、刚柔、轻重、线条粗细等形式美的对比。

3.装饰构成因子

装饰构成因子有敷色、彩绘、雕塑、立匾等。敷色包括砖体的抹灰、刷浆和木构件的油饰。彩绘是屋身装饰的重点,主要集中于檐枋、斗拱和椽木。雕塑包括石雕、砖雕、木雕,是对已有构件的美化。通过匾额、对联、点题、颂咏将文字和诗组织到建筑艺术之中,深化了建筑的语义内涵和意境韵味。

四、建筑组群形态与审美

建筑组群是一个个单体建筑合成一个群体建筑。中国的木构架单体建筑体量不宜做得过大,常由单体建筑组成体量庞大的建筑组群,像宫殿、坛庙、陵墓、苑囿、王府、衙署、权贵第宅建筑等类型。单体建筑平面以"间"为单位,由一间或若干间组成。由单体建筑组成庭院,再由庭院组成各种形式的建筑组群。建筑组群的形态分为庭院和非庭院。

（一）庭院式布局

庭院式布局以庭院作为单体建筑的联结纽带。庭院空间起到了栋与栋单体建筑之间的联系作用,使得同一庭院内的各栋单体建筑在交通联系上、使用功能上联结成为一体。这种布局很适应宗法制度下家族聚居的家庭形态需要,满足了封建族权、父权统治的需要。在庭院式布局上大多采用对称和对比的手法。严整的纵深庭院组合、中轴线突出的对称格局,提供了建筑空间的主从构成、正偏构成、内外构成和向背构成。通过明确的轴线关系,串联和并联成千变万化的建筑群落,给人一种空间的流动美。同时这些空间的构成都被赋予礼仪上的荣卑等第意义,透过正落与边落、正院与偏院、正房与厢房、正殿与配殿、外院与内院、前庭与后庭等空间的主从、内外划分,庭院式组群充分适应了封建礼教严格区分尊卑、上下、亲疏、贵贱、男女、长幼、嫡庶等一整套伦理的需要。

1.居住型庭院

庭院空间不仅仅作为住宅正房、厢房、过厅、杂屋等单体建筑之间交通联系空间,而且是住宅内部的露天空间,为各栋单体建筑提供良好的采光、日照、通风、遮阳、排水等条件,还兼顾着日常生活中的多功能的需要,是为住户提供洗涤、乘凉、休息、儿童嬉戏和进行其他露天家务活动的理想场所。

2.宫殿型庭院

宫殿型庭院是传统庭院布局中等级最高、规模最大的类型。在平面布置上普遍采用严格对称的布局。主建筑大多在由南到北的主轴线上展开,且主要建筑极尽宏伟、豪华。主轴线的两侧建筑分布配殿、配楼、左右边门,角门和廊庑保持严格的对称和均衡。这种庭院的空间尺度甚大,它除了要满足大型的礼仪活动的实际功能尺寸需要,还有着营造庄严、宏伟、威慑气氛的效果。北京故宫的太和殿庭院尤为突出，达到了三万多平方米的规模。

3. 寺庙型庭院

以佛殿为主的庭院式布局，在中轴线上，从山门开始沿轴线排列数重大殿，中间连以横廊，形成几进院落，构成寺的主体。寺庙庭院带有一定的宗教气息，是信男善女进香礼拜的集散空间，也是宗教借以描绘天堂仙界的模拟空间。

（二）非庭院式布局

包括由若干单体建筑沿着纵深轴线前后贯联构成的贯联式布局；沿街、沿江或沿等高线各栋单体建筑横向毗邻布置的联排布局；单体建筑自由错落地散布的散点式布局三种形式。非庭院式布局不是中国传统古建筑组群布局的主导形式。

第二节　中国古建筑的审美特性及欣赏

一、中国古建筑的审美特性

（一）等级森严的建筑礼制

在中国漫长的封建社会历史中，君主专制制度是主要的政体。统治阶级的意识形态在古代建筑中表现为壁垒森严的等级制度。各种等级的人能享用的各种建筑，在《营缮令》一类的法令中详细地加以规定。对于房屋的间数、高度，屋顶的式样、基座，小至纹样装饰，都有明文规定，违者治罪。例如台基：天子之堂九尺，诸侯之堂七尺，大夫之堂五尺，士三尺。正因为有这类典章，才形成了古代城市和谐统一的形象。

（二）建筑及建筑群的对称性

中国古典建筑的布局特别重视群体组合的美。群体组合常取中轴对称的严谨构图方式。对称给人的感觉是秩序井然、庄严肃穆，呈现一种安静平和的美。官式建筑的坛庙、宫殿、佛教的寺观、民居中的四合院等都采用中轴线串联单体的规划布局。这种构图中的对称形体，让人们感受到它的庄严美。

（三）建筑与自然的相融合

中国古典建筑非常注重与自然的和谐，尊重自然，追求"天人合一"的境界。由于中国古建筑修建之时重视"风水"的观念，讲究建筑的选址、方位、布置，促使人们崇尚自然，使建筑与自然相融合。在建筑空间的处理上，不向空中发展，而是在平面上展开，使之时时回顾大地，仿佛对大地有着无比眷恋。建筑的主材选用温暖、柔和的木头,给人以含蓄、深沉的天然之美。木材集轻巧、坚韧、易于加工为一身,恰恰与中国人的文化性格相切合,让人们能体会到生活的实在,因此成为中国古建筑的首选材料。

（四）艺术效果综合性强

中国古典建筑装饰艺术千姿百态,非常生动感人。古建筑有"雕梁画栋"之说,表明彩画得到普遍运用。彩画起源于防腐,后来发展为彩绘图案,成为中国古建筑中独有的装饰手法。建筑中的结构构件往往是匠师们进行艺术创作的重要对象。比如屋顶装饰艺术、斗拱艺术以及室内藻井艺术等等。屋顶、斗拱、木柱均施以重色,十分讲究色彩的应用。特别是宗教寺庙中的壁画,将宗教中经典故事与传说绘制在墙壁上,向人们宣讲教义。壁画与建筑浑然一体,增添了建筑的色彩效果。

中国古建筑中有大量的雕塑。从屋顶的龙吻、走兽,到门窗、隔扇、天花、藻井、家具上的木雕以及栏杆、台基的石雕无处不在,使建筑与雕塑相互辉映、相得益彰。

书法与古建筑的关系也十分密切。匾额、楹联、条幅这些文字书法成了建筑的组成部分,常起到一种画龙点睛的效果,使得建筑升华到诗画的境界。

二、礼制性建筑

（一）坛、庙

中国古代社会长期以君王专制为政体,君王是天之骄子,是至高无上的主宰。"普天之下,莫非王土,率土之滨,莫非王臣。"皇帝是"德兼三皇,功高五帝",是"真龙天子",是皇天在人世间的最高代表。皇帝的一切行动都奉天承运,秉承天意来治理天下,神圣不可侵犯。"天"成了至高无上的主宰。在天命论的迷信中,天地、日月、山川都成为人格化的神。为了表示"天子"与神的联系,历史上的每一个皇帝都把祭祀天地当成一项非常重要的国家大事。历代相沿,集人力、物力、财力大兴土木,修建许多祭祀性建筑——坛。北京天坛就是其中的代表。

天坛建于1420年（即明永乐十八年）,坐落在北京城南部永定门大街东侧,是个由内外两重围墙环绕的建筑组群。外墙东西长1700米,南北长1650米。总占地面积约270公顷。围墙的平面接近正方形,但从高处看南边的围墙的底角呈方形,北边的围墙的底角呈圆形。那是附会了封建社会中流行的"天圆地方"之说。

在围墙内沿南北轴线有一条长400米、宽30米、高4米的砖砌大道,连接着天坛的两个主要建筑,祈年殿和圜丘。这条大道叫丹陛桥。丹陛桥北端的祈年殿是天坛中最引人注目的建筑。祈年殿是按照"敬天礼神"的思想设计的。它是一座高 38 米、直径 26 米的三重檐圆形大殿,坐落在面积 5900 多平方米的圆形汉白玉台基上。台基分三层。每层都有雕花的汉白玉栏杆,如同花边一样镶嵌在台基上。殿檐三重檐为深蓝色,直接比喻青天。再加上层层向上收缩的圆顶,整个大殿便有了一种与天十分相近的感觉。祈年殿是一座宏伟而又极具民族风格的独特建筑,鎏金宝顶三层出檐的圆形攒尖式屋顶,覆盖着象征"天"的蓝色琉璃瓦,层层向上收缩,檐下的木结构用和玺彩绘。

祈年殿坐落在汉白玉石基座上。远远望去,色彩对比强烈而和谐,上下形状统一而富于变化。

祈年殿是一座无梁殿。外部是三层高阁,内部则是层层相叠而环接的穹顶式,仿佛砖砌的拱券殿,但全部采用木结构,28 根大柱支撑着整个殿顶的重量。支撑最上一层屋檐的四根柱子叫"龙进柱",高 19.2 米,分别代表着一年的四个节气。支撑着中间屋檐的 12 根柱子叫"金柱",分别代表 12 个月份。支撑着外层屋檐的 12 根柱子叫"檐柱",分别代表着一天的 12 个时辰。大殿的四周不设墙壁,全部安着深红色的隔扇门,上面雕刻着复杂的几何图案和精细的花纹。祈年殿内部的色彩十分华丽,圆柱上雕龙画凤,溢金流彩,完完全全是皇家风度。就连小木制构件上也布满了呈祥兆福的图案,尤其是顶部的藻井中,彩画更是精美。

祈年殿是个圆形的殿,不仅外部的台基圆,平面圆,就连内部的构件和装修彩绘都是圆形的。皇帝们祈祷丰收、祭祀天神的仪式就在这充满了"天圆"宇宙观的大殿中举行。

祈年殿中心往南 750 米便到了天坛的另一个主要建筑圜丘。圜丘位于丹陛桥的南端与祈年殿遥遥相对,它建于 1530 年(即明嘉靖九年),1749 年(即清乾隆十四年)曾重修过一次,是个外方内圆有两重围墙的圆形台子。台子分上、中、下三层,全部是汉白玉筑成。第一层石台,径九丈,是一九之数。第二层石台,径十五丈,是三五得十五之数。第三层石台,径二十一丈,是三七得二十一之数。古代中国认为天属阳,地属阴,引申开来,奇数属阳,偶数属阴。因此,用于皇家祭天的圜丘须由阳性数字一、三、五、七、九等组成。不仅石台直径是阳性数字,就连铺成石台的白石也是阳性数字。例如,在第一层,它的中心是一块圆石,圆石外的第一圈用九块白石环绕,第二圈用十八块白石环绕,第三圈用二十七块白石环绕,依此类推,直至最外一圈递增到九九八十一块。第二、第三层也是如此,共三九二十七圈,最后一圈(第二十七圈)达二百四十三块。其他诸如台阶、栏杆也都一样,全用阳性数字筑成。台阶十二个,每个台阶是九阶,雕石栏板二百一十六块,也是九的倍数。圜丘在建筑设计中使用奇数,而且反复使用其中"九"的倍数,正是中国古代匠师对这种概念的运用和发挥,使"天"的观念,能在祭祀建筑中更好地体现,而且大大地满足了封建帝王充当天子的欲望。这三层圆台以高品位的石料——汉白玉的"艾叶青"的白颜色使这座建筑若有若无,一方面显示了人们对天圆信念的坚定,另一方面显示着天圆的虚无飘渺。只有在这里才能完成人与天的联贯、人与神的沟通,从而也形成了圜丘建筑上独特的艺术特征。

圜丘对自然景色的运用也是非常成功的。如果站在 4 米高的丹陛桥上从祈年殿主入口往南远眺,400 米笔直的大道直对圜丘。而圜丘就衬托在茫茫苍天的背景上,真是天丘一色。

此外,在圜丘北面大约 40 米外的地方,有一座供奉着"昊天上帝"牌位的小殿,叫皇穹宇。它单檐、圆形,饰以蓝瓦、金顶、朱门,伫立在洁白的单层须弥座台基上,与祈年殿的形式相近。由于这座殿的四周绕以一圈圆形围墙,因此还产生了不少有趣的声学现象,如三音石和回音壁等。三音石就在皇穹宇台阶前的石板上。如果你站在台阶的第一块石板上,击一掌或叫一声就能听到一声回声,在第二层石板上击一掌或叫一声就能听到两声回声,站在第三层石板上击一掌或叫一声就能听到三声回声,真是有趣极了。这种奇妙的现象,正是因为皇穹宇的殿门高,而石阶下面的第三块石板和殿门以及殿内神龛上面的殿顶形成一条直角三角形的斜边。站在第三块石板上说话,声波可以沿着斜线直接传入殿内,碰到圆形殿壁、殿顶后再返回殿外。又因第三块石板位于垣墙的中心,所以站在这里击掌,就能听到它的回声,只是由于声波传播的距离不同,所以才会听到次数不同的回声。而回音壁就是皇穹宇外的这座正圆形的围墙,墙壁是用磨砖对缝砌成的,墙头覆着蓝色琉璃瓦。围墙的弧度十分规则,墙面极其光滑整齐,对声波的折射是十分规则的。只要两个人分别站在东、西配殿,贴墙而立,一个人靠墙轻轻地说上一句话,无论说话声音多小,也可以使对方听得清清楚楚,而且声音悠长,堪称奇趣,给人造成一种"天人感应"的神秘气氛,所以称之为"回音壁"。天坛的布局与设计充满了迷信色彩,然而它却体现了中华民族古典文化的璀璨无比,集聚了中国劳动人民巨大的智慧,其中包含的许多建筑技艺和物理现象都是其他宗教建筑所不具备的,从而成为宗教建筑中的一枝独特的奇葩。

中国古代的祠庙以祭祀孔子的文庙和祭祀关羽的武庙最为突出。特别是孔庙遍布全国,是具有地方特色的祭祀建筑。山东曲阜的孔庙是中国最大规模的祭祀孔子的寺庙。它南北长 1120 米,东西宽 140 米,占地 21 万平方米。庙内有九进院落,以南北为中轴线,分左、中、右三路布局。有殿、堂、坛、阁 460 多间,门坊 54 座,"御碑亭"13 座。其中的大成殿是孔庙的正殿。它是孔庙建筑群中最高的建筑,也是中国三大古殿之一。面阔九间,进深五间,高 32 米,长 54 米,深 34 米,九脊重檐,黄瓦覆顶,雕梁画栋,八斗藻井饰以金龙和玺彩绘,双重飞檐正中竖匾,上刻清雍正皇帝御书"大成殿"三个贴金大字。两山及后檐的 18 根柱子浅雕云龙纹,每柱有 72 团龙。前檐十柱深浮雕云龙纹,每柱二龙对翔,盘绕升腾,似脱壁欲出,精美绝伦。殿正中供奉着孔子的塑像,72 弟子及儒家的历代先贤塑像分侍左右。历朝历代皇帝的重大祭孔活动就在大殿里举行。

(二)陵寝建筑

陵寝建筑即古代皇帝的墓葬。在远古时期,人们无法理解生与死的自然规律,认为在另一个时空还存在一个"彼岸世界",肉体可以死亡,灵魂是不灭的。这个观念导致了陵墓的产生。古人将陵墓看成"灵魂"前往"彼岸世界"的出发地。在这种心理的作用下,形成了"事死如事生"、"事亡如事存"的礼制,因而在陵墓建筑中极力模仿帝王生前的生活环境。中国古代社会,历代皇帝为了提倡"厚葬以明孝"维护其世袭皇位以及子孙万代,在陵墓建筑的规模及设计上大做文章,不惜人力、财力建造高大的陵墓显示帝王的尊贵,通过庄严、肃穆的场景设计表达对帝王的敬畏。

帝王陵寝分地上和地下两部分。地下建筑部分又称玄宫、幽宫。根据考古发掘资料推测,我国历代陵墓的地宫在布局和造型上各有不同。早期的地宫是土穴墓室;先秦至秦汉时期,随着奴隶制国家的建立和王权的出现,帝王陵墓的地宫开始采用"黄肠题凑"的墓葬形式;东汉以后用砖石建筑地下墓室,以防被盗、被焚和水土侵蚀;明清时代地宫按"前朝后寝"布局,顶部铺琉璃瓦,地面铺"金砖",以砖石砌成拱券大殿,由前殿、中殿、后殿组成,殿与殿之间皆有门分隔。地宫内有大量的壁画与陪葬品,犹如一座地下宫殿。地上部分陵体结构的变化随着时代而发展变化,大致经历了三个阶段。

战国、秦汉时期,帝王的陵体多数呈方锥体,由黄土层层夯筑而成,上小下大。由于陵体的上部为方形平顶,好像一个倒扣在地的"斗",故名方上。陕西临潼的秦始皇陵就属于"方上"。

秦始皇陵分为内外两城,仿都城咸阳的布局建造,呈南北狭长的"回"字形,内城周长 2520 米,外城周长 6249 米。陵冢位于内城的西南,用层层黄土夯筑呈覆斗形。经历 2000 多年的风雨冲蚀和人为的破坏,陵体高 76 米(陵体原本高度 120 米)。它是中国古代历代皇帝陵墓之首,其高大的陵体被认为是"古今第一"。从近年在陵体的北面挖掘出东西并排的四座宫殿的建筑遗址中,我们可以想象出当年宏大的建筑群的肃穆、神圣。据考古专家的勘察,秦始皇陵的总面积达 50 多平方公里。

到了唐代以山为陵。所谓以山为陵,实质是利用山岳作为陵墓,在山腰上凿一向下延伸的墓道,在山体内辟石洞营造地宫,然后以石条封砌,借山体为陵体,利用山岳的雄伟气势突出帝陵的宏大气魄。如西安的乾陵就属这种类型。

乾陵位于乾县的梁山,是唐高宗与武则天的合葬墓。梁山的主峰挺拔峻峭,南面的两个山峰地势稍低，呈东西对峙之势，像一个天然的门阙。乾陵的建造历时 28 年，陵墓的布局仿都城长安，以陵寝为中心的主体建筑位于陵园的北部，有献殿、偏殿、回廊等，好似长安的宫城部分；分布有翼马、驼鸟、翁仲的神道犹如长安的皇城部分；而 17 座陪葬墓好似长安城的坊里，是外廓城部分。现地面建筑仅存遗迹，保存完好的有神道石刻。有华表 1 对、翼马 1 对、驼鸟 1 对、石马及仗马 5 对、翁仲 10 对、石碑 2 道、蕃臣像 61 尊。

明清时期，帝王陵体采用宝城宝顶的形式，即在地宫之上用砖石砌成高大的砖城，在砖城里垒土封顶，使之高出城墙呈圆形或长圆形。城墙上设垛口和女墙，宛如一座小城。城墙即宝城，高出的圆顶即宝顶。这种以宝城围宝顶的陵体结构，增强了建筑的艺术性，更能显示出帝陵的威严与坚固。

清东陵位于河北省遵化县西北部马兰峪的昌瑞山下，东距遵化市 26 公里，西至北京 125 公里，是我国现存规模庞大、体系完整的帝王陵墓群之一。因位于京城之东故名东陵。这里属燕山山脉的分支，山峦绵延起伏，正南面还有烟炖、天台两山对峙，来自分水岭的河流环绕而过，被视为"万年龙虎抱，每夜鬼神朝"上吉之壤。据说当年顺治帝狩猎到此，被这里的自然风光所吸引，曾射箭择定自己的阴宅。清东陵是在中国独有的传统风水学理论指导下选勘并营建的。整个陵区内分布着 5 位皇帝、15 位皇后、136 个妃子、3 位皇子、2 位公主，共 161 人的墓葬，其中以顺治帝的孝陵、康熙帝的景陵、乾隆帝的裕陵以及慈禧太后的定东陵最有名。

东陵的布局以入关后清朝第一任皇帝顺治的孝陵为中心，其陵位于昌瑞山主峰南麓，处于至尊之位，其他陵寝则各依山势在孝陵东西两侧略呈扇形排列开来。孝陵之左为康熙帝的景陵，次左为同治帝的惠陵；孝陵之右为乾隆帝的裕陵，次右为咸丰帝的定陵，左右对称形成子孙陪护之势。其余各陵皆沿山势展开，各陵自成一区。主体建筑皆位于各陵的中轴线上，依次由南而北展开，前疏后密，层层推进。各陵的规模大小不一，在建筑上亦各有特色。

东陵中的孝陵既是东陵布局中的核心，也是规模最大的陵墓。其神道前的石牌坊为 5 间 6 柱 11 楼，造型雄浑，气势宏大。进入陵区门户的大红门，依次为圣德神功碑楼、石像生、神道石桥、神道碑楼、隆恩门、隆恩殿、方城明楼，直至宝城顶，大小建筑几十座，由一条十多华里长的砖石铺面的神道贯穿，形成了一条陵区的中轴线，脉络清晰，主次分明。神道随山势起伏，极富艺术感染力。神道两旁的石兽多达 18 对，为东陵之冠。隆恩殿面阔 5 间，进深 3 间，重檐歇山顶，上檐上翘，下檐重昂，红墙黄瓦与汉白玉须弥座的色彩对比分明，互相辉映。大殿内装饰华丽，五楹殿柱上描金龙缠绕，梁柱上彩画夺目，地面"金砖"烫蜡，富丽堂皇。

东陵地宫的状况,以已发掘的裕陵为代表。裕陵是乾隆皇帝之陵,其地面建筑同孝陵相似,其地宫全部是用坚实的条石构成的,顶为拱券式,不用梁柱,全部用雕刻或加工过的石块砌成。地宫分为明堂、穿堂、金堂三部分,构成一个"王"字布局,进深54米,面积达227平方米。地宫内的四壁和券顶布满佛教题材的石雕、图案和经文。经文用梵(古印度文)、善(藏)两种文字阴刻而成,有三万多字。明堂内置8个石座,安放帝后的册书和宝印,穿堂为过渡性殿堂,两壁刻五供,券顶刻二十四佛像。金堂位于后部,为地宫的主体建筑。裕陵的地宫装饰豪华富丽,雕凿精巧细致,犹如地下的宫殿。棺床雕须弥座,其上安放乾隆与两个皇后、三个皇妃的棺椁。整个地宫雕刻精美,状似天国。

(三)宫殿建筑

宫殿建筑是历代奴隶主和帝王凭借手中的权力,擅山海之富,居山林之饶,动用最优秀的匠师,采用最精湛的技艺建造的,能代表当时建筑艺术和建筑技术的最高水平。在古时不论贵贱,所住的房屋都可称之为宫。到秦汉以后,宫专指帝王所住的房屋。一般情况下,皇帝处理政务和举行典礼之处称殿,生活之处称宫。

在建筑布局上,宫殿一般位于都城的正中,体现出王者必居天下正中的思想。居中为尊,宫殿位于正中,代表着皇权为国家的中枢,也象征全民心向君王,四方为皇城所拱卫。在宫殿建筑的内部空间处理上也是如此,皇帝处理政务的大殿位于宫殿中最高、最正、最中之处,是整个建筑群的高潮所在,以显示皇权的至高无上。宫殿建筑群的布局遵循以中轴线为主,前后呼应、左右对称的原则,形成了"前朝后寝"、"左祖右社"的格局。所谓的"朝"是皇帝处理政务和举行典礼的区域,位于宫殿的正前方。这一区域的建筑追求森严与崇高。"寝"是帝王与后妃们活动起居之处,位于宫殿的后方。这里的建筑趋向于柔和、温馨,体现出祥和、安宁的氛围。所谓的"左祖右社"是指在宫殿的左面置祖庙,用以祭祀列祖列宗;在宫殿的右面置社稷坛,用以祭祀土谷之神。

历代的宫殿都是以规模宏大、富丽堂皇的建筑来表现帝王的权威。宫殿的壮丽之风起于秦汉。汉代的萧何曾说过:"天子以四海为家,非壮丽无以重威。"据记载:秦始皇驱使70万人修建的阿房宫中有一个大殿,东西长1000米,南北宽170米,殿内可坐上万人。后来"项羽入关,烧宫阙,三月火不灭",可见阿房宫的规模巨大。由于岁月的流逝及历史上改朝换代的战火,大多数帝王宫殿被毁,比较完整保留下来的只有两处:一是北京的明、清故宫,二是沈阳的清故宫。

北京故宫是明清两代的皇宫,又名"紫禁城"。"紫"字之义取自神话传说,即紫微正中之义,封建帝王自命是天帝之子,所以他住的宫殿像天上的紫微星一样是天下的中心。禁,寓意皇宫为禁地,百姓不可冒犯,表示出对皇帝的尊敬。故宫始建于明永乐四年到十八年(1406年—1420年),规模宏大。南北长961米,东西宽753米,占地72公顷。有殿宇房屋9000多间,建筑面积约15万平方米。其建筑规模之大、装饰之华丽、陈设之豪华,为世上所罕见。周围有十多米高的城墙,城的四角还耸立着四座平面呈十字型、形体极为复杂而美丽的角楼。城墙之外是50多米宽的护城河。故宫建筑布局继承了古代帝王宫殿前朝后寝的传统格局,主要建筑分外朝与内廷两大部分。外朝以太和、中和、保和三大殿为主体,建于三层汉白玉台基上,一首一尾为太和殿和保和殿,呈矩形平面,中间夹以小巧的中和殿,形成错落有致、造型各异的群体。东西分列文华、武英两殿,是封建帝王行使权力、举行隆重典礼的地方。内廷以乾清宫、交泰殿、坤宁宫为主体,是帝王办事和居住的地点,其两侧东西六宫为嫔妃的住处。前三殿和后三宫都位于故宫中轴线上的中心位置,次要的殿堂则对称地分布于中轴的两侧。外朝的太和殿,俗称"金銮殿",是皇帝举行大典、接受文武百官朝贺的地方,是故宫中最重要的建筑。它位于整个建筑群最中心的位置。重檐庑殿的屋顶,黄瓦、红柱、青绿的额枋,前面还有一个占地2.5公顷的广场,使得太和殿在整个建筑群中显得特别雄伟壮观,充分显示出帝王至高无上的权威和尊严。

西藏的布达拉宫,也是中国著名的宫殿建筑。布达拉宫海拔3767.19米,是世界上海拔最高的古代宫殿,坐落在拉萨的红山上。它由红山南麓奠基,沿山而上,依势迭砌,从平地直达山顶,几乎占了整座玛布日山。布达拉宫的主体建筑13层,高117.2米,自山脚向上,直至山顶。布达拉宫分为白宫(是达赖喇嘛生活起居的地方)和红宫(是达赖接受参拜和行政机构所在地以及历代达赖喇嘛灵塔殿)两部分。红白宫交相辉映,殿宇巍峨,金碧辉煌。整个建筑系木石结构,其建筑形体皆为平顶楼房,块块方石缓缓向内倾斜垒砌,使得布达拉宫的外轮廓显得更加稳重。布达拉宫兼收并蓄藏、汉两种建筑风格,集中体现了藏族人民高度的建筑成就和独特的艺术风格。布达拉宫不仅是一座雄伟的宫殿,也是拥有众多宗教历史壁画和大量雕塑的宝库。

阅读材料5—1　壮美宫阙

布达拉宫依山而建,蜿蜒至山顶。无论从拉萨城的哪个方向观望布达拉宫,她都显露出辉煌、壮美的身姿。作为西藏闻名于世的标志性建筑,这座金光闪耀的琼楼玉宇始终是那样的大方凝重,以红、白、黄为主色调的高大宫墙,既不显得单调古板,也不过于华丽张狂,在高原明媚的阳光下,布达拉宫透出一种历尽风雨沧桑后的从容与深邃。

布达拉宫按照红山的自然地形由南麓梯次修到山顶,海拔为3763.5米,主楼高115.7米。其中红宫13层,宫内实具9层之高,东西白宫最高处达7层,布达拉宫东西长 360 多米,南北宽 140 米,总建筑面积 13 万多平方米,建筑群占地 36 万多平方米。

整个宫宇建筑为土石木结构,是由多层的矩形平面毗连而成,层次错落,弯弯曲曲,平面组合十分复杂。其建筑结构除充分保持和发扬了邸宅与碉堡相结合的藏族建筑风格外,由于汉族、满族工匠参与过施工设计,故在装饰上采用了雕花梁柱、斗拱、金顶等特色工艺。另外,也吸收了印度、尼泊尔等毗邻国度的建筑艺术精华。

我们简单地看一下布达拉宫的整体布局,整个布达拉宫城堡呈长方形,东、南、西各设有宫门,南宫门为正门,东门不再开启。城堡的东南、西南建有碉楼,宫楼上设有大量的通风口和枪炮眼,形制十分完备,布达拉宫整个建筑群由宫堡、城堡雪和后湖泊园林三个部分组成。有红宫、白宫、朗杰扎仓、扎厦、僧官学校、藏军司令部、印经院、监狱、骡马圈、供水院等主要建筑,占据了整个红山及其周围地域,可谓工程浩大,气势磅礴,体现了宗教建筑独特的美学意境。

宫体主要分红宫和白宫两大部分,具有西藏寺院与宫殿的双重特性,这一点在它的使用功能上、建筑结构上都得到了体现。红宫居中,墙壁都刷上了红土,白宫从东南西三面环绕红宫,墙上刷上白浆,横贯两翼。另外,布达拉宫尚有三座黄色殿堂,白宫东西各一间,前方半山腰一间。具体地说,东面的黄殿为时轮殿堂,是专为达赖喇嘛修密宗用的;西面是一间普通的佛堂,内有珍贵的佛塔;半山腰处十分显要的黄殿,过去是专门存放大型佛像的,每年的藏历二月三十日,要在宫殿前墙上展示这两幅佛像,俗称"布达拉宫展佛"。这样,从色彩上讲,布达拉宫红、白、黄相间,叠嶂的群楼色彩斑斓,鲜亮如日月星辰,增添了神性气息。

在宫殿的顶端,排列着各具风格的金顶,四角鳌突,兽吻飞檐,屋面包镏金版筒瓦,屋脊饰以镀金共命鸟和塔式宝瓶等,加上一排排金色的经幢,金光闪闪,格外壮丽。其内部则依照密宗坛城形式建成,画栋雕梁,长廊交错,壁画鲜艳,富丽堂皇。凡佛殿、经堂的柱脚、柱身、柱头、枋、梁、门楣上,都刻满了各种纹饰的彩雕。一入其内,就像来到了一座迷宫,如同置身于一个神秘的世界中。

红宫的主体建筑是历代达赖喇嘛的灵塔和各类佛堂,共有灵塔 8 座,其中以五世达赖喇嘛和十三世达赖喇嘛的灵塔最为豪华,各类佛堂是药王殿、上师殿、世袭殿、持明殿、响鼓殿、菩提道次第殿以及司西平措大殿等。红宫平顶上的 7 座金顶和下方休息厅上的一座银顶,在阳光照耀下光彩夺目。

红宫中最大的殿堂是五世达赖喇嘛灵塔殿的享堂,面积达 725 平方米。红宫中的最高殿堂是萨松朗杰佛堂。殿内供奉着清乾隆皇帝身穿喇嘛装的画像和以汉、藏、满、蒙 4 种文字写的"当今皇帝万岁万万岁"的长生禄位。过去,历代达赖喇嘛每年都必须要到乾隆画像和禄位前进行佛事活动。这里也是清朝驻藏大臣、达赖喇嘛和西藏地方政府进行重大活动的场所。曾经举行过西藏转世活佛的重要内容——"金瓶掣签"仪式。

白宫是达赖喇嘛生活起居和举行重大活动的地方。白宫最上层为森琼尼威宫（东西日光殿），是历代达赖喇嘛的起居宫室。白宫内最大的殿堂措钦厦（东大殿）是为达赖喇嘛举行坐床、亲政等重大仪式的地方。白宫正门外1500余平方米的大平台——德央厦，则是举行盛大宗教跳神活动的场所，白宫还包括朗杰扎仓（胜世密宗院）、僧官学校以及喇嘛们居住的僧舍等。

自300多年前五世达赖喇嘛搬进布达拉宫后，此处不仅是政府机关所在地，也是西藏佛教的大活佛所在地，当地各种珍奇异宝都流向宫中，渐渐变成了一个"宝物荟萃的博物馆"。宫内藏有大量的艺术作品和稀世文物。其中最有价值的首推浩瀚的经卷。这些卷轶浩繁的经书，有用金水写的，有用银水写的，还有金银凸字。在宫内珍藏的数千卷的佛教经典中特别珍贵的是来自古印度的贝叶经，最早的距今有5000多年的历史。贝叶经如今在印度早已绝迹，在内地的一些大的寺庙和博物馆，若能藏有几片，就令他们自豪无比，而在布达拉宫保存有完整的100多函卷。不能不说是一个奇迹。

宫内引人注目的还有五世达赖、七世至十三世达赖的8座灵塔，灵塔为历代达赖埋骨之地，不仅塔体是用纯金或纯银包裹，而且里面藏有各种宝物。五世达赖灵塔高14米有余，耗黄金3700公斤，镶嵌有各种钻石珠宝，其中最神奇的一颗是在大象脑内生成的珍珠，竟比常人的大拇指还要大。塔内另有很多罕见的宝石、鱼骨、琉璃等。藏语称此塔为"赞姆林坚吉"，意思是价值抵得上半个世界。

布达拉宫还珍藏有明、清两朝帝王敕封历世达赖的圣旨、诰封、印鉴、金册、金印、玉玺、金匾和馈赠的礼品等。

布达拉宫更是佛的世界，宫中各类大小佛像不计其数，有泥塑重彩、木雕，以及金、铜、铁等多种金属塑像。隋代和唐代的释迦牟尼雕像，明代金制佛像都是无价之宝，这些塑像高至十余米，小至几厘米，规格有别，形态各异，生动逼真地体现了藏族造像艺术的发展轨迹。

（多吉占堆，薛文献.拉萨布达拉宫.广州：广东旅游出版社，2006：12～15）

三、宗教建筑

随着佛教在中国的传播，佛教建筑开始在中国兴起和发展，其建筑风格也与中国传统建筑相融合。佛教建筑一般分为三类：塔、石窟和佛寺。

（一）塔

塔起源于印度，当初筑塔是为了埋葬佛的舍利，后来演变为佛教象征性的重要标志。公元前1世纪前后传入中国。中国的佛塔融入了民族的建筑艺术特点,与传统建筑中的亭台楼阁相结合,形成了具有特色的佛塔形式。其基本结构由塔基、塔身、塔刹组成。讲究塔身的装饰美,是我国佛塔的一大特色。塔檐通常向上挑起,呈飞檐翘角状,使整个佛塔呈现出飞动、轻快、向上的态势,给人以舒展轻快的韵律美。

塔的种类很多,旅游中常见的有楼阁式塔、密檐式塔、喇嘛塔、金刚宝座塔。

1. 楼阁式塔

楼阁式塔是中国佛塔的主要形式。楼阁是我国传统古建筑中气势最雄伟高大的一种建筑类型,在佛教传入中国以前,就已经存在。当印度佛塔传入中国时,与中国的高大楼阁相结合,创造出楼阁式佛塔。最初建造时为木结构,唐宋以后逐渐转化为砖石结构。塔身由下而上逐渐减小,好似楼阁一样分为若干层。每层有木构的门、窗、柱子、屋檐、斗拱等,内部中空。由于借用了许多楼阁的外观造型,其美感大大增加。塔檐的曲线变化和富于装饰的门窗、斗拱的运用,使楼阁式塔极富有欣赏意味。塔内设有楼梯、楼板,可登高远眺。

苏州的虎丘塔建造于公元 961 年,是建造年代最早的仿楼阁式砖塔。七层,高 47.7 米,塔的平面呈八角形,塔身由外壁、回廊和塔心三部分组成。塔内有梯,可攀沿登高。各层的高度向上逐层递减。虎丘塔向北偏东倾斜,塔顶已偏离垂直中心线 2.34 米,又被称为东方的斜塔。

2. 密檐式塔

因该类型的塔外檐层数较多,层层相叠而得名。塔的底层最高,以上各层骤然减低。塔檐紧密相连,内部多为实心建筑,不能登临。塔下部增加了高大的须弥座,座上装饰有佛像、菩萨、伎乐,以及狮、象等动物的图案。第一层塔身常装饰有佛龛、佛像、柱子、斗拱等。还有隐作的门窗、柱子、斗拱、椽檩等物。再往上塔檐层层重叠,层与层之间距离很小,各层之间的塔身不设门窗,几乎看不出楼层。密檐式塔显得华丽繁复。

大理三塔,位于大理城北约一公里处。三塔的主塔名叫千寻塔,高 69.13 米,为方形 16 层密檐式塔。塔的基座呈方形,分二层,下层边长为 33.5 米,四周有石栏,栏的四角柱头雕有石狮;上层边长 21 米,其东面正中的石照壁上刻有"永镇山川"四个大字,庄重雄奇,颇有气魄。塔身的第一层,高 13.45 米,是整个塔身中最高的一级。第二至十五层结构基本相同,大小相近。以第二层为例,高约 2 米,宽约 10 米,上部砌出叠涩檐,檐的四角上翘。塔身东西两面正中各有佛龛,内放佛像一尊。第三层则南北为佛龛,东西为窗洞。以上各层依次交替。塔身愈往上愈收缩。第十六层为塔顶。塔顶高 8 米,约为塔身的 1/7。最下为覆钵,外加莲花座托。瓶上为八角形宝盖,顶端是铜铸的葫芦形宝瓶。挺拔高耸的塔刹,使人有超出尘寰的感受。塔墙厚达 3.3 米。千寻塔中空,置有简易木梯,可达塔顶。

3. 喇嘛塔

喇嘛塔是喇嘛教所特有的佛塔。当印度的佛塔传入尼泊尔后,原来的半球体变为瓶形或金刚宝座式的塔。这种带有尼泊尔风格的佛塔,传入西藏后,成为藏族地区佛塔的主要形式,被称为藏式喇嘛塔。塔身像一个巨大的宝瓶,上面竖一个长长的塔颈,塔颈上刻有许多光环,上盖一个像帽子一样的铜制宝盖,顶上再安置华盖和仰月宝珠。由于塔身整体呈白色,又被称为"白塔"。

北海北塔位于北京北海公园的琼华岛上。该塔初建于清顺治八年,后在康熙、雍正年间重建。塔高 35.9 米。塔基为二重须弥座,其上承托覆钵式塔身,塔身的上部为细长的十三天,再上为两层铜质伞盖,其边缘悬有 14 个铜铃,最上为鎏金火焰宝珠塔刹,造型舒展优美。

4. 金刚宝座塔

金刚宝座塔都以砖、石砌筑。其造型特征是下面为一个高大的台基,台基上建有五座密檐方形石塔和一个圆形的小佛塔。塔基和五座小塔的须弥座上雕刻金刚界五方佛的宝座即狮子、象、马、孔雀、金翅鸟。游览时可登上台基,但不能进入塔内。

五塔寺金刚宝座塔位于北京西直门外的正觉寺,始建于 1466 年至 1473 年。全部用汉白玉建造。塔基的壁面分为五层,各层用柱子隔成佛龛,雕刻各种图案及与佛教题材有关的故事。每层雕刻成须弥座,使得体积庞大的基座产生了内收的曲线,具有抑扬顿挫的感觉。塔基上建有五座密檐方形石塔和一座琉璃亭。小塔的塔身也遍布着佛教题材的雕刻。该塔的结构紧凑,雕刻精美,其整体造型源于印度,但塔的比例、细部、构造、纹样都明显传承了中国的风格,具有浓厚的民族艺术特色,是国内有名的金刚宝座塔。

(二)石窟

石窟原本是印度的一种佛教建筑,是在崖壁上开凿出来的,是佛教徒集会、诵经、修行的地方。我国石窟的开拓几乎与佛教传入的路线、时间是同步的。公元前二三世纪,在新疆开凿了第一座石窟寺——克孜尔千佛洞。以后在佛教传播路线的丝绸之路上的甘肃敦煌开凿了莫高窟。之后甘肃的麦积山石窟、炳灵石窟相继开凿。到了南北魏时期,中原的石窟寺的建造蔚然成风,先后开凿了云冈石窟和洛阳石窟。到了唐代,强盛的国势、雄厚的经济实力作后盾,再加上朝廷的提倡,使开凿石窟掀起了一个新的高潮,石窟建筑艺术进入一个灿烂辉煌的时代。唐代以后随着佛教的渐渐衰落,石窟的开拓开始减少,到明末清初,基本停止。石窟的建造前后持续了 1500 多年,遍布 15 个省市,约有 100 多处,其中不乏精美之作。云冈石窟、龙门石窟、大足石刻被列入世界文化遗产。

中国的石窟传承印度石窟的基础,结合中国的传统建筑特点,形成了三种基本形式:穹窿式、中心塔柱式、殿堂式。

1. 穹窿式

窟内平面呈马蹄形或椭圆形。洞顶呈穹窿形。在洞窟的前面开一门,门上立窗。正壁雕刻一尊大佛像,或左右两壁各雕大佛一尊,还有左右壁上雕刻许多小菩萨,顶上刻有莲花、飞天。这类石窟属于早期的石窟类型,数量不多。云冈石窟中的昙曜五窟就是穹窿式石窟。

2. 中心塔柱式

窟内平面呈方形,窟顶呈覆斗形。在洞窟偏后方的中央设有塔,因而又叫塔庙窟。为了使洞窟结构更牢固,通常塔顶上接窟顶,就可以像柱子一样起到支撑窟顶的作用,因此被形象地称为中心柱。在柱子的四周分层雕凿佛龛。在中心塔柱的四个壁面上布满精美的壁画和雕像。在北魏时期开拓的多是这类石窟。云冈石窟中多数及莫高窟中的北魏各窟就属此类。

3. 殿堂式

石窟呈三开间房屋式样,造型模仿中国的殿宇式结构,整个洞窟外貌呈现出木构殿堂的形式,而且在多数佛像后加各类形式的龛。这类洞窟兼顾了世俗公众礼拜佛像的需求,是石窟发展到一定阶段才出现的,在石窟中往往占据醒目的位置。

龙门石窟位于河南省洛阳南郊 13 公里的伊水两岸。这里两山相对,如斧劈开,伊水北流,形似门阙,故古称"伊阙"。因古代地处隋朝都城洛阳之后,皇宫的城门正对"伊阙",又改称为"龙门"。龙门东山称香山,海拔 300 米;龙门西山称龙门山,海拔 371 米。洛阳石窟,多是利用天然溶洞稍微扩展而成。从平面布局来看,大致分为西山东山两部分。两山有窟龛 2300 多个,佛塔 60 余座,造像 10 万余尊,造像题记 2800 余块,有伊厥摩崖碑林之称。总计北魏造像约 30%,唐代造像占 60%,还有 10% 为其他时代的窟龛。龙门石窟的造像大致分为佛像、菩萨像、弟子罗汉像、天龙八部护法像、经变故事像、供养人像等。龙门石窟所有群像形神兼备,雕琢技术精湛入微,表现了古代艺术大师的卓绝技艺。

北魏造像全部在龙门山,最有代表性的是古阳洞、宾阳洞、莲花洞三个连着的洞窟。其中宾阳中洞是世宗皇帝为孝文帝和文昭皇太后营建的二窟之一,它是最雄伟、最富丽的一个佛洞。宾阳中洞位于龙门西山北部,为北魏后期的代表性洞窟。文献记载,景明元年(公元 500 年)开始营造,历时 24 年竣工,用工 80 多万人。其工程之大、耗资之巨,都是十分惊人的。宾阳中洞平面呈矩形,后部两角抹圆,后壁、左壁、右壁都有像龛。洞高和深度相近,窟顶雕莲花宝盆。

宾阳中洞正壁列一佛、二弟子、二菩萨,是典型的五尊像组合。供奉的是三世佛。北壁是过去佛,南壁是未来佛,中央是释迦牟尼。三世佛是佛祖释迦牟尼的三种形态。佛像面部修长清秀,面容和蔼慈祥,眉作弧形,略带微笑,是北魏中期雕刻艺术的代表作品。主佛两边各有两个弟子和菩萨侍立。左边是迦叶和文殊菩萨。右边是阿难和普贤菩萨。胁侍的面相清瘦略长,衣纹折叠规整而稠密,体现出北魏造像的艺术特点。左右壁前上方浮雕维摩、文殊的坐像和舍身饲虎的故事。前壁是已被盗劫国外的著名的帝后礼佛图(现分别藏于美国堪萨斯城纳尔逊艺术博物馆和纽约市艺术博物馆),画面上分别以魏孝文帝和文明皇太后为中心,前簇后拥,组成礼佛行列,是当时宫廷生活、仪仗制度及佛事活动的真实写照。绘画构图精美,雕刻细致,艺术价值很高,是一幅反映当时帝王生活的图画,为国内此类题材中较早一例。宾阳中洞外南侧依崖镌刻有著名的《伊阙佛龛之碑》,是褚遂良碑,记载了唐太宗的四子魏王泰,为其死去的亲母文德皇后长孙氏做功德开窟造像时所写的一篇发愿文,可惜腐蚀严重,文字模糊难辨。

　　龙门石窟的唐代造像占 60%,大部分在龙门山,最有代表性的石窟为潜溪寺、万佛洞、看经寺、奉先寺等洞窟。唐代造像面相丰腴,形貌秀丽,含睇若笑,温雅柔和,富有人情味。体态健美颀长而又丰满的造型风格与当时的时代风尚相吻合。唐代造像中最有代表性的石窟是奉先寺。奉先寺是龙门石窟中最大的洞窟,是唐高宗和武则天所造,唐高宗上元二年(公元 675 年)完工,历经 21 年。奉先寺是龙门石窟中雕刻规模最大、艺术最精、气势最为磅礴、最有代表性的洞窟,宽广各 36 米,三面陡壁上刻出 11 尊大像,主像卢舍那佛高 17.14 米,规模之大居龙门石窟首位,为佛教东传 700 年来第一大龛。主尊卢舍那佛,头高 4 米,耳长 1.9 米,位居佛龛中央,身材颀长丰约,面庞端庄典雅,丰腴圆润,修眉细长,眉若新月,眉宇自由舒展,神态宁静安祥,睿智的眼睛流露出无限清纯的气韵,双目稍向下俯视,嘴巴微翘,嘴角透出超凡绝尘的微笑,仿佛是悟了宇宙的深奥要义。这种安详的表情使人感到一种神秘的召唤,而不是令人望而生畏。大佛以安详的目光扫视下界。这目光恰好和礼佛朝拜者的仰视目光交会,引起人们的感情交流。龙门石窟成千上万的造像中体形最高、形态最美、艺术价值最高的要数卢舍那大佛了。

　　在大佛的左侧老僧迦叶严谨持重,虚怀谦恭,右侧阿难文静诚恳,唯诺至虔;文殊、普贤二菩萨华贵端庄,表情矜持;护法二天王足踏夜叉,威风凛凛;金刚二力士刚强威猛,祖胸赤膊,雄武有力,咄咄逼人。二菩萨的外侧还各有一头梳双髻、身着长裙、足登云头鞋、含睇微笑的供养人像。特别是天王脚下的小鬼,其雕塑堪称精品。小鬼承担起天王巨大躯体的重量,他的头、胸、臂、腹等夸张地表现出微不足道的小人物居然可以对抗神王的无所畏惧的非凡气概。

　　这组造像尽管外表上彼此孤立,但作为整体群雕,以本尊为主中心,造像如众星托月,从不同角度,以各自的动态、神情与大佛相呼应,映衬出了卢舍那佛的崇高形象,又显示出撼天动地、主宰一切的威力。从内容上看,卢舍那大佛和菩萨的慈祥,与天王、金刚力士的强壮威武形成了同一主题的不同方面,共同表现了唐代艺术的理想与对美感的追求,充分显示了盛唐艺术的至高无界。

据《造像铭》记载,武则天曾以皇后身份"助脂粉钱两万贯",并率群臣参加大佛的开光盛仪。一般而言,在佛学的教义中,佛、菩萨都是男性,而在奉先寺内的大佛却女性化。传说武则天与卢舍那大佛非常相像,也就是卢舍那大佛是依据武则天式的"广颐方额"所雕,可见卢舍那大佛的形象在一定程度上就是武则天形象的真实写照。整个奉先寺的雕塑群刻画得生动有致、栩栩如生,是一个完美的艺术整体。

阅读材料5-2　云冈石窟

云冈石窟位于山西大同西部16千米的武周山南麓,始建于公元460年(北魏和平元年)。公元439年(北魏太延五年),太武帝灭北凉,将凉州的僧人、宗族、吏民3万多户迁至平城,给平城带来了开窟造像的工艺技术。北魏佛教由此兴起。文成帝即位后大力恢复佛教。云冈最早营建的石窟即现在的第16~20窟("昙曜五窟"),就建造于此时。此后,武周山开窟造像进入高潮时期,从河北等地迁移而来的数十万汉族工匠,配合孝文帝的"汉化改革"在武周山的石窟作品中融合了许多汉文化的元素,特别是在中区石窟中到处可见汉文化的影子。自北魏建窟以来,一直称为灵岩寺,后来也称为武周山石窟寺,到明代才正式称为云冈石窟。

云冈石窟雕刻技艺继承和发展了秦汉朝代的艺术传统,在我国传统雕刻艺术的基础上,吸取和融合了印度犍陀罗及波斯的精华,因而在世界雕塑艺术史上有十分重要的地位。同时,云冈石窟既接受了来自世界各地文化的影响,也极大地影响了各地石窟的建造。

云冈石窟主要特色在于气势宏伟,内容丰富。由于地处当时的北魏都城近郊,一开始就由皇室和上层统治者直接经营,因而起点很高,规模宏大,现存的北魏佛教雕刻艺术以昙曜五窟为代表,在大量移植外来佛教艺术的同时,也继承了汉代深沉雄大的艺术传统。石窟中各种雕像造型浑然一体,并且在整个雕塑中充满了内在的气魄和力量,而且表现手法相当含蓄。此外,云冈石窟十分强调雕塑的体积和分量,与此相对应的结果就是洞窟布局紧凑,突出主像,主题鲜明。

云冈石窟至今已有1500年的历史,依山而凿,东西长1.3千米,有大小石窟53个,附属窟龛207个,雕像达51000多尊,最小的佛像仅几厘米,最大的佛像高达17米,神态多变,肌肤丰润。依地形,整个石窟可分为东、中、西三部分,大、中、小窟疏密有致地嵌贴在云冈半腰,东部的石窟群包括第1~4窟及碧霞宫。

多以造塔为主,因此,又称塔洞,洞内塔形多变,琳琅满目。中部石窟群包括第5～20窟,包括昙曜五窟,多为长方形,每个都分前后两室,中央有一尊高大佛像,四壁、拱门、窟顶等刻着飞天、禽鸟、怪兽、楼台、宝塔,宛如一个佛教大千世界。西部窟群即昙曜五窟以西的第21～53窟,较为零乱,以中小窟和补刻的小龛为多,规模较小,西部石窟修建的年代略晚,大多是北魏迁都洛阳后的作品。北魏迁都后,大窟的营建明显减少,多为中、小窟龛。

云冈石窟的型制较复杂,有不少仿木构建筑的雕饰。它的开凿不凭借天然的洞窟,完全是人工凿洞。与昙曜五窟的马蹄形穹隆顶不同,第5窟墙上有明窗,许多洞窟中央有中心塔柱,第1窟的中心塔柱为方形,四周出檐深远,已是一座完整的楼阁式塔,第6窟中心塔柱分为上下两层,下层四面雕有佛像,上层倚角各雕有九层出檐小塔,驮在象背上。云冈石窟中还有许多仿木构建筑的佛龛、宝塔、门柱等。如第9～13窟,又称五华洞,因清代曾在这个洞里施加彩绘而得名,第9～10窟两窟的前室东西两壁雕出三间枋木构建筑的佛龛。两壁上部和门楣上部有精雕的植物花纹图案,结构严谨,富于变化;第6窟北壁和东壁的五层宝塔,须弥座式的塔基和塔刹部分的"山花蕉叶",形制一直留传到后代。这些建筑装饰的形式和数量之多,为其他洞窟所罕见的。此外,云冈石窟的洞壁几乎没有空隙,大多雕满千佛和各种佛像,其中有不少精品。如第5窟门两侧,刻有两佛对坐菩树下,顶部浮雕飞天,线条优美。第13窟南壁上层的七佛立像和东壁下层的供养天人也是石窟中的佳作。

第5窟位于云冈石窟中部,窟前是1651年(顺治八年)建造的五间两层木构造楼阁。窟内后室中央端坐佛像一尊,佛高17米,是云冈石窟中最大的雕像。这尊佛像膝上可站立120人,单只脚上可站立12人,此像已敷泥贴金,让人难以体会北魏神韵的石刻原貌,窟的四壁雕满佛龛与神像,拱门两端,刻有二佛对坐在菩提树下。第6窟规模巨大,装饰豪华,洞高20多米,后室凿出中心塔柱,高15米,雕有大小石像3000余尊,壁面及塔柱雕刻有33幅释迦牟尼的传教故事,形象地描绘了释迦牟尼诞生、出家、降魔、问道、成佛的一连串故事,展示了佛教徒所幻想的极乐世界,里面有宫殿楼阁、仙人飞乐、牛魔鬼怪、异兽珍鸟、四时花卉、高山流水等,构成一幅奇妙生动的图画,散发出浓郁的生活气息。

第7、8窟双窟大约完工于孝文帝初期,窟内门拱两侧三头八臂的摩醯首罗天和五头六臂的鸠摩罗天,形象丰满自然,雕刻技巧与造型较成熟,这种题材在整个云冈石窟群中极为罕见。第9、10双窟门框上的浮雕繁复之极。第11窟东壁上方刻太和七年造像题记,是云冈石窟中最早的铭记。第12窟前室正面凿成三间仿木构建筑的窟檐,窟顶刻有伎乐天人,手执弦管,打击乐器,其手中的排箫、筌篌等乐器十分珍贵,是研究我国古典音乐的重要资料。第13窟正中端坐一尊交脚弥勒佛像，右臂与腿之间雕有一托臂力士像，是云冈石窟仅有的一例。第15窟四壁雕满万余尊小佛，工颇粗疏，俗称万佛洞，据说此窟是云冈石窟完工后为超度开凿石窟中匠工的亡灵而凿建的。

昙曜五窟是一组五个大型洞窟，在云冈石窟开创时期由名僧昙曜主持修建，故名。昙曜五窟的造像内容主要为三世佛、释迦、弥勒和千佛，五窟主像可能有肖像意义，据说是模拟北魏的道武、明元、太武、景穆、文成五个皇帝雕造的。昙曜五窟中，第16窟窟形椭圆，中间雕释迦牟尼立像，高13.5米，立于莲座上，佛手的生动形态和真实感令人惊叹；第17窟正中雕有交脚弥勒佛倚于须弥座上，高15.6米，东西两壁有佛龛；第18窟，正中释迦牟尼立像高15.5米，右臂袒露，身披千佛袈裟，两壁各雕立佛，刻画细腻；第19窟是这一组洞窟的中心窟，主尊释迦牟尼佛坐像高16.8米，是云冈石窟的第二大像；第20窟正中为释迦牟尼佛露天坐像，着右袒袈裟，高13.7米，两侧雕立佛，大像面相丰满，两耳垂肩，双目有神，肩部宽厚，雕刻精美，成为云冈石窟的代表作，宣传品及游客照相均选此像，被称为云冈石窟的亲善大使。

云冈石窟成组的大窟，均以雕饰富丽为特点。各窟的造像，特别是未被后代修饰过后的大量中、小型造像，无论佛、菩萨还是供养天人、童子，其神情、动态和服饰的处理，技巧娴熟自如，特点是飞天形象矫健有力、姿态轻盈，极具艺术造诣。在图案装饰方面，各窟门华丽繁密的装饰，严谨细密的忍冬、莲花纹样，突出浮雕的供养菩萨，化生童子及奔走的鸟兽，既富于装饰意味，又动静结合。

云冈石窟不仅历史悠久，而且石窟中所保留的衣冠、服饰、建筑形制、音乐、舞蹈、装饰纹样等形象，为研究我国古代文化艺术提供了丰富的实物资料，在雕刻技艺上，继承了我国古代雕塑艺术的优良传统，形成了独特的风格，是我国珍贵的文化艺术宝藏。

（陈来生. 世界遗产在中国. 长春：长春出版社，2006：112～115）

（三）寺庙

宗教的寺庙有佛教的寺院、道教的宫观、伊斯兰教的清真寺。寺庙能反映所建造时代的建筑、雕塑、绘画的风格和艺术水平，是中国古代建筑艺术的重要组成部分。

1. 寺庙建筑

寺庙建筑起源于印度，传入中国后，寺庙与传统的宫殿、民居建筑相结合，逐渐形成院落式基本格局，院落重重，层层深入。佛教寺庙的布局大都是正中路是山门（亦称为三门，象征着佛教的三解脱门，即空门、无相门、无作门）。山门内左右为钟鼓楼，正面为天王殿（正中供奉弥勒佛，两侧供奉四大天王，其中南方增长天王身青色手拿宝剑，西方广目国天王身白色似在弹奏琵琶，北方多闻天王身绿色手持混元珠伞,东方持国天王身红色手绕苍龙。四大天王手持的法器暗喻风、调、雨、顺),后面是大雄宝殿(佛寺内的主要建筑,是寺内的正殿,供奉"大雄"即佛教始祖释迦牟尼像)。其后是法堂(地位仅次于大雄宝殿,是演说佛法依戒集令之处),再后便是藏经楼了。正中路左右布置僧房、斋堂等。

洛阳白马寺被誉为佛教的祖庭,是佛教传入中国后兴建的第一座寺院。位于洛阳城东 9 公里处,北靠祁山,南望洛水。白马寺始建于公元 68 年,距今已有1900 多年的历史。现在的白马寺占地 4 万平方米,寺院掩映在绿树翠柏之中,显得十分肃穆。百余间殿堂组成坐北朝南的长方形院落。白马寺山门为一牌坊式建筑,门前有左右相对而立的两匹宋代石雕马。马高 1.8 米,雕工细腻,造型优美,看到石马让人联想起"西天取经"的漫漫征途。走进山门,两侧各有一座石碑,东侧《洛阳白马寺祖庭记碑》,由元代高僧撰文,文中记述了白马寺的创建和历史沿革。

进山门,由南向北,白马寺的中轴线上天王殿、大雄宝殿、千佛殿、观音阁、毗卢阁等五座大殿,逐渐升高。大雄宝殿面阔五间,进深三间,殿内供奉"横三世佛"的夹纻干漆造像。佛像形象生动,神情各异,工艺精湛。夹纻干漆造像,大致是先用漆、麻、丝、绸在泥胎上层层裹裱,然后揭出泥胎,制成塑像。这种造像的技艺,历史悠久,盛于隋唐,宋后则渐渐失传,存世造像极为罕见。白马寺的夹纻干漆造像是罕见的一组传世文物瑰宝。

大殿后是接引殿,再往后就是白马寺内最后的佛殿毗卢阁。毗卢阁初建于唐朝,坐落于清凉台上,清凉台由青砖砌成。毗卢阁面阔 15.8 米,进深 10.6 米,重檐歇山,飞翼翘角。其内供释迦牟尼的清净法身毗卢佛,旁立文殊、普贤菩萨。阁后壁镶有石碑,上刻《四十二章经》。

在毗卢阁的两侧为配殿,东配殿供摄摩腾、西配殿供竺法兰两位当年白马驮经而来的高僧的塑像。

齐云塔是白马寺建筑的重要组成部分。位于山门外东南 200 米处,是一座密檐式方形砖塔,原名为释迦舍利塔,亦称金方塔。塔共 13 层,高约 25 米,造型别致,玲珑挺拔。它是我国第一古塔,始建于公元 69 年,重建于 1175 年,至今已有1900 多年的历史了。

2.道教宫院

道教建筑,采用木结构建筑体系,以木材为主要的建筑材料。木材取之于大自然中富有生命的树木,与道教崇尚自然的思想相吻合。道教宫院建筑的选址注重与大自然的联系,多选择远离尘世,险峻幽静的场所,山石林苑巧妙地融合为一体,力求达到天人合一的最高境界。道教宫院的布局吸收阴阳五行学说,讲究风水,以"聚气迎风"为佳。根据八卦乾南坤北、天南地北之方位,以子午线为中轴,坐北朝南,讲究对称,两侧日东月西,取坎离对称之意,建筑中着力表现出反翘的曲线屋顶。在中国传统的古建筑中为改变屋顶在结构上造成的压抑感,古代的匠师们将屋顶设计成鸟翅般的举折与起翘,使之具有飞动轻快的美感。这种直指上苍的动势能充分表现出道教飞升成仙的追求,所以在道教宫院建筑中得到充分的运用。在平面布局上前为山门、华表、幡杆(这些组成俗界,其后的建筑构成仙界);后面在中轴线上递进排列各大殿堂,供奉着道教的至尊"三清"、"四御",正殿的左右两侧为陪殿。沿正殿、配殿的两侧又筑东、西道院,并建有斋堂、寮房等。

位于北京市西城区复兴门外的白云观是道教全真教派三大祖庭之一。其前身是天长观,始建于唐朝,是唐玄宗为祭祀老子所建,至今有 1200 多年的历史。金代曾大力扩建,成为是当时北方道教的最大丛林。金末曾一度被毁。道教全真教派教主的弟子邱处机奉诏西游,谒见元太祖成吉思汗,受到赏识领命统管天下道教,主持太极宫,改名长春宫,并加以重修和扩建使其成为中国北方道教中心。金正大四年(公元 1227 年年)改名"白云观",沿用至今。在清康熙四十五年(公元 1706 年)、五十三年(公元 1714 年)、光绪十二年(公元 1886 年)多次重修。现存建筑多为明清遗构。

白云观中层层递进的四合院以八卦方位布局,以子午线为中轴,形成东、中、西三路和后花园。主要建筑均分布于在中路,多为传统风格的宫殿式建筑,从南起依次为牌楼、山门、灵官殿、玉皇殿、老律堂(七真殿)、邱祖殿、四御殿、三清殿等;东路有三星殿、慈航殿、真武殿和雷祖殿等;西路有祠堂院、元君殿、文昌殿等;后花园是由三个庭院连接而成,主体建筑是中院的云集山房花园和戒台,周围游廊迂回,假山环绕。后花园清幽雅静是极负盛名的道观园林。

白云观大大小小共有 50 多座殿堂,带有中国早期神庙和明堂的特点,占地约 2 万平方米,吸取南北宫观、园林特点建成,殿宇宏丽,景色幽雅,殿内全用道教图案装饰。白云观的中心建筑是邱祖殿,自成院落。殿内正中摆放着一个巨大的"瘿钵",供奉邱处机的泥塑像,邱处机的遗骨就埋藏于此。"瘿钵"系一古树根雕制而成。传此物为清朝雍正皇帝所赐。中路北端的三清四御殿为二层阁楼,上层为三清阁供奉三清,下层为四御殿供奉四位天帝。三清阁也是观内藏书之处,有镇观之宝。明版《正统道藏》共 5350 卷,是目前国内最完整的一部道家经典,也是珍贵的历史文物。

白云观是道教全真教派的第一丛林,其建筑风格吸收了中国传统宗教建筑的手法,表现出道教入世的思想,具有较高的历史与艺术价值。白云观是中国道教协会、中国道教学院及中国道教文化研究所等道教界主要机构的所在地,被人们公认为中国道教中心。

3. 清真寺

清真寺是伊斯兰教进行宗教礼仪的场所。公元七世纪创建于阿拉伯半岛的伊斯兰教自唐朝开始传入中国。陆续在当时的东南沿海通商口岸城市广州、泉州、杭州、扬州和新疆、甘肃、宁夏、青海、陕西等西北内地兴建了礼拜寺。修建于唐代的广州怀圣寺是我国现存的最古老的伊斯兰清真寺。早期的清真寺的全部用砖石砌筑。平面布局，外观造型和细部处理多效仿阿拉伯伊斯兰的建筑风格。元代伊斯兰教大规模传入中国后，清真寺逐步吸收了中国传统建筑的布局和砖木结构体系，形成结合伊斯兰教特有的功能和要求的中国式的宗教建筑。

内地的清真寺特点是平面布置较为完整，以礼拜大殿为主导的纵轴式院落，一些单体建筑并无固定位置，建筑多采用沿东西方向轴线对称布局。大门一般位于东面，采用传统的院落结构，数进院落组成一个完整的格局，每一进院落有各自的功能要求和艺术风格，且循序渐进，层层引深。主要建筑礼拜大殿位于中心位置，几座屋顶相并连的殿堂代替了圆拱形的穹隆顶，礼拜大殿雄伟华丽面向麦加为朝向，大殿的建筑装饰多中西合璧，装饰几何图形，植物纹样及阿拉伯艺术字体。班克楼多为圆柱形尖塔，而回族建筑的班克楼多楼阁式。清真寺建筑还包括进行宗教教育和重大宗教活动的讲经堂等。

新疆地区的清真寺则呈现出另一种风格，更多的保留了阿拉伯礼拜寺的拱形穹顶形制。其平面布局灵活，不强调院落及轴线对称。有的则开门见山，外面是一座门楼，门楼及大门周围或用油彩写满阿拉伯经文。尖塔形的班克楼5、6层高，与大门连建，成为清真寺的标志。入门即见礼拜大殿，多采用内外殿制，外殿为廊柱式，布列层层柱廊，间数不受限制，内殿则专为教民冬天礼拜之用，多与外殿相绕，内外殿随意布局，不强求对称。附属建筑较少，建筑材料多用砖石，内外用木雕、砖花、石膏浮雕、彩画等装饰得富丽堂皇。

两种建筑风格迥异的清真寺，都有大门、礼拜大殿、宣礼楼、圣龛、沐浴室等。

艾提尕尔清真寺位于新疆喀什市中心，是一座规模宏大的伊斯兰教建筑物，南北长140米，东西宽120米，总面积16800平方米，至今已有500多年历史。为1442年喀什噶尔的统治者沙克斯米尔扎所建，用来祈祷他的亲友们的亡灵。后来又经过历代多次扩建和修缮。成为现在的形式和规模。该寺由礼拜堂、诵经堂、门楼、水池和其他一些附属建筑物组成，寺门用黄砖砌成，石膏勾缝，线条清晰醒目；门两旁是半嵌在墙壁里面的砖砌圆柱，柱高18米，由下而上逐层收分，柱身因砖砌手法的变换形成多种花纹图案。顶部有圆形尖顶的班克楼。门厅的平面呈八边形，两侧各开一砖木结构的拱形门洞，穹隆顶，上建小尖塔。

进入寺门是一个八角形的穿厅，左右两边有甬道可进入寺内庭院。院内绿树成荫，风景优美，北半部有两个东西并列的水池。南北两侧各有排18间的经堂,供主教阿訇讲经之用。

礼拜大殿长 140 米,进深 16 米,廊檐十分宽敞,有 100 多根雕花木柱支撑顶棚,上面是精美的木雕和彩绘的花卉图案。如此面阔的礼拜殿,在国内和国处都是极为罕见的。礼拜殿分为正、外殿和殿堂入口三部分。正殿为密闭式长方形建筑,东墙两侧各有一双扇大门供人们出入。西墙上有一园拱形深龛,为穆斯林们进行礼拜时的正式"朝向"。正殿的南北两侧是外殿,北侧外殿西墙有壁龛 14 个,北墙有壁龛 4 个。

艾提尕尔清真寺布局合理,建筑工艺精细。采用雕刻、镶嵌、彩绘等技法,使建筑显得古朴典雅,堪称维吾尔族建筑风格与阿拉伯伊斯兰建筑风格的完美结合的典范。

四、城防、交通建筑

(一)城防工程

我国古代的城防工程是用来抵御外来侵略的军事防御设施。古代战争都是采用刀、枪、剑、戟等兵器。高高屹立的城墙,就可以阻止敌人的侵入。凭借着城池,进可攻,退可守。中国的古城一般修筑有城墙,城墙外有护城河,有的城内还有皇城、宫城、内城,有的还有外城。

早在商代就出现了以夯土法制作的围墙,围护在集居地的外围。到了秦代,在城上又出现了门楼,在城的四隅造起了角楼。中国古代的城墙建造得很高大。高的有 20 米,低的也有四五米,厚度有的达到 10 多米。到了宋代,逐渐用砖包砌城墙的外沿。明清时代,县城以上的城墙普遍用砖包砌。高大坚固的城墙,辅以护城河、吊桥、敌台、角楼,就构成了一个完整的防御体系。

1.南京城垣

南京城垣可以说是古代城池建筑的一个典型,它兴建于 1366 年至 1386 年。南京内城墙长 33.67 千米,高度在 14～21 米,最高处达 25 米。系用桐油、石灰、糯米汁黏合巨砖垒砌而成,极为坚固。内城原有 13 座城门,保存至今的有 5 座,其中规模最大、最雄伟壮观的是中华门。中华门距今已有 600 多年,东西宽118.5 米,南北长 128 米。它是一座瓮城,前后有四道城墙,每道城墙都有内外两道门,外面一道是可上下运动的"千斤闸",里面一道是木头再外加铁皮的两扇大门。城门上下共三层,左右筑有马道,战时可骑马登城。城内建有 27 个藏兵洞,可容纳 3000 人和储存大批武器。瓮城和藏兵,可围歼闯入城门之敌,形成"瓮中捉鳖"之势。

2.万里长城

我国还有一项极为雄伟的防御建筑工程,就是闻名中外的万里长城。它自成一套完整的城防体系,修筑时间之久、规模之大,均堪称世界之最。长城的建筑早在春秋时期就开始了。当时诸侯各国相互兼并,都修筑城防以防御邻国和少数民族的侵袭。秦始皇统一六国后,为防备北方匈奴等游牧民族的侵扰,用了10年的时间,以秦、燕、赵国所筑长城为基础加以连接和延伸,形成一道西起临洮(今甘肃岷县)、东达辽东的庞大的防御建筑工程。到了汉代,所修筑的万里长城西起今天的新疆,东至辽东半岛的内外长城和烽燧亭障。明代所修的万里长城西起嘉峪关,东至鸭绿江,全长14700多里。从春秋开始直至17世纪,延续修筑了两千年,修筑的总长度在10万里以上,其中秦、汉、明三个朝代的长城都超过一万里,所以称为万里长城。

在古代以冷兵器为主要作战武器的情况下,万里长城在维护中华民族的安全和统一上发挥了巨大的作用。长城的主要用途是防御和守望。它的布局和构造都是为了这一目的而安排的。在总的布局上绵延万里好像一条线,然而它不是一条孤立的线,而是一个防御系统,由城墙、关隘、敌台和烽燧四部分组成。城墙是长城的主体,沿着山脊线曲折盘旋,将无数的关隘、敌台、烟墩连在一起,组成一道坚不可摧的屏障。城墙的顶部是守军的活动场所和通道,可容纳五马并骑或十人并行。墙顶的内侧砌有1米多高的女墙,起着栏杆的作用。外侧砌有高约2米的垛口(即雉堞),每个垛口的上部有一瞭望孔,下有一射出眼。在关口和险要地,还设有重重城墙。城墙上往往每隔70米左右,就有1个突出墙外的台子,称为敌台,外侧也砌有垛口。它的作用是可以从侧面射击敌人,将侵犯者置左右和正面三方交叉射点上,使其难以登城。在长城的两侧,每隔十里左右,还有烽火台建在易于互相瞭望的制高点上,是利用烽火、烟尘来传递军情的通讯工具。若有敌情时,白天燃烟,夜间举火,台台相递,一直传到总烽燧墩台,然后由总台驰报指挥部,为调集援兵、击退偷袭侵扰之敌争取了宝贵的时间。万里长城沿线还有许多关城隘口,如山海关、古北口、居庸关、雁门关、宁武关、嘉峪关等。它们一般都位于形势险峻的峡谷部位,是长城的重点防守地区,又是平时进出长城的要道,防御极为严密,结构格外坚固。

长城由上万里的城墙、成百的雄关、成千上万座敌台和烽火台组成,随着山势高低起伏,曲折盘旋,犹如巨龙蜿蜒于苍茫群山之中,气势磅礴。

(二)异彩纷呈的桥梁

桥梁是人类珍贵的财富,是我国古建筑的一个重要组成部分。桥梁克服了河流、沟壑给人们带来的不便,使天堑变通途。在漫长的岁月,人们建造了数以万计的桥梁。桥的种类很多,从使用的建筑材料上分,主要有木、石、砖、藤等各种,尤其以木桥和石桥最为常见;从结构上可分为梁桥、浮桥、吊桥、拱桥四种基本类型。在已保存下来的部分古桥梁中能看出古代桥梁的艺术风格。

1.造型优美,曲线柔和多变,具有很高的观赏价值

桥梁虽然多式多样,但大致以拱桥和梁桥为主。拱桥的曲线柔和多变,具有很高的观赏价值。如北京颐和园的玉带桥,全桥用汉白玉雕砌而成。桥拱高耸,采用蛋形夹拱,桥面形成"反向双曲线",好似蛟龙腾飞于湖光山色中。

苏州山塘街上的通贵桥是一座横跨山塘河的单孔石级拱桥,一米多宽,两米长,古朴简约。桥孔与水中的倒影恰似一个圆形,建筑大师贝聿铭赞其最美。

扬州的五亭桥将亭、桥结合,形成亭桥。五亭群聚于桥上,亭亭相通,大亭端坐中央,小亭对称相围。亭顶黄瓦青脊,交相辉映。桥身建成拱券形,共15个不同的券洞联系。这样就在厚重的桥基上,安排了空灵的拱券。桥基雄威,桥亭秀美。每当皓月当空之际,桥洞各衔一月,金色晃荡,众月交辉,美不胜收。

2.附属建筑和石作雕刻精美

桥的雕刻体现在桥的各种构件上,如桥栏板、望柱等处。石刻工艺精湛,内容丰富,形式多样。古桥上都有桥屋、亭、阁、栏杆以及牌坊等,这些又增添了古桥的审美价值。

如北京的卢沟桥,桥上的华表、碑亭、抱鼓石雕刻得十分精美。特别是桥身两侧栏杆上雕刻的485个大小石狮神态各异,精美动人,被古代意大利旅行家马可·波罗称为"世界上最好的、独一无二的桥"。

3.我国古桥十分重视与环境的协调

桥梁的美还在于与环境的协调。桥的体量、材质、造型和水面的宽度、河水的缓急以及河岸上两旁的建筑有机地统一起来,由于桥的存在,又增加了环境的美。如小桥流水,小小的桥梁结合底下的流水、岸边的人家,营造出诗画一般的意境。

第三节　中国古典园林的审美特性及欣赏

一、中国古典园林的概述

(一)中国古典园林的发展沿革

1.中国古代园林起源于商周时期

商、周的园、囿可以视为中国古代园林萌发的开始。在殷商(公元前16至公元前11世纪)甲骨文中,可发现有关皇家园林"囿"的记载和论述。当时皇家园

林是以囿的形式出现的,即在一定的自然环境范围内,建有巍峨的宫殿、高大的楼台,放养动物,种植林木,挖池筑台,以供皇帝后妃及大臣们打猎、游乐、观赏和放牧之用。这一时期的"园"、"囿"等虽然在主观上不是为了观赏而兴建的,但在客观上为后来的人工山水园林的建造奠定了基础。

2.秦汉时期的宫苑

中国古代园林经过春秋、战国时期,到秦汉时发展为以宫室建筑为主的宫苑,完成了从商、周的园、囿向秦、汉宫苑和私家园林的转化。宫苑是在圈定的广大地域的囿与离宫别馆的综合体。其内有天然植被并放养禽兽供皇帝游乐,也有宫苑、宫城、宫观。这些建筑与自然山水环境结合起来,"离宫别馆相望,曲廊复道相通",其范围大到方圆数百里。上林苑是汉武帝在秦时旧苑基础上扩建的,离宫别馆数十所广布苑中,其中太液池运用山池结合手法,造蓬莱、方丈、瀛洲三岛,岛上建宫室亭台,植奇花异草,自然成趣。上林苑中既有皇家住所、欣赏自然美景的去处,也有动物园、植物园、狩猎区,是一处内涵丰富的多功能性大型皇家园林群体的集合。从此,中国园林体系中"一池三山"的做法一直延续到了清代。

3.魏晋南北朝时期中国园林的发展处于转折时期

虽然在规模上不如秦汉山水宫苑,但在内容上则有所继承与发展。这一时期,特别是魏晋、南北朝时期,是一个不可忽视的历史阶段。魏晋时期形成的山水画构图理论丰富了造园的艺术,此时的园林进一步发展了"秦汉典范",奠定了我国古代私家园林的基本风格和"诗情画意"的写意境界。吴王在南京修建的宫苑"华林园",规模宏大、建筑华丽,是这一时期有代表性的园苑。

4.唐宋时园林达到成熟阶段

唐宋时期园林达到成熟阶段,官僚及文人墨客为了玩赏大自然山水景色,便就近仿效自然山水建造园苑,他们自建园林或加入其中一起造园,按照自己熟悉的诗论或画论来建造园林,将诗与画融入园林的布局与造景中,在较小的境域内因地制宜地表现山水真情和诗情画意,产生了"写意山水园"。盛唐诗人、画家王维利用自然景物,略施建筑点缀,经营了辋川别业,形成既富有自然之趣,又有诗情画意的自然园林。唐代皇家园林趋于华丽精致,山水构架巧妙,建筑结构精美。宋徽宗建造的艮岳,表明皇家园林的发展又出现了一次高潮。艮岳将诗情画意移入园林,以典型、概括的山水创作为主题。徽宗以九五之尊、倾国之力取太湖水底之石造出"万寿艮岳山",这一庞大的人工假山在叠石、掇山体现自然美的技巧上取得了很大的成就。

5.明清时期园林进入精深发展阶段

明清是中国园林创作的高峰期。无论是江南的私家园林,还是北方的帝王宫苑,其造园艺术在继承传统的基础上又实现了一次飞跃。现代保存下来的园林大多属于明清时代,这些园林充分表现了中国古代园林的独特风格和高超的造园艺术。元、明、清三代建都北京,大力营造宫苑,尤其是清代康熙、乾隆时期皇家园林创建最为活跃,修建了"圆明园"、"避暑山庄"等著名的宫苑。私家园林以明代建造的江南园林为主要成就,如"拙政园"、"寄畅园"等。同时在明末还产生了园林艺术创作的理论书籍《园冶》。明清时代的园林无论是在选址、立意、借景、山水构架、建筑布局还是在假山堆叠、植物布置等方面都达到了令人叹服的地步。

(二)中国古典园林的分类

中国古典园林的分类方法很多。较为常见的是按其从属关系可分为皇家园林、私家园林、寺观园林。

1.皇家园林

皇家园林一般指供帝王居住、游娱之用的园林。皇家园林是皇家生活环境的一个重要组成部分,因而它反映了封建统治阶级的皇权意识,体现了皇权至尊的观念。皇家造园追求宏大的气派和皇权的"普天之下莫非王土",常将有代表性的第宅、寺庙、名胜集中并在园林中再现出来,这就导致了"园中园"格局的定型。但它对自然的态度则是倾向于凌驾于自然之上的皇家气派。皇家园林的人工气息浓厚,往往以人工美取胜,自然美仅居次要的位置。皇家园林占地面积较大,规模浩大,真山真水较多。皇家园林的布局也颇为讲究,为君的威严、为父的威望、为主的高贵,都随着园林设计者的智慧,严谨地反映出来。一般以主体建筑作为构图中心统帅全园,建筑常居于支配地位。园中建筑色彩富丽堂皇,建筑尺度较大,建筑风格多姿多彩。园林建筑在园中占的面积比例较低,多采取"大分散、小集中"、成群成组的布局方式,用建筑的形式美来点染、补充、裁剪、修饰天然山水。现存的著名皇家园林有:北京的颐和园、北京的北海公园、河北承德的避暑山庄。

2.私家园林

私家园林属于除皇帝以外的王公、贵族、地主、富商以及士大夫等所私有,大多集中在南方,由文人、画家设计营造。私家园林集中在南方,是因为江南一带河湖密布,水源十分丰富,气候温和,适宜生长常青树木,具有得天独厚的自然条件,又有玲珑通透的太湖石等造园材料,具备造园的自然、经济与人文的多方面条件。私家园林多建于城市之中。一般来说空间有限,占地不多,不能将自然山水圈入园内,通过叠山理水的手法在平地之上掘地为池、堆石为山,造出山林沟壑、曲桥流水,将大自然浓缩于园林之中,追求空间艺术的变化,创造优美的自然山水意境。因而其对自然的态度主要表现出士大夫阶层的哲学思想和艺术情趣。园内的建筑小巧玲珑,环境色彩讲究清淡雅致,表现出朴素、淡雅而又亲切的风格,力求创造一种与喧哗的城市隔绝的世外桃源境界。私家园林多建在城市之中或近郊,与住宅相连,布局常取内向式,即在一定的范围内围合,精心营造。一般以厅堂为园中主体建筑,以假山水池为构架,配置各种花草树木。在小小的天地里,景物紧凑多变,却营造出了无限的境界。现存著名的私家园林有:北京的恭王府,苏州的拙政园、留园,上海的豫园,扬州的个园等。

3. 寺观园林

寺观园林一般只是佛寺和道观的附属园林,也包括寺观内外的园林化环境。其造园手法与私家园林区别不大。寺观园林的风格特征是理性美,它的产生开辟了对园林景观对象的理性探索和领悟,并影响到整个园林艺术。由于寺庙道观本身就是"出世"的所在,所以其中园林部分的风格更加淡雅。寺观园林注重于选址,多选择自然环境优美的名山大川,建造时讲究因地制宜、因势制胜。寺观园林有三种形式,一是将城市中寺观本身按园林布置;二是在城市寺观旁附设园林;三是在风光优美的自然山水中建寺,这类寺观的庭院空间和建筑处理也多使用园林手法,使整个寺庙形成一个园林环境。现存著名的寺观园林有:北京碧云寺的水泉院、四川峨眉山的伏虎寺、承德避暑山庄的外八庙等。

二、园林景观的美学特征

中国园林是由叠山、理水、植物、建筑四种基本要素构成的一个综合性艺术品。

(一)叠山

山体构成园林的地形骨架,决定园林空间的形态。园林的山景有真假之分。大型的园林常包入真山真水,更多的园林是在其内进行叠山。以土、石为材料,对自然山水加以艺术的提炼和夸张,将自然界的山峦"浓缩"成假山和置石。假山体量大,将园林分割成不同的空间或坡度,以适当地布置景物,可游可观,使游人有如置身于山林之感。假山讲究自然之理、自然之趣,利用原有的地形,因势而立,力求体现出山林野趣,表现自然山体的神韵和地形特征。置石体量小而分散,装点布置在园林中。庭院内的置石,多为景观的主体,形态与空间尺度相称,与周围的景物浑然一体,耐人寻味,主要以观赏为主。例如太湖石的观赏讲究"瘦、皱、漏、透、丑"。瘦者,指石块的体态苗条,有迎风玉立之势;皱者,是指石上有凹凸之皱折,山石有皱才能显出苍老,方有真山之气;漏者,是指石上有大孔小孔,涡洞相套,上下贯穿,四面玲珑;透者,指石的纹理贯通,所谓"纹理纵横,笼络超稳";丑者,是指丑中求美,丑中见秀。

（二）理水

水是园林的命脉，是组成园林的重要特征。水可划定空间，可限定空间。在园内有限的空间依据地势，构造出大小不一、变化无穷的水面和曲折迂回的水道，形成泉、溪、涧、池等各式水体。静态的、大的水面空间明亮柔和，给人以空灵开阔、神态清爽的感觉；动态的水面，可形成空间的焦点，吸引游人的眼球。飞泻而下的瀑布、湍急的水流等形态各异、动感强烈。萦绕迂回的涓涓水流，曲折蜿蜒，让人感到源流无穷、水阔溪长。园内山水相依，有山必有水。山因水而活，水得山而媚。园林中的水景赋予园子独特的个性，增添灵气。山是园林的骨架，水是园林的血脉。山水相映成趣。

（三）植物

园林是假山假水所造，却力求真实自然，便利用自然的花草树木来装饰、点缀，淡化人工造景的痕迹。植物的种类繁多，四时之景不同。配置的植物有常绿、落叶之分，有乔木、灌木、草本的不同姿态。植物在一年之中生长、开花、结实，不断地变换形态、姿容、色彩，呈现出变化多端的景观，表现出园内葱郁苍翠、充满生机的自然景象。花草树木给园林增添了许多绚丽的色彩、美丽的形态。植物是园林中不可或缺的成分。如果没有植物的点缀，园内缺乏充满生机的绿色，园林只能成为一个山水建筑的模型，而不是可居、可游、可观的城市山林。

植物的配置因地制宜，讲究自然而然。台阶下的一丛青草、假山上的参天大树、置石上的斑斑青苔，都体现出自然之态，并与周围的环境协调配合。高低错落的植物与假山、园内的建筑构成竖向景观变化，形成园内的天际轮廓线。山上种树使其增添自然野趣，水边栽花使水景更加深幽迷人。植物配置注重不同的种类，搭配花期，使月月花飘香、四季树常绿。花草树木增添了园林的自然风光，丰富了时令景观特征，增加了季相变化。

（四）建筑

亭、台、楼、阁、桥、榭、厅、廊是中国园林建筑的主要形式。有人把建筑看作园林的"眼睛"，像人一样，有了眼睛，才能有神采。建筑是人工所造，有了建筑，也就有了艺术之美。融自然美、建筑美、艺术美于一体的园林建筑布局讲究自然之趣，为了使建筑与周围环境融合，将亭台楼阁分散、穿插于山水风景中，人工美与自然美水乳交融、处处成景。

园林建筑本身也有美丽多姿的轮廓，其造型、装修、细部处理典雅清新。建筑形体灵活多变，体量大小相宜，布局配合地形，可透可围、可开可闭、可断可续，穿插于山水间，参差错落、灵活多变、曲折有致、疏密得宜、曲径通幽，又不拘泥于均衡对称，点缀着园内美景。园林建筑又是园中观景休憩的佳处，使游览更加富有情趣。

园林建筑与山水、花草树木组成多变的风景画。在风景画中建筑是画面中的主题，起到画龙点睛的作用，成为传神之处。

家具也是园林建筑中不可或缺的东西。当代的园林艺术家陈从周先生说过："园缺家具，即胸无墨。"园林中的家具多以明清时代的为主，以楠木、紫檀、花梨等质地坚硬、强度高、色泽优美的木材制作，还进行细致的雕饰。有的还镶嵌有大理石或云石，并根据石上的纹路走向进行镂、雕、刻，使整个画面呈现出迷人的景致。明代家具以选材精良、线条简洁明快优美为特色，强调和谐、秩序和韵律，造型简洁，装饰讲究，风格清新高雅。清式家具雕、嵌、描、绘、漆、镂，雕刻华丽庄重，巧夺天工，繁重华丽。园林中陈设的家具体现出浓郁的民俗文化及诗情画意的书卷气。

三、园林的审美意境

造园者在构造园林时融入了自己的情感，不仅着重于再现自然，还表现形外之意，追求意与境的融合。

（一）本于自然，高于自然

园林是小中见大，讲究小而精，将大自然的景色浓缩于园林之中，成为自然的缩影，使人们"不出城廓，而享山林之美"。造园时注重融于自然，将园与周围自然环境融为一体。园内的面积是有限的，但通过借景，突破园林实体的有限空间，将园外美好景物收纳园内，给园林造成幽深广阔的境界和意趣。融于自然的手段，还采用了用建筑、植物等分隔园林空间，讲究隐而不露，用门洞、用漏窗、用长廊、用树丛、用溪流来分隔，隔而不断，使园林的有限空间显得曲折幽深而又宽敞舒适，营造出小中见大的效果。

将大自然的各种组景要素浓缩成叠山、理水、植物、建筑四种基本构园要素。经过重新布局，形成有主、有次，有烘托、有呼应，园内山水花草皆备，亭台楼阁参差，犹如画面一样的境界。

全园构景要素及其组合，都要做假成真。在叠山、理水、植景时，巧于因借，充分利用原有的山势、水形、生长的树木其本身的美态。如山水花木自然之景，符合植物自然生长规律。假山叠石要以假乱真，讲究自然之趣。用山石模拟自然裸露的岩石要如同真山峰峦的形状、气势和岩石纹理。用山石作花台种植观赏植物。用花台组织游览路线，或用花台与岸边相连。水的源头或藏于石隙，可隐于洞穴，让人感受到"源头自有活水来"。植物的配置要如同自然生长的花木一样，有疏密变化而富有天然野趣，从而使整个园林像一幅充满天然之趣的画卷。

（二）情景交融

园林中常寄托着园主人的理想和愿望。不同的园主人其为人处世的哲学与文化审美态度,反映到构思立意上是不同的。在建造园林之际倾注了自己的情感和意念,寄情于物、托志于物,园林的景物中人为地加以寓意寄情。如在园林植物配置上多种植松柏、修竹、春兰、夏荷、秋菊、腊梅等寓意高雅的植物。松、竹、梅、兰取其挺拔坚强,不畏严寒,虚心有节,坚贞不屈;荷花取其淡泊清幽、出污泥而不染等等,是将理想的人格投射到植物之中。对这些植物的赞美,也就是对园主人情操的肯定。其实园内的置石、水池、花草树木之中都蕴藏着情感与景象的交融。

(三)意境的涵蕴

境生于象外。意境并不局限于有限的意象之内,而是力求在有限中见出无限。旅游者在园林内游览时所见到的景物会受时空的限制,只能欣赏到一时一地的景观。园林的意境通常借助于诗情画意表达出来,采用传统的诗、画、书法等艺术样式进行点景。特别是悬于高潮景点建筑上的题咏、楹联、匾联,集文学、书法、雕刻于一体,抓住景观的典型特征,结合空间、历史、传说及作者的情感,用文学的形式给予高度的概括。通过这些点景表达的烘托、渲染、提示,引起旅游者的联想与想象,经历着春华秋实、冬去春来的季节的更替,感受到园林隐于"秀"中的"象外之意",以及一个更为幽静深远的空间。

四、中国园林的欣赏

(一)避暑山庄

避暑山庄又名承德离宫或热河行宫,位于河北省承德市北部,始建于 1703 年,历时 90 年建成,是清代皇帝夏天避暑和处理政务的场所。它建在武烈河西岸一带狭长的谷地上,利用其山峦、溪流、湖泊、平原等独到的自然条件,博采众家之长,融合中国南北园林的特色,尽量保持山林野趣,借助于自然地势,因山就水,顺其自然,因地制宜地修建亭台楼阁,取自然山水之本色,吸收江南塞北之风光。避暑山庄是中国现存占地最大的皇家园林。

全园占地 564 公顷,园内建有 110 多处建筑,著名景点 72 处。避暑山庄分宫殿区和苑景区两部分。宫殿区位于山前,地形平坦,是皇帝处理朝政、举行庆典和生活起居的地方,占地 10 万平方米,由正宫、松鹤斋、万壑松风和东宫四组建筑组成。苑景区位于山后,又分为湖泊区、平原区、山峦区三部分。

湖泊区在宫殿区的北面,湖泊面积包括洲岛约占 43 公顷,有三区七岛,将湖面分割成六个大小不同的湖面,层次分明,洲岛错落,碧波荡漾,使深远和窈窕兼而有之。湖泊区呈现出塞外江南的风貌。

平原区西部绿草如茵,一派蒙古草原风光。一座座蒙古包散落在草地上好似点点蘑菇,富有自然野趣。平原区东部,地势开阔,林木茂盛,分布着万树园和试马埭,一片类似于兴安岭莽莽森林的景象。

山峦区面积最广,占整个山庄的 70%,整体布局巧用地形,因山就势,分区明确,景色丰富。山庄集全国园林精华于一体。园内建筑规模不大,殿宇和围墙多采用灰瓦盖顶青砖砌墙,简朴适度淡雅庄重。与京城的故宫,黄瓦红墙、描金彩绘的富丽堂皇呈显著对照。这里山峦起伏,沟壑纵横,依山势修筑有众多楼堂殿阁,建筑美与自然美巧妙地融为一体。山庄的建筑既具有南方园林的风格,又多沿袭北方常用的手法,成为南北建筑艺术完美结合的典范。

在避暑山庄之外,分布着宏伟壮观的寺庙群,如众星捧月,环绕山庄,这就是外八庙。其名称分别为:溥仁寺、溥善寺(已毁)、普乐寺、安远庙、普宁寺、须弥福寺之庙、普陀宗乘之庙、殊像寺。外八庙象征民族团结和中央集权。它以汉式宫殿建筑为基调,吸收了蒙、藏、维等民族建筑艺术特征,创造了中国多样统一的寺庙建筑风格。

(二)留园

留园在苏州阊门外。留园是太仆寺卿徐泰时始建于明万历年间(1573 年—1619 年),时称东园。清嘉庆时归刘恕所有,名寒碧山庄,俗称刘园。同治年间盛旭人购得,重加扩建规模为东、北、西三部分,取与刘的谐音,又寓“长留天地间”之意,故改名留园。它与拙政园、北京颐和园、承德避暑山庄齐名,为全国“四大名园”。

留园占地 2.33 公顷,分为东、西、中、北四大景区。其建筑空间处理精湛,善于运用大小、曲直、明暗、高低、收放等各种艺术手法,构成了有节奏、有韵律、有色彩、有对比的园林空间体系,成为世界闻名的建筑空间艺术处理的范例。全园用建筑来划分空间,可分中、东、西、北四个景区:中部和东部是全园的精华部分。中部以水池为中心,池中为蓬莱岛。西面有爬山廊,廊内西壁上嵌有明代董汉策所刻“二王法帖”,有王羲之、王献之父子的法帖数十方。闻木樨香轩位于中部假山之上,是中部的制高点,在此俯瞰中部,寒碧山庄、明瑟楼、曲溪楼、清风池馆尽收眼底,古木交柯、绿荫轩等建筑以回廊相连,环绕在水池的南东二面,高低起伏,错落有致。中部景区可观春夏秋冬四季的景色:在绿荫轩内,观池中蓬莱岛上盛开的紫藤花,这是春景;涵碧山房前赏荷是夏景;闻木樨香轩是秋季赏桂花的佳处;可亭的周围种有梅花,坐在亭中可尽享园内的冬景。

留园的东部景区以建筑、石峰为主体。五峰仙馆面阔 5 间,硬山屋顶。因梁柱全用楠木,又称楠木厅。馆内高深宏敞,是苏州园林中规模最大的一幢建筑。其内陈设典雅,庭前五峰屹立。还我读书处、揖峰轩、汲古得绠处、西楼、鹤所环绕四周。还有一个石林小园由曲廊和亭轩围成,院内强调以石取胜,置湖石、石笋,植芭蕉、翠竹等,构成花竹扶疏、奇石林立的美丽画面。留园的镇园之宝冠云峰雄立东部景区,冠云峰是北宋花石纲遗物,高约 9 米,是江南最大的太湖石观赏独峰,具有皱、瘦、透、漏、丑的特点,玲珑剔透。西部是自然景色,为明代堆叠的土石相间的大假山,山上枫树成片,每逢深秋枫叶经霜变红,与金灿灿的银杏叶互为衬托,山林野趣更佳。北部是田园风光,现为盆景区,展示苏派盆景,别有风味。

第四节　中国古代雕塑的审美特性及欣赏

　　雕塑是利用物质材料,运用雕刻或塑造的方法在立体的空间中创造出的实体形象艺术品。雕塑作为三维空间的造型艺术,被誉为凝固的诗。雕塑为雕和塑,实际可以理解为"加"和"减"。"雕"就是"减",将具有可塑性材料的完整而坚固的坯体上多余的部分以削、刻、凿等方法去除,如石雕、木雕、玉雕等。"塑"就是"加",将具有粘结性的材料通过堆积、浇注、揉捏等方式塑造成为所需要的形体,如泥塑、陶塑等。

　　雕塑一般分为两类,一为圆雕,一为浮雕。它们是按所占空间和形象的突显程度而划分的。

　　圆雕是形象凌空而且可从四面观赏的、完全立体的一种雕塑。如西安的兵马俑。

　　浮雕是在平面上雕刻出深浅不一、凹凸不平的不同形象的雕塑。按照表面凸起的厚度,又分为高浮雕和浅浮雕两种,也有两者相结合的形式。一般来说,压缩后的形体凹凸在圆雕的 1/2 以上的为高浮雕。高浮雕的背面依底板,有三大观赏面,但以正面观赏为主。如苏州角直镇保圣寺的罗汉像。低浮雕将物体压缩至相当低的程度,利用物体的透视面和光的关系,显示出体积感。如北京天安门人民英雄纪念碑上的巨幅浮雕。高低混合浮雕一般将主要人物雕成高浮雕,次要人物和配景雕成低浮雕。这样显得主次分明,高低错落。如一些寺庙中的罗汉雕塑与其背景构成高低混合浮雕。

　　还有一种界于圆雕和浮雕之间的雕塑,称为透雕。它是在浮雕的基础上,单面或双面镂空其背景部分。如门窗、栏杆的雕饰。

一、中国古典雕塑的审美特性

(一)雕塑是自然美与艺术美的综合

　　雕塑是占有三维空间的立体艺术。它所塑造的形象是在长、宽、高三维空间中展开的,是运用体积语言和形体创造出的静态艺术。雕塑之美是通过艺术形象的瞬间动作和表情来引发观众的想象和联想的。雕塑的造型表现的是艺术中本质的、典型的艺术情节。因此雕塑是非常凝练的艺术语言,它通过选择在运动过程中最能体现动态感觉、最能表现情绪的某一瞬间静态的造型,以极其单纯的形象概括地反映主题。通过这一刻画出的瞬间形象,使欣赏者联想到前前后后可能发生的情节,由眼前的静态形象,想象出它的过去和未来,联系到更多、更广的形象,感受到雕塑所传达出的某种寓意化了的情感。这样赋予雕塑作品以真实的生命的感觉。

要达到这种艺术效果,就需要雕塑艺术家运用体积语言,利用和强调不同体积的组合所形成的某种节奏美和韵律美,通过体积内部各部分的搭配、组合、协调,从而使没有生命的雕塑材料获得"内在的生命力",体现出一种生命的律动美,成为灵气飞动的艺术品。

(二)雕塑艺术品选择材料非常讲究

雕塑材料关系到雕塑的审美表现效果。雕塑的美表现在材料的形式美的因素上。物质材料本身所具有的朴素、天然、简单的形式美,是自然形态的形式美。将这种自然形式美与艺术美融合,就会增加作品的审美价值。雕塑使用的物质材料有不同的质感,大理石细腻润滑、花岗岩粗糙坚硬、玉石晶莹剔透、青铜古朴淳厚、木料质朴等,雕塑家根据作品内容和他将要取得的艺术效果选取材料,并将一定的造型和情感表达恰当地结合起来。罗丹说:"抚摸维纳斯的雕像时,几乎感觉到是温暖的。"这是因为雕像使用了大理石材料。大理石有一种纯洁、无邪的感觉,材料本身具有与作品意蕴相一致的审美特性,如果换成青铜的雕塑,绝不会有温暖的触摸感。

(三)雕塑以静态表现出运动

雕塑以象征化、寓意化的特征表达人对生命的敬畏、对世界的认识以及艺术家的思想感情。雕塑作为塑造静态空间形象的艺术,不能像舞蹈那样姿态翩跹,只能借助于一个静态造型表现人物动作或事物情态的一个瞬间;也不可能像文学作品那样自由、充分地叙述、描绘,而是抓住情节中最有意义的一瞬。这就使得雕塑艺术在取材上必须以单纯取胜,高度精炼、浓缩生活的素材,从而使作品在有限的空间形象里蕴含丰富的内容,通过艺术形象的瞬间动作和表情引发观赏者的审美想象。

雕塑一方面具有稳定性、凝固性,与动态的艺术相比,呈现出静态的特征;但另一方面,雕塑又具有想象性的特征,它以静为动,用静态表现运动,用瞬间的"静"所蕴含的动势,表现人物灵动的神采。静只是连续动作中的"定格"。雕塑以夸张的、象形的手法,给人带来无限的想象空间,使观赏雕塑一个瞬间的造型时,想象静态向动态的转变,想象人物行为的连贯、持续的活动过程,产生美好的想象与联想。雕塑实现了静态与动态的有机结合,表现出活力和精神,雕塑用冷冰冰的物质材料塑造出让人产生情感的形象。

（四）注重与环境的协调统一

大多数的雕塑作品置于室外。因此,雕塑艺术与自然环境、人文环境的联系非常密切。雕塑作品融入环境,而环境也会成为作品的组成部分。雕塑需要与和之相适应的文化背景及场景的呼应配合。由于雕塑作品的立体性,欣赏者还可以从不同方位、不同角度、不同距离欣赏,甚至可以结合周围的环境来一并欣赏,所以要借助于环境和景物来丰富其表现力,使雕塑作品更富有生动、逼真的艺术魅力。

二、古代雕塑的欣赏

中国古代雕塑是中国古代艺术中的一朵奇葩。在漫长的历史进程中,无数的艺术匠师们以其丰富的想象、惊人的毅力、精湛的技艺给人们留下了难以数计的雕塑作品。这些雕塑以无以伦比的艺术美感,令中外旅游者流连忘返,成为人们的审美对象。中国古代雕塑从旅游审美的角度来看,可分为宗教雕塑、陵墓雕塑、工艺雕塑。

（一）宗教雕塑

宗教雕塑本来是特定历史时期的宗教宣传品,现在它作为我国古代雕塑艺术的一部分供我们欣赏。佛教雕塑占据宗教雕塑极为重要的地位。佛教自东汉传入中国后,由于当时社会政治动荡,民族之间矛盾时起,经济基础不稳定,因而佛教能以澎湃之势漫透到整个社会。伴随着佛教在中国的传播和发展,佛教艺术几乎在全国各地盛行起来。佛教雕塑主要指寺院和石窟中雕刻、塑造的佛像等。

1. 寺院泥塑

寺院雕塑中出现了许多温柔敦厚、富有现实感的神情笑貌。苏州角直镇保圣寺的罗汉像就是一个突出的例证。他们不仅姿态生动,而且性格鲜明,呼之欲出。

罗汉塑像,在许多寺庙都能见到,少则十八尊,多则五百座,都是一个个依次排列的,且没有背景衬托。而保圣寺的塑壁上除了九尊罗汉塑像外,还有山石、云朵和浪花,给人一种如临海上仙山和洞天福地的感觉,水的奔腾和石的凝重,构成了动静对比,云气和斜石立峰又烘托了洞穴的气氛,使整个环境雄浑而奇特、庄重又多姿。整个图案少了一点宗教气息,添了几分人间的亲和力。塑壁面阔 9.5 米,通高 5.7 米,进深 1.45 米,下置须弥座高 2 米。在总体构思上,摆脱了寺院造像单尊依次排列旧模式的束缚,将当时寺院盛行的画壁巧妙地移植到雕塑之中,独具匠心地创作了以山水为背景、置罗汉于其间并融为一体的完整的艺术精品。而这九尊罗汉用写实手法通过坐姿与手势的变化,以及对不同年龄、身份、性格、神态的细腻刻画,捕捉了这些人类精神风貌的一瞬间,如降龙的眼神、讲经的动态、尴尬的五官、袒腹的形体等,使其写心、传神、达意,塑出一尊尊形神兼备、栩栩如生的罗汉像。就塑壁整体而言,运用夸张变异的手法把山石塑得上大下小、倒悬空中,有欲坠而不落之感,远远望去,山石似彩云,彩云似火焰,变幻无穷,犹入仙境一般。这些岩石把罗汉的形象衬托得丰富饱满,整件作品具有极为生动的艺术效果。

2. 摩崖造像

位于长江流域的大足县境内摩崖石窟以鲜明的民族化、生活化特色,成为具有中国风格的石窟艺术的典范,与敦煌、云冈、龙门等石窟一起构成了一部完整的中国石窟艺术史。

大足石刻位于重庆市大足县境内。东距重庆 162 公里,西距成都 271 公里。大足石刻是大足县境内主要表现为摩崖造像的石窟艺术的总称。已公布为文物保护单位的摩崖造像多达 75 处,造像 5 万余身,铭文 10 万余字。其中北山、宝顶山、南山、石篆山、石门山(简称"五山")摩崖造像以艺术精湛、规模宏大、雕刻精美、题材多样、内涵丰富、保存完整而著称。五山之中又以北山、宝顶山石窟摩崖造像最为集中,规模宏伟。大足石刻,对中国石窟艺术的创新与发展有重要贡献,是洞窟造像向摩崖造像方向发展的佳例。大足石刻大量采用摩崖石刻,雕像依岩而凿,因势而建,具有一定的随意性,便于题材的展开和内容的连贯。在立体造型的技法上,运用写实与夸张互补的手法,摹难显之状,传难达之意,对不同的人物赋予不同的性格特征,务求传神写心。

在选材上,既源于经典,而又不拘泥于经典,具有极大的包容性和创造性。在大足石门山上,释迦牟尼与玉皇大帝的石龛,只隔了一道墙,两人相邻而处,共保一方平安。在妙高山,三教诸神终于相聚在一起,释迦牟尼、太上老君、孔夫子干脆住到了同一个石窟里。从最初的共居一县,到共居一山,最终到共居一窟,大足石窟记录和表现了中国"孔、老、释迦皆至圣"、"惩恶助善,同归于治"三教融合的文化特点。南山摩崖造像是雕刻最精美、神系最完备的道教造像群。石篆山摩崖造像中以中国儒家创始人孔子为主尊的儒家造像和佛教、道教、儒教三教合一造像,在石窟艺术中可谓凤毛麟角。以石门山摩崖造像为代表的佛教、道教合一造像在中国石窟艺术中亦极为罕见。大足石刻注重阐述哲理、涵盖社会、思想博大,把佛教的基本教义与中国道家学说、儒家理论融为一体。集释(佛教)、道(道教)、儒(儒家)三教合一的造像具有大足石窟的独特性及中国民族化、世俗化特征,最终也成就了中国宗教文化的特殊性。

大足石刻在审美上,融神秘、自然、典雅三者于一体,充分体现了中国传统文化重鉴戒的审美要求;在表现上,突破了一些宗教雕刻的旧程式,有了创造性的发展,神像人化,人神合并,极富中国特色。大足石刻以其浓厚的世俗信仰、淳朴的生活气息,在石窟艺术中独树一帜,把石窟艺术生活化推到了空前的境地。如宝顶山摩崖石刻中《牧牛图》中的牧牛人,以牛喻心,以牧人喻修行者,阐述了佛教调节心意的修行过程。在题材取舍和表现手法方面,都力求与世俗生活及审美情趣紧密结合,出现了大量反映现实生活的造像,直接使人感到似乎完全与宗教无关的世俗生活的再现。如在宝顶山的《父母恩重经交相》中,向佛求子、怀胎守护、临产受苦、生子忘忧、哺乳小孩、母子同睡、咽苦吐甘、婚娶宴会、送别教诲等一系列养育儿子的场景表现,都是将当时人们司空见惯的生活情趣纳入宗教艺术之中,使得大足石刻具有浓厚的乡土气息。其人物形象文静温和,衣饰华丽,身少裸露;形体上力求美而不妖、丽而不矫。造像中,无论是佛、菩萨,还是罗汉、金刚,以及各种侍者像,都颇似现实中各类人物的真实写照。特别是宝顶山摩崖造像所反映的社会生活情景之广泛,几乎应有尽有,颇似 12 世纪至 13 世纪间的一座民间风俗画廊。无论王公大臣、富绅士庶、渔樵耕读,各类人物皆栩栩如生,呼之欲出。大足石刻中"五山"摩崖造像,可以说是一幅生动的历史生活画卷,它从各个侧面浓缩地反映了 9～13 世纪间(晚唐、五代和两宋时期)的中国社会生活,使源于印度的石窟艺术经过长期的发展,至此完成了中国化的过程。

大足石刻是当时社会历史的实物史料库,刻画了数以万计的社会各阶层的人物形象,有众多的社会生活场景。还伴随着大量的文字记载,文字通俗,图文并茂,是一幅生动的历史画卷。可以说,大足石刻的成就是中国石窟艺术史上最后的一座丰碑。

3. 大佛塑像

乐山大佛的佛像依山临江开凿而成,位于岷江、大渡河和青衣江的汇流处,是世界现存最大的一尊摩崖石像,有"山是一尊佛,佛是一座山"的称誉。大佛为弥勒倚坐像,头顶与山崖齐,脚踏大江,面相端庄,通高 71 米,是世界最高的大佛。大佛头长 14.7 米,头宽 10 米,肩宽 24 米,耳长 7 米,耳内可并立二人,脚背宽 8.5 米,可坐百余人。佛像雕刻细致,线条流畅,身躯比例匀称,气势恢宏。

四川大足宝顶山大佛湾,是一个长约 500 米的幽深马蹄形的山湾,刻有 30余幅大型的雕像。其中最大的一幅是编号 11 的《释迦牟尼涅槃图》,位于东崖尽头,也是大足石窟中最大的石刻。释迦像长 31 米,头北足南,面西,右侧卧,膝部以下没入南壁岩石中。将 31 米的东崖,整个雕刻成佛的半个身子,隐去了大佛的右手和双脚,下半身被隐在岩石之中。这样从表面上看似乎不完美,但正是这种形式上的不完美,给人们带来丰富的联想。雕刻家细腻地刻画了释迦牟尼佛的内心世界。释迦牟尼虽为涅槃状,但面容宁静,微合双目,嘴角上挂着淡淡的微笑,没有一丝痛苦,好像以山为床,在寂静的山崖中安详地睡着了一样。

其腹前有一摆着供盘的供桌,两侧有抬供桌的侍者,桌前有一王者像,捧笏面内作哀悼状。供桌上起祥云直达崖顶,云中立释迦母摩耶夫人及亲属、天女等9尊,均作全身像。释迦头侧及身前有天王、释迦众弟子及赵智凤、柳本尊等14尊,均作半截像。诸弟子的神态也雕刻得生动感人,个个强忍悲痛,多虔诚肃穆,着重衬托释迦灭度时的超脱气氛。并没有按照《涅槃经》所描写的,将释迦牟尼的去世,看成是世界的末日,弟子个个捶胸顿足、号啕大哭、痛不欲生,而是表现出痛苦中的平静,虽然悲痛,但都静静地守护在佛祖的身旁。

释迦牟尼涅槃像,全长 31 米,只露半身,其构图有"意到笔伏,画外有画"之妙,给人以藏而不露之美感。

(二)墓葬雕塑

生命永恒、灵魂不死的认识是中国传统墓葬观念的重要支柱。先民们认为人生时有所居处,死后应有魂归之处便是墓葬。基于这种认识,陵园建筑、墓室构造、随葬明器、壁画雕塑等都向越来越满足愿望的方向发展,向模仿和再现生前的生活环境方面发展。

1. 石像生

中国古代称陵园雕刻为石像生。中国古代从战国中期开始,在陵墓前建"神道"。在供灵魂出入的神道两侧或通向墓地的门口,排列狮子、麒麟、辟邪、大象、石羊、石人等,如同墓主生前一样,起着护卫、仪仗、驱逐威胁以及供役使的作用。因此,这些雕塑绝不是单独欣赏的艺术品种,而是生与死的转折点上的造型表意。

霍去病墓前的石雕群像位于陕西兴平县境内。霍去病(公元前 140 年—公元前 117 年)是汉武帝时名将,曾数度率军抗击匈奴,战功卓著,封骠骑大将军。霍去病英年早逝,死后陪葬于茂陵旁。陵墓形状像匈奴居住地祁连山,以象征祁连山大战的环境,墓前有石人、石马大型石雕作品,至今尚存有马踏匈奴、跃马、卧马、卧虎、野人食熊、异兽食羊、卧猪、卧牛、石鱼等十数件,是我国现存时间最早、最完整的大型陵墓石刻艺术珍品。它们多以圆雕和浮雕、线和体相结合,以极简约的刀法对巨石按其自然形状顺势雕琢而成,尽力保持石材的原型,突出体量感,既似动物,又似石块之自然形态,有的注意形式,有的突出表象,寓意含蓄,是难得的西汉石雕珍品。其体积之大、风格之独特,在中外雕塑史上都是罕见的。

其中的马踏匈奴,刻画的是一匹战马,石马高 1.68 米,长 1.9 米,形态轩昂,英姿勃发，一只前蹄把一个匈奴踏倒在地，手执弓箭的败将仰面朝天，露出死难临头的神情。这组雕像形象地表现了汉帝国的强盛而不可撼。石马象征着名将霍去病，也带着汉王朝的威严。蜷缩在马腹之下，虽已狼狈不堪，仍然凶相毕露、面目狰狞、手持弓箭的匈奴败将企图垂死挣扎。作品通过简要、准确的雕琢，尤其是在马的腿、股、头和颈部凿刻了较深的阴线，使勇敢而忠实的战马跃然而出，又好像纪念碑一般持重圆浑。这一作品把圆雕、浮雕、线雕等传统手法结合一体，既自由又凝练，既保持了岩石的自然美，又富于雕刻艺术美。

2. 明器雕塑

明器雕塑又称为冥器雕塑，是用于随葬的以泥塑为主的雕塑。在明器雕塑中以俑为其主要的内容。"俑"是中国古代陵墓中陪葬用的偶人，是象征殉葬奴隶的模拟品。由于俑的表现对象都是现实生活中的下层人物，他们的形象不像陵墓雕刻和宗教雕像那样要受一定规范的限制，所以形象大多生动活泼，艺术性很强。在四川成都附近出土的一件说书俑，表情极为生动。这位民间老艺人眉飞色舞，手舞足蹈，体态肥胖，右手扬起鼓槌，左腋下挟着一面鼓，边击鼓、边演唱，充分表现了一个喜剧情节的高潮。陶俑刻画出说书艺人的情感瞬间和他的典型特征，并配合以夸张的肢体动作，加强了人物的神态动势。

在唐代的明器雕塑中创造出了"唐三彩"。它出现于唐代初年，是用彩色釉陶低温烧制而成的，常用的颜色主要是黄、绿（或蓝）、白。烧制的过程中有意使釉彩向下流淌，构成色彩斑斓的装饰效果。由于它富丽堂皇，加上俑的造型生动，自有一种独特的艺术魅力。

在中国最有影响的明器雕塑当数西安秦始皇陵的兵马俑。兵马俑以其庞大的规模被誉为"世界第八大奇迹"。一、二、三号兵马俑坑是秦始皇陵园内的一组陪葬坑，三个坑内有和真人、真马大小相似的陶制兵马俑，其巨大的数量和高大的体量，以及组合关系的变化从整体上形成深沉宏大的艺术效果，表现出震撼人心的艺术力量。有车兵和步兵等不同的兵种。兵马俑通体风格浑厚、健美，细细观看，却是一个丰富多彩的世界，陶俑的脸型、发型、体态、神情都各有差异，表现出人物的气质、精神。那些陶马双耳竖立，有的喷鼻嘶鸣，有的闭嘴静立，刻画出战马亢奋的精神及勃勃的生机。

一号坑是三个坑中最大的一个。其平面呈长方形，东西长 230 米，宽 62 米，深 5 米，总面积 14260 平方米，四周各有五个门道。坑东西两端有长廊，南北两侧各有一边廊，中间为 9 条东西向过洞，过洞之间以夯土墙间隔。一号坑兵马俑按实战军阵排列。以车兵为主体，车、步兵成矩形联合编队。兵马俑的排列是 3 列面向东的横队，每列有武士俑 70 个，共 210 个，手持弓弩，似为军阵的前锋。长廊南边有一排面向南的武士俑，是右翼；北边有一排面向北的武士俑，是左翼。

后面紧接着是步兵与战车的 38 路纵队,每路长约 180 米,每路中间都排列有驷马战车。陶俑全部身披铠甲,手执长兵器,似为军阵主体。左右两侧各有一列,分为面南和面北的横队,西端有一列面向西的武士俑,似为军阵的后卫,他们手执弓弩等远射兵器,担任整个军阵的警戒任务。

兵马俑是雕塑艺术的宝库,为中华民族灿烂的古老文化增添了光彩,也给世界艺术史补充了光辉的一页。

（三）工艺雕塑

工艺雕塑是以雕塑的形式制成或装饰或有实用性的物品。按加工材料可分为木雕、石雕、牙雕、玉雕、骨雕、竹雕等等。工艺雕塑种类繁多,形制小巧,具有较强的装饰性、观赏性。

例如玉雕,早在 6000 年前的新石器时代,勤劳智慧的古人就开始利用和雕琢玉石了,先民们制作了玉铲、玉斧、玉戈、玉矛等。几千年来涌现了大量优秀的、数量众多的艺术珍品,如殷商的玉饰、周朝的礼器、秦朝的玉玺、汉朝的玉衣、唐代的玉莲花、宋朝的玉观音、元代的渎山大玉海、明朝的子冈牌、清代大禹治水图……这些稀世珍宝,都是中华民族文化宝库的工艺瑰宝。

被誉为国之瑰宝的“渎山大玉海”制作于元代,现陈列于北京北海公园团城。其重 3500 公斤,是元代忽必烈犒赏三军时盛酒的器物,是中国历史上出现最早、最大的巨型玉雕,为中国划时代的艺术珍品,也是世界宝玉石发展史上罕见的杰作。

第五节　中国现代建筑的审美特性与欣赏

一、中国现代建筑的审美特性

建筑是一种空间造型艺术,是“凝固的音乐”。建筑通过若干不同的组成部分,以一定的内在秩序及结构联系方式,组合成和谐、有序并为一个有机的统一体,即多样的统一。这一形式美的法则体现在一切具体艺术形式上,建筑艺术的本质特征遵循主从、对比、比例、尺度、韵律、节奏、均衡等普遍性的形式美规律。

（一）对比与调和

万事万物充满了对比关系,没有对比就难以分清事物,对比是运用不同的视觉元素在组合中强调相互间的变化关系,缺少对比的建筑构图会显得单调和无味,而过分的对比会显得刺激强烈,杂乱无章,对比是创作形式美的基本手法。

对比可以在多方面体现出来,大小对比,高低对比,纵横对比,远近对比,曲直对比,轻重对比,虚实对比,刚柔对比,质感粗细对比,动静对比。现代建筑十分强调对比的运用。对比不只是视觉形式方面的差异,还存在思维空间及精神内涵方面的内容,"山空寂静人声绝,栖鸟数声秋雨余"是视觉与意境的对比。

调和是借助构图要素之间的共同性,避免相邻之间的突变,保持它们的连续性以取得调和的美感,调和可使杂乱现象得以整顿。调和十分注意形状的调和、方向的调和、线条的调和、光线的调和、内外的调和、环境的调和、主从关系的调和。在建筑设计领域为了取得统一变化,离不开对比与调和的手法的运用。

(二)主导与从属

建筑艺术是有机统一的整体,各要素所占的比重对其整体性非常重要,各组成部分不能不加区别地平均对待。它们应当有主与从、重点与一般、核心与外围的差别,从建筑构图的平面组合到立面处理,从内部空间到外部体型,从细部构造到群体组合,都应处理好主从关系,有主导与从属的区别存在,才有整体的统一。在建筑创作时,可以形状、大小、线条、方向、色调五项原则为主导。主导是基调,从属是和声。

从属即是用来陪衬主导,可用微差来陪衬主导,或用调和来陪衬对比。有时也表现为显隐、强弱对比双方中隐与弱的一方,或是图形与背景中属于背景的一方。因此建筑中主从关系处理是中心课题,从哲学美学上讲任何事物都有主导成分,建筑形式美也不例外。在主导中有重点,即有意识突出建筑构图中某一属性,并充分强调其特性,成为建筑形式中最引人入胜的视觉中心。

(三)重复与交替

建筑空间及建筑构图中的某种形态和某个主题的重复与再现,将会产生整体性的和谐统一,但如果处理不当也会导致单调。运用重复的设计手段应注意在重复中考虑到变化,这样不仅不会流于单调,反而能够加强空间及构图的节律。在建筑设计中形状的重复、色调的重复、线条的重复、质感的重复、装饰性构件的重复是经常运用的。与重复规则接近的是交替,交替是两种或两种以上的元素有规则地重复出现,有主有从,有显有隐,有实有虚,有繁有简,有大小的交替,有方向的交替,有色调的交替,它们相互穿插交织,常常可以处理成对比元素有规则的重复,在建筑中经常表现出结构上的交替与重复,如大型公共建筑结构,能使整个建筑内外呈现出重复与交替的形式美。

建筑形式美给人以美的感受,建筑的几何构图规律表明了建筑美的法则。两者以上的构图要素相互交织与穿插,能够组成复杂的交替构图美。

(四)节律与韵律

自然界的事物、形态往往是有规则、有秩序地重复再现,激发人们的美感。

建筑创作及其他艺术创作也都普遍采用这种形式美。条理性、重复性是创造节奏与韵律的前提。节奏与交替比较近，但节奏在交替变化中必须在多个元素中有一个元素处于主导地位的简单重复再现。而其他元素处于从属地位，主导元素表现越突出，节奏感就越强。韵律的形成不是一般形式上的简单重复，而是有渐变的节奏。形状、大小、形态、长度、宽度、密度、凹凸程度、色彩等正方向或负方向渐变，也有正方向与和反方向交替渐变或对称渐变，形成多种既不单调拘谨，又有自然流畅和韵味或富有象征和诗意的形式美。东西方古典建筑和现代建筑都广泛体现出韵律美，在建筑创作中"几何母题"的概念就是重复与交替，节奏与韵律的表现。

（五）比例与尺度

一切造型艺术长、宽、高的理想关系是形式美追求的主要内容，这种相对关系就是比例。和谐的比例是审美的重要因素，古希腊学者在长期探索研究的基础上提出了著名的"黄金分割"比率是 1∶1.618，后来在建筑构图上广泛应用，不便在长方形上遵守黄金比，而且相邻的几何体高低纵横也应用这个比例都能达到和谐美感，另外还有一个几何学的经验，即相邻的长方形的对角线互相垂直或平行，也能达到和谐的效果，所以整体与局部之间存在着能够引起人们视觉上美感的逻辑关系。此外，影响比例的关系还有地域、民族、习惯和特殊审美功能要求，也就不是采用黄金比了。光线、色调、相邻的元素、对比关系都能引起错觉，调整视觉比例关系。

尺度是以人为标准来决定的，必须满足人的物质和精神的功能，在建筑形象上应该表达出人的感觉美所要求的尺度，如高大的，粗壮稳定的，精巧玲珑的。室内空间则要有舒适宜人的尺度。宜人的尺度即是美的尺度，高度太低会有压抑感，高度太大会有"坐井观天"之感。所以尺度又常常被称为"尺度感"。尺度与比例有很大的关系，同样尺寸的一个能够满足人使用功能的入口大门，处在高层建筑与低层建筑，尺度感就不一样，台阶踏步、楼梯及扶手，如果室内室外采用同样满足功能的尺寸，则尺度感大不一样。同样满足人使用功能的层高，很大的面积与很小面积的室内空间的尺度感也各不相同。前者感到压抑，后者则感到太高而不亲切。由此可见，尺度也就包含着不可忽视的尺度与尺度之间的和谐关系，局部与整体之间的比例关系，因为美的法则是与尺度相关的。

（六）平衡与层次

平衡是与稳定联系在一起的，稳定的建筑是安全的。安全感是人的本质性需求。安全是建筑的舒适感、美感的基础，所以平衡也是审美的原则。可以用对称的方式达到平衡，也可以用不对称的方式达到平衡。不对称的平衡没有严格的轴线限制，显得轻巧活泼，不像对称平衡那样呆板，平衡与稳定关系归根到底是力的平衡关系。所以不对称的平衡要维持力与势的平衡,如体量大但十分通透虚空的形态与体量小的封闭厚实的形态也能取得平衡,因为从相对运动观点来说,建筑及空间是动态的,人与空间是随着时间的流逝而变化的,人在任何时间都要求环境安全,因此也要求建筑及空间在任何时间段都是平衡的。

层次与平衡也是关系密切的,特别是对称平衡,不论是平面和立面如果没有层次将会十分单调死板,如果是不对称的平衡,那更应该有层次以增加审美情趣。

在立面构图上层次与渐变有关,特别是入口处理,引导空间、过渡空间等,层次十分重要,达到既重点突出又具有诱惑力的效果。

二、中国现代建筑的欣赏

(一)东方明珠电视塔

上海东方明珠电视塔位于浦东陆家嘴沿黄浦江边,与外滩隔江相望,高 468 米,建筑面积 6.4 万平方米,于 1994 年建成。上海东方明珠电视塔集广播电视发射、娱乐、游览于一体,是上海的旅游新地标。

东方明珠电视塔在建筑艺术创作中运用了唐代诗人白居易诗句中"大珠小珠落玉盘"的意念,各种大小不同的明珠用长短不一的细杆将一个个节点球连接起来,并将筒体和大大小小的球体完美地结合在一起。

东方明珠电视塔的塔基由直径 60 米、高 15 米的二层共享空间进厅和三层有 2 万多平方米的上海城市发展陈列馆组成。城市发展陈列馆的序馆为"车马春秋"、第一馆为"城厢风貌"、第二馆为"开埠掠影"、第三馆为"十里洋城"、第四馆为"海上旧影"、第五馆为"建筑博览",展现了上海城市从开埠以来的历史缩影。

塔的下部由 3 根直径 9 米的擎天立柱和 3 根直径 7 米的斜撑共同构成一个巨型的空间框架结构,支撑起下球。显得通透空灵。外形表达出火箭发射台与原子构造等现代高科技的形态,既有雄伟的气度,又有壮美的气势。

下球的直径为 50 米,其中心标高位于塔身 93 米处。球内共有六层,总面达 9000 平方米。沿外缘设有一圈观光走廊,使球内空间与外部的滨江绿地相互沟通。层内布置有太空游乐城等结合观光的娱乐用房。

中球的直径 45 米,其中心标高位于塔身的 272.5 米处,球内的建筑共有 9 层,布置有观光层、旋转餐厅、广播电视的发射机房。中球是游览观光的主要场所,263 米高的上体观光层是游人全方位鸟瞰上海景色的最佳处。267 米处是亚洲最高的旋转餐厅,营业面积达到 1500 平方米,可同时容纳 350 位来宾用餐。以其得天独厚的景观优势、宾至如归的温馨服务,傲立于上海之巅。

　　上球是直径为 16 米的太空仓球体。其中心标高位于塔身的 300 米处,作为最高观光层的太空仓会所,是游人可到达的最高观景处。

　　中下球之间,在 3 根擎天巨柱间利用结构叠梁的空间,镶嵌有 5 个直径 12 米的小球,作为空中旅馆,设置有高档次的贵宾套间。

　　加上斜撑处还有 3 个直径为 11 米的装饰性球体,在纵向上将十一个大小不一、错落有致、晶莹夺目的球体,从蔚蓝的天空串联到如茵的草地,勾画出一幅优美的"落玉盘"的画面。

　　东方明珠电视塔内的大小空间网架球,由 3 根直径 9 米的中空钢筋混凝土圆筒来支撑。筒内设置有快速电梯沟通塔内的五个观光层。还有一部悬空于立柱间的 360 度全透明的三维观光电梯,至今仍然是世界唯一的。

　　东方明珠电视塔的塔身采用暗红色与清水泥本色相间,加上塔体材料的选择、照明设施的运用,使整个电视塔在建筑结构、艺术、技术上,体现出东方文化和现代高科技的完美结合。

　　(二)上海外滩建筑群

　　位于黄浦江西岸的外滩,南北全长 4 公里,是上海的重要象征。外滩西侧的建筑群形成于 19 世纪末到 20 世纪 30 年代,素有"万国建筑博览会"之称,1996 年外滩建筑群被国务院列为全国重点文物保护单位。

　　北起外白渡桥,南抵金陵东路,是外滩建筑群的精华所在。在这段 1.5 公里的外滩西侧鳞次栉比地矗立着海关大楼、和平饭店南楼北楼、原汇丰银行大楼等 52 幢各种风格的大厦。这些大厦虽然出自不同建筑师之手,建造于不同的年代,但是建筑风格基本统一,建筑轮廓协调,无论是极目远眺还是徜徉其间都能感受其刚劲雄浑、雍容华贵的气势。

　　位于中山东一路延安东路口的亚细亚大楼,建于 1913 年,素有"外滩第一楼"之称。外观为折衷主义风格,正立面是巴洛克式,柱子以爱奥尼克式为主,底层拱圈用镇石,外墙用石面砖,总体为钢筋混凝土框架结构。外滩 3 号上海总会大楼,又叫上海总会,也称上海俱乐部,整幢建筑呈现文艺复兴式风格,以正门为中轴线,左右对称,显得稳重而又和谐。外滩 6 号中国通商银行大楼,1906 年建,外观呈现英国哥特式建筑风格。同一年建的汇中饭店大楼是外滩 19 号,6 层砖木混合结构,外墙用白色清水砖砌成,嵌红色水砖腰线。门窗有园弧拱及平拱,正门为回转门。外观呈文艺复兴时期的建筑风格。

　　外滩较早期的建筑有 1901 年重建的港监大楼,1902 年竣工的外滩 15 号华俄道胜银行大楼,外观为意大利文艺复兴时期复古建筑风格,29 号东方汇理大楼建于 1914 年,是典型的法国古典主义建筑。英国领事馆初建于 1849 年,1852 年翻新,1870 年毁于大火,1873 年重新建造,具有英国文艺复兴时期建筑风格,是外滩目前最早的建筑之一。

20世纪20年代是外滩建设的高峰期。建于1922年的有利大楼是上海第一幢钢框架的大楼,据说钢框架还是向德国著名的克虏伯工厂订制的,建于1923年的麦加利银行、日清大楼、横滨正金银行大楼、怡和洋行大楼、广播大楼、格林邮政大楼等,或仿英国复古主义派建筑风格,或为近代复古主义建筑。建于1925年的汇丰银行大楼,又名市府大楼,是外滩大楼群建筑中最显眼的一幢。高7层,外形呈仿古典的砖石结构,内部采用古典主义的形式,室内装修考究,不仅装有暖气,还安装了当时最先进的冷气设备。

建于1929年的沙逊大厦,是上海近代建筑史上出现的第一幢完全意义上的近现代建筑。大厦高10层,局部13层,地面至顶端的高度为77米,曾被誉为"远东第一楼"。外形简洁明朗,强调垂直感,园锥形屋顶,花岗石墙面,渗透出古朴典雅之气。

建于1937年的中国银行大楼,是外滩众多建筑中唯一一幢由中国人自己设计和建造的大楼,是上海当时最成功的摩天大楼之一。大楼分东西两幢,西大楼高4层,东大楼高15层,钢框架结构。采用中国民族风格方形尖顶,其他栏杆及窗格等富有中国民族特色,每层的两侧有镂空图案,中国银行大楼是近代西洋建筑与中国传统建筑结合较成功的一幢大楼。

(三)北京奥林匹克建筑群

1.奥运媒体中心

奥运媒体中心位于北京奥林匹克公园内,是为2008年北京奥运会建设的综合信息配套设施。奥运媒体中心南北长137米,东西宽66.8米,高约57米,建筑面积9.6万平方米。

建筑创意来自数字概念。建筑的形体如一个立方体被切割成四个板块,从南北两面看均为一定宽度的竖线,如一个条形码。东侧一块为办公区,大面积玻璃幕墙和酷似电路印刷纹路的LED竖条,具有良好的采光和视野,LED照明可表达"0"和"1"两个最简单元素的重复以及奥运相关图像及口号,中间两个和西侧的板块为数字机房所在区域。西立面以深灰色石板实体幕墙为主,酷似印刷电路纹理的玻璃幕墙竖条深深嵌入其中,它与东面形成了强烈的虚实反差,这四个板块通过中庭连接成一个整体。整体的形式强化了信息时代的美学视觉效果。

建筑中的用材也较为朴实,主要有石板幕墙、玻璃幕墙、清水混凝土以及常用于工业建筑的FRP(玻璃钢)、隔栅、FRP地面、墙面和吊顶等。

整个建筑体块和形式都极为简洁,通过简单的手法轻松地表达出了建筑的性格特性,同时在奥林匹克公园中也与其他主要建筑形成了良好的协调关系。

2. 国家体育馆(鸟巢)

国家体育馆是 2008 年北京奥运会开闭幕式的主会场和田径主赛场,它南北长 333 米,东西宽 294 米,高 69.2 米,建筑面积 25.8 万平方米。其内设一个标准的田径赛场及跑道和标准足球场,可以容纳 9.1 万人。体育场外罩由弯扭构件编织成"鸟巢"状重钢结构,钢结构总用钢量达 4.2 万吨。其内部为 3 层碗状看台,下为 4~7 层辅助用房,采用混凝土框架剪力墙结构。钢结构外层与混凝土看台上部完全脱开,互不相连。基础则坐在一个相连的基础底板上。屋面钢结构上覆盖了双层膜结构,即固定于钢结构上弦之间的透明 ETFE 膜(上层)和固定于钢结构下弦之下及内环侧壁的半透明 PTFE 膜声学吊顶(下层)。透明的 ETFE 膜结构为观众遮风挡雨,又不影响"鸟巢"网格效果。半透明的 PTFE 膜起到为巨大的赛场吸声的作用,又可以遮蔽屋顶内设置的各种管线设备。重要的是它像一层巨大的窗帘。光线刚好可以通过"窗帘"漫反射照射进场地,又不会在场地上形成纷乱的阴影。而透过"窗帘"往上看,钢构形状影影绰绰,若隐若现,体现出一种朦胧美。

从赫尔佐格和德梅隆所展示的原始方案来看,建筑师包括艺术家团队发掘了许多中国特色的物件,如带冰裂纹的陶瓷器皿、灯笼,通过抽象变形形成最终的鸟巢形式——由一榀榀巨大的门式钢架互相辐射状地组合在一起形成,"鸟巢"独特的外形设计曾经受到多人的不解和嘲弄。当然设计最初的出发点并非模仿"鸟巢","鸟巢"只是老百姓对此形式的提炼而已。

随着设计的深入,门式钢架的概念由于体育场巨大的尺度而不得不放弃,原设想的理想结构又重新回到了常规体育馆结构的模式,只不过这种模式被编织的形式掩盖了而已。鸟巢状的外皮也就更多地成了一种装饰构件,这种本来只起到侧面及顶面围护作用的结构原本可以更为简单合理,但在这里为了顺应形式,同时为了保证自身的稳定性和安全性,只能靠大幅度增加结构断面尺寸来达到。这完全可以从工程的一些简单数据中就可以看到。从结构观点来看,"鸟巢"对于体育馆来说或许不是正确的、合理的选择。

"鸟巢"的形式确实是颠覆性的,它将我们从传统的体育场印象中解放出来,完全是一种浪漫的诗意的解决方案。互相编织的钢架看似很混乱,但是在这种"乱"中又隐隐显示出一种"有序"。"鸟巢"的形式除了表皮外,建筑的形体却是完全顺应体育场的技术要求所产生的马鞍状。鸟巢从外观上看是一个完美的马鞍型,整个建筑通过弯扭的钢构件联结,形成网状结构,仿若树枝编成。内部没有一根立柱,呈现一个没有任何遮挡的完整的碗状造型看台,给每一个观众制造最好的视角。世上独有的钢框架外形赋予国家体育场大智若愚的戏剧性及无与伦比的震撼力。

对于体育场这样的功能性极强的建筑来说,合理的、并非哗众取宠的创新实属不易,全中国境内乃至全世界近段时间的新的体育馆建造了许多,除了经典模式外,得体创新的却寥寥无几。瑕不掩玉,"鸟巢"无疑是其中少有的杰出代表。

3. 国家游泳中心(水立方)

水立方带给人们的冲击力甚至要高于鸟巢,ETFE 薄膜结构应用于大型建筑可以追溯到英国的伊甸园项目(植物园),之后最为成功的当属赫尔佐格和德梅隆设计的德国慕尼黑安联体育馆了。水立方的幕墙结构概念虽然不是原创,但其与建筑内涵的契合度以及不规则的气囊单元的形式却比上述两个建筑更为浪漫。

设计是在鸟巢方案确定后进行的,鸟巢无论在体量上、形式上还是功能上都理所当然地居于重要位置。这样一个有特殊肌理感的方体与鸟巢形成一种方圆共生的整体和谐关系。在烘托鸟巢的同时,建筑自身的特征也得到彰显。水立方创意奇异、结构独特,融建筑设计和结构设计于一体,将中国传统文化中"天圆地方"设计意念与现代科技完美地融合在一起。鸟巢和水立方这两座气势磅礴、宏伟壮观的建筑带给人们直观感觉上的冲击和享受。

水立方建筑为简单的 176.538 米×176.538 米×31 米(高)立方体体块,建筑面积近 8 万平方米,场馆分上下四层。拥有标准座席 17000 个,其中临时座席约 11000 个(赛后可拆除),永久座席约 6000 个。内部主要为钢筋混凝土结构。拥有一个标准竞赛池、一个标准热身池和一个标准跳水池以及近 5000 平方米的嬉水乐园。赛后可成为集游泳、运动、健身、休闲为一体的综合性建筑。

水立方借鉴于细胞排列形式和肥皂泡天然结构设计而成。作为旅游馆的水立方,水是首要表达的元素。设计者将水的概念深化,利用水的独特微观结构,基于泡沫结构的设计灵感,表示出了透剔的柔美。

屋面及外围护墙体结构由延性空间钢框架结构构成的不规则形状的酷似水分子几何形状的骨架,里外两层框架分别包覆 ETFE 气囊,体现出冰晶状的外貌。ETFE 膜是一种透明膜,可引入更多的自然光,使外观和轮廓变得十分柔和,水的神韵得到充分的体现。

双层外墙厚 3.472 米,双层屋面厚 7.211 米。ETFE 膜结构展开面积达到约 30 万平方米,是世界上规模最大的膜结构工程,亦是迄今为止唯一一个完全由膜结构进行全封闭的大型公共建筑。

布置在屋盖和墙体空腔内部几万个 LED 灯具,以红绿蓝为基础色,可以变换出 1670 万种颜色。南侧墙体外层框架空腔内安装了面积达 2000 平方米亚洲最大实景 LED 显示屏,它们与透明的膜结构完美结合,在夜间流光溢彩、绚丽多姿,呈现出变幻莫测的美景。

思考与练习

1.中国古建筑的装饰主要体现在哪些方面？

2.在中国古建筑中是怎样体现封建等级制度的？试举例说明。

3.中国古建筑是如何布局的？

4.天坛以怎样的审美形式表达了当时的人们对上天的敬畏？

5.中国古建筑的审美特性是什么？

6.怎样欣赏古塔？

7.试比较皇家园林与私家园林的异同。

8.中国古典园林通过哪些要素表达其审美意境？

9.中国古典雕塑的审美特性是什么？

10.雕塑最主要的类型有哪些？

第六章　民俗旅游景观的审美

本章提要

　　本章叙述了民俗旅游景观的构成要素,从服饰民俗、居住民俗、饮食民俗、节庆民俗、人生礼仪民俗、民族歌舞民俗六个方面介绍了其构成的基本要素,也即告诉了我们应从这六个方面去欣赏民俗旅游景观的美。还从乡土性、质朴性、民族性、稳定性、参与性、情趣性等六个方面探讨了民俗景观的审美特性,并列举了中国民俗文化村、山西乔家大院、贵州郎德苗寨的民俗旅游景观审美的实例。

第一节　民俗旅游景观的构成

　　民俗风情是各民族在民间相沿已久、世代传袭的独特的生活习惯和生活方式。我国疆域广大、民族众多、民俗风情绚丽多彩,有"十里不同风,百里不同俗"之誉。民俗旅游景观的存在形式和表现形式种类众多,内涵丰富。民俗旅游景观一般由服饰、居住、饮食、节庆、人生礼仪、民族歌舞等方面构成。

一、服饰民俗

　　服饰是指人们穿戴的服装和与之并存的有关饰物。服饰是一个民族的文化表征,与人们的物质生活水平、社会时尚和文明程度紧密相连。影响服饰发展的主要因素有生产水平、历史传统、地理环境、宗教信仰、社会时尚、文化交流等因素。一个民族的历史变迁、宗教信仰以及民族的审美心理都能在服饰上有所体现。民族服饰是建立在一个民族共同的民族心理的审美情趣基础上的,一经形成,就会被赋予本民族的情感于其中,也会成为该民族的识别标志。民族服饰中蕴含着多种美的因素,不仅有色调美、装饰美,而且还有结构美、搭配美和神秘美。旅游者对民族服饰的欣赏可获得美的享受和心灵的愉悦。中国地域辽阔、民族众多,民族服饰可谓是姹紫嫣红,绰约多姿。其中苗族、维吾尔族、朝鲜族等民族的服饰最具特色。

（一）苗族服饰

苗族主要居住在贵州、四川、云南、湖南、重庆、广东、广西等省市。苗族服饰的式样之多、纹样之美、头饰之奇在我国五十六个民族中可谓是独树一帜。那繁复多变的结构款式、缤纷多彩的装饰纹样、华丽精巧的银器首饰让世人赞叹不已。根据龙光茂编著的《中国苗族服饰文化》,苗族服饰是按方言的差异来区分的:"语言不同的苗族,其服饰亦不同。苗族分湘西、黔东、川黔滇三大方言,服饰共分为五型即湘西型、黔东型、黔中南型、川黔滇型、海南型。"湖南湘西的苗族服饰特点是男装简朴,青、蓝或蓝白花格对襟衣,短而肥大的裤子;中老年男子用青布或蓝白花格子布缠头。苗族妇女的服饰十分精美复杂。女装颜色斑斓,以黑为主,款式多,配件多,佩戴纯银饰物。女子着无领、镶边、满襟衣。衣袖大而短,前胸、袖口习惯要滚边、绣花、挑花或缕纱,并要加上栏杆花瓣于其间。裤子短而大,裤脚也绣花、挑花,并加栏杆花及大小花瓣,五光十色,十分抢眼。在苗族服饰所采用的多种装饰手段中,蜡染、刺绣、挑花、贴花等占有十分重要的地位,它们种类繁多,风格各异,并各自独立构成一个华美的世界。

头饰式样繁多,挽髻于头顶,配以黑帕或花帕包头,式样因地方不同略有差异,用数米长的头帕层层叠叠缠在头上。

银饰不仅是苗族人民审美情趣的独特表现形式,而且成为苗族人财富和地位的象征。苗族的银饰主要包括银头饰、银披肩、银项圈、银胸饰、手镯、戒指、牙签、扣绊等。各类首饰更是造型精美。仅以耳环为例,就有瓜子吊耳环、石榴耳环、梅花针耳环、圈圈耳环、龙头耳环、梅花吊瓜子等等。这些精美的首饰平时并不佩戴,只有在节庆日或赶集时,穿上盛装,佩戴上重达数公斤的银饰。

（二）维吾尔族服饰

维吾尔族聚居在新疆维吾尔族自治区的天山南北,是历史悠久、文化发达的少数民族之一。很早以来已经以农业定居为主,服饰的特色也与之相适应。维吾尔族的服饰一般比较宽松。上衣一般过膝,裤脚长达脚面。维吾尔族妇女的服饰式样繁多。主要有长外衣、短外衣、坎肩、背心、长裤、连衣裙等。长外衣主要有合领、直领两种。短外衣有对襟上衣、右衽短上衣、半开右衽短上衣三种。维吾尔族妇女爱穿连衣裙,且多在连衣裙外穿坎肩或外衣,连衣裙里穿纱或薄绸制作的衬裙。下穿彩色布料或绸料制作的长裤。人们用各种布料制作裙装,尤其喜爱用维族传统的"艾得莱斯"绸缝制连衣裙。女装都有绣花,所绣的纹样十分丰富。各种服装的前胸、领口、袖口、肩部都用金线、银线、丝线绣上各种花卉、几何图案。维吾尔妇女喜欢戴各种首饰,如耳环、项链、胸针、手镯、戒指等,并用天然植物制作化妆品装扮自己。如用"奥斯曼"(榨取的板蓝根的汁液)来描眉,用凤仙花捣成泥染红指甲,用沙枣树胶作发胶来定型梳好的小辫,用樱桃和玫瑰汁混合作胭脂和口红涂抹嘴唇和脸颊。这些经济环保的化妆品仍然在普遍使用。

花帽是维吾尔族服饰中最精彩的部分,男女老幼都喜爱花帽,特别是外出时都会戴上花帽。花帽工艺考究,图案繁多。常见的花帽有十多种,男女有别,式样各异。男帽庄重典雅,女帽鲜艳富丽。最主要的有"巴旦姆"和"奇依曼"。"巴旦姆"花帽白花黑地。朴素大方,绣花的图案多用巴旦姆杏核变形和添加花纹组成,很受男士的喜爱。"奇依曼"用金银彩线绣制,并点缀有各种彩珠,色彩艳丽,很受年青人的欢迎。

面纱和盖头也是维吾尔族妇女的传统服饰。面纱和盖头的质地有棉纱、丝绸等,图案各异,色彩纷呈。佩戴面纱或盖头是源于伊斯兰教的礼仪,也与生存的环境相关,在戈壁沙漠地区可以遮挡风沙。

(三)朝鲜族服饰

朝鲜族分布在中国东北的吉林、辽宁和黑龙江三省,主要聚居在吉林省延边朝鲜族自治州和长白朝鲜族自治县、黑龙江省牡丹江地区、辽宁省丹东地区及吉林市也有较多的朝鲜族居住。

朝鲜族的服装具有鲜明的民族特色。传统的女装,主要有裤、裙、短衣、袍。女性多喜欢短衣配长裙。短衣的长度通常在普通上衣的第三个纽扣以上,右斜襟,无扣。左右襟的长飘带在右胸前系成蝴蝶结。衣襟和下摆略呈园弧形,衣袖宽大呈圆弧形。年青女性的短衣在袖口、襟边及腋下镶彩色绸缎花边。长裙可分为筒裙和缠裙。筒裙上接白布小背心,腰间有许多小细褶,裙长及膝。穿着时从头往下套,筒裙相对比较短,便于劳作和行走。缠裙穿时把下身围一周后,把裙子的左下端提上来掖在腰带间。穿缠裙时里面还须加穿白色的衬裙。朝鲜族崇尚象征着纯洁、善良、高尚、神圣的白颜色,以前服装多以白色为主。朝鲜族自称"白衣同胞"。随着社会的发展,朝鲜族女性穿着的颜色也变得绚丽多彩。未婚的少女穿鲜红的裙子和黄色的上衣;婚后的少妇偏好红裙子和绿上衣;中年妇女则选择一些明亮颜色组合。短衣长裙自成一格，上衣自肩至袖头的笔直线条，同领子、下摆、袖肚的曲线，构成曲线与直线的组合，体现了"白衣民族"的古老袍服的特点。

朝鲜族传统的男装有裤、短上衣、坎肩、长袍。一般是短上衣，外加坎肩，下穿宽大的裤子。外出时，多穿以布带打结的袍。男装的短上衣，宽松且较短，斜襟宽袖、左衽、无扣。穿着时右襟在里，左襟在外。用衣襟的带子在右胸前系成一个半蝴蝶状的活结。坎肩套在短上衣的外面。下裤宽大，尤其是裤裆及裤腰处。穿着时由右向左掩，再扎上裤带。便于活动，特别适应于盘脚席坐。外出时长袍当大衣穿，分单、夹、棉三种，以适应寒冷地区不同时节的气候。

二、居住习俗

居住习俗是人们在居住行为上的民俗习惯。人们的居住形式是人类物质文化的反映。影响居住习俗的主要有地域因素、民族因素、历史因素和社会因素。每个民族生活在特定的自然环境中，不同的环境造就了不同的生产、生活方式。表现在居住习俗上可体现出不同地区的民族具有各自不同的习俗。我国的领土幅员辽阔，自然环境复杂多样，生活习惯千差万别，民族文化多姿多彩，这些共同造就了丰富多彩的传统民居。一般西北的游牧民族、狩猎民族多住活动的帐篷、毡包，南方的少数民族多住竹、木结构的民居。典型的有傣族的竹楼，壮族、侗族、苗族、土家族的干栏式木楼。中国民居最有特色的是客家围屋、北京四合院、皖南民居及黄土窑洞等。

居住是人类空间的存在方式，传统的民居为民俗的其他组成因素如节庆、饮食、宗教信仰活动、游艺活动等提供了展示的空间。居住习俗不仅仅是民居及其附属建筑，还有人们的居住习惯、建房时的"风水术"、建房礼仪、入住礼仪等。

（一）客家围屋

在我国东南部的江西、福建、广东的崇山峻岭中散落着外形独特的环形建筑物——客家围屋。客家围屋是结合了当地的气候条件和人文环境所创建的独特的民居建筑。其建筑布局与造型非常特殊，而且形式多样。平面布局有方形、同心圆形、半圆形及其他变异形式。特别是圆形平面形式，在世界民居中十分罕见。它奇异的形象吸引了众多的中外学者、专家前来考察研究。日本东京艺术大学教授茂本计一郎将其形容为"天上掉下来的飞碟，地下冒出来的蘑菇"。联合国教科文组织顾问史蒂汶斯·安德烈称之为"世界上独一无二、神话般的山区建筑模式"。

据有关史料记载，在1700多年前的西晋时期，由于西北各少数民族内迁及其引起的动乱，再加上自然灾害所造成的饥荒，使得中原一带动荡不安，干戈不息。中原地区的名门世族及流离失所的百姓为避战乱被迫举族外迁,历经了五次大迁移,中原人大量迁往江南、东北、西北及西南。先后流徙于南方的中原人寻找安身立命之地时,由于平坦地区早有人居住,几经辗转,只好迁入到江西、福建、广东等地的丘陵和山区。在兵荒马乱年代的偏远山区,为抵御外来冲击及野兽侵扰,这些南迁的客家人聚族定居,就地取材,以当地的生土、砂石、木片作原料,在土中掺以石灰,用糯米饭、蛋清等做黏合剂,以竹片、木条作水平拉结性筋骨夯筑成屋,增强房屋的坚固性。继而连成大屋,进而垒起规模宏大厚重封闭的围屋。围屋内的住户少的有数户,多的有数十户。他们之间相互关照,团结一体,共同防护、共同教化。典型的围屋一般由二三圈组成,由内到外,环环相套,布局严谨。外圈通常高达十余米,一般有四层,纵向分配。在一座楼内分作上下数层为一户,底层为厨房、餐厅,二层为储藏室,三层以上为卧室。二圈两层,有几十个房间。一般是客房,当中一间是祠堂,供奉着本族的祖先,也是居住在楼内的人们举行婚丧和庆典的场所。围屋既是住宅也是祠堂,两者合一,拥有独特的文化内涵。围屋内凿有水井,备有粮仓,可贮存大量的粮食。如遇战乱、匪盗,包有铁片的厚重大门一关,自成一体。万一被围,围屋内生活设施一应俱全,也可数月之内粮水不断。一座围屋便是一个村庄和庞大的防御工事。由于土墙厚度大,隔热保温,冬暖夏凉、防震抗风,围屋成了客家人代代相袭,繁衍生息的家。

如果说建筑是"凝固的音乐",那么这些大大小小的围屋演奏出的便是一曲气势恢弘、古风沉郁的旋律。有千年以上历史的客家围屋,以其历史悠久、风格独特、规模宏大、结构精巧、文化内涵丰富等特点,独立于世界民居建筑的艺术之林,被誉为"东方文明的一颗璀璨明珠"。

(二)北京四合院

四合院是北京人的传统民居,辽代时已初成规模,经金、元至明、清,逐渐完善,最终成为北京最有特点的居住形式。现在北京大量存在的都是清代建造的四合院。其实按词意可以推知四面有房屋,当中有院,叫"四合院"。院的规模大小不等,大致可分为大四合、中四合、小四合三种。中小四合院是一般的民宅,大四合院多为府邸。标准的大四合院是:坐北朝南,大门开在院之东南角,临街一排房东数第一间大门洞,第三间至第五间"倒座";进大门迎面是"影壁",影壁是北京民居的重要装饰,它既可遮挡院内杂物,院内的情况也不被人一览无余,能保有较好的私密性。影壁上雕饰精美的图案、吉祥话语,增加了四合院的文化品位。往左进月亮门为一长方形外院,院之第五间、第六间房屋之间也为一月亮门,第六间为厕所;"倒座"正中对雕花木刻"垂花门",俗称二门,门的左右是砖墙,迎面为四扇屏门,两边有抄手游廊前院屋门,无游廊者,由二门右出,有大方砖引路;前院正房三间,高大宽敞。院东西面厢房各三间,有走廊通后院;后院布局亦如前院,只是正房东西两侧各有较矮耳房一间。

四合院排列在东西向的胡同的南侧或北侧,坐南朝北的南北稍长的矩形院落。院门开在东南角,冬天可避开凛冽的寒风,夏天的柔风、润风能吹入院内,适应北方的自然环境。

北京的四合院建筑比例大小适中,四面房屋各自独立,断开处以矮墙连接。中间是庭院,即便在冬天阳光也能照进室内,正房冬暖而夏凉。宽敞的院落是居住者户外活动的场所。庭院中植树栽花,备缸饲养金鱼,构建出安静清闲的居住环境。庭院空间不仅仅作为住宅正房、厢房、过厅、杂屋等单体建筑之间的交通联系空间,而且是住宅内部的露天空间。也是人们穿行、采光、通风、纳凉、休息、儿童嬉戏和进行其他露天家务活动的理想场所。

四合院讲究格局款式,追求气派,重视传统,整个院落布局严整、敞亮,使人有雅静舒适之感。四合院的布局方式,十分切合中国古代封建礼教严格区分尊卑、上下、亲疏、贵贱、男女、长幼、嫡庶等一整套伦理的需要。在使用房间的分配上有明显的区别。四合院的那种“北屋为尊,两厢次之,倒座为宾,杂屋为附”的位置序列安排,完全是父慈子孝、夫唱妇随、朋交以义的人生道德伦理观念的现实转化。

四合院是封闭式的住宅,对外只有一个街门,关起门来自成天地,具有很强的私密性,非常适合独家居住。院内,四面房子都向院落方向开门,一家人在里面和亲和美,其乐融融。四合院虽为居住建筑,却蕴含着深刻的文化内涵,是中华传统文化的载体。

四合院的装修、雕饰、彩绘以各种吉祥图案为主,处处体现着民俗民风和传统文化,色彩采用红色、绿色为主基调。北方的冬天寒冷而漫长,环境色彩单调呆板,在院内装饰用亮丽的红色绿色调剂单调的色彩氛围,赋予四合院勃勃生机。图案以蝙蝠、寿字组成的“福寿双全”,以插月季的花瓶寓意“四季平安”,还有“岁寒三友”、“玉棠富贵”、“福禄寿喜”等等,表现一定历史条件下人们对幸福、美好、富裕、吉祥的追求。

（三）皖南民居

皖南地区,宋、元、明、清时期称为徽州。当地生活富庶,以至于人口大增,由于耕地不多,为了发展人们不得不外出经商。成功的商人都将赚来的钱财带回家乡,置宅院,兴祠堂。

皖南山清水秀,风光旖旎。在这如画的大自然长卷上,点缀着充满古意的古村落。皖南的传统建筑规模宏大而完整,在皖南遗留有数千幢明清时代的民居住宅群,现保存完好的明清古村落有 200 余处,是我国目前保存数量最多的古代民居建筑群落。这些古民居个性鲜明而又能融于自然山水之中,民居多数为两层,白墙、灰瓦、硬山屋顶。墙体上部常做成马头墙,其檐脊可长可短,富于变化。墙面光洁平整,外形错综变幻,风格简朴素雅。一幢幢建筑看似雷同,实际上是各具特色,别有洞天,式样千变万化又和谐统一,类型丰富多样又自成体系,整个村落透露出和谐之美。

皖南民居大多修建于依山傍水的环境优美之处,坐北朝南,面水倚山。以高深的天井为中心形成的内向合院,四周用独具一格的马头墙围起。远望去墙面与马头高进低退错落有致。房屋除大门外,只开少数小窗。小窗通常用水磨砖或黑色青石雕刻砌成各种形式的漏窗,点缀在白墙之上。墙体上部的折线,形式变化多样,让人百看不厌,为简朴的外形增添了艺术的灵性。

皖南民居建筑结构厅堂居中,左右厢房均齐对称,屋柱排列整齐,厅堂正对大门,穿堂位于大厅背后,与大厅紧连,是大厅进入内室的过渡建筑。小三间与大厅相背,可从大厅正面隔屏的两侧门进入,一个明堂,二个房间。穿堂较正式三间为小,有天井采光。沿天井一周回廊采用木格窗间隔空间,以达到采光、通风、防尘、保温、分割室内外空间等作用。皖南民居采用以天井为中心的院落围合。院落的基本形式有三合院和四合院,在此基础上可组合发展成多种复杂的形式,还可以继续组合成更为复杂的院落形式。在一条纵轴线上前后院落排列,每一个院落都有一个正堂。每一进堂便递高一级,形成"步步高升"的布局,这符合了风水上所说的:"前低后高,子孙英豪。"院落都是斜坡屋顶向院内倾斜,一旦下雨,雨水会从四面流入天井中的堂屋前面,称"四水归堂",寓意天降肥水都被聚集,形成了财富。欣赏皖南民居有不同的角度,单从风水与建筑的关系来看就有许多妙中之妙,折射着皖南的文化和儒商的心态。

皖南著名的木雕、砖雕、石雕用于门罩、梁头、漏窗、隔扇,做工巧妙,精美绝伦。透过装饰与结构相互融合呈现出庄重华丽的风格。

皖南民居色彩淡雅,外部造型简洁。建筑是由白色的墙壁、黑色瓦片和灰色青砖构起,墙角多采用灰色的条形青石或鹅卵石堆砌,黑、白、灰组成了民居的主色调。民居的粉墙黛瓦所形成的黑白对比,在青山绿水的衬托下,给人一种淡雅明快的美感。

皖南民居"布局之工、结构之巧、装饰之美、营照之精,文化内涵之深",为古民居所罕见,被誉为古民居建筑的立体史书。

(四)黄土窑洞

窑洞是人类最原始的一种居住形式,依附于黄土高原地形、气候条件,适应于当地自然环境的产物,由人类远祖的"穴居"发展而来的,是中国传统民居中独特的生土建筑。窑洞建造在位于黄河中游,属黄土高原的黄土层最发育地区,面积广达 60 万平方公里,地跨中国西北部的甘肃、陕西、山西、河南等省。在面积广阔土层绵厚的黄土地上生活的人们，约 4000 万人居在窑洞这种独特的民居中。黄土高原其土壤质地均一，层理不显，富含钙质，具有一定的胶结力，分布连续不易崩塌，具有良好的整体性、稳定性和适度的可塑性。黄土生成历史越久远，堆积厚度越深，土质也越密实，强度也就越高。黄土高原的大部分土层深达一二百米，极难渗水。直立性很强的黄土，又便于挖掘，为窑洞提供了很好的发展前提。

因为窑洞不需要用梁架等大型木构材料，而且所需的建筑材料少、工匠少，施工便利，又不占用耕地。窑洞是没有外部形体的建筑，其外形还是自然的本身（只在黄土里凿出空间作为住房），不破坏自然风貌与生态环境。黄土高原沟壑纵横，耕地面积不多。窑洞选择在不宜耕种的山坡地凿崖造窑，取地垫院，不占良田。有的还在自家窑洞顶上栽种蔬菜，生活生产互不妨碍。窑洞是人与自然真正的和谐相处、利用自然能源居住生活的建筑杰作。窑洞建于土地之中，黄土具有良好的隔热和蓄热功能。窑洞除洞口小面积部位相对单薄以外，其余部位都被厚实的黄土包裹着，而距地表以下一米的地中一年四季基本上是恒温的，所以窑洞内的温度变化很小。窑洞背靠黄土高坡，依山凿成宽敞空间，向南开窗，最大限度地吸收阳光，所以窑洞冬暖夏凉。冬天的时候，人们感到温暖，而夏天里面特别凉爽，能与自然融为一体。窑洞的最大缺陷是怕雨水。不过对降雨量不多的黄土高原而言，并不构成威胁。因而窑洞是一种适应了当地地理气候特征具有本土文化特色的建筑。窑洞体现出利用生地、节约能源、节省建筑用地并保持生态环境的绿色建筑理念。当然传统的窑洞也存在着一些缺陷，例如阴暗、潮湿、不通风等，在采光、防潮、通风方面进行有效的改进，一孔孔冬暖夏凉的窑洞就成为黄土高原上人们的生生不息、悲喜共融的家。

由于自然环境、地貌特征和地方风土的影响，窑洞形式各种各样。但从建筑的布局结构及窑洞的样式差异上可归纳为靠崖式、下沉式和独立式三种形式。

1. 靠崖式窑洞

靠崖式窑洞有靠山式和沿沟式。其中的靠山式符合人们对窑洞的想象：在黄土山坡的边缘，朝山崖里开挖的洞穴，顶部呈拱形，底部为长方形。适合开挖靠崖式窑洞的地段不容易觅得，因而一旦找到适宜的地段，往往会开挖多口窑洞。窑洞常呈现曲线或折线型排列，呈现出和谐美观的建筑艺术效果。在山坡高度允许的情况下，有时布置几层台梯式窑洞，类似楼房。

2. 下沉式窑洞

下沉式窑洞就是地下窑洞，主要分布在黄土塬区，有的地方是小平原，没有山坡、沟壑可利用的地区。于是产生出适合于黄土塬区小平原的下沉式窑洞。

　　这种窑洞的做法是:先就地挖下一个方形地坑,然后再向四壁横向的掏凿出窑洞,形成一个四合院。这种以下沉式四合院组成的村落,不受地形限制,只需保持户与户之间相隔一定的距离,就可成排、成行或呈散点式布置。下沉式窑洞清洁、舒适,和地上的院落民居一样富有浓郁的文化色彩。这种村落构成别致的景观:在地上看不到房舍,走进村庄,才可以看到家家户户掩于地下,构成了黄土高原最为独特"进村不见村,树冠露三分,麦垛星罗布,户户窑院沉"的地下村庄。

　　下沉式窑洞本身也别有情趣:处于地面,人的视野十分开阔。由地面下到院落,视野受到约束,再经由院落进到窑洞时又有豁然开朗之感,从而形成的明暗、虚实、节奏收放有序的空间序列。

　　3.独立式窑洞

　　独立式窑洞是一种掩土的拱形房屋,有土坯拱窑洞,也有砖拱、石拱窑洞。要找到适宜开挖窑洞的地方不太容易,而且还要距水源和耕地不能太远。这样的合适的地方不是很多。因而不受地形限制的独立式窑洞便产生了。这种窑洞无需靠山依崖,能自身独立。以土坯、砖头等砌成窑洞,上面覆土。独立式窑洞冬暖夏凉,又防噪音,还巧妙地结合了窑洞和房屋的优点,既节省土地,又经济省工,是因地制宜的完美建筑形式。

阅读材料6—1　北京胡同游

　　北京四合院是华北地区明清住宅的典型,在这些分布整齐的四合院间形成了北京特有的胡同景观。胡同,是北京一种古老的城市小巷。它数量众多,围绕在紫禁城周围,大部分形成于中国历史上的元、明、清三个朝代。

　　到北京旅游的外国人中有不少是"中国迷",让他们到各大公园、街面、广场上去转悠,他们总觉得难得京城文化的三味。他们认为,参观名胜古迹,参观博物馆,看到的只是北京人昨天的生活——那些已经成为历史的东西,而造访地地道道的老北京人家就大不一样了,因为那里边有活生生的京城百姓在真实地居家过日子。因此,他们非常渴望能走进百姓家庭,了解北京习俗,领略老北京风情。目前,在北京也的确存在一些这样的胡同,它们是专门接待国外客人的。例如,在北京天安门广场西侧,有一条古朴、幽雅的胡同——西旧帘子胡同,住宅基本上是明清两代遗留下来的平房、四合院,许多房屋已有一二百年的历史了。改革开放以来,政府对危旧房屋进行了改造,但胡同的布局和居民四合院基本上保留了昔日的风貌。在这条长200米的青砖灰瓦胡同里,有居民800多户、2600多人。自1972年以来,西旧帘子胡同的居民以整洁的四合院和淳朴的民风接待了日本首相夫人、芬兰总统夫人、罗马尼亚总统夫人、瑞士外长夫人等外国贵宾以及数万名旅游者。由于这里上百户家庭参与到了民间外交的行列,这里被称为"外交胡同"，这里的居民更是被誉为"民间外交家"。每当客人一下汽车，胡同秧歌队的老人们身着五颜六色的服装在锣鼓声中扭起秧歌、舞起狮子等，对旅游者表示欢迎。在这里外国旅游者深深感到了中国社会主义制度的优越性，看到了中国老百姓的幸福生活，也让外国旅游者领略到了与长城、故宫截然不同的中国人文景观。但这还不能满足大量国内外旅游者的需要，为了更好地满足中外旅游者的需要，如今北京的胡同文化发展公司为旅游者提供了更为规范、专业的服务，为所有参加胡同游的客人提供全程的导游、三轮车服务，让其充分了解北京胡同丰富的文化历史内涵。在作为中国对外窗口的北京，开展胡同游这种旅游项目，为外国旅游者了解中国提供了方便，在某种意义上也是一种极好的民间对外宣传方式，具有一定的社会效益。

目前北京胡同文化发展公司开设的"胡同游览"项目主要有两个：

1. 胡同游，即让旅游者追循老北京的脚步，感受老北京的历史文化。

① 旅游者在北海公园北门（后门）西侧 100 米左右的胡同游览出发点乘三轮车出发，在导游的带领下到达行程的第一站——鼓楼。鼓楼建于公元 1272 年，高约 50 米，是旧京城的报时中心。导游带领客人登鼓楼俯看中轴线两边东西两城的胡同，讲解北京的历史、城市格局及胡同的形成，并参观四合院模型。

② 离开鼓楼，穿过胡同，沿着什刹海走一段，在银锭桥下车，到带有浓郁京城民风的胡同里漫步，听导游讲解北京的胡同和四合院的文化内涵，看胡同中传统的生活方式，走进普通居民住宅四合院参观，与居民聊天，了解人民的生活风俗习惯。

③ 参观有"红楼大观园"之称的恭王府花园。恭王府花园是胡同中清代贵族人家的大宅院。它始建于公元 1779 年，占地 3 公顷，是现今保存最完整的清代王爷府。导游陪同旅游者穿过秀色迷人的王府花园萃锦园，参观为昔日贵族家庭开展社交活动而举办京剧堂会的大戏楼，对比贵族人家与普通百姓的生活方式和环境。旅游者还可以在恭王府花园小憩、品茶、吃小吃。

2. 做一天北京人活动，让旅游者感受胡同中普通百姓生活。

这项内容是参加完第一项活动之后，在导游的陪同下到达胡同中的一所小学，参观小朋友们上课、下课时的活动，与教师和小朋友们交谈，了解北京儿童的生活学习情况。之后，走进居民家中做客，与好客的主人包饺子、吃家常菜、聊天，深入地了解改革开放给普通居民带来的观念上和物质上的变化。

（黄芳.传统民居与现代旅游.长沙：湖南地图出版社，2000：231～233）

三、饮食习俗

饮食习俗包括饮与食两个方面。我国幅员辽阔的土地上聚居着 56 个民族，由于各民族的生活方式不同,风俗习惯不同,再加上各地气候特产的相异,在长期的生活中各地、各民族形成了各自的饮食喜好。饮食习俗是民俗中最活跃、最持久、最有特色的事象之一。

（一）饮茶的习俗

中国是世界上最早发现茶和利用茶的国家。茶原产于我国的西南。传说始于黄帝时代。先秦已有"茗饮"。六朝以前,饮茶的习俗主要流行于巴蜀地区。秦汉统一后,茶的饮用生产转向荆楚地区(也就是现在的长江中游和华中地区),且逐渐形成一种社会风气,在宴会之际必备茶水已是司空见惯之事。隋唐之后饮茶之风在全国各地逐渐蔓延。茶成了人们日常生活中的基本消费品之一,所谓的"开门七件事,柴、米、油、盐、酱、醋、茶"。

茶性,是包含在茶之中的自然美的审美属性,可以从茶的不同种类中有所体现。我国茶的品种很多,按制作方法与品质上的差异可分为绿茶、红茶、花茶、乌龙茶、白茶、砖茶。

绿茶是一种不经发酵而制成的茶。我国绿茶品种之多居世界首位。绿茶香醇味长、造型独特、品质优异,具有较高的审美欣赏价值。绿茶制作需要经过杀青、揉捻、干燥三个基本流程。根据最后一道流程的工艺不同,可细分为炒青绿茶和烘青绿茶等类型。炒青绿茶中最著名的要数西湖龙井,有"色绿、香郁、味甘、形美"之美誉。烘青绿茶中最有名的是黄山毛峰,其外形细嫩稍卷曲,芽肥壮、匀整,有峰毫,形似"雀舌",色泽金黄油润,俗称象牙色,香气清鲜悠长,冲泡入口,醇香鲜爽,回味甘甜,沁人心脾。

红茶是一种经发酵制成的茶,因其叶片及汤色均呈红色,故名红茶。红茶按其制作方法,又分为小种红茶、工夫红茶和红碎茶三种。其中工夫红茶较为著名,是我国特有的红茶品种。按品种可分为大叶工夫和小叶工夫。著名的有安徽祁红、云南的滇红等。安徽祁红外形条索细紧,具有玫瑰花香,滋味甜醇。

花茶是将香花放入茶胚中窨制而成。常用的香花有茉莉、珠兰、玳玳、玫瑰、柚花等。其中苏州的茉莉花茶是花茶中的名品。花茶集茶叶与花香于一体,茶引花香,花增香味,相得益彰。既保持了浓郁爽口的茶味,又有鲜灵芬芳的花香。冲泡品啜,花香袭人,甘芳满口,令人心旷神怡。

乌龙茶是一种半发酵茶,综合了绿茶和红茶的制法。特征是叶片为绿色,边缘为红色,俗称为绿叶红镶边。既有红茶的浓香味,又有绿茶的清醇香,品尝后齿颊留香,回味甘甜。

白茶是一种不经发酵,亦不经揉捻的茶,具有天然香味。茶分大白、水仙白、山白等类型,故名白茶。其中以银针白毫最为有名,其特点是遍披白色毫毛,并带有银色花泽,汤色略呈黄而滋味甜醇。

砖茶属紧压茶。用绿茶、花茶、老青茶等原料茶经蒸制后放入砖形模具压制而成。砖茶主要销往边疆牧区等地。

茶的品尝对泡茶的用水、水的温度、茶的用量、茶具的选择等都有讲究。对茶的鉴赏离不开好的茶具。人类最初饮茶时无专用的茶具，到了唐朝主要用碗饮茶，而宋朝以后改为盏，明清至现代多以冲泡茶为主，普遍使用茶杯、茶壶。瓷器的茶具，保温适中，与茶不发生化学反应，沏出的茶适口耐品味。陶制的茶壶千姿百态、美不胜收，尤其是宜兴的紫砂陶为壶中珍品，用来沏茶，香味醇和，即使在炎热的夏天茶水也不会变质。

好茶需好水的冲泡。只有好水，才能显出好茶的香醇甘美。除了茶好、水好之外，还讲究"火候"。陆羽在《茶经·五之煮》中说："一沸水，气泡如鱼眼，微微有声；二沸水，涌泉连珠；三沸水，腾波鼓浪。第三沸时就要烹茶。"再沸，"水老，不可食也"。泡茶时水温也要恰到好处。

（二）饮酒的习俗

我国是世界上最早酿酒的国家之一。传说发明酿酒的人是夏代的人杜康。《说文解字》有"杜康作秫酒"之说。据现代考古发现，在新石器中期的大汶口文化遗址中发现有酒具和造酒用瓮、滤缸，表明中国的酿酒技术至少有五六千年悠久的历史。古人酿酒的缘由被认为是始于自然的启发，最早人工酿造的酒是果酒与乳酒，因为这两大类原料很容易在自然微生物的作用下发酵成酒。中国最早利用微生物酿酒，为世界酿酒技术的发展作出过巨大的贡献。酒已融入了人们的日常生活，渗入人生的方方面面。民间往来、欢庆、酬谢都离不开酒。酒已成为喜庆节日与社交活动中添乐增趣、示诚示敬的必备饮料。人们逢年过节，饮酒祝贺；男婚女嫁，酒宴欢庆；迎客待友，饮酒叙旧。人们在高兴的时候、心情舒畅的时候，甚至郁闷的时候，都会想到酒，大口喝酒，开怀畅饮。酒给人们带来了激情，带来了欢乐。各种饮酒习俗已形成一幅色彩斑斓的民俗风情画。

酒的食用品种很多。酒名更是不胜枚举。酒大致分为六大类型：黄酒、白酒、果酒、啤酒、药酒、乳酒。

1. 黄酒

黄酒是中国特有的品种，也是最古老的酒种。用谷物酿造，颜色多呈黄色或褐色，故名黄酒。黄酒含丰富的氨基酸，发热量高，有多种糖类，营养成分多。中国的黄酒以浙江绍兴酒最为出名。绍兴黄酒中又有四大传统品牌，分别是绍兴元红酒、绍兴加饭酒、绍兴善酿酒和绍兴雪香酒。

黄酒的品质从色、香、味三大方面评价。以绍兴酒为例，予以说明。

色　色泽黄亮，透明如琥珀。这种颜色来自酿造的原料米和小麦本身所具有的色素，还外加了适当的糖色。

香　香气浓郁、沁人肺腑。这种香味是一种复合的芳香。由酯类、醛类、酸类、羟基化合物等多种成分构成。随着存放时间的增加,酒中转换的香气成分增多,因而绍兴酒是愈陈愈香。

味　口味醇和,芳冽爽口。绍兴酒是由甜、酸、苦、辛、鲜、涩六种味道和谐地融合而成的。口味柔和,鲜美爽口。

2.白酒

白酒类名酒比黄酒类多。白酒与威士忌、白兰地并称为"世界三大蒸馏酒"。白酒的首要特色是香型齐全,风格多样。白酒大多是透明无色的,有酱香型、窖香型、清香型、米香型等。

酱香型酒以贵州茅台为代表。其特点是酱香突出,幽雅醇厚,回味绵长。贵州茅台酒,产于贵州仁怀县茅台镇,居我国名酒之首,被誉为世界三大名酒之一。以当地优质高粱为原料,以当地小麦制作的大曲为糖化发酵剂,以取自高山深谷的深井水为酿造水,经发酵、蒸馏、勾兑、贮藏陈酿而成。茅台酒纯净透明,柔绵醇厚,入口醇香馥郁,余香绵绵,无强烈刺激感,一直以来被誉为"国酒"。

窖香型又称为浓香型,其特点是清香浓郁,甘美醇厚,落口净爽。窖香型以四川泸州老窖为代表。泸州老窖特曲,产于四川泸州市,是泸州大曲中品级最高的一种。它以糯高粱为主料,小麦制曲,先放在窖中发酵,然后经过蒸馏等多道工序酿制而成。它以酒色晶莹透明,酒体柔和纯正,酒香芳香飘逸,酒体协调适度,饭后回味悠长等出名,具有浓香、醇和、味甜、回味长四大特点。

清香型以山西杏花村汾酒为代表。其特点是色清透明,清香纯正,甘润爽纯,口味协调,比较适合北方人的需求口味。山西汾酒,产于山西省汾阳县杏花村。汾酒生产历史悠久,早在南北朝、北齐时期就以"甘泉佳酿"著称。有人认为唐代诗人杜牧《清明》诗"清明时节雨纷纷,路上行人欲断魂。借问酒家何处有?牧童遥指杏花村"所指的就是山西的杏花村。其酒液晶莹透亮,清香雅郁,余味爽净,回味悠长,有色、香、味三绝之美,为我国清香型白酒的典型。

米香型,其特点是香气清淡,幽雅纯净,入口柔绵,回味宜人。以广西桂林三花酒为代表。桂林三花酒是用漓江的水、桂林的优质大米和香酒药草制成的,然后又在桂林的石山岩洞里存放1~2年,让它酯化。桂林冬暖夏凉的岩洞所构成的特有的贮存条件,使酒质更加醇和芳香。酿酒要蒸熬三次,所以初名称之三熬酒。后来饮酒制好,装进瓶里,使劲摇动,静放后酒面出现大、中、小三种泡花,从上而下依次堆叠,于是人们便又改称它"三熬堆花酒",简称三花酒。

3.果酒

果酒是以水果为原料酿造的。如猕猴桃酒、椰子酒,名声最显著的是葡萄酒。葡萄酒源远流长,最早产于西域,后传入中国。东汉时内地有酿造。大唐国运昌盛,葡萄酒的酿造也达到了鼎盛时期,所以有"葡萄美酒夜光杯,欲饮琵琶马上催"的著名诗句,流传百世。

葡萄酒的分类方法很多,常用的有以下三种分类方法:按加工方法,分为酿造葡萄酒(又称原汁葡萄酒)、加香葡萄酒、起泡葡萄酒和蒸馏葡萄酒;按糖分含量,分为干葡萄酒(含糖量<0.5%,口感无甜味)、半干葡萄酒(含糖量 0.5%~1.2%,有极微弱甜味)、半甜葡萄酒(含糖量 1.2%~5%,口感较甜)和甜葡萄酒(含糖量>5%,口感很甜);按葡萄酒色泽,可分为白葡萄酒、桃红葡萄酒和红葡萄酒。

我们可以通过视觉、嗅觉及味觉来享用葡萄酒,一观其色,二闻其香,三尝其味,感知酒的色、香、味、格。首先把酒倒入透明葡萄酒杯中,将酒杯举起,观察酒体颜色,这是品酒的第一个步骤。然后,将酒杯朝鼻子靠近,先闻静止状态的,然后晃动酒杯促使酒与空气接触,先闻的酒香直接且轻淡,晃动闻的香味丰富浓烈,让鼻子充分吸入从酒杯里散发出的香气,这是品酒的第二个步骤。酒杯接触到嘴唇,轻喝一口酒入喉,酒顺着舌头在口中慢慢回旋,缓缓咽下,体验葡萄酒的所有的真实感受,这是品酒的第三个步骤,也是真实的品酒之开始。将余味的质感和它带来的乐趣、酒味的持久度综合起来,可用来描述葡萄酒的全面品质。

4. 啤酒

啤酒是舶来品,是近代从欧洲传入我国的,现已民俗化,成为现代人主要的饮用酒之一。啤酒以麦芽为主要原料,加酒花,经酵母发酵酿制而成,是含有二氧化碳气、起泡的低酒精度饮料。啤酒有健脾的功能,是夏天消暑的佳品。啤酒含有丰富的氨基酸和维生素等营养,有"液体面包"之誉。

啤酒按生产方式是否杀菌可分为:鲜啤酒、熟啤酒。按啤酒色泽可分为:淡色啤酒、浓色啤酒、黑啤酒和其他啤酒。按麦芽汁浓度、酒精含量不同,可分为:低浓度啤酒(原麦汁浓度在 8 度以下,酒精含量在 3%以下);中等浓度啤酒(原麦汁浓度 8~16 度,酒精含量在 3.1%~3.8%);高浓度啤酒(原麦汁浓度在 16 度以上,酒精含量在 3.9%以上)。目前我国最为著名的啤酒是青岛啤酒。青岛啤酒的原料大麦全部来自加拿大、澳大利亚和法国三个国家,配以自产的啤酒花,用崂山泉水为酿造水,采用德国的传统工艺精心配制而成。酒体清亮透明,泡沫洁白细腻、挂杯持久,味清爽纯正,有明显的啤酒香。

5. 药酒

药酒是酒与中药相结合的产物,民族特色、文化特色最浓。有治疗性药酒和滋补性药酒两大类,具有治病、强身、延年、美容之功效。如北京虎骨酒、上海华佗十全大补酒等。

6.乳酒

主要流行于少数民族之中,其中马奶酒是用马奶酿成的美酒,是北方游牧民族智慧的结晶。在蒙古族、哈萨克族等少数民族中盛行,是他们自饮或飨客的主要酒类。

酒,是人类物质文明的产物与标志。饮酒习俗,又往往是人们精神文明的反映与象征。

居住在贵州东南苗岭山寨的苗族,其迎客酒习俗非常有趣。例如,拦路酒,是山区苗族同胞的迎客酒,凡是外地来山寨的,村民便在寨门大路上拦住,唱一曲拦路歌,喝几杯酒,客人喝完酒后,才可以进寨。因此,拦路酒是表示主人欢迎远客的待客之酒。如果贵客进寨,还用牛角酒向客人进献。

(三)饮食习俗

远在六七千年以前,我们的祖先就已经开始种植粟、麦、稻等农作物,五六千年以前就开始饲养牛、羊、鸡、犬,种植蔬菜,并逐步使用酒、盐等调味品。人类美的观念最初与饮食有着十分密切的联系。《说文解字》记载:"美,甘也,从羊从大,羊在六畜中主给膳也。"表明"美"这个字是同味觉的快感联系在一起的。美食应该是审美价值与实用价值的综合体,它是饮食文化景观的主体。

我国各地的饮食习俗不同,形成了各具特色的风味饮食。这些各具千秋的美食不仅给人以生理上的满足,还能给人以心理、精神上的享受。对于美食的品尝强调其味觉和嗅觉。人们主要从色、香、味、形、质、意、器等方面对美食进行鉴赏。

1.色的美感

在构成美食的诸要素中,菜肴的色彩是先声夺人的要素。在未品尝菜肴前,菜肴的色彩会映入眼帘。人们已习惯于由菜肴的色彩去推测其味道。孔子曾提出"色恶不食",即颜色不好看不吃。颜色是否悦目、是否和谐都会影响品尝者的心理,进而影响其品尝活动。

美食的颜色源于三处:一是原料的本色,二是烹调起色,三是调制加色。

所有的烹饪原料都有其固有的颜色和光泽。如蛋白、豆腐、银耳、粉丝的白色,紫菜、海参、黑木耳的黑色,西红柿、胡萝卜、草莓的红色,蛋黄、金针菜、海米的黄色等等。可利用原料所自有的色泽,进行搭配组合以获取色彩美。食物原料的固有色的组合,在让品尝者感受色彩美的同时,更能让其觉察到食物本身的鲜美可口。

烹调起色是有的食物在烹饪的过程中会相应发生颜色的变化。如虾在未加工前是灰白色,在烹饪过程中会变为淡红色;鸡鸭在未加工前为乳白色,经烘烤后会呈现出金黄色。厨师常常利用这些食物的色彩变化,烹制出色彩丰富的美食。

调制加色是由于不同色泽的原料因各种原因不可能随意地组合搭配,这样就会导致有些菜肴的色彩单调。为克服这一不足,采用一些含有丰富色素的汁液对浅色的原料进行调制,改变其原有的色相,或用无毒的食用着色剂进行调制来达到改变食物颜色的目的。

在调制食物的色彩时,通常会采用对比色组合、同类色组合及相邻色组合,以获得丰富多彩、和谐统一、生动明亮的色彩效果。如广东名菜"五彩炒鲍丝"由鲍鱼丝、胡萝卜丝、鲜笋丝、青辣椒丝、冬菇丝、韭黄丝配成,成菜后,虽有红、黄、青、黑相杂,但主调是白色(鲍鱼丝呈白色),余皆为副调,色彩既鲜艳又高雅。①

2. 香的美感

菜肴散发出的芳香气味,扑鼻而来,未品尝之前,就让人感受到其美妙,获得嗅觉上的审美快感。正如清代袁枚在《随园食单》中所言:"嘉肴到目到鼻,色香便不同,或净如秋云,或艳如琥珀,其芬芳之气,扑鼻而来,不必齿决之,舌尝之,而后知其妙也。"

谈起菜肴的香味,人们常说"香气扑鼻,馋涎欲滴"。香气刺激人鼻腔的嗅觉细胞产生嗅觉感,引起唾液分泌,从而诱发人们的食欲,引起嗅觉上的快感。香气四溢的美食一方面引发人们的食欲,另一方面使人因此产生联想,各种意象纷至沓来,使人进入菜肴品尝性审美的前状态。这种先入为主的影响,成为品尝菜肴的重要前奏,有助于人们将生理上的快感升华、超越,转换成审美享受。

3. 味的美感

味分为基本味和复合味两种。咸、甜、苦、辣、酸是基本味。咸味是主体,可以突出原料本身的鲜美味道,还有解腻压异味的作用。甜味使菜肴甜润,还能增加鲜味,并有去腥解腻的作用。单纯的苦味是不可口的,如调配得当,也能起到丰富和改进食品风味的作用。辣味,在烹调中有增香、解腻、压异味、增进食欲的作用。酸味可刺激胃口,增加食欲,并且可去腥解腻、提味爽口。在饮食中单一的某种味道一般是不存在的,讲究五味调和。俗话说"五味调和百味香",强调调味之味与原料之味的和谐,强调不同原料之间的互补而产生出复合味。复合味中也往往有一个主味。如川菜,以麻辣为主,辅以咸甜味。

味的美感讲究本味、调味、适口与合时。本味注重于原料本身,正如平常所讲的本色美,注重自然、新鲜。调味则讲究佐料、烹饪之功。适口则要求适应品尝者的习惯和爱好,因人而异。合时即合乎时序,注意时令。

味感的高级效应主要体现有"和神"、节奏美感、以味知文。所谓"和神"就是

①　沙润.旅游景观审美学.南京:南京师范大学出版社,2004:254

各种菜肴多样统一的味,能调谐人的味觉和精神,使人的精神舒畅愉快,增加其对生活的热爱,培养美好的情操。味的节奏美感,就是先后品尝的多种味型能产生一种节奏感,这种节奏感先由生理引起,而后才反映到心理、精神方面;联想美感,味的美感经想象而升华、提炼,最后凝聚成一种审美情感。以味知文,指一个菜系与地方文化有关,知味者可以通过品尝深深感受一种文化之美。风味与文化之间可以说是"心有灵犀一点通"。

风味是味的优美变奏,不同的风味体现为不同的菜系的特色。菜系是在长期发展中所形成具有地方特色的历史传统的风味流派。在我国影响最大的是鲁菜、川菜、粤菜及苏菜。

鲁菜源于山东。西周时,山东一带的人已能烹制出味美的黄河鲤鱼。南北朝时期,鲁菜发展迅速。明清时代,鲁菜被公认为菜肴的一大流派。鲁菜取材广泛,选用畜禽、海产、蔬菜;调味极重,纯正醇浓,很少有复合味型,善于用葱香调味;善烹海鲜;讲究清汤和奶汤的调制,清汤色清而鲜,奶汤色白而醇;重视火候,偏于用酱、葱、蒜调味,善用清汤、奶汤增鲜;风味鲜咸适口,清爽脆嫩,汤醇味正。鲁菜的著名菜肴有糖醋黄河鲤鱼、葱烧海参等。

川菜源于四川。它始于秦汉,在宋代形成流派。川菜原料多选用山珍、江鲜、野蔬和畜禽。烹调技法善用小炒、干煸、干烧、泡和烩等。川菜讲究调味,以麻辣、鱼香、味广著称。川菜调味多样,味香众多,取材广泛,菜式适应性强,所以有"一菜一格,百菜百味"的美誉,又有"食在中国,味在四川"的美称。除在四川外,川菜还在云南、贵州、湖南和湖北部分地区盛行。现在,川菜在中国各地的影响日益广泛。川菜的著名菜肴有干烧岩鲤、麻婆豆腐、宫保鸡丁、鱼香肉丝、毛肚火锅等。

苏菜源于江苏。起始于秦汉时期,隋唐时已享有盛名,在明清时代形成流派,由淮阳菜、金陵菜、苏锡菜、徐海菜四大风味构成。苏菜的选料精细,以水产为主,注重鲜活,四季有别。善用火候,讲究火功,烹调技法讲究炖、焖、烤、煨等,口味平和、清鲜而略带甜味。其原汁原味,一菜一味,重视调汤,保持原汁,风味清新,咸中带甜,浓而不腻。著名的菜肴有清炖蟹粉狮子头、大煮干丝、水晶肴肉、松鼠桂鱼、美人肝、松鼠鳜鱼、沛公狗肉等。

粤菜源于广东。据古书记载,远在两千年前,粤菜就有了自己的风格。粤菜由广州菜、潮州菜、东江菜三个流派构成。粤菜的最大特点就是"杂"。其取材广博奇杂而重"生猛",鸟、兽、蛇、虫等皆可入菜。烹饪技法善于博采中外烹饪技法之长,调味时注意用当地作料,突出清、爽、淡、香、酥的地方口味,并且十分注意季节口味的变化,夏秋清淡、冬春浓郁。粤菜的著名菜肴有烧乳猪、蛇羹、龙虎斗、红烧大群翅、耗油牛肉、冬瓜燕窝等。

把握各地的风味特征后,就应在品尝美食时,细细品味,这样我们才能更好地鉴赏这些美味佳肴。

4.形的美感

形的美感是指菜肴的造型所引起的审美反应。造型可来自菜肴的自然形态及切装后塑造的人工形态。菜肴的基本造型,离不开刀工。造型讲究规范整齐,将原料按需要切成块、丝、片、条、丁、末、泥等各种形状,这种大小一致、厚薄相等的形态便于加工,也便于烹饪制作出美观的造型和图案。

自然式　其美感讲究用原料的自然形态来造型。自然造型的菜点较少有人为加工的痕迹。一道"烤乳猪"、"酱鸭舌"之类的菜肴都是以其自然之形取悦于人。烹制这类菜肴时注意酥烂脱骨而不失其形,用特定的餐具配合呈现出完整饱满的形状,让品尝者能联想到其自然之形,从而产生一种喜悦感。

象形式　这类菜肴的造型是利用面点的捏塑、冷菜的拼放、食物的雕刻等手法模拟生活中的动物、花卉、山川湖泊、亭台楼阁等形态。例如将煨入味的排翅摆入盘中,做成孔雀尾羽,再用青萝卜雕成孔雀头,入笼蒸至五成熟,取出来摆在盘边,最后淋上芡汁,摆上红绿樱桃后,就是一道色彩缤纷、造型美丽的"孔雀排翅"菜肴。宴席中摆放这道工艺菜肴,可使整个筵席生机盎然。

图案式　这类菜肴装点成几何形的图案或形状。菜肴本身要求形态统一,显示出线、面、体的形式感,通过与餐具外形相协调的摆放,构成圆形、椭圆形、扇形、方形、梯形、锥形等形状,运用直线的刚劲、曲线的柔和、圆形的和谐、方形的严谨体现出一种节奏和韵律。例如广东菜"植物扒四宝",图案典型,像一朵盛开的葵花,饱满热烈,富有生机。

菜肴的造型美要把握好一个度,即不宜进行精雕细刻的装饰。过分修饰使菜肴显得美轮美奂,使品尝者欲食而不忍,达不到增进食欲的目的。而且过于雕琢,失之天然情趣,反而达不到美的最高境界。

5.质的美感

饮食的质美包括两个方面:一是指烹饪的营养价值;二是指菜肴、点心、饮料(酒)被送入口腔以后,所引起的质感美。关于营养价值,虽是质美的重要内涵,然而难以被审美感官所感知,一般都是由科学分析来鉴定的。菜肴质的美感,指品尝美食时的口感,有嫩、脆、松、软、酥、烂、糯、爽、滑、绵、润、清、老、枯之分。在质的美感上,各菜系有各自不同的特点。例如苏菜质的美感表现为细嫩平和、清而有质、醇而酥烂。

6.意的美感

美食作为一种文化,包含着丰富的意趣和意境。在菜肴的烹制过程中厨师所倾注的智慧、情感等通过菜点的形态有所体现。如切工中的平刀、斜刀、花刀等刀法可将原料切割成各种形状,为进一步造型打下基础。鱼肉经花刀处理,油炸后酷似带绒花的松鼠。菜肴的意境表达往往借助于文学手段,集中体现在餐厅的楹联、匾额和菜点的命名上。通过菜点的名称,引起品尝者的丰富想象。如一道冷盘拼放成"黄鹤翩翩归",人们观照、品尝之际不由得会联想到"黄鹤一去不复还,白云千载空悠悠"的唐诗。之后再度回味,或凭栏远眺,或登高望远,会感觉到浮想联翩,余味无穷。

7. 器的美感

"美食必美器",食器是饮食审美中必不可少的组成部分。一道精美的菜肴,配上精巧的器皿,会起到锦上添花的作用,使整盘菜熠熠生辉。

食器又分为盛食器、盛菜器及挟食器。食器具有两方面的功能:一是实用功能,可供人们盛装食物及进食之用;二是审美功能,即本身的材质构成及外观造型可供品尝者欣赏。

我国食器以陶瓷器为主,其他材料的食器起辅佐的作用,例如竹筷、木筷等。中国是世界闻名的陶瓷古国,所生产的器具造型优美、品种繁多,为人们所喜爱。我国著名的瓷器产地有江西的景德镇、湖南的醴陵及福建的德化。特别是具有瓷都之称的景德镇,所产的瓷器有"白如玉、薄如纸、明如镜、声如磬"的美誉。食具的造型更是千姿百态、变化多端。圆形、方形、椭圆形、扇形等几何造型,再加上模拟自然的荷叶形、瓜果形、菊瓣形等,让人感到眼花缭乱。这些造型各异的餐具盛装上美食,给人以赏心悦目的感受。

四、节庆习俗

节日是在一年中的特定时间内,开展有主题的约定俗成的社会活动的特殊日子。节日具有群众性、周期性和相对稳定性。节庆是综合性的民俗事象。节庆顾名思义就是节日庆典。节庆是某一区域或民族的人民为庆祝农业生产、祭祀祖先或出于某种需要而举行的纪念性庆典活动。我国是多民族的国家,每一个民族都有自己的传统节日。各民族的传统节日,源远流长。如汉族的春节、藏族的雪顿节、傣族的泼水节等。我国的节日名目繁多,有"大节月月有,小节三六九"之说。

传统的民间节日一般都已流传数百年甚至数千年,存在着丰厚性、传承性民俗事象的底蕴。

民俗节庆是综合性的民俗事象,是多项民俗的综合展现,将节日的饮食、节日的服饰、节日的娱乐结合在一起。节日还是男女谈情说爱、婚聘嫁娶的重要日子。节日的神话传说、祭祖祀神活动及节日禁忌还与信仰民俗相关联。民俗节日是民族民俗生活的一次集中演练,是民俗活动的大展示。这一切的一切都向旅游者展示了浓郁的民俗大观。

丰富多彩的民族节日有着独特的魅力。旅游者通过民俗节庆可以直接地了解和考察民族地区的民俗生活,不仅使旅游者在群众性的狂欢中受到感染和熏陶,增长了知识,而且得到休息、娱乐,使身心愉快和放松。所以丰富多彩的民族节日以其独特的魅力成为旅游者最为神往的旅游活动。

(一)藏族雪顿节

藏历六月底七月初,是西藏一年一度的、具有悠久历史的传统节日雪顿节。在藏语中,"雪"是酸奶子的意思,"顿"是"奉献"的意思。雪顿节按藏语解释,就是奉献酸奶子的节日。随着历史发展,雪顿节的活动内容逐渐演变为以藏戏会演为主,所以也有人把它称为"藏戏节"。节日活动的中心在当年达赖喇嘛的夏日宫殿,也就是位于拉萨西郊的罗布林卡。

17世纪以前,"雪顿"活动是一种纯粹的宗教活动,那时按照佛教的法规戒律,喇嘛们夏天有好几十天在寺内,禁止出门,要行三事,即长净、夏安居和解制。在开禁的日子,他们纷纷出寺下山,这时百姓都要准备酸奶子进行招待。喇嘛们除了喝酸奶子外,还可尽情欢乐玩耍,这就是"雪顿节"的来源。

哲蚌寺"展佛"是雪顿节的序幕。这一天是哲蚌寺举行浴佛节的日子。哲蚌寺的僧侣从凌晨就开始着手准备,在选定的吉时,厚沉的法号声响起,数十名青壮年喇嘛排起一字长蛇阵,用肩扛起约20米长的巨型唐卡,蜿蜒来到西山,在陡斜的后山崖上恭敬地将佛像自上而下地铺挂开,供数以万计的僧俗群众瞻仰礼拜。

雪顿节揭开序幕以后,演出剧目繁多。节日期间,那些身穿"氆麦"(盛夏藏族妇女穿的无袖长袍)、佩戴着所有首饰的妇女和脚登高统皮靴的男子以及那些欢蹦乱跳的孩子,潮水般涌进罗布林卡,观看藏戏会演和各种文艺节目。这时的西藏,就像欢乐的海洋,到处都洋溢着节日的气氛。

(二)傣族泼水节

泼水节是傣族的新年佳节,也是傣族最隆重的节日,时间在傣历六月下旬,公历的四月中旬。云南省的阿昌族、德昂族、布朗族、佤族等民族也过这一节日。泼水节的庆祝活动长达三至七天。通常第一天是"送旧",人们收拾屋子,打扫卫生,准备年饭和节庆间的各项活动。第二天是"空日",在傣历中,这一天既不属于前一年,也不属于后一年。在这天人们沐浴、理发、更衣,清洗佛塔,将过去一年中疾病、灾难及不好的事情全都送掉,干干净净进入新年。第三天是最吉祥美好的,也是新年的高潮。清晨,傣族的男女老少穿上节日的盛装,采摘鲜花绿叶到佛寺供奉,并担水先到寺庙去赕佛、浴佛。然后用采集的花沾上水,相互间泼水。你泼我,我泼你,互祝吉祥、幸福,一朵朵水花也随之在空中绽放。"水花放,傣家狂"，节庆逐渐进入高潮，人们用钵、脸盆，甚至用桶盛水，在大街小巷，嬉戏追逐。全然不顾是熟悉的朋友，还来陌生的来宾。人们兴高采烈，迎面是水，背后还是水，欢快地泼水，尽情的挥洒愉悦。尽管从头到脚全身湿透，但处处充满欢声笑语。一段水的洗礼过后，人们便围成圆圈，在铓锣和象脚鼓的伴奏下，翩翩起舞，激动时人群中爆发出"水、水、水"的呼喊声。

泼水节期间，傣族青年男女喜欢到林间空地做丢包游戏。花包用漂亮的花布做成，充当爱情的信物，青年男女通过丢包、接包，互相结识。姑娘发现中意的小伙子后有意让其输掉，小伙子心领神会将事先准备好的礼物送给姑娘，然后俩人便避开离开众人的视线寻找一个安静处谈情说爱去了。

节日期间，还有赛龙船、放高升、放孔明灯等传统娱乐活动，到处笑声朗朗。"泼湿一身、幸福终身"泼水节成了欢乐的海洋。

以空间或时间为线索，让旅游者进行民俗节日庆典活动的旅游审美，使旅游者参与其中，在对民俗节日活动的欣赏过程中，了解民族的民俗风情、历史文化，体验当地人在节日期间那种奔放、狂欢的情感，并从中得到感染和熏陶，获得情感的交流和共鸣。

阅读材料 6—2　长角头饰

在贵州中部六枝特区与织金县交界的大山群中，世居其中的是一支不足5000人的古老而神秘的苗族支系。陇戛寨作为梭戛乡12个自然村寨中的一个，在民俗文化上是颇具代表性的。

据当地传说，清初吴三桂平定水西宣慰使安坤后，很多依附于安氏的苗民四处散逃。躲到织金、郎岱交界森林中的这部分"箐苗"本世纪以来，逐渐聚居在梭戛方圆百公里的地界内，为了哄吓、迷惑林子里的野兽，头上戴起了奇特的头饰。这种头饰是在头发中扎上牛角样的木板，然后用麻线、毛线、头发等盘结而成。头发重者二公斤有余，披散下来头发有的竟有三米长。这奇特的头饰今天成了这支苗裔的标识。

沿着石块铺设的路面走进陇戛寨，路边檐下晾晒着摊开的麻杆，其撕剥下来的麻丝经过古老纺车横编竖织就成了厚实的麻布，经过苗家女子的一双巧手配以蜡染细白布，便可缝合成别致的苗装。寨子上女孩五六岁就要学绣花，八九岁便操持着学蜡染，先用扁平的蜡刀点沾蜡液，在细白布上色画记熟的图案，然后将画好的布放入染缸染色，再用水煮去蜡，一块上好的"花布"便呈现出来了。在陇戛的房前屋后，今天依然有机会看到苗家女子手上的绝技。

陇戛苗族的三眼箫是扯心扯肺的呜咽悠越，如果在皓月下的寂静夜色里，低郁的曲调如泣如诉，穿透时空，一个古老民族在千回百转间可能重回历史！三眼箫、口弦、木叶、唢呐、芦笙、牛角等共同构建了这支奇异苗裔的情感宣泄体系。

刻竹结绳记事似乎是失传的故事,在梭戛却是日常的记忆。老人过世,用"刺竹"记录各寨馈赠的礼物礼金;婚配嫁娶,结绳插草记礼。红白喜事完毕,主事者与主人家当众报账,无异议则烧竹毁绳。梭戛的婚葬是一幅奇异的民俗画面,是一段悠远的历史。

寨中大小事宜,自有寨老、寨主、鬼师这类自然领袖做主,内外纠纷、婚配丧事、行医算命……事无巨细,各司其职,条理分明。

陇戛民族节日中有特色的是跳花坡、祭树节、祭山节及耗子粑节。每年正月初十为盛大的跳花坡日,花坡中央栽种一棵花树,青年男女围绕花树吹芦笙、跳舞,到坡上对歌,歌为媒、舞传情、恋爱人生。祭树节是在农历二月第一个龙日,于寨子附近找一处茂盛林子,寻一棵最古老最高大的树作为祭祀对象,全寨子人家凑集猪、鸡、粮食,待鬼师或家师咒词后,在古树下挖个坑埋下4～5个装满水的土坛子,用石板盖住,此刻外人不得窥视,族内人等不准随便走动,妇女更是不得参加。先是在树下祭祀,杀红公鸡请祖先享用,祈请祖先保佑。事后全村所有男性痛饮大喝一台,祭树方告完结。农历三月祭山节则在三月第一个龙日举行,程序一如祭树节,只是鬼师或家师将埋下的水坛打开观察水的盈缩,以预兆当年的收成和祸福。据传说,远古时候有一年耗子很多,四出损害庄稼,老人们自发组织打死耗子,确保了农业丰收。从此以后,每年农历十一月当地人都要过耗子粑节,组织人们打耗子,以丰盛的饭菜祭祀祖先。

由于梭戛乡与外界少有联系,原汁原味的民族文化才得以保存至今,因而备受文博界的青睐。1998年中国第一座生态博物馆(中国、挪威合建)落户梭戛。该博物馆由原生态的梭戛12个村寨及建在梭戛寨脚的资料信息中心组成。资料信息中心圆石砌成的寨门伸出两只精壮的牛角状的饰物,气势不凡。进入大门,抬起眼,便是一组民风淳朴的民族建筑,杉木结构的房子嵌着花格子窗户,这是当地民居的"再版",茅草顶屋脊加厚堆高别是一番风味……集信息搜集、整理,资料文物展示和接待功能为一体的信息中心,除了要向观众、旅游者介绍即将参观的特定文化的基本情况外,还将告诉他们作为一名观众或旅游者的行为要求,以及他们将要看到的、经历的事物,然后顺着山道便可进入陇戛苗寨。

（潘年英.贵州民族村寨旅游指南.贵阳:贵州人民出版社,2000:97～100）

五、人生礼仪民俗

人生成长过程的不同阶段,都有与之相应的一些礼仪。人的一生中主要有五大礼俗,即诞生礼、成年礼、婚礼、寿礼、葬礼。这些礼仪表现出一个民族的心理状态。人生礼仪习俗中的各部分,无论是寿庆礼俗、婚嫁礼俗,还是丧葬礼俗,都具有鲜明的民族特色和地方特色。人生礼仪习俗中婚嫁习俗最受家庭和社会的重视,也是旅游者所青睐的民俗。

在婚嫁习俗上,虽然每个民族都有自己独到的一面,但喜庆是其主要的基调。唯有土家族的婚礼习俗十分独特,用哭声来庆贺欢乐的出嫁。哭嫁十分质朴,而又饱含着深邃的情趣,洋溢着民族的性格特征。

土家婚嫁习俗是新娘在出嫁前的数日开始哭嫁。迎亲之日,男方的迎亲队伍快到女方家时,女方举行拦门礼,互相盘歌,然后才开门。唢呐锣鼓催着发轿。新娘由自己的哥哥或弟弟背上花轿。新娘的母亲在轿子的四周撒"五谷",祝女儿家五谷丰登;在轿子前后撒一把筷子,愿女儿早生贵子。新娘到达婆家后,新娘新郎双双拜堂,礼毕进入洞房。

哭嫁是土家族著名的风俗活动之一。土家族姑娘大约在出嫁前一个月内开始哭,时间短的七天,一般为半个月,长的要哭上一个月。哭嫁时新娘的母亲、婶娘、嫂子、姊妹、同村寨的姑娘都来伴哭。哭有曲调,抑扬顿挫,词即席而作,随意发挥。哭嫁是难度很大的哭、唱结合的艺术。哭嫁的内容相当丰富,因人因事因时而哭,哭的词语像山泉一样年年岁岁流淌不尽。忆父母情、诉分别苦;告别姐妹,留恋故土;感谢养育恩,托兄长照顾年迈的父母;骂媒人,控诉封建的包办婚姻……有的节奏明快,丰富多彩;有的生动感人,幽默风趣。当哭到劝说时,歌声委婉动听,如行云流水,情意绵绵;当哭到离别时,歌声悲悲切切,令人凄然泪下。原本是充满欢庆的婚礼,却用哭声来庆贺,这正体现了土家人独特的禀性。哭嫁是土家先民千百年来创造出的艺术,古朴生动,是一朵民间艺术的奇葩。

六、民族歌舞

民族歌舞是民俗文化的体现形式。各民族人民在漫长的历史长河中用歌声赞美自己的劳动,用舞蹈表现自己的生活,逐渐形成了各自的艺术风格。他们在歌舞中,有的表现劳动生活,有的表现爱情,丰富多彩,历史悠久。中国各少数民族以能歌善舞著称,民族舞蹈有着强烈的节奏感和欢快的氛围。

新疆的歌舞美。新疆是歌舞之乡,居住在这里的维吾尔、哈萨克、柯尔克孜、塔吉克、蒙古、锡伯、满、乌孜别克、塔塔尔等民族都能歌善舞。新疆歌舞在漫长的历史撞击和交流中,历经演变。新疆各族人民共同创造了绚丽多姿的歌舞艺术,伴随着丝绸之路的驼铃声,蜚声中外,名扬天下。

新疆歌舞以动听优美的音乐、绚丽多姿的舞蹈,深刻反映了西北边陲少数民族的独特风情,而各民族的歌舞艺术则都具有本民族极鲜明的特点。维吾尔族人民素以能歌善舞著称,其被誉为音乐之母的木卡姆音乐,规模宏大、思想深邃,集中体现了维吾尔族人民的聪明智慧和音乐创作的非凡才能。舞蹈艺术则以含蓄、优美、沉稳见长,特别是舞姿轻盈优美、旋转快速多变的女性舞蹈,以及热烈奔放、强悍刚劲的男性舞蹈,看后使人留连忘返。每当节日在城乡举办"麦西莱甫"时,男女老少,参加者成百上千,人人都能登台起舞,到处都是悠扬悦耳的音乐和翩翩的舞姿。

民族民间舞蹈自然、纯朴的本质,与现代人回归自然的意识不谋而合;它的千姿百态、色彩斑斓的特点也符合现代生活节奏快速、风情变幻的审美要求;它所具有的个性化、狂放豪迈的民族气质与现代人追求情感宣泄和个性构筑的追求相呼应。

第二节 民俗旅游景观的审美

一、民俗旅游景观的审美特征

民俗旅游景观的审美特征表现在:乡土性、质朴性、民族性、稳定性、参与性、情趣性等六方面。

（一）乡土性

"一方山水养一方人"。一方山水,滋补养育一方文化;一方文化,繁衍一方风情。不同的自然地理环境,孕育出的民俗风情便带有浓郁的乡土色彩。这也是"十里不同风,百里不同俗"的缘由。而且地理环境越特殊或是越封闭,与外界交往越少,民俗风情与外界的差异越大,其自身的民俗风情就越别致、独特。

（二）质朴性

民俗风情来自民间,散发着泥土的清香。纯朴典型的民俗风情风俗是民族文化生活史的记录,是一个民族在长期的历史发展过程中民族传统文化的传承。民俗风情与其他沉积在民间的文化相比,好似"下里巴人"与"阳春白雪"。民俗风情是人们在日常的行为上、口头上、心理上所表现的百姓习尚,散发出悠悠的俚俗味。

（三）民族性

民族的形成可以追溯到原始社会的末期。从那个时候起,人类分属于不同的社会群体。世界上有两千多个民族,中国有五十六个民族,其中不少的民族还有几个至几十个不同的支系。各民族有自己的民族语言、地方方言、民间歌舞、地方风物、民族服饰、特色民居……作为一个群体的一种约定俗成、传承的行动,民俗风情无不打上民族的烙印。任何民俗的都是民族的,没有超民族的民俗存在。

(四)稳定性

民俗风情是由上层社会倡导或个人发起或者由下层社会创造的,经历较长的时间得到社会的认可及众人的效仿,形成被人们所接纳的民俗。这种被接纳的民俗长期稳定下来,在一个民族中传承、继续,有着顽强的生命力。有不少根深蒂固、深入民心的民俗历经几十代甚至几百代人的传承,至今仍生机盎然地延续着。当然,民俗风情也有一个推陈出新的问题。民俗风情是动态变化着的,随着时间的推移、社会的发展、外界文化因素的影响、人们价值观的变化,有的民俗会渐渐消失,有的民俗会慢慢形成。

(五)参与性

民俗风情体现在人们的现实生活中,因而民俗景观旅游可以观看、欣赏、接触,更需要涉足、参与、体验。民族风俗风情的特殊文化内涵生成了各民族生存、生活、社会交往的特殊观念和价值取向,演绎和发展本民族各自特殊的生存环境,造就了各民族生存社会的文明。只有参与到当地人的生活中去,才能体验到异地或异族的文化及其氛围。

(六)情趣性

民间生活的基调是乐观的。民俗景观旅游对娱乐、审美、认识、教化等方面的习俗加以开发,让人感受到生活与劳动的乐趣,感受到民俗风情的真切、热情、多姿、绚丽,通过旅游获得身心的愉悦。

二、民俗旅游景观欣赏

(一)中国民俗文化村

我国虽是多民族聚集的国家,但少数民族的分布呈现出"大杂居,小聚居"的格局,且多居住在交通不很便利的边远地区。现代旅游者的工作、生活节奏快,不可能随心所欲地想去看哪个民族的风俗就到哪里。旅游受到一定的时间、金钱的限制。他们企盼着在有限的时间内,少走路程,尽可能多地观赏到民俗文化景观。

民俗文化村便应运而生了。基于"源于生活,高于生活"的原则,将民俗旅游资源移动和仿制,把某一时期或某一区域的民俗文化,依照一定的方式和风格加以集中反映,仿制出真、仿制出美、仿制出情趣。村寨民居依原样、按比例修建,将当地少数民族的衣食住行、生产生活、宗教礼仪、音乐舞蹈等典型的民俗汇入一村。村寨建筑与修建地的自然环境和谐融洽,民俗文化表现"原汁原味",神形合一,帮助游人在较短的时间内领略到民俗文化的精华。

中国民俗文化村位于深圳市的深圳湾旁,是由香港中国旅行社与深圳华侨城经济发展总公司共同投资 1.1 亿元人民币建造的国内第一个荟萃各民族的民间艺术、民俗风情和少数民族独特的民居于一体的大型民俗文化游览区。它占地 22.2 万平方米,于 1991 年 10 月开放。修建者按"源于生活,高于生活,荟萃精华,有所取舍"的原则,从不同的角度展现了中国多姿多彩的民俗文化。

民俗文化村将 21 个民族的 24 个村寨按 1∶1 的比例修建。村寨是请各民族地区的有关单位设计、建造的。建筑材料、房内的陈设、生产生活工具——从当地购置,将民族村寨真实、自然地移置过来,形成和谐、原始、古朴、简陋的整体环境。这里有蒙古包、陕北的窑洞、哈萨克毡房、北京的四合院、土家族的水上街市、苗族的吊脚楼、布依族的石头房、摩梭人的木楞房、傣族的竹楼等各具特色的民族传统民居。民俗文化村还设计了多个著名的民族景观,如傣家佛塔、独龙族的藤桥、侗族的风雨桥和鼓楼、以假乱真的云南石林、虽为人作宛如天开的黔仙洞、金碧辉煌的西藏大昭寺、富有几何变化的穆斯林清真寺,还有成片的海南椰林、古木参天的西双版纳的热带雨林。

各村寨内有从各地少数民族的土著民中聘请来的"居民"。他们身着本民族的服装,说着本民族的语言,过着日常的生活,平平常常地生活在村寨内。其中蒙古族、维吾尔族、藏族、佤族、侗族、摩梭族、彝族、傣族、黎族、苗族在各自的村寨内每日三场定时表演民族歌舞。每当夜幕降临后,在民族文化广场、中心剧场有大型的民俗艺术表演。热闹的威风锣鼓、热烈欢快的朝鲜族乐农舞、热情奔放的维吾尔族舞蹈、活泼多姿的高山族手拉舞等富有观赏性和艺术性。这些参与演出的演员都是从各民族地区挑选出来的,其中有 50 多位是身怀绝技的民间艺人。表演的内容也是定期更换的。每月的初一还举行大型的民间节庆活动,如傣族的泼水节、彝族的火把节、回族的花儿会、傈僳族的刀竿节等,充满了浪漫、祥和、欢快的气氛。

游人在民俗文化村内能参与其中,与各民族的"居民"们同欢乐,还可以参与各民族的歌舞表演,可以感受,还能交流,进入情景交融、物我两忘的境界。

(二)乔家大院——祁县民俗博物馆

乔家大院位于山西晋中祁县,建于清朝嘉庆与道光年间,被誉为"北方民居建筑的一颗明珠",集实用和艺术为一体,具有很高的观赏价值和借鉴价值。整个大院的平面布局似一个大吉大利的"囍"字。大院占地 8724 平方米,建筑面积 3870 平方米。乔家大院外观气势宏伟,内部构造富丽堂皇,分为六个院,内套 20 个小院、313 间房屋。大院三面临街,四周全是封闭式砖墙,高三丈有余,上边有女儿墙和瞭望探口,既安全牢固,又威严气派。其精巧的设计、精细的工艺体现出清朝民居的特色,号称是"皇家有故宫,民宅有乔家"。

乔家大院布置有山西省祁县民俗博物馆,各院落内的房间经过精心安排,将时序节令、衣食住行、婚丧嫁娶、供奉祭祀、商业习俗等顺序布展,共分"岁时节令"、"人生礼仪"、"衣食住行"、"商俗家俗"等十大系列,60个展室,参展文物2000余件,并运用声、光、电等现代化技术将艺术造型、文物展示及原状陈列有机结合,系统地反映了清末民初山西一带的风俗民情。

民俗与民居相结合,动态地展出,通过实物展现当地民俗风情,将学术性与观赏性、知识性与趣味性相结合,适当开展些参与活动,让旅游者游览的同时扩大阅历、增长知识。

(三)自然民俗村——贵州郎德苗寨

贵州雷山县郎德寨是1987年贵州省首批建立的露天博物馆,也是全国的第一个露天博物馆。经过二十余年有计划的开发,该苗岭山寨已形成了完整的自然民族村寨的旅游体系。

郎德苗寨的民居大都是依山而筑的杆栏式吊脚楼,上下三层。底层进深极浅,往往只能关猪、牛,安放石磨。住人的中层外廊装有"美人靠"的曲木栏杆。一幢紧接着一幢的吊脚楼排列有致。清澈的小溪绕寨而过,数十架古老的水车吱呀唱个不停。寨内道路一色石板卵石铺就而显得整齐洁净。石板路上还建有四十多座小桥,架在要道上,或河上,或沟上,甚至是凹地上;或石垒或木砌。小桥以杉木为最佳。为求吉利,须是砍伐后还能再生的。当地民俗认为:人是从另一个世界通过桥来到人世间的。因此,这些桥不仅是交通设施,更是神灵之物。逢年过节还用祭品祭祀。

当游人来到苗寨临近寨门时,苗族同胞用苗歌和米酒恭迎远客,一边唱敬酒歌,一边劝拦门酒。在三四道,有甚者可达十二道的"阻拦"劝酒声中,浓情尽显。最后到寨口挂着一对牛角酒杯的小楼下,身穿民族盛装的姑娘还要捧上牛角酒。寨门前的苗家后生则吹起芦笙迎接远道来客。

在苗寨时随处可见心灵手巧的苗家妇女在自家的吊脚楼里刺绣、挑花、编织、蜡染……

民俗的主要载体是人,郎德苗寨给旅游者较大的自由活动的空间,在这里可以与村民打成一片,自由交流。旅游者在郎德苗寨时,可以从村民的生产、生活起居中感受到淳朴的苗族民俗、民风。这座民族村寨博物馆呈现出来的万种风情,使众多旅游者留连忘返。

思考与练习

1. 什么是民俗旅游景观? 它有哪些特点?

2. 民俗旅游景观的类型有哪些?

3.简要叙述民俗旅游景观的构成要素。

4.从哪些方面进行美食的鉴赏？

5.民俗旅游景观的审美特征表现在哪些方面？

6.用实例说明怎样进行民族服饰的审美。

7.味感的高级效应主要表现在哪里？

第七章　旅游审美的心理要素

本章提要

　　人的心理过程是从感觉和知觉开始的。人类要认识客观世界,首先要通过感知。在旅游审美活动中,只有通过审美的感知,才能在下一步引发出审美的想象和情感的和谐活动,把旅游审美活动推向深入。在本章中,首先,我们介绍感觉、知觉的定义,讨论旅游者审美知觉特征。之后,我们考察旅游审美中的想象、情感与理解因素,并探讨这些因素是怎样影响人们的审美过程的。

　　构成审美经验的最主要的基石,就是人们常常论及的感知、情感、想象、理解等活动,这些活动均会得到一种独特的体验。它们经过复杂的相互作用、相互补充和相互印证,最终构成一种奇妙的审美体验。

第一节　审美感觉与知觉

一、审美感觉

　　所谓感觉,就是人脑对直接作用于感觉器官的刺激物的个别属性的反应。人们通过感觉,可以反映刺激物的各种不同属性,如颜色、气味、光滑、冷暖、大小等。通过感觉,也可以使人们能够反映自己体内所发生的变化,如身体的运动和位置、各种器官的工作状况等等。在旅游审美活动中,人们所面对的客观审美对象,无论是青山、绿水、蓝天、白云,还是海浪声、风声、雨声、松涛声,总是要以感性的形式呈现出来,直接作用于人们的感觉器官。可以说,人们的任何审美活动都不能脱离感觉,只有经过对美的对象的感觉,才能形成美的认识。

感觉虽然是一种简单的心理现象,但它在人的心理活动中却起着极其重要的作用。一切较高级、较复杂的心理现象,都是在感觉的基础上产生的。感觉又是人认识客观世界的第一步,人只有通过感觉,才有可能逐步认识客观世界。在审美过程中,感觉通常起一种先导作用,是其他一切审美心理活动得以进行的基础。

在人的五个感官中,各种感觉器官在审美过程中所起的作用并不相同。眼、耳、鼻、舌、身接收分别来自视、听、嗅、味、触的感觉信息。审美对象的形状、质地、色彩、声音、线条、气味等,作用于五官感觉神经,产生一系列的生理—心理的反应活动。眼睛和耳朵(视觉、听觉)是欣赏美、认识美的主要感受器官,而鼻、舌、身(嗅觉、味觉、触觉)则只是辅助感受器官。实际上,人们早就发现在人的各种感官中,视觉和听觉所起的作用最为突出,因而,历来把视、听感官称为主要的审美感官。柏拉图认为,视觉和听觉产生的快感高于饮食色欲之类的快感。而圣·托马斯则断言,与审美关系最密切的就是视觉、听觉。视觉是对美的感受最为敏感的一种器官,正如车尔尼雪夫斯基所说的那样:“视觉不仅是眼睛的事,谁都知道,理智的记忆和思考总是伴随着视觉,而思考则总是以实体来填补呈现在眼前的空洞的形式。人看见运动的事物,虽则眼睛本身是看不见运动的;人看见远处的事物,虽则眼睛本身看不见远处;同样,人看见实体的事物,而眼睛看到的只是事物的空洞的、非实体的、抽象的外表。”除视觉以外,其次就是听觉,它能从莺歌燕语中、潺潺的流水中、单纯的音响中感受到美的愉悦。我们说视觉和听觉之所以成为主要的审美感官,是因为它们与触觉、味觉、嗅觉相比,更能引起人的精神活动,而不是直接满足物质的需求,它们引起的更多的是心灵的反应,而不像触觉、味觉、嗅觉那样引起的更多的是生理的反应。桑塔耶纳在分析“低级感觉”时说:“触觉、味觉和嗅觉,虽则无疑可能很发达,但不像视觉和听觉那样对于人追求知识大有帮助。所以,它们自然而然经常留在意识的幕后,而对于我们的客观化观念甚少贡献,其有关的快感也是隔了一层,对于欣赏自然无甚用处。”

不可否认,在审美功能和审美层面上,视、听觉享有比其他感觉较高的地位,但我们也不能因此忽视味觉、嗅觉以及触觉在旅游审美活动中的积极作用。实际上,人的嗅觉、触觉、味觉以及运动觉在审美感受活动中也能发挥不可忽视的辅助作用。例如,当你在自然界中欣赏风景时,在鸟语花香与微风拂面的环境中所获得的美妙感受,就离不开视觉、听觉、嗅觉与触觉的综合作用。再如,在饭店就餐这类综合性的审美活动中,对餐厅的背景音乐、环境装饰与食品的整体和谐美的感知,就离不开嗅觉、味觉的作用。由此可见,在类似旅游这样的综合性审美活动中,视觉、听觉、味觉、嗅觉、触觉乃至运动觉在感知过程中均扮演着各自的角色,发挥着不同的效用。

审美感觉在审美过程中起着重要的作用,但是仅靠感觉是不能体验到美的。正如列宁所说:"除了经过感觉,我们既不能知道任何物质的形态,也不能知道任何运动的形态。"审美感觉与客观外界美的事物发生直觉的联系,它给审美活动提供了丰富的素材。然而要真正获得美感,却不是审美感觉所能完成的,因为任何一个美的事物,它都不可能以某一种属性或是在与周围的事物没有任何关系的情况下存在着,即使是形式美也不能这样,那种与任何事物没有关系的一条曲线、没有任何背景的一笔红色往往是引不起美感的。

二、审美知觉

知觉是指对事物的各种属性、各个部分及其相互关系的综合的、整体的反应。在知觉中,人脑中形成的不是事物个别属性的孤立的映象,而是由各种感觉集合而成的具体事物的完整映象。例如,对于一朵花,我们说知觉到了花,这就是花本身,而不是感觉所反映的颜色、大小、轻重、芳香等等单个的、孤立的属性。再如,阳春三月,人们来到春光明媚的大自然,眼睛看着旖旎的风光,耳朵听着鸟鸣水声,鼻子嗅着花草清香,人们的各种感官此刻都在活跃地运动着,同一事物的多种属性可以同时诉诸人的不同的感官,从而形成对春天的整体感受。此刻我们知觉所感受的已不是孤立的视觉、听觉、嗅觉,而是能把它们统一起来,形成整体的知觉印象,构成一个个具体的景观。通过审美知觉,客观事物就成为一个有机的整体,生气勃勃地展现在我们面前。

知觉必须以各种形式的感觉为前提,没有感觉,就谈不上知觉。感觉到的事物的属性越丰富、越多样,知觉就越完整。知觉是较为复杂的一个心理层次,它不仅觉察到刺激的存在及其重要属性,而且知道该刺激所代表的意义。在审美心理活动过程中,由于任何美的形象都是感性具体的,又是完整统一的,所以唯有通过审美知觉才能完整地把握美的对象。

审美知觉具有如下特点:

1. 整体性

审美感知的整体性是指人们不是单独用视、听、嗅等感官分别感知客体,然后把各种感觉拼凑相加才得到客体的知觉形象;相反,人们是用多种感官全方位、多角度地去感知对象,是对对象的形状体貌、声音色彩及其内部结构和外部关系等各个方面所组成的整个情景的反应和把握。所以人们获得的客体印象不是支离破碎的,而是一个具有丰富生活形态的统一体,是一种整体性的认知和了解。甚至当对象的个别属性或个别部分直接作用于人的时候,也会产生对这一对象的整体印象。

西方格式塔心理学通过对人的运动知觉的研究,也认为知觉在组织和建构外物的"形"的时候,既不是对客观事物"形"的摹写,也不是个别感知的逐渐增加,然后相加或拼凑而成的全体,而是在知觉的瞬间就把握客观事物的完整形象,从"完形"上来把握客观事物的。例如格式塔心理学的创始人、美国当代美学家阿恩海姆说:"视知觉一开始把握的材料,就是事物的粗略结构特征","一个幼儿还在他能够把这只狗同另一只狗区别开来之前,就能够把握狗的完形特征了"。这也说明了知觉具有整体性的特点。

审美知觉的整体性还表现在尽管有时受条件的限制,主体只能部分地感知对象,但仍然能得到完整的客体印象。如清朝诗人严遂成的"远烟着地树浮空"(《秋夜投止山家》),从诗句可见,尽管浓浓的烟霭遮住了树干,但诗人仍从树与烟的关系中知觉到树的整体。这是因为在把刺激物的几个部分综合为一个整体知觉的过程中,过去的知识经验常常能提供补充信息。所以遇到类似情景,人们便会根据对象的关系形成整体性知觉。中国古典诗论中的"飞白"手法以及书画中的"布白",主张留下某些艺术"空白"让读者去填补,以获得含蓄的审美效果,这同审美知觉和艺术知觉的整体性特征是分不开的。

2.选择性

作用于人的感觉器官的客观事物是多种多样的,但人不可能同时感知周围所有的事物,他总是有选择地以少数事物作为知觉对象。对于审美知觉来说,它要求主体能专注于对象的感性形式,而对象的感性形式又是千姿百态、生动活泼而富于变化的。为了使主体能捕捉住对象在每一瞬间所给予的印象,抓住对象在运动中的每一细微变化,就更要求主体的审美知觉具有更为敏锐的选择能力。审美感知的选择性使人们在面对杂乱无章的场景时,能使相关的各种物象凸现出来,发生联系,构成一个整体,而将无关的因素淡化。像温庭筠的《商山早行》中写的:"鸡声茅店月,人迹板桥霜。槲叶落山路,枳花明驿墙。""早行人"的所见所闻,绝不仅仅是诗人所描述的这几种物象,但是诗人感知的结果是复杂的生活现象被简化了,而与诗人心情有关的物象却突现出来,于是这些能引发行客思乡的鸡声、茅店、残月、人迹、板桥、寒霜、槲叶、山路、枳花、驿墙等物象相互发生联系,组成独特的艺术画面,从而成功地表现了行客的悲苦之情。

按照审美知觉选择性的原理,在美的创造特别是艺术美的创造中,人们经常借助于特定的手段,将审美主体的感知稳定地引向对象,帮助主体进行选择。例如旅游区设置的观景台、绘画雕塑的强化突出部分等等,都是为了引起审美主体的注意,引导人们进行选择。

3.恒常性

当知觉的条件在一定范围内改变了的时候,知觉的映象仍然保持相对不变,这就是知觉的恒常性。在视知觉中,知觉的恒常性表现得特别明显。对象的大小、形状、亮度、颜色等映象与客观刺激的关系并不完全服从物理学的规律。在亮度和颜色知觉中,物体具有的亮度和颜色倾向于保持不变。比如,无论是在强光下还是在黑暗处,我们总是把煤看成黑色、把雪看成白色、把国旗看成红色。实际上,强光下煤的反射亮度远远大于暗光下雪的反射亮度。著名的艺术家库姆布里希在他的《艺术史话》一书中曾指出:"我们有一种古怪的想法,认为自然无论如何应该像我们看惯了的绘画一样……那些坚持认为在一幅画中天应该是蓝的、草应该是绿的人们,在一幅画中,他们如果看到了其他的颜色,就会愤愤不平……"

阅读材料 7—1 为什么柳树看上去是悲哀的?

"一棵柳树之所以看上去是悲哀的,并不是因为它看上去像个悲哀的人,而是因为垂柳枝条的形状、方向和柔软性本身就传递了一种被动下垂的表现性。"(阿恩海姆,《艺术与视知觉》,第 624 页)这就是格式塔心理美学所要揭示的美学内蕴。格式塔心理美学又译为"定型的心理美学",由德国心理学家卫特黑、卡夫卡、柯勒于 1921 年创立。美国心理学家鲁道夫·阿恩海姆是这一学派最主要的代表人物。1954 年他发表了《艺术与视知觉》,在造型艺术这本书中典型而生动地说明了格式塔美学的基本原理,通过格式塔的基本原理,古典艺术和现代艺术、西方艺术和非西方艺术可以构成一个逻辑一贯的体系。

一、格式塔美学的出发点:完形

格式塔研究的出发点是"形",这既不是一般人所说的外物的形状,也不是一般美学理论中的形式,而是一种完形。完形是 Gestalt 的较有对应性的中文译名。它的第一个特征是完整性,也即心理现象最基本的特征是在意识中显现的经验的结构性或完整性。完形的整体性是现代科学系统论似的整体性,整体大于各部分之和,它的特征和性质是从原有的构成成分中找不到的,一首五言绝句,不是 20 个字的相加。第二个特征是变调性,一个格式塔即使在它的各个构成成分——大小、方向、位置等一经改变的情况下,也依然存在。第三,完形不完全是指客体本身的性质,而是指经由知觉活动组织成的经验中的整体。完形是在知觉的组织中显现出来的式样,它也不是纯主体的创造,而是客观的刺激物在主体知觉活动中的呈现。完形从而把审美对象和审美主体统一起来了。

二、完形的特征及其人类学基础

完形不是客观事物的纯外形，而是知觉中的完形。它也有以下两个特征。举例而言：一个圆处在正方形的正中心，我们感到是稳定的，觉得很舒服。如果圆略微偏离中心，就有不平衡感，使人想到其有返回中心之意，或曰有种力要把它拉回中心；如果圆靠近侧一边线，也显得不稳定，好像边界有一股力要把它吸引过去。由此可以得出：①完形是一种力的式样图形中的力，不是理智判断出来或想象出来的，而是眼睛感知的，是看出来的。它并不客观存在，都客观地存在于知觉中，存在于完形中，它是一种心理的力。②完形自发地追求一种心理平衡，力的明显、隐含、运动趋向都围绕着平衡进行。一切完形都包含着这两个因素。这两个因素的研究是建立格式塔美学的基石。通过平衡与力，格式塔美学把美学的基本原则建立在现代科学的场论、整体论、宇宙论、人类学论上，对传统的审美对象理论进行了改变。它把古希腊的静穆、古典主义的和谐转换到现代的动态平衡中，人类追求动态平衡、有生命活力的平衡，它造成了一切完形的两大特征或说两大原则：简化和张力。

三、完形的活动原则

1. 简化：完形是一种结构或者组织，从客体方面讲是结构，从主体方面讲是组织。格式塔心理学家发现，那些使人极为愉悦的完形，是在特定条件下视觉刺激物被组织得最好、最规则和具有最大限度简单明了性的完形，称为简约合宜的完形，或曰好的完形，它遵循的是视觉活动的简化规则。简化是一种组织方式，简化的关键不在于成分的多少，而在成分所包含的力。简化的实质，是以尽少的结构特征把复杂的材料组织成有秩序的整体，这个整体是由成分的力所决定的。因而一个视觉对象的形状并不是由它的轮廓线决定的，而是由它的骨架结构决定的。简化分离的方式、分类的方式、完美的方式改变事物本来的面貌，以走向平衡为核心进行简化，是以变的趋势去获取平衡，获取美的完形。它虽然以一种静的形式表现出来，但它是含着动的静，虽静而动。

2. 张力：完形的活动原则之二。使一个式样简化，就意味着减少这个式样的内在张力。但简化的核心是动态平衡，动态平衡的基础在于张力，因此简化减少张力，但不消除张力，从某种意义上说，简化本身就是一种张力式样。张力是有机体追求平衡的又一种方式，它与有机体不断和环境交换能量、反抗熵的增加趋势相一致。

完形心理美学认为：知觉不是感觉相加的总和，人的心理感受、感情和自然、对象之间存在着某种相对应、相呼应的形式、结构、秩序、规则和活力（或曰张力），从艺术的不动中感觉到的运动是完形的结果，在知觉中可找到解释。知觉活动所涉及的是一种外部的作用力对有机体的入侵，是用某种冲力在一块顽强抗拒的媒质上面猛刺一针的活动。这样在完形中,斗争的结局——相对平衡的图景显示出来;生理力本身的活动和表演过程也造就了在知觉中的对应物:运动,或曰具有倾向性的张力。这些处理心理现象的原则对以整体感知对象为特征的审美经验的形成,提供了心理学的依据。

简化和张力是以宇宙人生的动态平衡为基础的两种完形模式,或曰视知觉的两种组织方式,对二者从美学上进行综合,阿恩海姆用了"表现"这个概念。表现,即人们通过知觉方式获得某种"经验"。或者说知觉式样具有某种"表情"。阿恩海姆在对张力的论述中业已透出在论表现中详论了:表现是知觉式样固有的特征,如以客观外在事物来说,其表现性不在于将物的外表与人的心理相比拟,或曰主体的情感投射到物里而使物获得表现性。一棵柳树之所以看上去是悲哀的,乃是因为垂柳枝条的形状、方向和柔软性本身就传递了一个被动下垂的表现性,而不是因为垂柳看上去像个悲哀的人。造成这种表现性的基础就是力的结构,人能从中领会到表现性,从根本上讲,在于力的结构不仅对物质世界而且对精神世界均有普遍意义。"像上升和下降,统治和服从,软弱和坚强,和谐与混乱,前进与退让等基调,实际上乃是一切存在物的基本存在形式。不论在我们自己的心灵中,还是在人与人之间的关系中,不论在人类社会中,还是在自然现象中,都存在着这样一些基调。"正是因为外在世界的力与人体生理心理之力具有宇宙的同一性,事物的表现性才得到说明。也正因为宇宙普遍的力,才不仅使有意识的有机体具有表现性,"就是那些不具意识的事物——一块陡峭的岩石,一棵垂柳,落日的余晖,墙上的裂缝,飘零的落叶,一汪清泉,甚至一条抽象的线条,一片孤立的色彩,或是在银幕上起舞的抽象形状——都和人体具有同样的表现性"。人的心理与自然外物的内在一致性,决定了人们在艺术创作及审美活动中会"触景生情"、"感物伤怀"。

(邓佑玲.新兴学科百万个为什么——美学卷.北京:旅游教育出版社,1993:81~85)

第二节　审美想象

构成审美经验的第二个重要元素是想象。想象在审美经验中占据着举足轻重的地位。审美想象是在感知表象与记忆表象的基础上建构新的审美意象。如果说感知的作用是为进入审美世界打开了大门,那么想象就是为进入这个世界插上了翅膀。审美想象，是审美主体对自己头脑中已有的表象进行加工改造而形成新形象的心理过程。马克思称想像力为"人类的高级属性"。康德说："想像力是一个创造性的认识功能。"而黑格尔则认为："最杰出的艺术本领就是想象。"对想象的作用给予如此高的评价，是因为人们在从事审美欣赏和艺术创作实践中，均离不开丰富而自由的想象。

在审美想象过程中，人们对已有生活表象进行加工、改造，使审美客体的某些特征被改造，并同时获得其他事物的某些特征，从而使表象发生变异。滕守尧曾以一段话精辟地描述了这个过程："……模糊的原始材料经过想象的加工之后，便成了发乎自然而不同于自然的东西。外部自然只是一种死的物质而想象却赋予它们以生命；自然好比一块未经冶炼的矿石，而心灵却是一座熔炉。在内在情感燃起的炉火中，原有的矿石熔解了，其分子又重新组合，使它的关系发生了变化，最后终于成为一种崭新的形象在眼前闪现出来。"

想象是一个有着广阔内容的心理范畴，其内容与功能十分广泛多样。想象一般可分为初级与高级两种形式。初级形式指简单联想，其中包括接近联想、类似联系和对比联想，高级形式则指审美知觉想象与创造性想象。

一、审美联想

心理学认为，联想是回忆的一种形式。引起联想的根源是客观事物之间的相互联系及其在人脑中的反映。由于客观事物是互相联系着的，所以它们在人脑中的反映也是互相联系着的，这就使得当人们面对某些对象和现象时，可以引起另外一些对象和现象的再现。在旅游审美活动中，借助于联想，就能使当时的审美体验不只是停留在对对象直接的、简单的感受上，而是能间接地、深入地感受到对象所包含的内在意义，从而使感受的内容显得愈加丰富、愈加深刻。例如李白的《静夜思》："床前明月光，疑是地上霜。举头望明月，低头思故乡。"诗人在欣赏皎洁的月光时，联想到了洁白的霜，又进而由明月照彻天宇而联想到遥远的故乡。借助联想，不但月亮的审美形象显得更为鲜明生动，而且他从中感知的内容也得到充分的扩充。

审美联想按照它所反映的事物间的关系不同，可分为接近联想、类似联想、对比联想三种形态。

（一）接近联想

接近联想是指甲乙两事物由于在时间、空间上的接近，人们在有关经验中便把它们经常联系在一起，以致形成稳固的条件反射，一感受到甲便自然联想到乙，并引起相应的情绪反应。如陆游的《沈园》一诗，是他重游沈园、怀想前妻唐婉之作。"伤心桥下春波绿，曾是惊鸿照影来"，见到绿水联想到唐婉以前曾到过此地。人们在日常生活中，"睹物思人"、"爱屋及乌"等都是接近联想的例子。

(二)类似联想

类似联想是由甲乙两事物在外观或性质上的某种类似而引起的联想。例如，从挺拔的青松可以让人联想到志士的气度，从傲霜的秋菊可以让人联想到隐士的高洁。

在旅游审美活动中，人们将张家界的一些奇峰怪石命名为"千里相会"、"夫妻岩"等等。本来这些山峰只是一些自然的物体，没有情味可言，但是由于在外观上形似，人们通过联系，使这些没有生命的自然物质变成了有情有意的美的形象，成为给人以审美感受的观赏对象。

(三)对比联想

对比联想是指建立在甲乙两事物性质状貌对比关系上的联想。对比联想的功能，主要不在强化对某一对象的感受，而在强化对两事物间所具有的对立关系的理解和感受。如刘禹锡的诗"沉舟侧畔千帆过，病树前头万木春"，就是运用的对比联想。在旅游审美活动中，人们亦常能通过对某一事物的感知和回忆，而引起对和这一事物具有相反特点的其他事物的回忆。例如古人的园林建筑，其造山叠石讲究丑，他们认为只有在丑中才能见出石之美、石之秀。《艺概》的作者刘熙载说："怪石之丑为美，丑到极处便是美到极处。"这正是对比联想的神奇功能。借助对比联想，人们就能将对立的景物、情感、事物、现象或交错呈现，或结合一体，帮助人们从现实生活的对比关系中得到更鲜明、更深刻的感受。如，苏州留园西楼前的"印月"峰，外形顽拙，中有一孔，此石如卧于山野，不会有人注目，但园艺家构思精妙地将它立于水池旁，使游人从侧影中看石身圆孔映出的蓝天，如皓月当空，又以"印月"题名，真可谓"化腐朽为神奇"，使丑劣之石呈现出美来。丑转化为美，艺术的辩证法明乎于此。

二、审美想象

想象和联想是有区别的。如前所说，联想是想象的初级形式，而一般意义上的想象则是指想象的高级形式，它可以不必依赖当下的直接感知，能借助记忆里所储存的表象，通过分析、综合，而创造出新的形象。审美想象是能动的创造性的思维活动。想象从心理类型来看，又可分为无意想象和有意想象。无意想象是指不自觉想象。中国诗论讲究"化境"，就是要求艺术想象创造的境界不留雕琢之痕，不见刻意追求之迹，而达到一种如梦似幻、引人入胜的境界。例如，白居易的词"花非花，雾非雾。夜半来，天明去。来如春梦不多时，去似朝云无觅处"所表现的就是无意想象。而有意想象是一种自觉意识到的想象。这种想象受一定的目的支配。例如，作家在刻画人物时通过有意想象来弥补生活原型的不足，达到最佳选择。

在艺术美的生成中,起主导作用的是创造性的审美想象,用黑格尔的话来说:"想象是创造性的,艺术不仅可以利用自然界丰富多彩的形形色色,而且还可以用创造的想象,自己去另外创造无穷无尽的形象。"但是,自由翱翔、纵横驰骋的想象并不是毫无根据的。美学家阿恩海姆说:"富于想像力的形象,并不是去歪曲真理,而是对真理的肯定。"无题的想象之所以能说成是对真理的肯定,其原因和想象的心理活动过程与特性有密切的联系。我们知道,想象作为审美感知和审美理解的中介,一方面,想象以表象作为基本材料,在对表象所进行的组织安排中,始终保持着表象的可感性、具体性、形象性,也就是说它始终不抛弃具体的感性材料;另一方面,想象又和思维密切联系着,像思维一样能进行分析综合。它能循着特定的情感逻辑或生活逻辑,对原有表象进行加工改造,以形成新的形象。这一过程初看起来似乎是从表象出发又回到表象,实际上却是在更高一级上的回复。正是在这个意义上,高尔基说:"想象在其本质上也是对于世界的思维,但它主要是用形象来思维,是'艺术的'思维。"可见,看上去似乎天马行空般的想象,其内在的活动机制却是一种不同于抽象思维的形象思维活动,它当然能获得对真理的发现和肯定。

对于旅游审美活动来说,是不能离开想象的。旅游者要充分感受、理解、体验旅游景观的美,获得强烈的美感,必须有想象的参与。当旅游者面对着一座雕塑或者是一幅画时,仅仅凭眼前的景物,难以获得强烈的感受。要根据自己以前所积累的形象记忆、情绪记忆去展开想象,方可进入这些审美对象所展现的审美情景之中,获取愉悦的审美感受。

审美想象大体可以分两种,即知觉想象和创造性想象。前者是一般审美活动中的想象,这种想象不能完全脱离开眼前的事物。创造性想象则是艺术家创作过程中的想象,它是脱离开眼前的事物、在内在情感的驱动下对回忆起的种种形象进行彻底改造的想象。

（一）知觉想象

知觉想象是面对着美丽的自然事物或富有感染力的艺术品而展开的。当人的全部心理功能都活跃起来去拥抱自然或感受艺术品时,当人们的心境、爱情、痛苦、欢乐与大自然完全合拍时,当人们无法把眼前那喧闹的小溪与昔日生活的某种情节和气氛区分开来时,人的想象活动便被激发起来了。去过昆明石林的人都有可能亲身感受知觉中的想象经验,当我们以一种"现实"态度去观看眼前的那根被称为阿诗玛的石柱时,它实际上只不过是一根普通的石柱而已,但当我们放眼四望,看到那清澈的泉水、那通向竹林深处的小路、那神秘幽静的境界,又忽然想起那动人心弦的阿诗玛的传说时,我们的态度和心境就会马上改变,眼前的石柱也会随之突然变成了美丽的阿诗玛:那坚硬的石块变得柔和了,那转折突然而又生硬的轮廓线也变得圆润了,顶部的那块方正的石块似乎也变成了椭圆形。于是,一个神态生动、美丽自然的女性形象便从这块无生命的石柱中生发出来了。这个形象当然不是石柱原来的形象,而是我们的想象赋予它的形象,特殊的心境生发出一种特定的情感,特定的情感唤出符合这种情感的记忆形象,当这种形象与眼前的石柱交融为一体时,阿诗玛便在我们眼前出现了。在这种想象中,眼中出现的形象并没有完全脱离眼前的知觉对象,而且在某些方面还与眼前的知觉对象接近和类似,甚至在空间和气氛上还具有一定的联系。

(二)创造性想象

创造性想象指人们能根据形象化的语言描述或其他手段的描绘,在自己头脑中创造(或者说再造)出相应的新形象的过程。有创造性想象,人们就不必凡事都要身临其境地去感知,而是仅凭别人的描述或目睹某些情景,就能将某些自己并未亲身感知或无法感知的客体转化为自己的主观映象。在创造性想象中,眼前的刺激物只是起到一种触发作用,马克斯·德索把这种触发作用称为"钟摆的第一次推动",这种作为第一次推动的刺激物是审美主体在某个偶然的场合遭遇到的,它也许是一种微不足道的东西。二月的天空、乡间的小路能够触发作家写出一篇美丽的散文,而从远处传来的婉转悠扬的竹笛声可能唤起人们对若干年前发生的某些事件的回忆。

严格说来,创造性想象是一个"由表及里"(入乎其内)和"由里及表"(出乎其外)的综合想象过程。英国著名艺术批评家约翰·罗斯金曾对此作过生动形象的描述。他说"富有艺术想像力的感官把握材料的方式总是这样:它从不停滞在事物的表象或外形上……",它会深入内部追根寻底,汲取对象的精髓:一旦亲临其里,它会随心所欲地拨弄起对象身上的鲜枝嫩叶,这样一来,真理的汁液就不致外溢;其后,它随意加以整枝修剪,使其结出丰硕的果实,而不是衰变成老树上的枯枝秃丫。然而,这项工作往往很难处理,容易出现差错。这就需要抓住根本,把握住事物的中心实质。整枝修剪之后即可罢手,因为使命到此已告结束。总之,艺术想像力不是单凭视觉、声音和外部特征来观察、判断和描绘对象,而是从对象的内部实质出发,对其进行论证、判断和描绘。

创造性想象中还有一种称为再造性想象。再造性想象大大开拓了人们的视野。比如我们阅读白居易的《琵琶行》:

浔阳江头夜送客,枫叶荻花秋瑟瑟。

主人下马客在船,举酒欲饮无管弦。

醉不成欢惨将别,别时茫茫江浸月。

忽闻水上琵琶声,主人忘归客不发。

寻声暗问弹者谁，琵琶声停欲语迟。

移船相近邀相见，添酒回灯重开宴。

千呼万唤始出来，犹抱琵琶半遮面。

此时，我们脑海里立刻出现了这样一幅图景：诗人去江边送客，眼前是一片被清凉的秋风吹拂的暗红枫叶和芦花，在这江水茫茫的凄清的月夜里，诗人和客人在没有音乐的寂寞、悲凉的气氛中饮酒消愁。忽然从江面上传来了琵琶声，使他们留连忘返。诗人生怕惊扰了对方，暗暗地小声打听弹者是谁，弹者停止了弹奏，似有难言苦衷，想要说话又迟疑了，于是诗人把船移近弹者的船，邀请弹者相见，重新添酒、掌灯、摆起酒宴。多次呼唤邀请，琵琶女才羞涩地走了出来，面庞还用抱着的琵琶半遮着……这像电影似的一幕幕画面，就是积累在我们头脑中的表象，即江水、月夜、秋景、枫叶、饮酒、弹奏琵琶等的重新组合。

阅读材料 7—2　冷静的观照与深入对象的迷狂

人们的审美态度有两种，一是由普洛丁提出、经德国古典美学家推崇的冷静的观照；一是柏拉图所描绘的深入对象的迷狂。这两端的审美态度，支配和影响了欧洲戏剧表演的表现派和体验派两大理论主张的分野。在中国美学史上，对人们的审美态度的研究，则同性、情结合在一路，不过也作了"以物观物"、"以我观物"的判别。邵雍《皇极经世绪言》认为："以物观物，性也，以我观物，情也。性公而明，情偏而暗。"黄粤洲注解道："皇极以观物也，即本物之理观乎本物，则观者非我，物之性也。若我之意观乎是物，则观者非物，我之情也。性乃公，公乃明。情乃偏，偏致暗。"（据四部备要本）发展到王国维的《人间词话》，提出"有我之境"、"无我之境"，意欲沟通中西审美观念。事实上，对西方审美态度两端的描述，在中国众多的山水诗词中，早以形象刻描体现出来，只是我们的发掘、对照、研究不够罢了。

玉华洞，在福建省将乐县南郊十五公里左右的天阶山下，洞长约五六里，是石灰岩溶蚀而成的。洞中有溶蚀所造成的各种石乳和石笋，构成无比瑰丽神奇的美景。此洞闻名于宋、元、明、清之际，游记诗词名作甚多。而唯独清朝张亨甫的《游玉华洞》，揉合了冷静的观照与深入对象迷狂的两端审美态度，超然他作，使人刮目相看，击行赞赏。

张亨甫的《游玉华洞》，是一首歌行体的长诗。在诗的一开头就描绘了诗人与向导持火把进洞以后的情景：

入洞若　若兵烟，洞内万石各倒悬。

双持炬火烛怪异，但见鬼拂参神仙。

接下去就把洞内万石的动静美丑，一一罗列出来：

> 或现牟尼髻，或擘罗汉拳。
>
> 或类枯僧定，或貌少女妍。
>
> 或突象奋怒，或蟠龙蜿蜒。
>
> 或侧虎踞地，或垂牛饮川。
>
> 或鸟上挂木，或鱼下戏莲。
>
> 或枫之瘦丑，或桐之苍坚。

这时，诗人的头脑还是清醒的、冷静的；目光所及的万石，除比附的形象外，还有万石自身提供的想象和联想，并未进入幻觉的状态。

> 洼之为井灶，凹之为池田，
>
> 露之为浮拱，广之为长蓬，
>
> 张为帘幎大，散为金珠圆，
>
> 艳为丹砂吐，辉为碧玉鲜。

在描写了冷静观照的洞内种种情景后，笔锋一转，进入到"狂迷"的另一端。

一阵"阴风骤起"，诗人不敢向前走了。"恐天摧地陷飞水走，失足一坠真千年"。走还在走，只是"巨石压顶石碍"，"其高或昂首而鹤睨，其险或侧足而猱缘"。在这么一个令人深险压碍、高低莫测的三维空间中，加上洞中声息传播的回音，四顾茫然，无所适从。人在地上，或是在天上也闹不清楚，怎么不产生种种幻觉，似乎"有神人羽客、桑麻宅舍交相连"。这是全诗情感的高潮。

"入乎其内，出乎其外。"（王国维，《人间词话》）向导叫诗人熄灭火把，使他看见出洞口的另一番情景：

> 半窥残月忽到眼，照影又在琼楼边。
>
> 分明斗转夜欲曙，梦觉起听萧萧泉。

从天上下来，从梦中醒来，更重要的是从对象的狂迷中走出来，反归现实。

> 导者竟自去久之，始出洞后之崖颠。
>
> 幻邪真邪不可传，白日未落摇归鞭。

"幻邪真邪"的理想的境界的产生，正由于诗人和对象的审美态度，两端兼执，浑然一体。

（卢善庆.旅游美学闲话.长沙：湖南人民出版社，1986：76～79）

第三节　审美情感

　　情感和认识不同,它不是人对客观事物的属性及其相互关系的反应,而是人对自己与周围世界所结成的关系的反应和评价。在日常生活中,人们面对复杂的客观世界,总依据对象是否能满足自己的需要,产生一定的态度,形成情感体验。

一、审美情感

　　人们在整个审美心理中自始至终渗透着情感体验。人们在感知审美对象于眼前的表象时,使得这种表象带有一定程度的感情色彩。"记得绿罗裙,处处怜芳草。"美好的情绪记忆使得眼前寻常的小草成为审美愉悦的对象。

　　在审美过程中始终伴随着情感,即使是感觉这种最简单的状况发生时,主体得到的生理感受中也已经渗入了"情感"的因素。正如桑塔耶纳所说的:"当倾听某种歌声时,我们还没有听清其歌词与旋律,便觉得已深受感动了。有些音色会使人立即兴奋或松弛,有时会使人狂怒,有时会像微风一样轻抚我们,它们作为通向生动性情感的美感的激发,只在几秒钟对我们起作用。"

　　人们对审美客体的感知是一种积极能动的反应,这使得即使面对同一对象时,由于客体的审美属性具有多重性和复杂性,人们对客体感知的侧重点也有所不同。王昌龄说:"搜求于象,心入于境,神会于物,因心而得。"就是强调审美主体不但要主动地搜寻客观景物,而且要使心神融于景物之中,因心而生象。在审美感知的心物关系上,他主张"目击其物,便以心击之,深穿其境"。就是说,人们感知物象是要融入自己的主观情思到客体身上去的。情感因素或者说心境因素是触发其他心理因素的诱因。心境具有弥散性的特点,当一个人处于某种心境中时,他往往会以同样的情绪状态看待事物,如在欢乐的心境下,他就容易对事物产生肯定的愉快的情绪体验;反之,处在忧虑悲伤的心境下,则易产生否定的不愉快的情绪体验。正如荀子在《正名》里所说:"心忧恐,则口衔刍豢而不知其味,耳听钟鼓而不知其声,目视黼黻而不知其状,轻暖平簟而体不知其安。"所以面对春天的桃花,在心境愉快的崔护看来是"人面桃花相映红",但在心境忧伤的林黛玉眼里却是"泪眼观花泪易干,泪干春尽花憔悴"。高兴时,花欢草笑;哀伤时,云愁月惨。在"海棠花嫩不禁秋,小朵含烟月下愁"(《咏秋海棠》)的诗句中,被月色烟雾笼罩的海棠花不胜秋日凄凉的情状与诗人怜惜娇花嫩蕊的忧愁心绪相契合。这些都是情感影响审美主体的常见现象。

王国维也曾说过:"一切景语皆情语","以我观物,故物皆着我之色彩"。乐意于山水的人在有感而赋时,把自己独特的思想感情和审美意识移注进了景观之中,那就赋予景观美以这个作者的人格灵性,变成了全新的组合美,具有了景观美所没有的审美价值。如李白描写黄山的一首诗:"黄山四千仞,三十二莲峰。丹崖夹石柱,菡萏金芙蓉。伊昔升绝顶,下窥天目松。仙人炼玉处,羽化留余踪。"诗中的黄山已不完全是安徽南部的属南岭山脉的山,其中有李白"对象化"了的黄山,既有山峰的高度、色彩等视觉获得的审美信息,又有他独特的审美比兴(比石柱为金芙蓉),还有他移进黄山的人生价值(仰慕羽化仙侠)。像黄山这样的大风景区"留着我之色彩",连一花一木也如此。再如,海棠虽然美观,但经李清照、苏轼等人写了诗词,便使它有了另一番情趣,"东风袅袅泛崇光,香雾空蒙月转廊。只恐夜深花睡去,故烧高烛照红妆"。由于这些诗词的流传,使海棠显得更美。满池荷叶固然动人,但若得李商隐的"秋阴不散霜飞晚,留得残荷听雨声",则会倍觉神韵之至、美感之深。

在整个旅游审美活动过程中,审美情感是个异常活跃的心理因素。它对审美活动所起作用,主要可以归纳为两条:第一,情感能自始至终活跃在整个审美活动中,使这一活动过程和活动结果浸染着情感的色彩。第二,情感因素又是触发其他心理因素的诱因,能推动它们发展,起着动力作用。杜甫在重阳节登高远眺,曾写下《登高》诗:"风急天高猿啸哀,渚清沙白鸟飞回。无边落木萧萧下,不尽长江滚滚来。万里悲秋常作客,百年多病独登台。艰难苦恨繁霜鬓,潦倒新停浊酒杯。"重阳佳节,正是秋高气爽的好季节,可此刻映入他眼帘所感知的却是天高风急、孤鸟飞回、落木萧萧、滚滚江水。这些秋日的景物显得那么空阔、苍茫、寥落和荒凉。为什么呢? 显然是诗人凄凉孤独的心情在此时左右了他的形象感知。并且当诗人这一被情感所左右的感知再深入下去时,他不由地联想到自己颠沛流离、衰老多病的身世,更悲叹自己生不逢时、事业无成,一腔愁苦悲愤之情愈显沉重。至于情感因素对联想和想象的推动,则在旅游审美活动中发生得更为普遍。可以说,如果没有情感的推动,审美的想象就难以开展,难以飞腾,难以深化。当然想象的开展、飞腾和深化,回转来也会推动情感活动的发展和深化,激起审美主体更强烈更深刻的情感体验。

二、旅游审美情感交流

在旅游审美活动中,审美主体和审美客体之间总充溢着双向的情感交流活动,这种情感交流往往呈现出感动、移情、共鸣三种情况。

（一）感动

感动先要有所"感"，它偏重于审美对象所蕴含的内在情感向审美者方面的流动，审美者先要以受动的方式，接受感情的熏陶；而"感"要有所"动"，第二步就需要审美者进行内心的情感体验，体验的结果，就引发出审美者的情感态度，在审美者与对象之间形成情感交流。源自审美者对对象情感体验的"感动"一般需要两个条件：一是审美对象要具有普遍、丰富、深沉的情感意蕴。例如旅游者常能为万里长城的宏大气势所感动，这和长城作为中华民族的象征、蕴含丰富的民族文化心理内涵分不开。二是审美主体要有丰富的生活感受和经验。体验是在外物激发下的一种内心情感活动，空白的内心世界形不成情感的体验。

（二）移情

近百年来德国主要的哲学家和心理学家之中，几乎没有一个人不涉及美学，而在美学家之中也几乎没有一个人没讨论到移情作用。这个风气由德国传播到西方其他各国。提到移情说，人们总是把它联系到它的主要代表立普斯。有人把美学中的移情说比作生物学中的进化论，把立普斯比作达尔文，仿佛这个学说是近代德国美学界的一个重大的新发现。这种估计当然是夸大的，但是移情说在近代美学思想中所产生的重要影响却是无可否认的。

移情是在审美活动中，不仅仅只在情感体验时获得感动，它还要将自己在体验中形成的带有主体创造性成分的情感投射到审美对象上，使对象也带有审美主体的情感色彩。所谓"感时花溅泪，恨别鸟惊心"，花鸟本不通人情，但是诗人将自己的感受投射到审美对象，这时候花鸟似乎也为时世战乱所感而流泪惊心，这就是移情的例子。"寒山一带伤心碧"，山何以寒？碧又何以伤心？其实这都是诗人经体验后获得强化的感情投射到对象上去的结果，是自己凄苦悲伤的心情使山显得寒、碧显得伤心。

"移情说"被认为是立普斯的首创。"移情说"认为审美价值是"客观化的自我价值情感"，因此在审美关系上强调物我同一或情景交融。在这种同一的状态中，人把自己感入到对象中，借此将原本隐含在心灵里的情感志趣外射到对象中，使其得以寄托和表现，构成"象征性移情作用"。简言之，"移情"是一种立足于主体心理活动的物我交流过程。根据性质，"移情"分为"审美的移情"与"实用的移情"。两者的区别在于前者以审美观照为前提，而后者则以实用态度为前提。审美观照要求观照者超然物表，把对象的内容从现实联系中脱离出来，在纯化的移情作用中于审美对象深处把握表现人的价值的东西。

在《空间美学》一书中，立普斯以游览古希腊雅典卫城时凝神观照 Doric 石柱为例做了如下描述："在我的眼前，石柱仿佛凝成整体和耸立上腾，就像我自己在镇定自持，昂然挺立，或是抗拒自己身体重量压力而继续维持这种挺立姿态时所做的一样。"这种姿态,令人可喜,其内在充满生气的模样引人同情,从中能够再认识到自己的一种符合自然的和令人愉快的仪表。"所以一切来自空间形式的喜悦……一切审美的喜悦,都是一种令人愉快的同情感。"从物我关系上讲,"在对美的对象进行审美观照时,我感到精力旺盛、活泼、轻松自由或自豪。但是我感到这些,并不是面对着对象或与对象对立,而是自己就在对象里面";"在它里面,我感到愉快的自我和使我感到愉快的对象并不是分割开来成为两回事,这两方面都是同一个自我,即直接经验到的自我"。

在英国,移情说的主要代表是浮龙·李。她描写自己观照花瓶时,如果"双眼盯着瓶底,双足就压在地上。接着随着瓶体向上提起,自己的身体也向上提起,随着瓶体上端展宽的瓶口的向下压力,自己也微微感觉到头部的向下压力……有一套完整的平均分布的身体适应活动伴随着对瓶的观照。正是我们自己身上的这类动作的完整与和谐才是和感觉到瓶是一个和谐的整体这个理智的事实相适应的"。她甚至认为"如果我们昂首挺胸,全身筋肉紧张地站在雕像面前,我们不可能聚精会神地圆满地欣赏一座像《麦底契爱神》那样身体微向前弯的雕像"。

不过,值得注意的是,移情作用本身也有深浅程度之别,它在审美活动中是一个相当普遍但也不是绝对普遍的现象,不能将"审美的移情作用"和审美活动等同起来。德国美学家佛拉因斐尔斯在他的《艺术心理学》里把审美者分为"参与者"和"旁观者"两种类型。参与型通常都起移情作用,旁观型通常都不起移情作用。但是这两个类型的人都可以享受美感。佛拉因斐尔斯举看戏为例,"参与者"说:"我忘却了自己,我只感受到剧中人物的情感。我时而跟奥赛罗一起发狂,时而跟苔丝狄蒙娜一起战栗,时而又想干预他们,挽救他们。"而"旁观者"却说:"我面对着戏剧场面就像面对着一幅画,我随时都知道这并不是实人实事,我固然感到剧中人物的情绪,不过这只是对我自己的美感提供材料。……我的判断力始终是清醒的。我也始终意识到自己的情感。"

(三)共鸣

这是审美欣赏活动中出现的一种特殊的情感交流现象。"共鸣"是指对象所蕴含的情感和审美主体的情感因相通或相近而产生的一种情感振荡,是主体和对象之间因心物两契而进入一种情感上的共振共鸣状态。作为一种特殊的情感交流活动,共鸣不要求主客体在思想感情上完全一致等同,只要主客体在某些方面,例如在所处的社会矛盾、生活处境、实践经验上有某些相通、相近之处,就可引发共鸣。从某种意义上说,共鸣正是一种主客体之间追求相通或相近的情感状态。一旦这种情感状态形成,就必然会给审美主体带来极大的兴奋和激动,同时也加深对客体的领悟。

第四节　审美理解

审美理解泛指审美直觉中的所有认识性因素（包括美感中的思考、推理、判断、意识、无意识、觉醒、领悟等等知性心理），它与感知、想象、情感等心理因素沟通交融，共同构成审美直觉心理机制。我国传统诗论中所谓的"状难写之景，如在目前；含不尽之意，见于言外"；钱钟书《谈艺录》中所谓的"理之在诗，如水中盐、蜜中花，体匿性存，无痕有味，现相无相，立说无说"，道出了审美理解与感知、想象、情感融为一体的特点。审美理解与情感等尽管都是化于主体审美心理空间的构成因素，共同承担着美感心理活动任务，但审美理解在美感直觉中的心理功能却不同于审美情感。情感强化美感的浓度，理解则强化审美领悟的深度。

实践派美学的代表人物李泽厚积极地肯定了理解因素在审美意识活动中的作用，认为理解作为一种心理活动，是美感中不可缺少的要素。因为，"感觉到了的东西，我们不能立即理解它。只有理解了东西才能深刻地感觉它"。但由于人们在审美观照时的理解程度不同，往往会形成深浅不同的层次或水平。概括起来，大体有以下三个层次：

第一层次的理解主要在于区分现实状态与虚幻状态，即把现实生活中的事件、情节和感情与审美或艺术中的事件、情节和感情区别开来。比如，在观海市蜃楼时不要把幻景当作可居的实景，在看戏剧时不要把剧情当作现实的真情……一句话，要清楚地意识到审美或艺术世界之"虚"与现实世界之"实"的分别。只有这样，才能在热情中保持冷静，以一种审美的凝思默照态度，从容而自由地进行审美欣赏。

第二层次的理解是对审美对象（特别是艺术对象）之内涵的了悟。比如畅游中国万里长城，如果不知其历史背景、基本功能和象征意义，恐怕就难以真正欣赏其"时间的立体性"和"历史的舞台作用"，也难以达到"游山如读史"的旅游审美境界。艺术鉴赏更是如此。你若不懂西方宗教中两个百合花象征着圣母玛丽亚的童贞、十字架象征着耶稣受难、羊羔象征着信徒、池边饮鹿象征着圣徒的欢乐等等，你就会觉得莫名其妙，不能完全欣赏这类绘画作品。同样的道理，你去敦煌观光，看到莫高窟舍身饲虎之类的壁画，如果不了解其中所描绘的宗教故事和普渡众生的佛旨，你会感到怪诞异常、不可思议……

第三层次的理解是对融合在形式中的意味的主观性把握，这是一种深层的和内在的理解。这种意味之于形式，"如水中盐，有味无痕，性存体匿"（钱钟书）。这种理解是审美心理活动中最重要的因素，它集理解于感性之中，融思索于想象和情感之中，常常在暗中发生效用，使美感不断地得以深化。从实际情况考察，对自然美的凝神观照，在相当程度上就包含着这种超感性而又不离开感性、趋向概念又无确定概念的理解因素。

　　总之，审美理解的功能主要表现为一种自觉、秩序、规律，在与其他心理机能相互关联、渗透、组合之中起着一种统一、规范、限定的作用。

思考与练习

1.什么是知觉？知觉在人们审美中的作用是怎样的？

2.试举例说明在各种审美感觉中视、听觉所获取的感受是最主要的。

3.想象可以分为哪几种？它们的区别是怎样的？在审美中的作用如何？

4.审美情感的基本特征是什么？

5.情感是如何影响人们审美活动的？

6.理解是如何影响人们审美活动的？

7.在欣赏自然景观与人文景观时，人们的审美心理有什么异同？

第八章　旅游审美的体验

本章提要

　　本章从旅游审美的需要、需求和动机的比较入手,分析了旅游审美需要产生并日益兴旺的原因,介绍了几种常见的旅游审美动机。阐述了审美意识的构成要素与特征、审美意识的活动过程、审美个性的形成、审美个性的意义等内容,这有助于加深我们对审美心理活动的认识。然后深入分析了旅游审美感受的三大层次——悦耳悦目、悦心悦意和悦志悦神,以便更全面、更深入地理解旅游者的审美心理。

　　旅游审美心理是旅游美学研究的中心问题之一。爱美之心,人皆有之。美感就是人们在审美欣赏和创造中的一种心理现象。有些美学家认为,人们对美的判断是依靠一种特殊的内在感官反应能力完成的。英国美学家夏夫兹博里和哈奇生认为,人天生就存在着一种专门管鉴赏的器官,叫"内在感觉"或"第六感官"。感觉器官产生快感,"内在感觉"产生美感。"内在感觉"感受美时,也像五官感受外在事物一样,是直接的、不假思索的。旅游审美心理,是一种十分复杂、微妙的心理过程。旅游审美的主体是旅游者,当旅游者流连于清新幽雅、秀丽奇特的自然山水之间的时候;当旅游者瞻仰革命烈士纪念地,被英烈志士的豪迈气节和高贵品质感动得热泪盈眶的时候;当旅游者身处异域他乡,体察少数民族的风情或品尝各少数民族的风味食品的时候,一种美感便会油然在心中滋生,久久地萦绕在脑际,于是,人们感到兴奋,感到愉悦,感到崇高,感到甜美。但是,你可知道萌发美感时人们内心活动的奥秘? 人们也许会进一步追问,是什么原因诱导美感的产生？旅游快感从何而来？是什么力量促使美感由浅入深,进入旅游者那无比绚丽多姿、仪态万千的旅游审美境界？

第一节 旅游审美的需要、需求与动机

一、旅游审美需要、需求与旅游审美动机

(一)需要、需求与动机

需要是指有机体没有得到基本满足的感受状态。产生需要就是因为有机体意识到自己的现实状态与理想状态之间的差距,失去了平衡,这种差距往往是缺乏什么东西。首先,需要是一种内部的紧张状态。导致这种紧张状态的原因是生理上或心理上的缺失或不足。当个体在生理上或心理上出现对某些必需因素的缺失或不足时,个体与环境之间的平衡就会打破,从而产生一种内部的紧张状态。其次,需要指向一定的对象。由个体生理上或心理上的缺失或不足引起的需要,归根到底是人对个体生存和发展要求的反映。这些客观要求有的来自内部,如饥饿时要吃东西;有的要求来自外部,如学生为实现家长或社会的期待,而产生努力学习的愿望。人的需要在指向一定对象时,还具有选择性。这种选择性具体表现为对满足需要的方式的选择,如饿了要吃东西,具体吃什么东西来充饥,人们往往有各自的选择。这种选择性与个体满足需要的经验、个体的爱好和价值观、个体的文化习俗有关。第三,需要是个体活动积极性的源泉。人的需要、兴趣、爱好、动机、价值观、人生观等,都是推动人们从事各种活动的动力因素,但需要是最根本的,其他的动力因素都是在需要的基础上形成和发展起来的。需要使人朝着一定的方向,追求一定的目标,以行动求得满足。需要越强烈、越迫切,就越容易推动人们的活动。人的需要随着社会生产力的发展和物质文化生活水平的提高而发展。人的需要从不因一次或多次满足而终止。人的一种需要满足后,便会重新出现这种需要或产生新的需要,永远呈现出动态的发展过程。需要的发展性特征,充分体现了人类永不满足、永远进取和积极创造美好未来的伟大精神。

动机是发动和维持人的活动,并使活动朝向一定目标的内部心理过程或内在动力。动机是人们行为背后的原因,是在人们希望其需要得到满足时被激发产生的。动机是无法直接观察到的,它是一种内部心理现象,在行为产生以前就

已存在,人们只能通过观察表面行为的变化来推测背后的动机。我们经常看到的是动机所驱动的行为,如好朋友们经常在一起玩、学习,但友谊行为背后的交往动机是无法直接观察到的。

当满足需要的对象是特殊消费方式时,我们称之为需求。也就是说,用来满足一种需要的特殊消费方式叫做需求。

按心理学所揭示的规律,需要引起动机,动机支配着人们的行为,行为对应需求,需求指向目标。当人们生理和心理出现不平衡时,人体会产生一种紧张的状态,心理上产生不安与紧张的情绪,这时候我们意识到人体产生了某种需要时,它需要借助外界事物来达到平衡。当需要迫切又具备满足需要的客观目标时,动机产生了,它驱使人们选择目标,并进行实现目标的活动,以满足需要。需要满足后,人们的心理紧张消除,然后又有新的需要产生,再引起新的行为,这样周而复始、循环往复(如图 8-1 所示)。

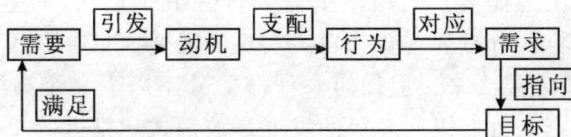

图 8-1　需要、需求与动机

(二)旅游审美的需要、需求与动机

旅游审美需要引发旅游审美动机,同时旅游审美需要只要满足以下两个条件就可转化为旅游审美动机:

第一,旅游审美需要必须有一定的强度。就是说,旅游审美需要必须成为个体的强烈愿望,迫切要求得到满足。如果旅游审美需要不迫切,则不足以促使人去行动以满足这个需要。

第二,旅游审美需要转化为动机还要有适当的客观条件,即诱因的刺激,它既包括物质的刺激也包括社会性的刺激,有了客观的诱因才能促使人去追求它、得到它,以满足某种需要;相反,就无法转化为动机。例如,当你的亲朋好友从欧洲旅游回来向你谈起海外风情趣事、异国风光时,你就会产生一种外出旅游观光的审美需要,如果这时你正巧有十天半月的假期和足够旅游开支的积蓄,再加上海外旅游组团的宣传,于是你就会在以上诱因的刺激下产生也要去欧洲旅游观光的审美动机。

旅游审美动机支配着人们去进行旅游审美的行为,旅游审美行为对应着旅游审美需求,旅游审美需求指向具体的旅游审美目标。不过通常旅游审美需要和旅游审美需求不加以明确区别,可以互换使用。

二、旅游审美需要的原因

旅游审美需要是社会客观存在在审美主体心理上的反映,各种审美需要是人们朝着一定的方向,追求一定的审美目标,以审美行动求得满足。旅游审美需要越强烈、越迫切,就越容易引起并推动人们的审美活动。人,作为一种复杂的审美主体,在社会环境、文化氛围及其生理条件的相互制约影响下,往往会产生各种各样的心理需要,旅游审美需要就是其中的一种。在当代社会,现代人的旅游审美需要兴盛不衰的主要原因是:

第一,旅游审美需要的产生,源于人的生理、安全、归属和爱、自尊等等较低层次需要满足之后,萌发出来的属于最高需求层次范畴——自我实现的基本内容之一。马斯洛认为,人的需要包括不同的层次,而且这些需要都是由低层次向高层次发展的。层次越低的需要强度越大,人们须优先满足较低层次的需要,再依次满足较高层次的需要。马斯洛把需要分为五个层次,即生理需要、安全需要、归属与爱的需要、尊重的需要和自我实现的需要。只有当低层次的需要满足后,高层次的需要才能到来。但任何一种需要并不因下一个高层次需要的出现而消失。需要的产生由低级向高级的发展是波浪式地推进的。在低一级需要没有完全满足时高一级的需要就产生了。高层次需要产生后,低层次需要对行为的影响便随之变小。各层次的需要呈现相互依赖与重叠的关系。因此,从马斯洛的需要层次学说中可知,旅游审美需要虽属最高需要层次范围,但它并不排斥最低层次的生理需要,而是将生理需要和心理需要在最高需要层次范围里高度深化、辩证对立统一后产生出来的,具有新质新量的高级需要,是旅游审美行为的根本内驱动力。

第二,随着现代科学技术的发展,人们工作时间逐渐缩短,闲暇时间增多,可支配时间也变得充裕。可是随着科学技术发展,也给人类带来一些负面的影响,如生活节奏的加快使人身心疲惫,物质财富的增多反而使人感到精神世界的贫乏等。旅游作为具有物质和精神双重性功能的消费形式,日益成为人们生活方式的一个重要组成部分。这样一种现代生活方式,大大刺激和强化了人们的旅游审美需求。旅游是一项综合性的动态审美活动,构成旅游全过程的"食、住、行、游、购、娱"这六要素,不仅涉及各种不同的生活和文化领域,而且充满了丰富多彩的审美鉴赏活动。比如:领略大自然的神奇,观赏古文物的神韵,窥探风俗人情的神秘,体味人世间的真情或兼而有之,无不是集自然美、艺术美、生活美、社会美之大成,涉及阴柔、阳刚、壮美、崇高、绮丽、秀美等一切审美形态,有益于满足人们从生理到精神等不同层次的审美需求。美学家叶朗说过:"旅游涉及审美的一切领域,又涉及审美的一切形态。"旅游产品的开发与设计,无不贯穿着旅游业内人士的审美观、价值观。他们针对一定的需求开发旅游资源、设计旅游产品。而旅游从业人员本身也就是旅游过程中的一道风景线。与其他旅游产品所不同的是,他们具有能动性,可以通过形式美(仪表、仪容)与内容美(精神道德、情操)的协调统一来传达和引导旅游者的审美情趣。

第三,进入 21 世纪,审美化已成为未来世纪发展的潮流和趋势,未来的世界是审美的世界,而旅游作为全社会审美化运动的产物和手段,再加上旅游产品信息多渠道的流通,必将会激发人们的旅游热情,使旅游的审美需求度不断增大,处于日益突出或相对优势的地位。

三、旅游审美动机

旅游审美动机泛指决定旅游审美行为的心理趋向。或者说,是旅游审美需求过渡到旅游审美行为的心理中介。对前者来说,旅游审美动机是其在外界因素(信息流程、社会环境、文化氛围等)和内在情态(情趣、判断、心态等)的交替作用下而产生的,它具有一定的指向性,对旅游目的地有着相对明确的偏爱与选择;但对后者而言,旅游审美动机还只是一种心理刺激,因为,行为的实现与否通常涉及主客观条件等多种变量。

（一）旅游审美动机的分类

一般来讲,旅游审美动机具有多重性的特征,从广义上看,它是笼统的,是指向所有旅游观赏对象的;但在狭义上,它似乎又因人而异,各有侧重。从旅游者的偏爱和选择角度分析,我们认为旅游审美动机可分为以寻访自然景观为导向的自然审美型动机、以鉴赏特种艺术表现形式为导向的艺术审美型动机、以审视社会劳动创造和风俗民情为导向的社会审美型动机、以品尝美食为导向的饮食审美型动机。

1. 自然审美型动机

自然审美型动机是指将旅游者的审美行为导向以欣赏自然风光为主要目标的动机,也就是说,这种动机主要是指向自然美欣赏活动的。

我国幅员辽阔、群山耸立、江河如网、湖泊棋布,大自然的鬼斧神工,造就了天下无数的奇景异观,有地貌之美、水体之美、天空之美、植物之美、动物之美等多种形态。我国风景山水众多,各有特色,就山而言,有泰山之雄、华山之险、嵩山之峻、雁荡山之奇、青城山之幽、黄山之雅……就水而言,有西湖的碧波、漓江和九寨沟的清水、钱塘的海潮、三峡的洪流、黄果树的瀑布……

古人云:"凡山川之明媚者,能使游者欣然而乐。"历史上人们很早就以自然风光为审美对象来观察了。南朝名士陶弘景曾说:"山水之美,古来共谈。"李白留下了这样的诗句:"五岳寻仙不辞远,一生好入名山游。"我国历代的文人墨客都喜欢游山玩水,欣赏绮丽的风景。烟云变幻的黄山,妩媚多姿的西湖,优雅秀丽的漓江,雄伟壮观的泰山,巍峨险峻的华山,飞瀑磅礴的庐山,日光灿烂的青岛海滨,典雅华贵的故宫建筑,迷人的峨眉佛光,神秘的蓬莱仙境……数不胜数的名山胜水,构成了千姿百态的自然风光美。这些自然胜景,由于历代文人墨客的咏叹描绘,加之现代宣传媒介的渲染,很容易激发起潜在旅游者的审美动机,使他们总渴望身临其境,以饱眼福。

当然,由于旅游者各自在气质、阅历、情趣、年龄、生理、体质状况和文化修养方面存在着个体差异,在自然审美动机的指向性方面也会不尽相同,有的旅游者可能崇尚阳刚的崇高之美,便会产生寻险峰峻岭的意向;而有的旅游者也许偏爱阴柔的婉秀之美,故怀游览清泉幽谷的动机。这正如孔子所言:"知者乐水,仁者乐山。"

2. 艺术审美型动机

艺术审美型动机是指将旅游者的审美行为导向以欣赏艺术作品为主要目标的动机。古今中外,人类创作了无数的艺术作品,它是我们共同的精神文化财富,它的无穷魅力像一块巨大的磁铁吸引人们去探寻。艺术景观种类繁多,有建筑装潢之美、园林之美、工艺品之美、雕塑之美、绘画之美、摄影之美、书法之美、音乐之美、戏剧之美、舞蹈之美、影视艺术之美,还有广告招贴之美、街市商店陈设布置之美,等等。这些景观以视觉形态无形地沉淀着人类创造过程中所展露出来的聪明才智,形成无数道让人流连忘返的美丽风景线。在林林总总的世界艺术园地中,中国传统艺术不仅占有相当重要的地位,而且具有丰富而独特的审美价值。所以,中国传统艺术,尤其是中国的绘画、戏剧、书法和园林艺术,对于众多的中外艺术审美型旅游者来说是首选的重点欣赏对象。

"虚实相生"、"实景清而空景现",在很大程度上可谓中国艺术最突出的特征之一。在上下数千年的实践中,中国艺术家很早就掌握和运用了虚实相结合的表现手法。在绘画里,艺术家往往不讲究自然主义所倡导的那种"逼真",而是着意创造出虚灵的空间意象,给人留下情感的空白和想象的余地,从而达到因虚得实、妙趣横生的艺术效果。齐白石在纸上画几只虾,别无他物,但让人感觉到满幅溢水,虾在河溪中悠然游动,既空灵又实在。戏剧亦然,《三岔口》的"跳窗"、"入门"是没有布景的,完全是靠演员的动作来表现的,以这种简洁经济的方式所构成的戏剧虚空可给人一种"无景处皆成梦境"的审美感受。园林中常见的"借景"与"框景"等等,无疑也是辩证地结合"虚实相生"之手法的产物。书法可谓中国传统艺术中的瑰宝,中国的书法艺术讲究用笔美(如光洁、圆润、明媚、苍老、刚劲、轻柔、弹性……)、结构美(如长短、大小、疏密、横直、对称、均衡……),特别是意境美,即一种贯穿全幅的气韵和神采。

另外,中国的民间工艺美术,如陶瓷艺术、象牙雕刻、漆器、铁画、剪纸、蜡染、丝绣、竹编等等,不仅造型美观、工艺精巧、风格独特,而且兼容观赏与实用两种价值,这对旅游者无疑具有颇强的审美吸引力。

3.社会审美型动机

社会审美型动机是指将旅游者的审美行为导向以欣赏社会美为主要目标的动机。了解旅游所在国(地区)的风俗民情、劳动成果与社会制度等,在开阔眼界和满足社会文化心理需求的同时,从异质文化中汲取具有借鉴价值的东西,以补充本民族社会文化系统的不足,已成为旅游者的一种重要动机。

人类社会所体现出的是人与人之间的关系,在这种关系下面,不同的国家和地区、不同的民族有着不同的社会制度、社会结构、伦理道德、风土人情和生活方式。虽然就目前世界的社会现状而言,还不能说哪个国家已构建出了理想而完美的社会,还存在着诸多的不足甚至是丑恶的东西,但美好的东西却四处可见,这些美好的事物构成了社会美。

社会美涉及人类实践的广阔领域,其丰富的内容能给人以无穷无尽的不同美感,主要体现在社会景观世界和人类景观世界上。社会景观有民俗风情美、时令节庆美、德行操守美、社区文化美、乡土文化美和流行时尚美等;人类景观有人体美、服饰美、技艺美、举止美、气质美和语言美等。例如,就社会结构和人情伦理而言,我国一些地方的家庭祖孙四世同堂,或几家人同住一个寨子、院子(客家的寨子、北京的四合院),却能够相亲相爱、和睦共处,这和西方一些资本主义国家的邻里关系与亲情关系淡漠形成鲜明的对照,这种社会结构与人情伦理的美,无疑会对长期生活在淡漠关系下的人们产生强大的吸引力。再如我国广袤的农村,山青水秀、绿草茵茵、鸡鸣蛙叫的田园风光,以及农民们热情好客、淳朴善良的品性和简雅别致的居室,简单却很可口的"农家乐"饭菜,也能给那些长期居住在城市里的旅游者带来极大的美的享受。此外,如尊老爱幼、助人为乐、拾金不昧等人间真情和美好传统,也吸引着人们去感受和体验,帮助慰藉人们冷漠的心灵、升华人们的情感、振奋人们的精神。

4.饮食审美型动机

饮食审美型动机是指将旅游者的审美行为导向以品尝美食为主要目标的动机。民以食为天,人类在长期的饮食追求过程中,逐步把饮食发展成为一种文化、一门艺术。中国烹饪作为中国传统文化的四宝(绘画、书法、中医、烹饪)之一,在世界烹饪艺术园地中享有盛誉,成为国内外旅游者到中国各地进行旅游审美行为的动机之一。

众所周知,中国的饮食文化历史悠久,烹饪技术多种多样、风格各异,其中较为著名的有鲁、川、苏、浙、粤、湘、闽、徽等八大菜系,还有回民、蒙古、朝鲜等少数民族菜系。现代旅游者中有许多人正是在"一饱口福和眼福"的动机驱使下外出旅游的。在众多有关旅游的调查中,"品尝精美可口的食物"一项,在被调查者当中引起了十分积极而广泛的反响。此外,目前"美食旅行团"的兴起,也充分证实了这一点。

欣赏中国饮食之美,除了品尝美味之外,还可以从以下三方面体验中国饮食的意境美:

(1)饮食环境的意境美。中国饮食的地点设计和取名,颇讲究书卷气和雅致风味,饭店餐馆的牌号、茶酒的名目、店内的陈设,包括四壁书画、门招对联等,都与美味佳肴相映成趣、相得益彰。其中,有用传说和典故的,如"狮子楼"、"松鹤楼";有融进诗词的"楼外楼"、"听骊宫"、"又一村";更多的还是体现饮食本身美感意义的,如"翠香园"、"春岭菜居"、"菜根香素菜馆"、"林海果品店"。

(2)饮食名称的意境美。汉语中,"茶"的同义词就有:香片、大方、雨前、瓜片、明前、香茗等。酒的别称更多:酿、玉友、红友、狂药、曲秀才、杯中物、黄汤、醇醪、玉液、琼浆等。中国的菜名更典型,无论是取其形色的(如掌上明珠、千树梨花),还是状其美味的(如夏赏荷香)、重雅致的(如琵琶鸣春、二龙戏珠)、风趣俏皮的(如麻婆豆腐、佛跳墙、叫化鸡、狗不理包子)等等,都充满诗情画意,形神兼备或意蕴无穷。即使很平常的菜点,也常命之以极雅的名称,如鲁迅小说中所写的菠菜被称为"红嘴绿鹦哥",蛇和猫被称为"龙虎斗",普通面条被称为"阳春面"等。最有意思的是同一种菜,因食客不同名称也不同。如孙鸑翔小说《野厨》中描写的那样:"比如一道大路菜:海米老豆腐。若吃客是一对夫妻,须报'金钩挂白玉',若为一位未婚女子呢,则报'金身玉体'。"

(3)菜肴造型的意境美。有这么一个小故事:一个厨师在一个大盘子上摆了一些烧好的菜,一棵菠菜中有两只蛋黄,蛋白切成条排成两行,说这是两句诗。众人困惑,有人则猜着了,说这是杜甫的著名《绝句》:"两个黄鹂鸣翠柳,一行白鹭上青天。"大家拍手叫好。虽然这种手法有点生硬,但它还是在某种程度上体现了中国饮食的意境美。中国的一些优秀厨师不仅擅长于这一类有意境的拼盘艺术,而且还经常运用雕刻手法,在瓜果、菜蔬上精雕细琢,将冬瓜、萝卜、黄瓜等雕刻成凤凰、孔雀等,晶莹活润,惟妙惟肖,放在布置成树林、鲜果等的菜肴中,构成了极美妙悦人的意境,常引得旅游者不忍动箸。①

可见,中国饮食文化追求"色、香、味、形、意(趣)",同时还配有乐舞、赋予诗情等。具有形式美感的饮食器皿和菜肴造型,以及洋溢着欢快和优雅气氛的饮食环境,都有助于促进旅游者思想感情的交流、身心的健康和建立和睦融洽的人

---

① 朱希祥.中西旅游文化审美对比.上海:华东师范大学出版社,1998;254～255

际关系。可见,美食美饮不仅能满足人们的生理需要,而且更能满足人们的情感或精神需要。

需要指出的是,任何类型的划分均有一定的牵强性。上述四种审美动机尽管相互有别、各有侧重,但对绝大多数旅游者来说它们并不相互排斥,而是彼此交融在一起。也就是说,出外观光的旅游者,其动机是多重的,既要欣赏旅游目的地的自然风光美和文化艺术美,也要体验当地的社会风尚美和物质生活美。因此.旅游接待人员应充分考虑到旅游者的多重审美动机,在旅游活动安排上力求细致周到、丰富多样,以便最大限度地满足旅游者的不同审美动机。

(二)激发旅游审美动机

作为旅游审美对象的旅游资源,分散在世界各地,永远处于一种需要旅游审美主体去了解与认知的被动状态,如果人们不去开发和宣传它,它就不可能成为人们审美的对象。因此,旅游宣传在使旅游资源真正成为人们的审美对象,推动、激发人们旅游审美动机方面具有非常重要的意义。世界各国和各个地区都很重视旅游宣传,千方百计推出不断变化和富有特色的旅游产品。

我国从 20 世纪 90 年代初开始,坚持"海外抓促销,国内抓建设"和"一手抓国际旅游,一手抓国内旅游"的方针,逐步调整了旅游的产品结构,改变了产品的形式,在丰富传统产品、完善专线产品和开发专项产品的同时,重点抓旅游产品的宣传和促销工作,每年突出一个主题,连续推出大型旅游活动,形成一个规模宏大的系统工程。

1992 年,我国首次推出友好观光年,向国外推荐 14 条专项旅游线路、134 项节庆活动,从而掀起了 90 年代第一个旅游高潮。这一年来华旅游入境的旅游者超过 3800 万人次,相当于 1982 年(790 多万人)的近 5 倍。1993 年,以山水风光为主题,重点推广我国各色自然景观,来华旅游人数达到 4150 多万人次。以后来华旅游人次逐年递增。1994 年以文物古迹为主题,重点推广我国丰富的人文景观和文物古迹;1995 年,以民俗风情为主题,重点推广我国多彩的民族风情和民族文化;1996 年以度假消闲为主题,重点推广新建成的各类旅游度假区,向海外市场推出一批纯度假、观光＋度假、商务＋度假等不同类型的度假产品;1997 年,香港回归祖国,我国举办中国旅游年活动,借这次活动,掀起了我国的第二次旅游高潮,各地加大宣传的力度,创汇达 100 亿美元以上;1998 年是华夏城乡游旅游年;1999 年是建国 50 周年,也是澳门回归祖国之年,我国推出生态旅游年活动;2000 年,我国又推出"神州世纪游"活动,"以期借这次活动,吸引更多的外国旅游者,展开大规模的国内旅游市场促销工作,使国内外公众对我国旅游资源有更清楚的了解"。① 这次活动的主打产品是我国的世界遗产。截至 2007 年 12 月,我国列入世界遗产名录的景观已达 35 项。同时国家旅游局还从各省区组织的主要旅游活动和线路中精选出 37 项大型旅游节庆活动,使之同我国的世界遗产配合,形成点、线、面结合的产品体系,成为 21 世纪我国在国际旅游市场上竞争的拳头产品。2001 年国家旅游局推出"体育健身游",2002 年为"中国民间艺术游",2003 年为"中国烹饪王国游",2004 年为"百姓生活游",通过这一系列的主题年活动,确实使我国的旅游业得到了重大的发展。

阅读材料 8-1 游兴的生理心理基础

刘义庆《世说新语》中有这么一则故事:王子猷居山阴,夜大雪,眠觉开室,命酌酒,四望皎然。因起仿徨,咏左思《招隐诗》。忽忆戴安道。时戴在剡,即便夜乘小船就之。经宿方至,造门不前而返。

为什么会如此呢? 一般从社会学去考察,认为,魏晋时代,政治局面动荡不安,儒家式微,老庄兴起,超乎常人的言行,比比皆是,十分荒诞不经,啼笑皆非。据《世说新语》刘孝标注释,王子猷就是个"任性放达"的人物,与世风习俗有关,但是,还不能真正解释清楚。如果我们从旅游美学的角度来进一步分析王子猷游兴的起落生理、心理基础,或许就把解决问题的关键抓住了。

我们知道,人的审美感受和一般认识活动,既有联系,又有区别。审美感受除了一种审美对象的外部刺激审美主体的感觉外,还有由审美对象的外部刺激引起的内部刺激的感受。这就构成了审美对象(客体)和审美主体(人)的需求关系。所谓"游兴",就是其中的一种。我们平常想到某一个风景区去游览,没有去以前,向往心切,在生理上产生一种"应激状态";去了以后,主客体之间的需求得到了满足,感到舒畅愉悦。当然,这种生理上的"应激状态",不都是在欣赏的开始,它实际上贯穿了整个过程。为什么章回小说,最关键的时候,突然来了一个人,或者杀得难解难分,不再写了,"欲知后事如何,且听下回分解"呢? 俗话称为"卖关子",或"吊胃口"。叙事作品,以情节取胜,有悬念,有突转,一开始就有一个东西抓住你,你一直想看下去。或喜或忧,或悲或爱,既在意料之外,又在意料之中。可以说,生理上产生的"应激状态"始终伴随着。抒情作品,虽没有情节的激荡而引起心潮此起彼伏,但它却延宕了人们的"应激状态",细细品味,不释于怀。旅游中的生理上的"应激状态",介乎二者之间。诸多风景点、线、面、群的结合,似有情节,水折船弯,峰回路转。但在总体上又强调情景,触景生情,情景交融。

---

① 中国教育报·生活周刊,1999.11.4

话说回来,王子猷雪夜泛舟访友的"游兴",确实是审美过程中的主体(人)的"应激状态"。这个"应激状态"作为动因,是对于审美对象(客体)的一种需求。不过,王子猷"游兴"动因不是单一的,前有赏景,后有访友。违反常规的是"造门不前而返"。其实,这是他的"游兴"的中心注意点转变,变访友为赏景,并感到这一整夜月中雪景的欣赏,在生理上、心理上得到了满足。于是,他与人说:"吾本乘兴而行,尽兴而返,何必见戴?"

我们今天的旅游的宣传,贵在调动"游兴",把游人的内心"应激状态",像弦一样绷得更紧一点,才能够具有吸引游人的魅力。乘坐上海去西安的直快火车,华山车站尚未停靠。但是,华山旅游局有个妙招,在孟源火车站的站台上,搞了一个华山的模型,供往来过客饱览。接着,西去飞驰的列车的窗口,果真闪现华山挺拔而又巨大的身影,引起不少人眺望和凝视。这不正是审美中的生理上的"应激状态"在起作用吗?所好的是终点站——西安有着众多的名胜古迹,使引颈而望的过客有了适当的转移和应有的补偿。王子猷"造门不前",这些引颈而望的过客,岂不也是"面山不登"?

（卢善庆.旅游美学闲话.长沙:湖南人民出版社,1986:121～124）

第二节　旅游审美心理意识与个性

旅游者来自五湖四海,必然有其各自不同的文化背景、社会地位、价值体系、生活阅历,以及与此相应的审美意识与审美个性,到杭州或漓江揽胜的旅游者,对同一景观的审美反应有异有同,这在一般意义上是由于审美意识的多重性和不同的审美个性所致。因而要说明旅游者美感特质,就有必要对审美意识和审美个性作概括性的考察和界定。

一、审美意识

从基本内容上看,审美意识作为认识和反映现实的一种方式,一般包括审美观念、审美趣味、审美理想、审美知觉和审美情感。

（一）构成要素

审美意识的五大基本构成要素(审美观念、趣味、理想、知觉和情感)如同内切于大圆的五个小圆,是彼此相互关联的。

审美观念泛指人在社会实践活动(主要是审美活动)中形成的对审美对象和

美的创造等问题所持有的一种基本看法和观点。审美观是一个人的世界观、人生观的重要组成部分。每个人的审美观均是社会实践、审美实践的产物,既有一般社会性,又有个别性;既受时代、民族、阶级的社会生活的影响和制约,也受到社会文化氛围、政治哲学和道德观念、宗教信仰和年龄、职业、经历、心理素质等因素的影响和制约。

审美趣味是指对审美对象的一种带有倾向性的和富有情感的直接评价,如对于某风景区是喜欢还是不喜欢。这种审美评价的特点往往表现为非道德性和非实用性的,不能说明该趣味质量的好坏。在评价过程中,情感因素往往渗透在理性之中。

审美理想作为审美意识形成的动力,是对审美最高境界(相对而言)的一种追求,是审美的至上标准,体现着人类发展的终极目标和超越现实的欲望。它是非观念性的,一般表现为完美的感性意象或生动具体的美好的图景,具有经验性的形象特征和标准。

审美知觉是指感觉认知审美对象之内涵价值的一种特殊能力。它发端于感性知觉,在审美理想的推动下,辨别、构造和把握审美对象,从中获得一种审美感受。另外,它还具有促使审美的观点、审美趣味和审美理想产生和发展的功能。例如李白的诗《望庐山瀑布》:"日照香炉生紫烟,遥看瀑布挂前川,飞流直下三千尺,疑是银河落九天。"因为飞流下泻的瀑布这种感性直观的形式,引起诗人的联想,使之体察感悟到眼前的瀑布不就是天上的银河坠入人间吗?从感性直觉超越、升华,从而获得一种审美感受。审美知觉作为一种心理过程,一般要涉及审美注意、审美想象等多种要素。审美情感可谓是审美意识的结果,是审美欲望得到满足后一种极度兴奋的、神游八极的精神状态。譬如游泰山、观日出见到曙光染红片片朝霞,一轮红日从山间跳跃而出、冉冉升起,给群山染上金色的光泽时所体验到的那种物我两忘、自由和谐的心态,以及天人合一的境界。

(二)基本特征

人的审美意识不是与生俱来的,而是人的社会实践活动(特别是人的审美实践活动)的产物,并在长期的历史进程中不断丰富、发展和完善。这样,一定社会和时代的要求,一定阶级和民族的理想,一定团体和个人的世界观,必然会或多或少地凝结、积淀在审美意识之中,从而构成审美意识的多重特征。

首先是时代性。随着社会时代的发展变化,人的审美意识也在不断地演进。譬如在原始狩猎时期,当时生产力低下,生活资料来自动物。生活在鲜花丛中的原始人,并不觉得鲜花美(因为植物没有进入人们的生活之中),而对动物怀有美感。他们习惯用动物的头颅、皮毛、爪子等装扮自己,象征自己的勇猛、威武、敏捷和健美。到了农耕时期,由于生产力水平的提高,人们通过种植农作物获取生活资料。于是植物也逐渐成为人们的审美对象。这表明人类的审美意识是随着时代的变化而发展变化的。从人类社会实践活动的纵向发展来看，"自然的人化"由低级向高级发展，人的审美意识也随之由片面向全面过渡，审美感受的差异也随着时代的进程无不打上时代的烙印。中西方建筑、绘画、雕塑、音乐、文学、装饰等艺术风格的兴衰沉浮或交相辉映都是明显的例证。

其次是民族性。一个民族由于受地理环境、社会氛围、语言文化、政治经济、生活习惯、宗教信仰、价值体系等因素的影响和制约，从而在审美意识上历史地形成了特定的民族共同性。一般来讲，审美意识的民族性主要集中地表现在艺术上。在通常情况下，越是具有民族审美意识的艺术作品，就越具有强大的生命力。例如中国早期的陶器工艺品造型色彩都不复杂，但优雅多变，飘逸活泼；而欧洲早期的彩陶器形状多为敞口小底，装饰纹样以三角形、交叉线和平行线为主。这不光是一个文化距离问题，而且也涉及审美意识的民族差异。

审美意识的民族性也表现在人们对色彩美、人体美、装饰美、饮食美的感受方面。比如色彩，黄色在中国过去是帝王之色，象征着皇权和高贵；而基督教中却作为犹大衣服的颜色，因而，在欧美是最下等的颜色。再如人体美，白人唯恐美人不白，黑人唯恐美人不黑。中国的女性追求苗条秀丽，波西尼亚人唯恐美人不够肥胖。再说服饰，西方服装的变化日新月异，巴黎时装可谓是领导着时代的新潮流；而中国的传统服装在几百年中才稍稍有些变化。

最后是阶级性。在阶级社会中，审美意识也必然会打上阶级的烙印。就艺术审美鉴赏而言，不同阶级、阶层的人，由于审美意识方面的不同，对于同一个事物往往会具有不同的反响。乡下的婆婆喜欢农村的姑娘做媳妇，因为乡下姑娘体格健壮，而城里的姑娘体格纤细。正如"贾府的焦大不喜欢林妹妹"一样。

（三）审美活动过程

审美不是被动的静观，而是一项主动的、联结各心理功能的自由活动。从系统论角度看，审美意识如同一种心理自调流程，可分为三个相继相连、交互影响的阶段。

首先是准备阶段。这一阶段涉及审美态度、审美注意和审美经验。当人们接触到审美对象时的一刹那，很快由日常思维和对现实的关注转移到对审美对象的形式特征的注意上来。例如站在海岸边观望大海，见波涛汹涌，狂浪呼啸而来，会感觉到大海的深沉博大，似乎蕴藏着无穷的力量，一种崇高之情油然而生。当然，泛舟海上，遭遇同样的情形时，首先想到的是尽快逃脱眼下的困境，而不是去欣赏那浊浪涛天的壮美景色。

审美态度是对审美对象的一种非功利性的观照方式。审美注意是指发现和选择审美信息的能力。审美经验泛指审美主体记忆中对审美对象及其有关的外界事物的印象与感受之和,但在此仅指对审美行为的初级体察而言。

再就是实现阶段。它包括审美知觉、审美理解、想象、意象、审美愉快或美感。实现阶段需要多种心理要素的积极配合和参与。比如欣赏一幅画,画布本身只是一个具有长宽的二维空间,是平面的、静止的。我们可以通过感知、想象还有情感理解的参与,真切地感受到那幅画中所表现出的三维空间的存在。

最后是成果阶段。与此相关的有审美观念、趣味、理解、审美情感与审美能力。成果阶段是整个审美心理体验的最终完成形式。当人们欣赏完一幅画的时候,标志着审美心理体验已结束。虽然过程结束了,但人们的审美体验并没有就此终止。或许获得了什么,或许领悟了什么。审美是一个潜移默化的过程。

二、审美个性

人们为什么要旅游?在旅游活动中为什么有人愿意乘飞机而不愿坐火车?为什么有些旅游点、饭店、活动项目受到人们的喜爱,而有些则遭到冷落?这就涉及人们的旅游动机和人们的个性。旅游者来自各地、各阶层,不同的旅游者,各自都有不同的个性特点和不同的旅游动机。在上一节里,我们已探讨了旅游者的动机问题。以下就旅游者的个性问题作一些讨论。在审美活动中,这种个性作为社会审美意识在个体审美心理结构中的反映和落实,将会展现出审美感受中的丰富性与多样性特征。在多姿多彩的社会实践中,每个人的生活阅历、心理结构和价值体系有异有同,审美趣味与审美理想也必然存在共性和个性。旅游者的个性会受到他们的性格特点和气质特点的影响。

(一)个性的产生

心理学认为人的气质、能力和性格上的个性特征并不是孤立存在的,而是在需要、兴趣、动机、信念和世界观等个性倾向的制约下构成的一个有机整体。

1.个性的一般概念

(1)什么是个性

个性是一个人与其他人相区别的、比较稳定的各种心理品质的总和。有的聪明,有的愚鲁,有的机警,有的笨拙,有的有这种特长,有的有那种优势。正因为人们个性的差异性,世界才显得丰富多彩。

(2)个性的基本特点

①个性的独特性

个性的独特性是指一个人区别于他人的心理特征的总和。世界上找不到两个个性完全相同的人。一母生九子,九子九个样,有的敏捷,有的迟钝,有的聪慧,有的笨拙,有的有这些优点,有的有那些长处。人们个性的差异性,使得世界纷繁多变、丰富多彩。

②个性的整体性

正常人的内心世界是统一的,不会想往东的同时又想往西。组成人的个性的各方面特点总是相互联系、相互制约、协调一致,形成一个整体。个性结构中任何一个成分的变化,都会引起系统内的其他成分的变化。例如,人的兴趣的转换,必然引起活动性质的改变,从而导致能力的改变。另外,人的个性形成后,必然不可避免地影响着人的心理过程。一个人的认识特点、交往风格、情感色彩、意志品质无不反映出他的个性的影响。

③个性的稳定性

人有许多心理特征,但其中有些是经常性的、一贯的,有些是偶然的、一时性的。只有那些经常的、比较稳定的心理特征才叫个性。比如,一个记忆力很好的人偶然忘记一件事,我们不能说他有健忘的特点;而经常丢三落四、粗枝大叶以致出差错,我们才可以说这个人有粗心的毛病。人的个性在一定时期内具有稳定性,因为人的个性是心理发展到一定水平以后才形成的。所以,心理的成熟水平,保证了个性的稳定性。当然,这种稳定性是相对的,不是一成不变的。环境条件的改变,会影响个性逐渐改变。

④个性的社会性

人出生以后,就加入到一定的、历史形成的社会关系之中,他的心理是在社会关系中发展并形成个性的,例如其态度、理想、信念等。个性的特征都是受社会影响而形成的。一个人如果离开了他人,离开了社会,个性便丧失了存在的基础。苏联心理学家维果茨基说:"个性是通过他在别人面前的表现才变成自己现在这个样子,这也就是个性的形成过程。"因此,个性是一个社会的概念。

2.个性形成的原因

人的个性是在遗传素质的基础上,在一定的社会环境中,通过实践活动逐渐形成的。个性形成主要在儿童期和青少年时期。

(1)遗传因素对个性的影响

遗传,这里指人的先天禀赋,即先天的素质,包括从父母那里遗传下来的生理机体和生理器官的心理功能所构成的物质基础。它们是人的个性形成的物质前提。每个人的遗传基因总是各不相同的,每个人的身体状况、神经活动都有各自的特点。这些特点会使人形成不同的个性。比如身材矮小、相貌丑陋的人容易有自卑感,而聪明漂亮的人就容易产生骄傲的毛病;神经脆弱的人胆小,缺乏冒险精神。

(2)社会因素对个性的影响

遗传因素是个性形成的物质基础,但不是决定因素。有相似遗传素质的人可以形成不同的个性,不同心理条件的人在相同环境中也可以形成相似的个性。

影响个性形成的最重要因素是社会环境。

家庭环境对个性的影响：家庭是儿童生活的主要场所，父母的行为、态度通过言传身教，直接影响儿童的个性。父母是儿童模仿的榜样，孩子的个性往往和父母比较相似。父母随便懒散，子女也容易马马虎虎；父母活跃开朗，子女也往往热情大方；父母严格要求子女，子女容易有谦虚礼貌的个性；父母独断专横、打骂子女，孩子往往说谎，丧失自尊；父母溺爱放纵，孩子自私任性。家庭是社会的细胞，社会上各种情况都通过家庭影响儿童个性的形成。因此，在不同时代、不同国家、不同地方的不同家庭中长大的人，会形成各自不同的个性。

学校教育对个性形成的影响：学校是青少年接受有目的、有系统教育的地方。学生通过学校教育认识自然、了解社会，接受一定的观点、一定的道德和处世原则，这些都直接影响个性的形成。学生在学校中受到集体舆论和评价的影响，受纪律的约束，有利于责任心、义务感、集体主义、社会适应等个性的形成。教师是知识的传递者，往往也是学生崇拜和模仿的对象，所以教师的个性也影响学生个性的形成。

实践是个性形成的必经途径：辩证唯物论认为，外部影响必须经过个体内部变化才会起作用。人的个性也是在认识世界、改造世界的实践过程中形成的。从家庭、学校和社会获得的知识，参与到社会活动、生产活动、科学实践、旅游活动及文学艺术实践中去，也必须经过自己的实践才能转化为个人的品质。所以，要想培养自己优良的个性，应积极投身到实践活动中去。

（二）气质

1. 气质的概述

气质是人心理活动动力方面比较稳定的心理特征。它表现为心理活动的速度（如言语速度、思维速度等）、强度（如情绪体验强弱、意志努力程度等）、稳定性（如集中注意力的时间长短）和指向性（如内向或外向）等方面的特点和差异组合。它是人的个性的一个方面。

观察生活中的人们，有的情感产生非常迅速，一有情况，内心感触便油然而起，触景即生情；有的情感产生则比较缓慢，遇事时显得有些木讷，过一会儿才能反应过来，慢慢地才有所感触。有的人情感体验很强烈，难过起来就痛不欲生，悲伤起来则摧肝裂胆，一旦高兴便内心发狂；有的人则事事都显得很平淡，没有剧烈的情感冲动。有的人情感变化幅度大，刚才还兴高采烈，一下子就号啕大哭，方才满面笑容转眼就怒不可遏；有的人情感变化幅度小，积极和消极情感之间有一定过渡，显得较平缓。有的人内心情感体验表露明显；有人则遇事不露声色，内心情感不易流露。在情感活动动态方面，人们表现出很大的差异性。与之相应，人们在言语、行为动态上也有各自的特点。比如有人说话粗声大气，有人却柔声细语;有人伶牙俐齿,言语快捷,有人却笨嘴笨舌,说话缓慢木讷;有人行动敏捷灵活,有人却迟缓笨拙;有人行为粗重有力,有人却轻盈斯文。人们所有这些方面的特点,都是气质特点的表现。可以说,气质与通常所说的性情、脾气等有近似的含义。

气质在很大程度上受到先天和遗传因素的影响。儿童出生之后即表现出这种气质差异:有的新生儿比较活泼多动且哭声响亮,而有的孩子则比较安详宁静、声微气小。新生儿的这种特征在以后的活动、游戏、学习和人际交往中都会有所表现。气质使人的全部心理活动都染上了个人独特的色彩,并直接影响个性的形成和发展。

2.气质的类型及生理基础

(1)气质的类型及特点

一般把气质分为胆汁质、多血质、粘液质和抑郁质四种类型。不同类型的气质,有不同的特点,但具有某类典型气质的人不多见,更多的人的气质特征属于混合型。

胆汁质气质的特点:具有胆汁质气质的人,情感产生快、强烈而外露,言语、行为快捷有力,易兴奋,自制力差,性急粗心。他们通常是热烈易怒、精力旺盛的人。

多血质气质的特点:具有多血质气质的人,情感丰富、产生速度快、明显外露,言语、行动灵活敏捷,反应快,可塑性强,情感和注意力都易转移。他们常常是热情易变、活泼好动的人。

粘液质气质的特点:具有粘液质气质的人,情感产生慢、不强烈,也不外露,但很难转移。他们反应慢,不灵活,自制力强,有耐性,固执,言语行动迟缓、淡漠。通常是稳重谨慎、平静、愉快的人。

抑郁质气质的特点:具有抑郁质气质的人,情感产生慢、不显露,但深刻而细致。他们言语、行为缓慢轻柔,敏感多疑,易觉察别人不易发觉的细节,易体会不愉悦的情调,胆小、无力、忸怩。通常是孤僻沉默、体弱多病的人。

(2)气质的生理基础

人为什么会有气质差异,古今许多学者进行了研究,提出各种学说,其中最有代表性的是以下两种。

气质的体液学说:公元前5世纪,古希腊著名医生希波克拉底最早提出气质的概念。他认为人体内有血液、粘液、黄胆汁和黑胆汁四种体液,它们分别产生于人的心脏、脑、肝和胃。人体的四种体液混合比例不同,就形成不同气质。当血液占优势时,人的气质就属于多血质;粘液占优势的属于粘液质;黄胆汁占优势的属于胆汁质;黑胆汁占优势的属于抑郁质。虽然希波克拉底用体液来解释气质成因缺乏科学的依据,但他对四种典型气质的特点的描述,却能与生活中的事实相吻合,所以心理学上一直沿用到今天。

气质的高级神经活动类型学说:近代俄国的生理学家巴甫洛夫研究人的高级神经活动时,发现神经系统在活动的过程中,兴奋与抑制有强度、平衡性和灵活性三种基本特性。按三种特性的不同结合,可以把神经活动过程分为四种类型。具有这四种神经类型的人所表现出的气质特征,正好和希波克拉底所划分的四类气质表现特征相吻合。所以人们认为,高级神经活动过程类型就是气质的生理基础。这四种类型的特点是:

强、平衡而且灵活型:条件反射形成或改变均迅速,且动作灵敏,又叫"活泼型"。

强而不平衡型:兴奋占优势,条件反射形成比消退来得更快,易兴奋、易怒而难以抑制,又叫"不可遏制型"或"兴奋型"。

强、平衡而不灵活型:条件反射容易形成而难以改变,庄重、迟缓而有惰性,又叫"安静型"。

弱型:兴奋与抑制都很弱,感受性高,难以承受强刺激,胆小而显神经质。

(三)审美个性的表现

1.审美个性的形成

审美个性的形成是一个极为复杂的动态过程。它是由先天与后天、生理与社会各种因素的复杂关系所造成的。一般而言,先天性因素是构成旅游者审美个性的自然条件,包括个体的生理素质、气质禀赋等。我们知道审美感受来自视觉、听觉、触觉、嗅觉、味觉等的密切配合,但主要还是来自视觉和听觉。在视觉和听觉这两个感官方面,人们的差异是不尽相同的。先天失明的人对自然景观中的名山大川等视觉形象的审美对象的感受性就很差,而先天失聪的人也很难感受到风起林涛、雨打芭蕉这一类听觉上的审美对象的美。当然,除了这二者以外的其他感官功能也不可或缺。在其他的感觉上差异性也是相当显著的,例如嗅觉之于花香、味觉之于佳肴、触觉之于丝绸。就气质而言,它能使旅游者的审美心理染上某种独特的色彩,从而在气质上显示出各自审美个性的特色。

与先天因素相比,后天的社会实践所引起的审美意识形态的积淀,会构成群体性的审美心理结构。生活实践、个人阅历、所受教育程度、从事的职业、所接受的文化熏陶、涉及的审美活动艺术创造等,对审美个性的形成与发展起着重要的推动作用。

人类既通过生理的遗传,使人类日趋发达、日趋完善的五官机能和大脑机能保存于新的个体,构成新个体审美能力的自然基础;同时又通过美的创造,特别是文化艺术创造的传承更新,使人类发展着的审美意识借助于物态的形式保存下来,以便新的个体在后天的教育训练与审美实践中得以承受。

审美个性是一个开放的动态心理过程,既有一定的稳定性,也有相对的变异性。稳定性是指在一定时期内,具有一定倾向性的审美能力、审美趣味和审美理想。变异性是指随着个人阅历的变化、修养的提高、生理的变化及社会的影响而相应地变化和重构。

2.审美个性在旅游中的表现

旅游者的审美个性直接影响他们的旅游行为。喜欢旅游和不喜欢旅游的人,个性有明显差异;喜欢旅游的人选择什么样的目的地和方式,也与他们的审美个性有关。

根据旅游者的表现,可以把旅游者的个性分为不同类型:

(1)舒适安宁型

这类旅游者喜欢选择环境优美、幽雅宁静的地方,参与钓鱼、野营、狩猎、日光浴、海水浴等轻松的活动,不喜欢剧烈运动,也不愿冒风险。他们宁愿休息不愿辛劳,很看重在活动中能否获得舒适的享受。这类旅游者一般很有教养,爱整洁,注意自己的健康,多数生活条件优越,家庭观念强,从事文化性质的工作。一般中老年旅游者居多。

(2)追新猎奇型

这类旅游者对新奇的事物特别有兴趣,没有完全开发或新开发的景点对他们最有诱惑力。他们喜欢参与探险、攀越高山、荒野露宿、深入原始村寨等有刺激性的活动,容易被异地风俗所吸引。他们往往不看重享受,对生活条件不苛求,而追求新鲜感受,哪怕并不舒服。他们往往是体格强健、精力充沛的人,以年轻人居多。

(3)活跃交际型

这类旅游者喜欢交结新朋友,对异地的政治、经济状况有兴趣,乐意参加各种集会和其他社会活动。他们往往把旅游作为扩大交往、增加社会联系、促使自己事业成功的手段。这类人很随和,不强调休息和疗养,在临时旅游团中容易成为活跃的中心人物。他们喜欢写文章、收集素材,以文艺工作者、商人、中青年居多。

(4)研究考察型

这类旅游者对文物、古迹、历史人物、历史事件特别有兴趣。他们喜欢参观博物馆、艺术馆,对旅游景点的各种文字资料很重视,对楹联、诗词典故、传说等很有兴趣。他们一般是有较高文化修养、受传统文化影响较深的人,多见于学者、知识分子。

（5）其他类型

有的旅游者看重名声和地位,他们喜欢到有声誉、有影响的地方去旅游,这类旅游者被称为成功型。有的旅游者比较保守,自己不愿意尝试新东西,他们熟悉的人的成功旅游会使他们羡慕并模仿,他们喜欢步别人的后尘,这类旅游者被称为模仿型。有的旅游者喜欢以自己为中心,别出心裁、与众不同,他们属于不随俗型。有的旅游者看重旅游中所接触的事物的美学价值,他们属于审美型。许多旅游者有复杂多样的个性,他们属于综合型。

（四）审美个性的意义

从审美意识的发展来看,审美个性的特殊价值在于体现和融合着审美的共性,使健康而积极的审美传统得以代代相传,不断发扬光大。每一件艺术品,从远古的青铜器到当今的象牙雕刻;从石窟的壁画彩绘到地铁的镶嵌装饰;从万里长城到北京的国际饭店;从王羲之的《兰亭集序》到郭沫若的书法字帖,均以其具有个性的物态化形式,延续和丰富着中国的审美传统。

从现代的审美角度看,审美个性的意义在于以其丰富多样性创造着五彩缤纷、格调不同的美的生活、美的环境、美的产品、美的人格。无论是艺术作品、生产工具、室内装潢,还是食物服饰、化妆用品,都不应千篇一律、单调雷同,而应多样统一、丰富多彩。这就有赖于审美个性去创造和生产。

从旅游审美活动的规律来看,审美个性意味着旅游主体在审美情趣上的主观偏爱倾向。具体地说,也就是游客对旅游审美对象及其审美价值(如秀美或壮美,动态美或静态美)的个人选择。在当今旅游市场中,群体性的旅游团大量存在,但个体性散客数目也在不断增长,这一现象与审美个性不无关系。

第三节 旅游审美感受的层次

旅游审美感受或称为旅游审美意识,是指旅游者面对客体对象,通过感觉、知觉、想象、情感、理解等心理过程,对处于具体审美关系中并含有引发审美感受所必需的"信息"客体,进行审美体验的时候,所产生的一种喜、怒、哀、乐等情感体验和心理感受状态。旅游审美感受不是一个平面结构,而是呈现逐层递进的流动的深化过程。这种层次结构与主体审美心理过程阶段性相联系,审美主体不同层次的美感形态,就是审美心理过程不同阶段的产物。我们可以把审美感受分为三个层次,即感官层次、心意层次和精神人格层次。对于这三个层次,我国古代的美学家宗炳曾用"应目"、"会心"、"畅神"三个境界来描述；从教育学原则分类，又可分为"悦耳悦目"、"悦心悦意"、"悦志悦神"三个层次①。

一、悦耳悦目的审美感受

"悦耳悦目"一般是指观赏者以视、听觉为主的全部感官（包括嗅觉、触觉、味觉和运动觉等）在审美活动中所体验到的愉快感受。这种审美体验通常以生理快适与心情舒畅的交融为基本特征，属于直觉性初级审美判断范畴。就好像观赏者在与观赏对象的直接交流中，不假思索地便在瞬间感受到对象的外在形态美，同时得到感官的满足并唤起心理的喜悦。

一般说来，"悦耳悦目"是广大旅游者最普遍的审美感受形态。作为旅游者，在旅游过程中，使其在生理舒适与情感愉快的交融统一中进入"悦耳悦目"这一审美层次、获得初级审美享受的，主要是自然景观的形式美。而自然景观的总体形态、空间形式和审美主体在欣赏风景时的心理生理感受便构成了自然风景的形象美。自然风景的形象美体现在它的结构美、色彩美、动态美、听觉美等方面。

结构美。自然风景的结构，是各种形式的自然因素的有规律的组合，包括地形、水系、植被、色彩、线条、声音，以及山水树木花草鸟兽虫鱼等等，构成了形式纷繁、多姿多彩的自然景观。风景的各种形象因素的组合方式契合美的法则，景物就美；契合程度越高，景物就越美。

色彩美。色彩是构成客观世界美的最普遍因素，是最易于被人直观、感受的美，太阳的火红、天空的蔚蓝、草原的碧绿、稻麦的金黄、棉堆的雪白、煤层的乌黑、鲜花的万紫千红……无一不给人以美的享受。古诗词中有很多描写事物色彩的诗句，如"日出江花红胜火，春来江水绿如蓝"、"红杏枝头春意闹"、"万紫千红总是春"、"碧玉妆成一树高，万条垂下绿丝绦"等，都表现了事物色彩给人带来的审美愉悦。

动态美。自然风景的动态美主要是由流水、波涛、飞瀑、溪泉、烟岚、云雾及树木花朵的飘动和摇曳等呈现的。贺敬之《桂林山水歌》中"云中的神呵，雾中的仙，神姿仙态桂林的山"正是对自然风景所呈现出的"神姿仙态"的动态美的赞歌。

听觉美。清泉叮咚、惊涛拍岸、雨打芭蕉、寂夜虫鸣、风起松涛、幽林鸟语等，以其不同的声响表现出了自然风景的听觉美。许多名山建有"听松亭"、"听泉亭"等，游人在里面可以聆听、欣赏自然界的天籁之音。

应该指出的是，感官层次的审美愉悦，表面看似乎是纯感性和纯直觉的，是

---

① 孙全治.自然景观的审美感受层次分析.新乡师范高等专科学校学报,2001(5)

以生理快适为基础的,然而它实际上已融合着一定理性与社会因素,并不是纯生理的。人的感官之所以在功能上有别于动物的感官,如眼睛可以欣赏美的形式、线条与色彩,耳朵能欣赏美的音响、节奏与旋律,是因为它们在人类长期的社会实践(特别是审美实践)活动中不断演进或"人化",积淀和凝结着历史文化心理等方面的内容,能够自然地分辨或本能地趋附美的对象的缘故。耳朵对旋律的感觉,眼睛对线条、色彩的感觉,都以人的内在自然的"人化",即社会化为限。但感官的愉快毕竟离不开生理的欲望的需要,而且往往是由这种生理欲望和需要直接引起的,带有刺激—反应的性质。这决定了感官愉快的短暂性和变异性。要想对自然景观做到常看常新、总不乏味,就得进入审美感受的第二层次(悦心悦意)和第三层次(悦志悦神)。

二、悦心悦意的审美感受

"悦心悦意",是指透过眼前或耳边具有审美价值的感性形象,领悟到对方某些较为深刻的意蕴,进入到一种"对心思意向的某种培育"(李泽厚语)的欣快喜悦状态。这是一种基于对审美客体形式美的初级反应而升华了的较高审美层次,主要以凝神观照的审美体察为特征,基本超越了生理快感阶段,净化为相对纯然的精神愉悦体验。

在对旅游审美客体形象和结构的凝神观照中,想像、情感和理解等心理功能先后被启动,并逐渐展开、交相辉映。在对审美对象感知的强有力依托下,在情感的强有力推动下和理解的正确引导下,将旅游审美主体的审美感受(体验)从有限的、具体的、偶然的形象中,带到无限的、本质的、必然的审美境界中。比如,读李白的《早发白帝城》,通过诗中所描写的景象,如白帝城、彩云、大江、轻舟、山岭、群猿等,使人领略到一种意志酣畅、轻松愉快的意境;观齐白石的画,你感到的不只是草木鱼虾的可爱形态,同时透过画面上的草木鱼虾,还可使观赏者获得一种悠然自得、鲜活洒脱的情思意趣;在青山绿水间聆听客家青年对歌(尽管不知其具体描述的内容),体会到的不只是音色和旋律的形式美,同时还融合着一种充满青春美的心声和甜蜜而淳朴的爱情信息。

旅游审美主体在对自然景观的审美过程中,悦心悦意的审美感受表现得最为突出。在我们中华大地上,有很多山水名胜。突兀巍峨的山峰、明净开阔的水面、苍翠葱茏的丛林、滚动翻流的云海,这样的自然景观,似乎"一切景语皆情语"。随着步移景异或船过景变,游人渐入佳境。周围景物的诗情画意令人心绪豁然开朗,喜不自胜,或赞美宇宙之神奇,或忘却人间之忧愁,或清静慕远而"悠然见南山",或飘飘若仙而"欲乘风归去"……我们游青城山、九寨沟或张家界,那充满鸟语花香的清凉幽静的自然生态环境,常常唤起一种"清新放浪的春天般生活的快慰和喜悦",使人在心醉神迷中生出无限遐想或者超然出世的情怀。这对于长期处于快节奏、高竞争生活重压下的都市人来说,无疑是情感和精神上的一种朦胧的慰藉和补偿,是人之本性的一种觉醒或自然的复旧。

如果悦耳悦目的审美体验是以感知或直觉为主要特征,那么悦心悦意的审美体验则以想象或理解为主要特征。在很大程度上,前者表现为在生理基础上的感官快适,后者则表现为在认识基础上的观念上的喜悦;前者通常处于直觉感受状态,大多限于体验审美对象的形象结构,后者则一般处于自由的想象与理解状态,观赏者超乎具体的形象之外,把握其中的深刻意味。尤其是当感性形象与观赏者以往经验过的意象发生吻合时,人们就会在自由的遐想中创造出"象外之象,景外之景",使悦心悦意的感受更为丰富和深化。另外,在悦心悦意的体验中,由于想象和理解等心理活动加强,其美感享受与悦耳悦目初级审美阶段的感性快适相比,具有相对的持续性和稳定性,不容易随着时间的推移而淡忘。

三、悦志悦神的审美感受

"悦志悦神"作为美感的最高层次,泛指人们在面对秀美、崇高、静态和动态的审美对象时,经由知觉、想象、理解和情感等心理功能的交互作用,于审美愉悦中进而唤起昂奋向上的意志和精神,激起追求道德超越与完善的动力。

精神人格层次上的审美愉悦,即悦志悦神,不同于悦耳悦目,悦耳悦目是一种平静宁适的直觉性的审美感受,是一种在感性基础上的感官快适,基本上易变而不持久;也不同于悦心悦意,悦心悦意是一种安定和谐的、理性的、在理解基础上的心思意向的审美感受,它具有相对的稳定性和持久性;只有悦志悦神是一种激荡不安、奋发向上、感性中带有理性的审美感受,是一种在崇高的基础上寻求超越与无限的最高审美层次。当旅游者面对各种景观时,一开始总是被构成这些对象的颜色、形状和声音等外部特征所吸引,引起主体的审美注意。这些对象特征,如一朵花的颜色和形状,并不存在任何客观世界和客观生活的实际内容,同时也满足不了人们任何生理上的需要,它们只是供人们观赏和品味,使人们在耳、目等感官和心意的愉悦中,在心灵上构建一个怡然而愉悦的心境,并进而获得一种心与物游、物我同一,物我的界限、人我的界限以及时间和空间的界限骤然消失的境界。由此可见,旅游审美活动的卓越功能之一便是,它能使人们从生理的兴奋和快感转移到心理上的愉悦,使昔日受压抑的情感得到宣泄和补偿,忘却人间的坎坷与污浊,化解心底的愁苦与伤痛,把人们带入一个飘飘然的极乐的梦幻世界,有如在大自然的沐浴中洗净一切心灵上的积垢,尔后便能够透过一切平凡细微的小事物,感受其内在的玄机,并进而长期地保持一种悠悠然的心态去静观鱼龙变化、草木生发,去历数那挂在树枝上的露珠、盘根上的蚁穴、山石上的苔藓,去仰望那蓝天上的浮云、暮色中的炊烟和那浩渺中若有若无的一切,从而使人们兴致益然地步入心旷神怡的雅境。不少的人正是在这种对情趣和理想的追求中,淡化了个人的荣辱得失,陶冶了性情,净化了心灵,改善了心理气质和精神面貌,提高了做人的水平和修养。

"悦志悦神"的审美体验之所以高级而深刻,正是因为它体现了观赏者大彻大悟的情怀,体现了从"小我"进入"大我"、从瞬间求得永恒、从有限达到无限的自我超越意识或精神境界,同时也体现了审美主体与审美客体(即自然的、社会的和艺术的对象)的高度和谐统一。例如,游览黄河、长江,往往在惊叹其壮丽的自然景观时,也唤起我们的思旧怀古之情,给我们以深沉而崇高的历史感。因为这两条河流是中华民族的摇篮,孕育了祖国的文明。那"九曲黄河万里沙,浪淘风波自天涯"的雄浑气势,那"大江东去,浪淘尽,千古风流人物"的宏伟气概,积淀着久远而浓厚的历史文化意味,其中许多地段和景点至今仍然留存着可感可知的名胜遗迹和可歌可泣的传奇故事。作为炎黄子孙,面对奔腾不息的长江黄河,遥想过去的衰变沉浮,在感慨惊叹、意气风发、精神振奋之余,会萌生一种沉重的历史责任感、一种奋斗拼搏的强烈愿望,甚至一种"君不见黄河之水天上来,奔流到海不复回"的经世济民的"冲创意志",这不仅仅是那种"念天地之悠悠,独怆然而涕下"的感伤情怀或忧思意识,显然,这其中融合着深刻的理性思考和巨大的伦理情感。又如,登临"昔秦皇汉武"御驾封禅的"五岳之尊"泰山,或游览佛家道家修身养性的峨眉山与武当山,那"会当凌绝顶,一览众山小"的伟壮气象,"峨眉一派出昆仑,平地突起三千米"的雄秀东南的空间形象,怎能不使人胸怀坦荡、生超凡入圣之感呢?再如,当人们登上万里长城,遥望蜿蜒起伏、曲折逶迤的祖国大好河山时,一种超越凡俗的浩然气概油然而起,世间的纷扰和烦恼荡然无存,神志为之舒畅,精神为之升华。

概括起来,上述三种层次有别的审美体验,原则上是观赏者凭借"无限的交流意念",在审美活动的不断循环中,通过审美感知、审美情感、审美理解和审美想象等心理机制的交互作用,从低级向高级发展的。需要说明的是,不同层次的审美感受是审美主体同一心理过程的三个不同发展阶段,尽管在逻辑意义上表现为一个不断深化的过程,但在旅游审美的具体实践中是因人(审美趣味等)因地(时空背景等)而异的。对于有些旅游者(审美经验丰富、鉴赏力高)来说,不同层次的美感同步发生的现象并非不可能。但相比较而言,"悦耳悦目"突出感性功能与生理快适,通常以知觉判断和平静安适为主要特征,基本上是易变而不持久;"悦心悦意"强调认识功能与愉悦心境,一般以知性谙悟与和谐愉悦为主要特征,具有相对的稳定性和持久性;"悦神悦志"突出理性与追求无限,但它突破而又不舍弃感性形象,以感性中有理性和意气风发、无限神驰的心境为主要特征,具有在伦理道德意义上追求超越、在感性时空中追求永恒、在精神世界里追求自由等特质。

阅读材料8－2　赏景中审美认识之深浅小议

审美认识，是审美对象在审美主体（人）的主观意识中的反应、感受、欣赏和评价。由于风景中的对象——旅游风景区的空间开阔深邃、层次多样丰富，又非一时能玩完游尽，可供游人寻幽探胜，见仁见智，活动自如。审美对象美的多样性，决定了游人感受的丰富性。而游人的组成部分又极为复杂，农工学商，各等人等。因此，在赏景中审美认识的要求，就不能不带有极大的宽容和伸缩性。诚如苏轼在修浚湖后描绘的情景：

> 西湖天下景，游人无贤愚；
> 深浅随所得，谁能识其全。

这里讲的"贤愚"，依笔者的体会，主要是游人的才、识、学的智力差异，也涉及道德评价。而所谓"深浅随所得"，是指审美认识的极大的宽容和伸缩性。在旅游中，游人不同的才、识、学，决定了审美认识的深浅。在审美中也允许不问深浅的并存。谁要一概而论、求全责备，必然破坏和干扰这种审美的氛围。这首诗，确实从美的多样似和审美的自由度上，道出了真谛。

然而，寻幽探胜，见仁见智，活动自如，是对一般游人来说的。作为山水诗画的艺术家，要把自己的审美认识转变为艺术作品，自然不能停留在这个上面了。最近，我随手翻开《东坡志林》卷一，其中有一则《比游庐山》。就是主张审美认识具有宽容和伸缩性的同一个苏轼，把自己对于庐山的审美认识分为四个阶段。第一阶段，为初步印象，以过去的审美经验来验证。"仆初入庐山，山谷奇秀，平生所未见，殆应接不眼，遂发意不欲诗。"但是，当他有了审美感受，便不知不觉先后写了三首绝句，"自哂前者之谬"。第二阶段，他拿着《庐山记》一书，"且行且读"，认识有所深化，不满意徐凝、李白吟咏的庐山瀑布诗。第三阶段，在庐山游了十几天，有了个整体认识，"以为胜绝，不可胜谈，择其尤者，莫如漱玉亭、三峡桥，故作此二诗"。第四阶段，他与庐山东林寺长老常法师，同游西林，有了哲理的发现和吟味，写出了《题西林壁》：

> 横看成岭侧成峰，远近高低各不同。
> 不识庐山真面目，只缘身在此山中。

这首绝句的次句，在《东坡集》卷十三，作"远近高低无一同"，通行本同此。"不识庐山真面目，只缘身在此山中"。这是写具体的、特定的、有限的庐山形象，然而却在其中融入了抽象的、一般的、无限的哲理。试想如果苏轼对庐山未作十余日游，阅读前人的作品，又未经过前三阶段逐渐把握和理解对象，他怎么能够有如此新鲜而又深邃的审美认识,又怎么能够写出《题西林壁》的千古绝唱呢?

总之,对普通游人来说,赏景中审美认识,可以随兴所至,不问其深浅,自由自在,妙趣横生。但是,在赏景中的审美认识又毕竟有其深浅。审美认识是人们认识世界、改造世界的有力武器,在其本性上并不是因循守旧、停滞不前的,而是永远充满了创造的活力。不问深浅,自在观赏,是对一般游人的宽容而又伸缩的审美态度。而略辨深浅,引人入胜,则成了历史上杰出的山水诗画的艺术家,乃至今日之导游者的天职。

(卢善庆.旅游美学闲话.长沙:湖南人民出版社,1986:109~112)

思考与练习

1.简述旅游审美需要、旅游审美需求和旅游审美动机的区别和联系。

2.列举最常见的四种旅游审美动机,并举例说明。

3.人类旅游审美心理是如何发生发展的?

4.旅游审美个性有哪些类型?

5.旅游审美的意识包括哪些内容?

6.旅游审美意识具有哪些特征?

7.旅游审美感受的第一层次是什么?有何特点?试举例说明。

第九章　旅游工作者的审美要求

本章提要

旅游工作者的审美要求,是旅游美学不可忽视的课题,而且也是极其重要的方面,因为它体现社会主义精神文明,代表国家和民族的形象,属于社会美的范畴。本章从旅游工作者美的形象入手,具体分析了仪表美、仪态美、语言美、心灵美。接着从导游工作服务艺术、饭店工作的礼貌服务两方面来阐述旅游工作者美的服务。最后论述了旅游工作者的美学修养。

第一节　旅游工作者美的形象

"诚于中而形于外"、"外秀而内美"。旅游工作者是美的使者,是旅游者的直接审美对象。在旅游审美活动中,身处异地的旅游者在紧张感、新奇感、陌生感的驱动下会对旅游工作者进行全方位的审视和评价。因此要求旅游工作者在仪表、仪态、语言、心灵等方面都要达到美的要求。

一、仪表美

仪表即人的外表,包括容貌、姿态、服饰三方面。仪表美是对一个人全方位的评价,是形体美、服饰美、发型美等有机结合的综合美。仪表是一个人精神面貌的外观体现,是人际交往中一个不容忽略的交际因素。旅游工作者在旅游服务过程中,必须自觉地重视自己的仪表,设法为旅游者留下一个美好的第一印象,以其特殊的魅力吸引旅游者,产生一种"光环效应",对以后的旅游审美活动产生积极的诱导作用。

（一）形体美

人们对美的认识,在历史进程中不断地变化。古希腊的人体雕刻《掷铁饼者》和《米洛斯的阿芙罗蒂德》为后世展示了人体美的至高范本,以其矫健优美的形式和永恒的艺术魅力唤起人们无限的审美遐思,并在理论上归结出比例、均衡、和谐等美学法则。不同时代、不同民族,对人体的审美观点也各不相同。

概括地讲,人的形体美应该是健、力、美三者结合。从其外部形态来看,它要具备三个条件:骨架美,即人体各部分比例匀称;肌肉美,即人体肌肉完美发达,富有弹性,并充分体现人体形态的强健协调;肤色美,指皮肤红润、细腻且有光泽,可体现出人的精神面貌和气质。概括古今中外许多美学家、艺术家、健美学家研究的结果,大体可将形体美的基本条件概括为:

1.骨骼发育正常,关节不显得粗大凸出。

2.肌肉发达均匀,皮下脂肪适当。

3.五官端正,与头部配合协调。

4.双肩对称,男性要求宽阔,女性要求圆润。

5.脊柱正视垂直,侧视曲度正常。

6.胸部隆起,男性正面与反面看上去略呈 V 形,女性乳部丰满而不下垂。

7.腰细而结实,微呈圆柱形,腹部扁平,男性有腹肌垒块隐显。

8.臀部圆满适度,富有弹性。

9.腿部要长,大腿线条柔和,小腿腓部突出,足弓要高,脚位要正。

10.双手视性别而定,男性的手以浑厚有力见称,女性的手以纤细结实为宜。

上述条件是人体的常态,如果缺乏这种常态,就谈不上形体美了。如头大脖子短、歪嘴斜眼、弓腰曲背、身长腿短、大腹便便、骨瘦如柴、高矮失常以及罗圈腿、八字脚等,这都违反了人的常态,毫无美感而言。因为,人的形体通常表现出人的健康状况或身体素质。从劳动美学观点看,人们更倾向于欣赏和追求健康的美、富有活力或生命感的美,旅游工作者所追求的也正是这样的健康美。所以旅游行业在招聘时,应对形体有所要求,选择形体适合的旅游工作者。

（二）服饰美

素有"礼仪之邦"和"衣冠王国"之称的中华民族,历史上就强调"温文尔雅"、"彬彬有礼",做到"量体裁衣"、"修短合度",创造了高度的服饰文明。服饰是一种礼仪、一种文化,更是一门艺术。服饰不仅能够反映出个人的文化素质之高低、审美情趣之雅俗,还能对人体起到"扬美"和"抑丑"的功能。如果对服饰加以科学而巧妙的运用,就会与人体构成和谐的美,起到相得益彰、锦上添花的作用。服饰应当适合自己的身材,整洁、自然、大方。一般情况下,瘦小的人穿横条衣服可显得丰满一点,而胖子穿直条衣服可显得清秀一些。这样人们可以利用视错觉改变原来形体的形象。如身材矮小的女士一般不束腰带,更不束与衣服色彩对比鲜明的腰带,如果这样,本来矮小的身材就更加矮小了。如果穿上垂直线条的衣服,梳高发型,再穿上高跟鞋,就会弥补身材矮小的不足。身材高胖的女士应避免选用大花、大格或厚重的衣料,而应以素色、挺括、下垂感强的衣料以及合身的裁剪为妥。

　　服装色彩的运用也同样能使人产生错觉,收到令人满意的效果。例如:浅颜色的料子有扩张作用,瘦子穿用可产生丰腴的效果;深色给人以收缩感,适宜胖子穿用。不同颜色代表不同的意义,不同颜色的服装穿在不同的人身上会产生不同的效果。服装配色包括同类配色和衬托配色。它要求服装的色彩是上深下浅或上浅下深。理想的配色是:绿色—黄色、深蓝—红色、深蓝—灰色、黑色—浅绿、黄褐—白色、橄榄绿—红色、橄榄绿—骆驼灰等。

　　(三)发型美

　　发型美是构成仪表美的三要素之一。发型是一门头发的造型艺术,是体现人的审美需求和性格情趣的直观形式,是自然美和修饰美的有机结合,同时也反映着人们的物质、文化生活水平和时代的精神风貌。现实生活中,人们追求发型的"个性化"是总的指导思想,所谓"个性化"是指根据个人的身材、脸型、头型以及年龄、职业来设计发型。基调是活泼开朗、朝气蓬勃、干净利落,不必追求奇特怪异、披头散发,给人累赘拖沓之感,以便取得和谐统一的审美效果。如脸型瘦小、颈部较长、身材高大的人,配以长发、直发或大波浪的卷发以及内层次的平妆式,会显得飘逸大方、风度翩翩。而脸型宽大、身材矮小、颈部粗短的人,留长发、蓄鬘角,就会给人一种头重脚轻、臃肿做作的感觉。头发稀少或者秃顶的人也不适合留长发,因为稀少的头发不规则,会显得杂草丛生,不但不美观,反而给人病态之感。

二、仪态美

　　仪态是指人在行为中的姿势和风度。姿势是指身体呈现的样子,风度则属于气质方面的表露。旅游工作者的仪态主要指旅游工作者在旅游公关活动中的姿势、举止,如站立的姿势、走路的步态、说话的声音、面部的表情等等。仪态美在外表上表现出一种优雅的举止和洒脱的气质,而高尚的品质情操、广博的学识、独到的思辨能力等内在因素才是它的本质。仪态美实际上是一种内外和谐的美。

对于旅游工作者的姿态要求,概括起来是:站有站姿,坐有坐相,举止端庄稳重、落落大方、自然优美。

站立是人最基本的姿势,"站如松"就是说站得要像松树一样挺拔,旅游工作者要注意站姿的优美和典雅。其基本要领是站正,身体重心放在两脚中间,不要偏左偏右,胸要微挺,腹部自然地略微收缩,腰直,肩平,两眼平视,嘴微闭,面带笑容,双肩舒展,双臂自然下垂,两腿膝关节与髋关节展直。这样会给人以沉稳感、亲切感和轻松感,有利于思想感情的交流。

坐姿的要求是"坐如钟",坐相要像钟那样端正。优美的坐姿会给人娴雅自如、端正稳重之感。正确优美的坐姿应做到上半身一定要挺直,两肩要放松,下巴向内收,脖子挺直,胸部挺起,并使背部和腿部成一直角。女性切忌两腿分开、两脚呈八字形;男性两腿略微分开,但不要超过肩宽。在入座时要缓慢得体,动作协调柔和。

步态的要求是"走如风",走起路来像风一样轻盈。旅游工作者要做到步伐轻盈而稳健,快慢自然。走姿要与不同着装协调配合,才能给人协调的美感。肩膀轻松自然地摆动,步幅适当,从容稳健。

表情是形体语言中最丰富的部分,它可以反映内心的感情。旅游工作者的表情可以给旅游者最直接的感受和情绪体验。微笑是一种优美的表情,是服务态度美的"感性显现",是一种快乐和满足的表现,属于肯定性的情绪。旅游工作者的微笑最能满足旅游者的审美需求,调动其情绪进行旅游活动。

站姿、坐相、步态是人在自然空间的一种形象显现,再配以手势和表情就是一种和谐的造型美。而风度美,那是更高层次的美学追求。它既反映人的外表,又包含人的内在品质;既表现人的外貌、举止、仪表、仪态,也表现人的思想、精神、学识、修养、性格和气质。所谓风度美也就是人的人格力量之美,是人的外表与内在高度统一的综合表现。我们说某人风度好,决不是仅仅指他的外表,而是内外结合起来作出评价。概括地说,应该是坚定庄重、高雅大方、潇洒脱俗、不卑不亢。在旅游接待工作中,旅游工作者在不同场景、不同服务过程中正是通过自己的一言一行、一举一动来反映自己的风度美。旅游工作者的风度应当是落落大方、端庄得体,特别要克服崇洋媚外的心态,给人以质朴美好的印象。

三、语言美

语言是指一种传递信息的符号系统,是社会交际的工具,是人们表达意愿、思想情感的媒介。礼貌用语是旅游工作者在接待旅游者时需要的一种礼貌语言,它具有体现礼貌和提供服务的双重特性,是旅游工作者用来向旅游者表达意愿、交流思想感情和沟通信息的重要交际工具。

俗话说:"一句话使人笑,一句话使人跳。"这句话形象地概括了使用礼貌用语的要求。旅游接待服务的过程,就是从问候旅游者开始,到告别旅游者结束。语言是完成各项接待工作的重要手段。旅游工作者要运用好这一交际工具,就要做到"五声":宾客到来时有问候声,遇到宾客时有招呼声,得到协助时有致谢声,麻烦宾客时有致歉声,宾客离开时有道别声。与此同时,要杜绝"四语":不尊重宾客的蔑视语、缺乏耐心的烦躁语、自以为是的否定语和刁难他人的斗气语。

从事不同行业的人们,都使用着具有自己职业特点的语言,同样,在旅游经营活动中,必然会产生符合本行业特点的礼貌服务用语。归纳起来,这些用语具有以下几个方面的特征:

(一)言辞的礼貌性

言辞的礼貌性主要表现在旅游工作者在旅游服务接待中使用的敬语。敬语包括尊敬语、谦让语和郑重语三个方面的基本内容。说话者直接表示自己对听话者敬意的语言叫尊敬语;说话者利用自谦,直接表示自己对听话者敬意的语言叫谦让语;说话者使用客气、礼貌的语言向听话者间接地表示敬意的语言则叫做郑重语。

敬语是一种礼貌用语,最大的特点是:彬彬有礼、热情又庄重。使用敬语时,一定要注意时间、地点和场合,语调也要甜美、柔和。

(二)措辞的修饰性

旅游工作者使用服务用语时要充分尊重旅游者的人格和习惯,决不能讲有损旅游者自尊心的话,这就要求我们注意语言的措辞。措辞的修饰性主要表现在经常使用谦让语和委婉语两方面。

谦让语是谦虚、友善的语言,它能充分表现出说话人尊重听话者。谦让语常常是以征询式、商量式的语气表达的。委婉语是用好听的、含蓄的、使人少受刺激的词语来替代对方有可能忌讳的用语,以曲折的表达方式来提示双方都明白但又不必点明的事物。在旅游接待工作中,广泛使用谦让语和委婉语有利于沟通与旅游者的思想感情,它是旅游者乐于接受的表达方式,是使交际活动顺利进行的有效手段,旅游工作者应当掌握和使用。

(三)语言的生动性

旅游工作者在接待旅游者时,语言不能呆板,应使用生动幽默的语言,这样会使气氛活跃、感情融洽。所以注意语言的生动性是进一步提高语言表达能力的努力方向。作为旅游工作者,要做到语言生动,就必须不断提高语言水平,勤学苦练,多听多练,不要一知半解地运用,更不要牵强附会或任意发挥,否则会适得其反。

（四）语言的针对性

要使旅游者感到满意和高兴，在使用礼貌用语时，必须针对不同的对象、不同的性别和年龄、不同的场合，灵活地说出不同的用语，这样才有利于沟通和理解。一般来说，我们可以通过旅游者的服饰、语言、肤色、气质去辨别他们的身份，通过旅游者的面部表情、语气的轻重、走路的姿态、手势等行为举止来领悟他们的心境，所以旅游工作者要设身处地地替旅游者着想，学会揣摩旅游者的心理，以灵活的言语来应对各种旅游者。旅游工作者还要学习和研究工作语言，在实践中提高自己的语言表达力和应变力，注意培养随机性和灵活性，以适应旅游工作的需要。

四、心灵美

古人云"人咸知饰其容而不知修其性"，就是说人们往往只注意外表的修饰，而忽视内心修养的自我完善。这确是人们的通病。离开了人的内在美，不论他外表如何漂亮，只能是徒有其表，根本谈不上美。对于旅游工作者来说，如果不具备心灵美，根本不可能提供美的服务和优质文明的服务。

心灵美是一切美的核心。也就是善。西方美学家对美即善的说法颇多。古希腊美学家柏拉图宣称："美、节奏好、和谐，都由于心灵的智慧和善良。"亚里士多德曾说："美是一种善，其所以引起快感正是因为它是善。"孔子也曾提倡美与善并举，他说"尽美矣，也尽善也"。就善而言，它是社会生活中人与人、人与社会的行为的道德规范。一个人的思想行为如果符合一定的道德规范，那就是善就是美，否则就是恶就是丑。具体地说，要爱国、正直、诚实、真诚而热情，不做有辱国格、人格之事，做到"富贵不能淫，威武不能屈，贫贱不能移"。这是中国人民传统的美德，也是我们共同的道德规范。

在旅游行业中，旅游工作者的心灵美从思想素质方面看，必须热爱祖国，热爱人民，热爱本职工作；从道德情操方面讲，必须具备诚实、善良、勤劳等美德；从才识智慧方面来看，必须具备旅游相关的专业知识。另外还要培养广泛的兴趣，拓宽知识面。旅游工作者的心灵美主要体现在他们为旅游者提供的优质服务上，旅游系统对旅游工作者提出的许多职业道德方面的规范要求，从表面上看是对旅游工作者的一种行为要求，实际上是对旅游工作者如何塑造心灵美而进行的高度集中的概括。可以这么说，只有遵守了职业道德规范，才有可能追求到自身的完善和人格的完美。

心灵美与伦理道德有着密切的关系，但并不是完全等同的。它作为美的一种特殊形态，具有一切美的共同特征——直观性。也就是说，深层的美是通过表层或外在的美体现出来的。对于旅游工作者来说,"最美的境界"才是审美追求的终极目标,我们要力求做到仪表美、仪态美、语言美和心灵美的有机结合,只有这样才能达到和谐一致、最高境界的美。

阅读材料 9－1　怎样化淡妆

淡妆的化法有以下四个步骤和内容:

(一)清洁面部

这是涂抹化妆品前必须进行的一项重要的步骤,因为即使自己感觉面部还算干净,但实际仍有尘埃、汗渍、皮肤排泄物以及其他污物粘附在皮肤表面,有的还可能渗透到毛孔里。这些脏物极容易与化妆品中的某些化学成分起不良反应,导致皮肤过敏和其他刺激;另外,一些颗粒状的尘埃又容易与化妆品混合成团状物而堵塞毛孔,造成毛囊感染,诱发粉刺或其他炎症。因此,清洁面部是不应忽略和完全必要的准备工作。

清洁面部的方法有两种:一是选用含碱量极低的软性香皂去污。做法是把香皂蘸水抹在手心上,搓出泡沫,然后均匀地涂抹整个面部,几分钟后,用温水将面部的皂沫拂去,再用柔软的干毛巾轻轻地吸干面部的水分,并轻柔地按摩一下面部皮肤。二是选用清洁霜去污。做法是先在手心涂上些清洁霜,合掌搓匀,然后涂抹整个面部,几分钟后,用药棉或柔软的纸巾轻轻将已吸附了微小脏物的清洁霜抹去。

(二)眉部化妆

眉部的化妆应与整个面容化妆协调。不顾脸形与眉形的和谐,不恰当地偏爱细眉或欣赏浓眉都会影响到面部化妆的整体效果。因此,化妆眉部,首先要根据自己的实际情况选择好适当的眉形,才能达到美化面容的目的。

眉部的化妆主要分眉毛的修整和画眉两个步骤:

1.整修眉毛

整修眉毛,就是把过长、多余的眉毛剪去、拔除。方法是:先将眉毛用眉刷顺向进行梳理,接着使用眉毛钳除去长得位置不好、形态不好的眉毛,对眉形作适当的修整,不宜多剪、多拔,以保留自然的眉毛为主,然后再用眉毛梳从下往上倒梳眉毛,剪去过长、不齐的眉毛,再梳平复原。

2.画眉

画眉,是指用眉笔将已修整过的眉毛做勾描、加深处理,使眉毛显得完善、逼真。画眉的要领是:要画在眉毛上,而不要画在眉毛外;要顺着眉毛生长的方向画,而不要递向涂抹;要仔细慢慢地进行,而不要粗略地涂上几笔。完成这一步后,可再作些精细的加工,如稍稍修改一下眉毛的形态,适当增加一点眉毛的长度,填补一下缺损或疏落之处,尽量使眉毛的形状通过修饰显得柔美自然。但需提醒的是:切忌作过分的修改,不然会造成虚假、夸张、走样的后果,失去画眉本身的意义。

眉毛化好后,应对着镜子检查一下两条眉毛是否对称,粗细是否一致。最后,可用眉帚将化好的眉毛轻轻地顺着眉毛生长的方向刷一下,扫去残留的墨粉,清洁一下眉部。

(三)面颊化妆

面颊部位的化妆,就是涂抹胭脂,使面部的两颊泛出微微的红晕,产生健康、艳丽、楚楚动人的效果。

胭脂色红,但有大红、玫瑰红、桃红、水红等不同色调,使用时可根据肤色、部位等实际情况选用,并注意涂抹的浓淡以及涂抹的范围。

抹胭脂的技巧关键在于操作要轻,胭脂分布要匀,色彩过渡要自然,并以使用后不产生人工涂抹的痕迹为宜。胭脂着色中心位置应掌握在颧骨附近。操作时要用胭脂扑或胭脂扫,以颧骨为出发点往耳朵上缘方向轻轻抹去,接着用手掌轻柔地把胭脂晕开。需要提醒的是,开始涂抹时胭脂用量要少,少到几乎看不出明显的效果,晕开后似化妆未化妆。以后手法熟练时再根据实际需要,逐步作适当的调节。

(四)唇部化妆

唇部化妆主要是涂唇膏(口红),它可用来增强口唇的艳丽。唇部的化妆由于使用者原本的唇色各异,欲达到的效果不同,唇膏又细分为多种不同的红色,如大红、玫瑰红、樱桃红、杏红、橙红、棕红等等品种。在各种红色中还有闪光型与不闪光型之别。此外,还有一种白色(其实使用效果是无色透明的)亮光唇膏,在涂好口红后再点上几点,产生出光亮点,可更加衬托出妖艳欲滴的色泽效果。

涂口红,一般是使用管状固体的唇膏,但最好还同时备一支唇线笔和唇化妆笔,配合使用,会使效果更佳。

唇部化妆的第一步,宜先用唇线笔按自己设计的唇型或自然唇型勾勒一圈,用作定型和防止唇膏外溢。接着再开始涂口红,要领是把唇膏涂在唇线内。讲究一点的话,可在唇线画好后,用唇化妆笔均匀地蘸好唇膏,沿唇纵向纹理,从嘴角两侧往中央一点点涂抹,涂好后要仔细检查一下是否涂满、涂匀,无遗漏之处,以避免唇线与唇上的色彩有明显不同。为了方便喝水、用餐,不妨用餐巾纸轻轻按一下嘴唇,使口红固定下来,避免染到杯子和餐具上。

若要使嘴唇在涂好口红后有立体反光感,可用无色亮光的唇膏再进一步加工,方法是:只要在唇中央突起处轻轻点几点即可。

由于各人的唇形不同,涂口红时可采取一些有针对性的措施,以争取达到预

期的效果。以下三种情况是比较常见的:

嘴唇太小、太薄,宜使用大红、玫瑰红、猩红等色彩浓的唇膏,用唇线笔勾勒唇形应稍微放宽些,即在天生的唇线外0.5至1毫米处勾一圈,涂唇膏时要尽量遮盖掉原来的唇线,这样就可以克服小而薄的"先天不足"。

嘴唇生得又大又厚的,宜采用另一种方法处理,即唇膏色宜淡不宜深,淡红色的唇膏是首选的色调,加上用粉底作掩饰,把嘴唇变得小些。关键的方法是,勾勒唇线要沿天生的唇线内0.5至1毫米处画一圈,这样就可以相对克服一点原来大而厚的印象。

如果是嘴角下垂的情况,就需用改变唇形的方法来解决。其要领是将唇中部的曲线稍向上下扩大些,从视角上冲淡对唇角下垂的注意,在勾勒唇线时要把下垂部分适当提高些、延长些,下唇使用的口红颜色可比上唇稍暗一些。

(国家旅游局人事劳动局教育司.旅游服务礼貌礼节.北京:旅游教育出版社,1997:43~47)

第二节　旅游工作者美的服务

在旅游活动中,旅游者不仅对旅游工作者美的形象十分注重,同时对旅游工作者提供的美的服务,他们也十分关心,因为美的服务从某种意义上说是旅游者获得社会尊重、满足审美需求的关键,而美的服务是通过旅游工作者基本的礼貌礼节服务和服务艺术体现出来的。

一、导游工作的服务艺术

导游人员是旅行社的代表性工作人员之一,工作处在接待第一线,工作涉及面广,工作量大,独立性强,和旅游者接触交往的时间长。导游员的工作对整个旅游接待工作的好坏起着重要作用,导游员的服务关系到整个接待工作的完成和旅游者的满意程度。除了和其他岗位的旅游工作者一样都必须注意的基本服务技能外,导游员还应当通过以下几个方面,为旅游者提供美的服务。

(一)导游服务语言艺术

对于从事导游讲解的工作者来讲,语言艺术化是至关重要的,因为他直接影响到审美信息的质量以及旅游者的审美满足水平。只有自然流畅、谈笑风生的导游讲解才能触动旅游者的审美心理,使其获得审美满足,为旅游者提供美的服务。著名美学家朱光潜曾经说过："话说得好就会如实地达意,使听者感到舒适、发生美感。这样的说话就变成了艺术。"语言艺术化主要表现在以下四个方面:

1.语言的准确性

准确是指导游语言的规范性和科学性。导游语言艺术应建立在其语言的规范性和科学性的基础上。导游语言的准确性首先要求导游语音正确、清晰,在讲话时避免地方口音的影响;其次是言之有物、用词恰当,不能夸大其词,把话说绝,应留有余地。

2.语言的音乐性

所谓音乐性,就是要有节奏感,即抑扬顿挫,不要平铺直叙。说话要讲究高低快慢,不能像打机关枪似的。讲话要使人有行云流水之感、舒适欢欣之情。

3.语言的生动性

所谓生动性,就是达到绘声绘色的境界,使人们产生共鸣,好比身临其境一般。这就要求旅游工作者必须掌握丰富的知识和恰当的语言词汇,注意修辞,学会运用对比、夸张、借代、比喻等手法,使语言艺术化、口语化、形象化。同时适当使用风趣幽默的语言,风趣幽默的语言是一种有趣而可笑又意味深长的言语。在导游活动中,适当使用风趣幽默的语言是必要的。因为风趣幽默的语言不仅可以使导游讲解锦上添花,使旅游者的旅游活动变得轻松愉快,气氛活跃,提高旅游者的游兴,而且可以缓解旅游工作者和旅游者之间可能出现的某些不和谐气氛。

4.语言的情感性

所谓情感性,就是要"情真意切"。人们的喜怒哀乐、七情六欲往往可以从眼睛的神态、手势的力度与面部的线条中显露出来。人们常说"眼睛是心灵的窗户",这是因为眼睛最能表情传神。所以导游在与旅游者进行交谈或讲解时,除了进行有效的口头语言表达外,还应适时和适当地配以体态语言,用面部表情、手势动作和声音语调的高低与当时的气氛、讲解内容有机地配合,一方面可以有效地表达导游的情感,另一方面可以加深旅游者的印象,使导游讲解更加形象生动,收到更好的效果。

(二)导游服务技巧艺术

旅游者在游览观光过程中,不仅需要有值得观赏的自然资源、人文资源,还需要导游得法,讲究导游服务技巧。

1.寓教于游,善于导入

导游服务包括生活服务、讲解服务和思想服务。其中,讲解服务在导游服务中居于中心地位。导游人员的讲解服务要力求深入浅出、生动形象、博古通今、妙趣横生。这样的导游和讲解,可以使大多数处于静态的旅游资源焕发盎然生机,从而使旅游气氛活跃,满足旅游者的观赏要求。

2.审景度势,巧用"三导"

景,是指景点的多、少和分布,旅游线路的安排;势,则主要是指旅游者的构成和旅游动机。应将二者紧密结合起来考虑,选择更适合的导游技巧。导游技巧一般有顺序导、交错导和重点导。

顺序导,即按旅游的顺序进行导游。游前导,简明扼要地介绍旅游活动的安排,游览区的总体情况、特点,激发旅游者的游兴。游时导,是顺序导中的主题,即时即景,边游边导,主要经典逐一讲解。游后导,是对一天游览的归纳和概括,搞得好能起到画龙点睛、加深印象、耐人寻味的功效。

交错导,主要是导游人员运用纵向、横向交错的方式对景物进行讲解和说明。所谓纵向知识,即自然景物(含人文景观)的历史沿革及其所涉及的人、事和典故;横向知识,即按景观的几个横断面,不受时间序列的限制,就景物涉及的背景、人物等作综合性讲解。

重点导,是在旅游景点比较集中,旅游者有目不暇接、眼花缭乱之感时,导游人员运用重点导的技巧,把旅游者的注意力引导到主要景观上来,以免因舍本逐末而影响旅游效果。

3.讲究导游讲解方法

导游讲解方法是为了加强导游讲解的力度,增加对旅游者的感染力和活跃讲解气氛而采用的讲解技巧。它是导游讲解艺术的具体体现。通过导游人员有声有色的介绍和讲解,旅游者不仅能够看到景观的表象,而且能更深刻地感受到所见景物,从中得到美的享受。因此,导游人员必须不断总结经验,善于运用各种讲解方法。下列几种方法是常用的:

(1)触景生情法。它是一种借景生情、情景结合的讲解方法。其目的是以景物为依托,通过讲解来营造一定的气氛,以激发旅游者的想象力,将其思绪和感受导入特定的意境,从而发挥导游讲解的作用力和感染力。导游人员在讲解时要使讲解内容与所见景物保持一致,实现情景交融,使旅游者感到景中有情、情中有景。例如,在讲解故宫太和殿广场时,叙述皇帝进行大典和溥仪三岁登基的情况,旅游者仿佛也置身其中,情景结合的讲解效果不言而喻。

(2)由点及面法。任何艺术,既讲究整体,又突出重点。导游艺术也不例外,由点及面法是一种由事物的部分引出总体或由一事物引出相关事物的借题发挥的讲解方法。导游在讲解过程中,要把握审美对象的精髓,就必须对所讲之事、所见之景进一步引申,扩展讲解的范围和深度。例如,在参观寺庙进入大门时,导游除了介绍寺庙的修建年代及两边供奉的"两大金刚"外,还可引申出寺庙大门为什么叫做山门。通过由点及面的介绍,旅游者可以加深对景物的审美印象和感受。

（3）虚实结合法。通常，平铺直叙的导游讲解尽管可以让人知晓明白，但枯燥单调，缺乏感染力，很难打动旅游者，使其留下深刻的印象。而虚实结合的方法是一种将典故、故事、传说等与景物介绍有机结合起来的讲解方法，使导游讲解虚实相间、情景交融、引人入胜。当然，导游人员在讲解时，要以实为主，以虚为辅，虚为实服务，虚为加深实而存在。例如，在游览长江三峡时，导游人员要引导旅游者欣赏三峡的壮美风光，其间可穿插介绍"神女峰"等传说，使三峡风光在旅游者心中更显神奇、完美。

（4）设置悬念法。当旅游者置身于景物之中时，有经验的导游人员采用设置悬念法，引起旅游者的审美注意。所谓设置悬念法是一种在导游讲解中提出令人感兴趣的话题，但又引而不发，以引起旅游者的好奇心理，使其产生求答欲望的讲解方法。这种方法实际上是吊胃口、卖关子，目的在于活跃气氛，引人注意，把"旁观型"的旅游者转化为"参与型"的观赏者，以便取得审美共鸣的效果。例如，在杭州六和塔，旅游者问登到塔顶有多少级阶梯，导游一般不作答，让旅游者数一数，来一次比赛，这样就激发了旅游者的游兴，旅游者纷纷登塔，登过之后，旅游者各说各数，此时，导游才告诉他们是 266 级。

（三）微笑服务艺术

微笑是扣人心弦的最美好语言，是人际交往的桥梁，是感情沟通的渠道。微笑包含了高兴、同意、赞许和欢愉。导游面带微笑，是有效沟通的开始。"微笑是永恒的明信片"这句名言，在一定程度上道出了微笑的内涵和魅力。心理学家告诉人们，真诚的笑、善意的笑、愉快的笑能产生感染力，刺激对方的感官，产生报答效应，从而引起共鸣。微笑作为一种面部表情，在人与人的相互交往中具有一定的审美心理学意义。将微笑充分运用于旅游服务工作中，以此种特殊形式——"情绪语言"，对旅游者笑脸迎送，并将微笑体现在旅游服务的全过程、各环节，谓之微笑服务。微笑服务可使旅游者的需求得到最大限度的满足。微笑一定要发自内心，微笑是一种"情绪语言"的传递，不能将微笑服务简单地理解为旅游工作者面带微笑，只有发自内心的微笑，才能感染对方；唯有会心的微笑，才可以使旅游者产生良好的心境，消除陌生感。导游人员从事的工作既是一种规范化、程序化的工作，又是一种情绪服务，心态和情绪控制是做好服务的关键。因此，导游人员应当保持心理平衡，维持一种有助于微笑的良好心态。在导游工作中充分发挥微笑服务的妙用，为旅游者提供美的服务，引起旅游者的欣赏与共鸣。

二、饭店工作的礼貌服务

旅游饭店被称为"城中之城"、"家外之家"，就是一个浓缩的社会。作为为旅游者审美活动提供服务的设施之一，它为旅游者提供了食、住、行、游、娱、购等方面的服务。饭店的服务要求热情、礼貌、周到。礼貌服务也体现在饭店的各个部门。

（一）前厅部的礼貌服务

前厅服务是饭店服务的第一站，是饭店服务中的重要环节，它反映了饭店的工作效率、服务质量和管理水平，直接影响着饭店的声誉和经济效益。

客人抵达饭店后，期待得到的不仅是价值相符的各种物质享受，如饭店内豪华的设施、富丽堂皇的装潢，他们还期待着得到礼貌好客、热情周到的服务以及宾至如归的精神享受，他们期待得到尊重、重视，甚至是特殊的关注。所以前厅部门童、行李员、总服务台等的服务质量、工作效率至关重要，我们特别强调的就是礼貌服务。

门童服务是第一环节，是饭店的"门面"，也是饭店形象的具体体现。因此，门童应当服装整洁、仪表大方、精神饱满。见到宾客乘车抵达，要立即主动迎上，引导车辆停妥，接着一手拉开车门，一手挡住车门框的上沿，以免客人碰头。对佛教人士不能挡，他们认为用手一挡，"佛光"就被遮住了，是不尊重人的行为。问候客人时要面带微笑，热情地说"您好，欢迎光临"，并躬身15度致礼。对常住客人要称呼他的姓氏。当客人比较集中时，应当不厌其烦地向客人微笑点头示意，尽量使每一位客人都能听到亲切的问候声。如遇到下雨天，要撑伞服务，以防止宾客被雨淋。遇见老人、儿童、残疾客人，要主动搀扶下车，多加照顾。车子离店时，也要向司机招呼问候："您辛苦了！再见！"客人离店时，要把车子引导到客人容易上车的位置，拉门请客人上车，看清客人已经坐好，再轻关车门并礼貌告别："谢谢光临，欢迎下次再来，再见。"关门时要恰到好处，不要用力过猛。当车辆启动时，挥手告别。对于饭店来访者要热情接待，礼貌地回答客人的提问。

行李员的礼貌服务主要体现在迎送宾客、提卸行李、引导指路至客人房间等方面。行李员要求着装整洁，仪容端庄，礼貌值岗。客人抵达时，热情相迎，微笑问候，帮助提携行李。客人坚持亲自提携的物品，要尊重客人的意愿。在推车装运行李时，要轻拿轻放，特别注意不要让行李掉到地上。陪同客人到总服务台办理手续时，应侍立在客人身后二三步处等候，以便随时接受宾客的吩咐。引领客人时，要走在客人左前方二三步，遇转弯时，要微笑向客人示意，以体现对客人的尊重。乘电梯时，行李员带行李先进，然后一手挡门请客人进入。电梯到达后，请客人先出电梯，然后再将行李运出。到达客房门口，打开房门请客人入室。行李员将行李送进房间,要轻放在行李架上,行李放好后,与客人核对清楚,如客人无其他要求,随即礼貌告别。客人将要离店时,行李员来到客人门前,都要按门铃或敲门通报,听到"请进",方可入内,并说:"您好,我是来送行李的,请吩咐。"当双方共同清点好行李后,可用行李车送至大门口。客人办理退房手续时,要注意看管好行李。待客人办妥手续,将行李装上车,客人坐稳后,轻轻关上门,与门童向客人道别:"祝您一路顺风,欢迎下次再来。"最后要面带笑容,目视客人离去。

总服务台是饭店的"橱窗",又是饭店的"神经中枢",更是住店客人进店和离店的必经之路,能否让客人来时有"宾至如归"之感,走时有"宾去思归"之念,很大程度上取决于总服务台的服务质量。所以总台一定要礼貌服务。总服务台礼貌服务的要求主要是:业务熟练,工作有序,讲究效率,节省客人时间,服务时做到"接一答二照顾三",即办理一位,问询另一位,再招呼第三位,并向后面的客人说:"对不起,请稍等。"服务时要着装整齐,仪容端庄,思想集中,站立服务。客人来问询时,应面带微笑,热情打招呼:"小姐(先生),欢迎光临,我能为您做些什么吗?"客人来办理入住手续,应尽量满足客人要求安排好房间,提供满意服务。查看、核对客人证件与登记单时要注意礼貌,正确无误后,归还客人证件,并表示感谢。当知道客人姓氏后,尽早称呼,以表现对客人的尊重。如客房已满,要耐心解释,并请客人稍等,一方面等最后机会,看是否会有其他客人退房,另一方面想方设法热情地为客人推荐其他饭店,还可说:"下次光临,请提前预定,我们一定为您保留。"重要客人入住时,要询问客人:"这个房间您觉得满意吗?"并说"您还有什么事情,请尽管吩咐,我们随时为您服务",以体现对重要客人的尊重。客人来结账时,要笑脸相迎,热情问候,提供迅速、准确的服务。住店日期要当场核对,收款项目要当面说清。如有客人提出一些饭店无法接受的要求,要婉转地予以解释。结账完毕,应向客人道谢告别:"谢谢,欢迎您再次光临!再见!"

(二)客房部的礼貌服务

客房是宾客的"家外之家",是客人在饭店逗留时间最长的地方。人对客房更有家的感觉,客房服务质量的高低,客人感受最敏感,印象最深刻。客房服务人员在做好规范化服务的同时,特别要做好礼貌服务,为客人提供一个温馨、舒适、幽静、安全的居住氛围。

客房服务员接到来客通知,要服饰整洁、有礼貌地站立在楼梯口旁,恭候客人的到来。宾客一到,要面带微笑,立即亲切问候:"您好,欢迎光临!"

客人手中的行李物品要主动帮助提携,但要在尊重客人意愿的基础上。引领客人进入房间后,针对不同客人的档次和需求,灵活地递上香巾和茶水,并说:"请用香巾!""请用茶!"待客人坐下休息,根据客人情况,有礼貌地介绍房间设备以及饭店的简单设施。有的客人到达楼层后,如果是因为长途旅行的疲劳,急于得到安静的休息,那么服务员要随机应变,简化服务环节。在客人没有其他需求时,应立即离开,向客人道别。退出房间时,应先退后一步,再转身出去并轻轻关好门。在打扫房间时,若门口挂有"请勿打扰"的牌子,则暂不要进去打扫。进房打扫时,必须讲究礼节,先按门铃两下,未见动静,再有节奏地轻敲房门三下,同时表明身份,征得客人同意后方可入内。打扫房间时要将门开着。客人房内一切物品,应保持其原来位置,不要随便移动。不可随意翻阅客人的书刊、杂志、文件和其他材料,也不可动客人的录音机、照相机等物,更不得拆阅其书信和电报。客人在读书、写字、看报时,不可从旁窥视、滥发议论。客人的信件、电函要及时转送;遗弃的文件、物品等,应及时送交接待单位处理,不得擅自抛弃或使用。在客人面前不要指手画脚、交头接耳。客人与他人谈话时,切勿随便插话或从旁偷听。打扫完毕,不得在房内逗留,如客人在房内,离开时要说声:"对不起,打扰了,谢谢。"平时与客人相遇,应主动问好和让路。同一方向行走时,如无急事不要超越客人,因急事超越时,要说"对不起"。凡客人赠送礼物、纪念品,应婉言谢绝,如不能谢绝时,接受后应立即上报。接受客人委托购买物品,必须财物两清,并须告知陪同人。一般不准代外宾购买药品。要关心客人健康,对病员要多加照顾。对饮酒过度或精神反常的客人,除妥善照顾外,应及时向上级报告。服务台要随时掌握来往人员情况,发现不认识的人,要有礼貌地查问,防止无关人员进入客人房间。客人离开饭店后,应即刻清查房间,尤其是枕下、椅下等处,发现遗忘物品,且时间来得及,应追赶当面交给客人;如来不及,则速交接待单位。

(三)餐厅的礼貌服务

餐厅是客人用餐的地方,也是饭店中一个重要部门,是饭店获得效益弹性最大的部门之一。餐厅服务员直接对客人提供面对面的服务,面广量大,时间长,需求多。为了满足宾客的不同需求,除了要提供美味佳肴外,主动、热情、耐心、周到的礼貌服务,也是必不可少的。

餐厅引位员必须着装华丽、整齐、挺括、大方,站姿优美、规范。开餐前20分钟,引位员必须恭候在餐厅大门两侧,神情专注,当客人走向餐厅时,应面带笑容,热情问候"您好,欢迎来用餐"、"请问,预定过吗?"男女宾客同时到达,应先问候女宾,再问候男宾。然后请客人步入餐厅,礼貌地说"请跟我来"。引领入座的位置要讲究,遇到重要宾客的光临,引领到餐厅最好的靠窗靠里的位置或雅座,以示恭敬和尊重;若客人是夫妇或恋人,引领到餐厅一角安静的餐桌就坐,便于小声交谈;见到服饰华丽、打扮时髦和容貌漂亮的小姐,要引领到众多宾客均能看到的显眼的中心位置,这样既可以满足这部分宾客的心理要求,又可以使餐厅增添华贵的气氛;遇到亲朋好友或全家聚餐,要引领到餐厅靠里的一侧,便于安心进餐,又不影响其他客人进餐;年老、体弱的宾客尽可能安排在离入口较近的地方,便于进出,并帮助他们就坐,以体现服务的周到;对于有身体缺陷的客人,要安排在合适的位置,能掩盖其生理缺陷。在用餐高峰,若餐厅暂无空位,请要求用餐的客人坐下,并表示歉意,一有空位,立即引领客人入座。

当客人被引至餐桌时,值台服务员应主动迎上,微笑问候,按先主宾后主人、先女宾后男宾的顺序拉椅让座。拉椅动作要用力适度、平稳、自然,避免碰伤客人。协助客人脱衣摘帽,将衣物挂好。并及时为客人递上香巾、茶水,递送时按照由右到左的顺序。注意客人点菜的示意,将菜单从客人左侧递上。接受客人点菜时,要站在客人的左侧,做好记录,同时可以热情地推荐本餐厅名菜、特色菜、创新菜,但要注意说话方式和语气,并注意客人的反应。斟酒时要先主宾再主人,先女宾后男宾。掌握好上菜的时机和间隔,新上的第一道菜应简要介绍菜名及特色。菜上齐后,要告知客人"菜已上齐,请慢用"。在客人用餐过程中,要随时注意客人的招呼,做到随叫、随应、随时提供服务。如果服务时繁忙,应接不暇,应及时说:"对不起,请您稍候。"跑菜员应两手拿托盘,走菜时注意步姿端正和自然,遇到客人要主动让道。客人用餐完毕,应把账单放在账单夹内,从客人左侧递上,一般放在主人的餐桌边。客人结账后离去,应及时拉椅让路,方便客人离开,同时提醒客人是否遗忘随身物品,并友好地话别:"再见,欢迎下次光临。"目送客人离去。

阅读材料9—2 赴宴者礼仪

1. 接到宴会邀请,是否能出席尽早答复对方,以便主人做出安排。接受邀请以后不要随便改动。万一遇到不得已的特殊情况不能出席时,尤其是作为主宾,要尽早向主人做出解释,甚至亲自登门表示歉意。应邀出席一项活动之前,要核实宴请的主人,活动举办的时间、地点,是否邀请配偶以及主人对服装的要求。

2. 出席酒会可在请柬上注明的时间内到达。掌握出席时间,宴请活动抵达时间的迟早、逗留时间的长短,在一定程度上反映出对主人的尊敬程度,应根据活动的性质和当地的习惯掌握,迟到、早退、逗留时间过短被视为失礼或有意冷落主人。出席宴会根据各地的习惯,正点或晚一两分钟到达。我国则是正点或提前一两分钟到达。身份高者可略晚些到达,一般客人则宜略早些到达。主宾退席后,其他人可陆续告辞。席间,确实有事需要提前退席,应向主人说明后悄悄离去,也可在事前打招呼,届时离席。到达宴请地点,先到衣帽间脱下大衣和帽子,然后前往主人迎宾处,主动向主人问好。如果是庆祝活动,应表示祝贺,参加庆祝活动,可以按当地习惯以及两个单位的关系,赠送花束或花蓝,参加家庭宴会可酌情向女主人赠送少量的鲜花。

3.应邀出席宴请活动,应听从主人安排,如果是宴会,进入宴会厅之前,先了解自己的桌次座位,入座时注意桌上座位卡是否写着自己的名字,不可随意乱座,如邻座是长者或女士,应主动协助他们先坐下。入座后坐姿要端正,不可用手托腮或将双臂肘放在桌上。坐时脚应踏在本人座位下,不可随意伸出,影响别人。不可玩弄桌上的酒杯、盘碗、刀叉等餐具,不要用餐巾或口纸擦餐具,以免使人认为餐具不洁。

4.入座后主人招呼即开始进餐。取菜时不要盛得过多,盘中食物吃完后如果不够,可以再取。用餐前应将餐巾打开铺在膝上,餐后叠好放在盘子右边。不可放在椅子上,亦不可叠得方方正正被误认为未用过,餐巾可擦嘴不可擦汗。如由服务员分菜,需增添时待服务员送上时再取。如遇本人不能吃或不爱吃的菜肴,当服务员上菜时,主人夹菜时,不要打手势,不要拒绝,可取少量放在盘内,并表示"谢谢,够了"。对不合口味的菜,勿显出难堪的表情,在冷餐酒会,服务员上菜时,不要抢着去取,待送至本人面前时再拿。周围的人未拿到第一份时,自己不要急于拿第二份,勿围在菜桌旁,取完即离开,以方便别人取食。外宾回请我方时,对方是主人,我方不宜主动让菜。

5.吃东西要文雅,闭着嘴嚼。喝汤时不要啜,吃东西不要发出声音。如汤菜太热,可待稍凉后再吃,切勿用嘴吹。嘴内有鱼刺、骨头不要直接外吐,用餐巾掩嘴,用手(吃中餐可用筷子)取出,或轻吐在叉上,放在菜盘内。吃食物时要用食物就口,不可将口去就食物。两肘不可伸得很开,嘴内有食物切勿说话。剔牙时用手或用餐巾遮口,不要边走边剔牙。吃剩的菜,用过的餐具、牙签,都应放在盘内,勿置在桌上。

6.无论作为主人、陪客或宾客,都应与同桌的人交谈,特别是左右邻座,不要只同几个熟人说话。邻座如果不相识,可以自我介绍。说话要掌握时机,讲话内容要看交谈对象,不要一个人夸夸其谈,或谈些荒诞离奇的事而引人不悦。作为主宾参加外国举行的宴请,应了解对方的祝酒习惯,即为何人何事祝酒等,以便做必要的准备。碰杯时,主人和主宾先碰,人多时可同时举杯示意,不一定要碰杯。祝酒时不要交叉碰杯,在主人和主宾致辞祝酒时应暂停进餐,停止交谈,注意倾听,也不要借此机会吸烟。奏国歌时应起立。主宾讲完话与贵宾席人员碰完杯后,往往到其他桌敬酒,遇此情况应起立举杯。碰杯时要目视对方眼鼻组成的三角区。祝酒时不目视对方被认为是不礼貌。宴会上互相敬酒,表示友好活跃气氛,但切忌喝酒过量,应控制在本人酒量的1/3以内。切不要饮酒过多失言失态,不能喝酒时可以声明。

(胡爱娟.饮食文化与现代旅游.杭州:浙江大学出版社,2009:136~138)

第三节　旅游工作者的美学修养

随着旅游业的不断发展,广大旅游者对旅游审美的要求越来越高,同时旅游活动也逐渐向知识型转化,形成了文化旅游。这就对旅游工作者提出了更高的要求。如何使旅游者得到更多美的享受,最大限度地满足旅游者的审美欲望,顺利完成自己的工作使命,确立自己在旅游者心目中的地位,主要取决于旅游工作者自身审美修养的广度和深度。

因此,旅游工作者一方面应该注意培养自我审美意识,提高审美情趣;强化审美敏感性;另一方面应加强对旅游者的审美需求和审美心理的研究,以便增强服务的针对性。还要尊重旅游者的审美习惯,灵活运用旅游观赏原理和导游技巧方法,在各方面不断摸索,提高再创造能力,从主客观的实际出发,在具体实践中勤于观察、善于学习,注意积累,不断提高自身的美学修养。

一、培养自我审美意识,提高审美情趣

旅游工作者要努力提高自身的文化素质和审美修养。审美修养是具体的而非抽象的,旅游工作者应多角度、全方位地培养自己的自觉审美意识或审美自觉性,提高审美情趣,使自己的仪表、风度、心灵、语言、情趣和技艺等方面都符合美的规律,符合个体与社会审美化的发展要求。

随着主客之间交往的增多,旅游者的注意焦点会从旅游工作者的仪表美转到风度美,这是个体审美层次的提高,潇洒自如、优雅的风度会强化人们对仪表的审美感受;反之,会冲淡这种感知,甚至使先前的印象模糊或者流失。对于旅游工作者而言,要具有良好的风度,就需要在社会生活和劳动实践中,注意观察和体味模仿其他社会成员的优雅、自然、得体、实用的身体姿态,从中抽象或概括出适宜自我的参照系,加以综合,使其个性化、内在化。同时,还应从审美化角度出发,积极主动地发挥自己的潜力,按照美的规律来创造性地从形象、姿态、举止或风度等方面培养和塑造自己。

一般来说,旅游工作者的仪表美和风度美固然重要,但在旅游审美关系中,旅游工作者的审美经验和审美感受往往表现为一种不断深化的过程,或是一种由表及里的认识过程,所以其内在的心灵美或道德美更为重要。

总之,人的发展是自我的发展,没有自觉的审美意识或者缺乏追求自我完善

动力的旅游工作者,是很难成为一名优秀的旅游工作者的。同时,旅游审美情趣的提高是一个长期的过程,因而,旅游工作者应从实际工作的要求出发,在平时的学习、工作和生活中,有意识地学习一些有助于提高服务质量的相关学科,培养鉴赏能力,做适应时代发展、满足社会需求的旅游工作者。

二、强化审美敏感性,提高审美能力

审美敏感性是指审美觉悟或审美鉴赏能力,从旅游者审美的结构讲,它主要涉及审美感受力、审美想像力、审美理解力三个基本要素。

敏锐的审美感受力是人类社会实践活动的产物,是审美主体通过感官对外部自然美形式和艺术美形式的把握而逐步得到培养和强化的。旅游活动是一项综合性的审美实践活动,旅游工作者要提高自己的审美体验层次,就要培养和提高自己的审美感受能力。这种能力的培养就需要在寻访名胜、漫步园林的过程中,充分利用自己的感官,通过游览观赏和物我交流,加深自己的旅游审美能力,获得特殊的审美体验。

审美想像力是在直观审美对象的基础上,借助大脑中积蓄的"内在图式"以及主体的审美理想,对其加以改造、丰富、完善和创新的心理过程。从审美角度讲,只有广泛游历名山胜水,大量接触艺术作品才能陶冶情操,产生细腻高雅的情思意趣。同时要求旅游工作者扩大审美视野,接触各种各样的审美对象,拓深审美广度和深度,丰富自己的审美想像力。

审美理解力是一种在感觉基础上把握和鉴赏审美对象之意味或内涵的能力。这种能力不是与生俱来的,而是感性接触大量审美对象和广泛参加审美实践活动的产物。审美理解力的提高首先靠学习积累历史、地理、文学、美学、生物等方面的知识,增进自我的审美理解力和欣赏水平。其次通过直观体验,这就需要打破日常生活中把事物形式视为认知目标,以形象思维来创造和感悟审美能力。比如,观看雨后彩虹、海市蜃楼,如果打破理性思维定式,专注于眼前的形象和景物,使想象和情感活跃起来,从彩虹中幻化出飞逸的仙女,从海市蜃楼中欣赏到琼楼玉宇,将会达到更高的审美境界。所有这些都有赖于旅游工作者审美理解力的培养和提高。

在具体的旅游过程中,旅游工作者要凭借自己的真情实感与艺术化的导游语言,调动旅游者的审美心理诸要素(即感受力、想像力、理解力和情感),引导旅游者欣赏和体味景观的形式与意味,丰富和深化他们的审美感觉。

三、研究旅游者的审美需求,提高审美水平

由于审美个性的差异,旅游者的审美需求是多种多样的,其审美动机也相应

地划分为不同类型,如自然审美型、艺术审美型、社会审美型和饮食生活审美型等。在旅游活动中,如何使不同类型的旅游者获得最大限度的审美满足,便成了旅游工作者的主要任务。

首先,旅行社工作人员在制定行程计划时,应当在线路与景点安排上,充分考虑旅游者的需求与建议,尽可能使游览日程和内容符合其基本意愿。其次,具体执行计划的旅游工作者,务必根据旅游团队的构成与线路的安排,在仔细研究旅游者的主要审美需求、确定其审美类型的基础上,有针对性地做好相关景点的资料筛选或信息的提炼工作,对于导游讲解的内容的深浅、讲解的风格以及措辞用语方面进行精心准备,做到知己知彼、有的放矢,达到预期的效果。

选择旅游观赏的重点是导游工作成败的关键,而这个重点又取决于旅游者的审美需求和类型。例如,对于游长江三峡的自然审美型旅游者,要以巫峡的山水地貌为主要讲解内容,为旅游者提供巫峡典型的自然美和人文美等方面的审美信息,激发旅游者的审美想象和期待,使其对三峡获得真切的感受,留下深刻的印象。对于生活审美型的"美食之旅",在宴会餐桌上,要以风格独特的拼盘和名菜为讲解对象,从色、香、味、形、意、器等方面讲述中国烹饪艺术的基本特征,使其在一饱口福的同时,也能不同程度地获得精神或审美上的愉悦。

总之,对旅游工作者来说,充分考虑旅游者的审美需求及其动机,认真研究旅游者的审美类型,这是搞好旅游接待工作的关键。因此,旅游工作者要根据旅游者的审美个性的差异,选择旅游者最感兴趣的和最愿意接受的东西,收集最具有代表性的材料,并在实际游览中配以详略得当、生动形象的讲解,这样才能引起旅游者的共鸣,达到旅游审美的目的。

四、尊重旅游者的审美习惯

人的审美习惯是其审美个性与固有审美经验相互融合的产物。这种审美习惯通常会有意无意地影响人们对客观事物的审美评价,甚至在一定程度上制约人们的审美行为。对旅游者来说,由于生活阅历、文化修养、情态意趣、职业、年龄、宗教信仰以及社会环境的不同,其审美习惯往往具有一定的差异性与多样性。就职业而言,政治家、企业家和社会科学工作者,一般习惯于观察、体验东道国的政治制度、社会形态、经济体制,并相应作出美丑或利弊等方面的评判;思想家、记者、宗教活动家一般习惯于透过事物表象去探究东道国人民的内在精神状态、心理素质、民族特性、生活方式和宗教信仰,进而发掘其社会生活美与内在心灵美;文学家、艺术家一般习惯于追随东道国的本质精髓以及审美价值;医学家、教育学家、考古学家以及环境保护学家等,也都习惯于寻访各自感兴趣的东西。按年龄分析,青年男子习惯于追新猎奇,喜好在异国他乡进行探险旅游,寻觅强

烈刺激之美;年轻女子则习惯于通过异地观光,寻找和享受各种风格的服饰美与
色彩缤纷的形式美;老年人则习惯于透过人际关系来窥察体验人情美与伦理美。
从民族角度考察,来华旅游的日本人习惯于探寻中国的历史文化之美;西方人偏
重于享受中国的社会生活与烹饪艺术之美;而华侨华人和到大陆观光旅游的港
澳台同胞则倾向于欣赏故土人情与名胜古迹之美。

　　旅游者的审美习惯还表现出另一特点:他们总是习惯于从本民族的文化意
识出发,来评判和审视旅游地的人文景观。例如,讲到故宫的建筑年代时,对英
国旅游者,可以告诉他们:故宫建造于莎士比亚诞生前 140 年。又如游览杭州西
湖苏堤断桥,对于外国旅游者可以把白娘子和许仙的爱情悲剧故事同他们熟悉
的莎士比亚剧本中的罗密欧与朱丽叶联系起来。游小桥、流水、人家的苏州城
时,如能根据马可·波罗游记中的描述,将其同威尼斯作一简要比较,也必然会
激发起旅游者的审美注意。事实上,有经验的导游人员常常采用类比的方式,帮
助旅游者理解、加深印象,获得深刻的审美体验。

　　因此,旅游工作者必须学习和研究客源国或地区的政情、民风、历史、文化、
艺术、生活、兴趣、爱好或审美理想,了解和积累外国文化、艺术、民族特征等方面
的知识,分析和研究国际旅游者的审美习惯与审美标准,掌握基本的中西文化知
识,以便在实际接待工作中,有针对性地安排旅游活动,尽可能地帮助旅游者缩
短或超越社会文化距离,突出讲解诱发其审美主动性的内容,使其从熟悉的事物
出发,凭借固有的审美心理结构,去认识和度量旅游地景观的审美价值。

五、掌握和运用旅游观赏原理与导游技巧方法

　　在旅游审美活动中,旅游观赏的有关原理对调节旅游审美行为及其效应具
有十分积极的作用。这是因为,形态各异的景观对象,只有借助不同的观赏方法
(如动态观赏、静态观赏、移情观赏、观赏距离、观赏时机、观赏位置等方法)才会
呈现出景观的特有魅力,才会使旅游者达到更高的审美境界,获得一定程度的审
美体验。

　　熟练掌握和灵活运用旅游观赏方法,需要一个循序渐进的学习过程。俗话
说"工欲善其事,必先利其器",这就要求旅游工作者要引导旅游者欣赏景观对
象,自己首先要学会欣赏,从审美角度深入地了解景观对象的周围环境(天时、地
利)、内部结构(布局、形式)、文化内容(史料、神话、传奇)与审美形态(阳刚、阴柔
或崇高、婉秀之美)等,不断丰富自己的景观知识和提高自己的审美能力。其次,
旅游工作者作为审美信息的传递者和审美行为的协调者,要提高和丰富自己的
美学理论知识,掌握一些美学的基本原理知识,如"快感说"、"模仿说"、"客观
说"、"主观说"、"主客观同一说"、"移情说"、"距离说"、"表现说"、"原型观念说"、

"异质同构说"以及"美感积淀说"等理论的主要内涵,勤于思考,勤于观察,主动联系实际,灵活应用,提高导游的质量和游览的审美效应。同时不断提高自己的文学素养,多诵读一些山水诗歌或游记散文,理论联系实际,从审美角度去分析景观对象的审美特征及其价值。最后,旅游工作者需要具备一定的生理与心理学知识,把握、调整观赏节奏。如果观赏节奏过快,会使旅游者疲于奔命,冲淡其审美感受,"欲速则不达";反之,如果观赏节奏过于缓慢单一,也会产生消极作用,降低旅游者的审美期待值,减弱观赏兴趣。因此,要求旅游工作者把握好旅游观赏的节奏,使旅游者处于良好的审美心境,在宽松、怡然自得的氛围中达到愉悦性旅游观赏活动的预期目的。

合理地运用导游技巧方法也是旅游工作者成功与旅游者满意的关键所在。这就要求旅游工作者能够因地、因时、因人地恰当把握对象、场合和时机,合理安排和组织游览时的讲解,将游览过程有机地组合成一个和谐的整体。在诸多导游技巧中,"虚实结合"、"触景生情"的手法最具有代表性,也就是在导游讲解过程中穿插与讲解内容相关的历史故事、传说。现实中众多景物是相对静态的,譬如大连老虎滩公园的"望夫崖"和"石槽山"从表面上看几乎没有多少形式美可言,但若能将其化实为虚,化景物为情思,用动情的语言将石槽和海英的传奇故事娓娓道来,普通的石块就会变成"有意味的形式",起到烘托气氛、增加情趣、引起共鸣的效果。正如美学家宗白华所言:"以虚为虚,就是完全的虚无;以实为实,景物就是死的,不能动人;唯有以实为虚,化实为虚,就有无穷的意味,幽远的境界。"

在化实为虚、化景物为情思的过程中,要求旅游工作者具有丰厚的知识和审美理论素养,能够从风物传奇、神话故事和古今山水旅游文学作品中获得有效的审美信息,与此同时,还需要善于把握旅游者的审美情趣,把握时机,借题发挥,以景抒情或以情托物,激发旅游者的审美想像力,使其进入情景交融的美感境界。

六、提高再创造的能力

从审美角度分析,旅游工作者实质上是一个艺术性的再创造过程。他们凭借艺术化的语言、故事化的讲解,联系个人的实际体会,借鉴前人的相关经验,参照旅游者的审美需求,运用相应的观赏原理,化景物为情思,变实景为虚景,使旅游者在悠然自得的气氛中,在随心所欲的游览中,得到审美上的满足、情感上的陶冶乃至精神上的升华。

再创造能力的提高是提高旅游工作者服务质量的保证。

第一,旅游工作者要提高自己的景观鉴赏能力和领悟能力,包括社会历史文化内容和有意味的形式组合。

第二，要强化自身的审美敏感性，培养自觉的审美意识和独立的价值判断能力。旅游工作者的"作品"之所以为人们接受，主要在于它所传达的有效审美信息与真情实感。正是因为他对景物有感情，具有个人直接感受与独到发现，才会激发旅游者的审美兴趣。譬如游览北京故宫，若旅游工作者本人鉴赏力高，对宏丽的建筑形式、精巧的木质结构和内涵的象征意味等具有深刻的了解和真切的感受，并能遥想昔日皇帝的赫赫权威，联系宗法制度的森严等级，用富有情感色彩的语言娓娓道来，一定会引发旅游者的观赏兴趣或思旧怀古之情，从而加深他们对这座古建筑群的历史价值与艺术意味的理解。

第三，旅游工作者还应弄清自身与景物对象的相互关系。在旅游活动中，旅游工作者既是景物的直接观赏者，又是景物特色的介绍者，或者说是沟通旅游者与景物景观的桥梁。所以旅游工作者必须导、游兼顾，有导有游，"导"时从审美角度去揭示景观内在的审美本质，"游"时从审美角度去感悟景观对象的审美价值或艺术特征。与此同时，充分利用触景生情或虚实相生等讲解技巧，使旅游讲解生动鲜活，同时使旅游者获得美的享受。

第四，旅游工作者还必须明确自身与旅游者的审美关系。旅游工作者担任着多种角色，要按照"美的规律"塑造自己。作为审美信息的传递者，必须结合旅游的审美需求，学会筛选富有价值的审美信息，并在实际导游过程中，结合景物进行生动而充分的表述；作为旅游者审美行为的协调者，必须研究旅游者的审美心理和审美需求，学会灵活运用旅游观赏原理与导游技巧方法，不断创造出具有感染力的作品，满足旅游者的审美需求。

第五，旅游工作者还应尊重旅游者的审美判断力和审美想像力，注意激发旅游者的游兴，设法在临场导游讲解中为对方留下一定的审美空间，利用启发、制造悬念的方式，让旅游者自己去评判观赏对象，这样可以取得意想不到的效果。

思考与练习

1. 旅游工作者美的形象是指什么？

2. 请谈谈对旅游工作者心灵美的认识。

3. 阐述微笑服务的重要性。

4. 导游服务艺术如何体现？

5. 饭店工作的礼貌服务体现在哪些方面？

6. 旅游工作者应当具备什么样的美学修养？

7. 举例说明如何提高旅游工作者的再创造能力。

主要参考文献

1. 杨辛,甘霖. 美学原理. 北京:北京大学出版社,2003
2. 王旭晓. 美学原理. 上海:上海人民出版社,2000
3. 刘叔成,夏之放. 美学基本原理. 上海:上海人民出版社,1999
4. 杜东枝. 美·艺术·审美. 昆明:云南大学出版社,1990
5. 祁颖. 旅游美学基础. 北京:高等教育出版社,2003
6. 沈祖祥. 旅游宗教文化. 北京:旅游教育出版社,2000
7. 梁隐泉,王广友. 园林美学. 北京:中国建材工业出版社,2004
8. 沙润. 旅游景观审美学. 南京:南京师范大学出版社,2004
9. 张育英. 中国佛道艺术. 北京:中国宗教文化出版社,2000
10. 仇学琴. 现代旅游美学. 昆明:云南大学出版社,1997
11. 王柯平. 旅游美学新编. 北京:旅游教育出版社,2000
12. 徐缉熙,凌珑等. 旅游美学. 上海:上海人民出版社,1997
13. 乔修业. 旅游美学. 天津:南开大学出版社,1993
14. 庄志民. 旅游美学(上,下). 上海:上海三联书店,1999
15. 庄志民. 旅游美学基础. 北京:高等教育出版社,2001
16. 杨滨章,张杰等. 旅游美学. 哈尔滨:东北林业大学出版社,2002
17. 陈宗海. 旅游美学. 福州:福建人民出版社,2001
18. 巴光祥. 中国民俗旅游. 福州:福建人民出版社,1999
19. 王新建. 世界遗产之中国档案. 北京:中国青年出版社,2004
20. 黄芳. 传统民居与现代旅游. 长沙:湖南地图出版社,2000
21. 贺葵. 历代游记菁华. 武汉:湖北人民出版社,1998

22.顾仲义.餐旅实用美学.大连:东北财经大学出版社,2000

23.陈鸣.实用旅游美学.广州:华南理工大学出版社,2004

24.国家旅游局人事劳动教育司.旅游服务礼貌礼节.北京:旅游教育出版社,1994

25.杨军,陶犁.旅游公关礼仪.昆明:云南大学出版社,1996

26.陆永庆,崔晓林.现代旅游礼仪学.青岛:青岛出版社,1998

27.刘裔远,王国章.社交服务必读——实用礼宾学.立信会计出版社,1993

28.陶汉军,黄松山.导游服务学概论.北京:中国旅游出版社,2003

29.吕道馨.建筑美学.重庆:重庆大学出版社,2001

30.侯幼彬.中国建筑审美.哈尔滨:黑龙江科学技术出版社,1999

31.叶骁军.中华名胜100景.上海:中国地图出版社,2004

32.郑焱.中国旅游发展史.长沙:湖南教育出版社,2000

33.章海荣.旅游审美原理.上海:上海大学出版社,2002

34.田连波.旅游审美学.郑州:河南大学出版社,1997

35.王明煊,胡定鹏.中国旅游文化.杭州:浙江大学出版社,1998

36.卢善庆.旅游美学闲话.长沙:湖南人民出版社,1986

37.邓佑玲编.新兴学科百万个为什么——美学卷.北京:旅游教育出版社,1993

38.滕守尧.审美心理描述.成都:四川人民出版社,1998

39.吴旭光.美学导论.北京:人民交通出版社,2000

40.徐润润.诗人审美心理论稿.南昌:江西高校出版社,2000

41.杨恩寰.审美心理学.北京:人民出版社,1991

42.朱希祥.中西旅游文化审美比较,上海:华东师范大学出版社,1998

43.骆静珊.旅游资源学.昆明:云南大学出版社,1998

44.[美]约翰·缪尔.郭名琼译.我们的国家公园.长春:吉林人民出版社,1999

45.杨哲昆,霍义平.旅游美学.南京:东南大学出版社,2007

46.王世瑛,朱瑞艳.旅游美学基础.重庆:重庆大学出版社,2007

47.周敏慧,陈荣富.从中国古代山水诗谈旅游审美心理.商业经济与管理,2001(11)

48.李永利.旅游呼唤审美——浅析旅游审美活动的主、客体.韶关学院学报(社会科学版),2001(4)

49.孙全治.自然景观的审美感受层次分析.新乡师范高等专科学校学报,2001(5)

50. 张京. 永恒之美 100 建筑. 天津:百花文艺出版社,2004

51. 毛白滔. 建筑作品解读. 南昌:江西美术出版社,2006

52. 黄续. 宗教建筑. 北京:中国文联出版社,2009

53. 胡爱娟. 饮食文化与现代旅游. 杭州:浙江大学出版社,2009

54. 王柯平. 旅游美学导论. 北京:旅游教育出版社,2009

55. 黄国新,孔键,沈福煦. 凝固的音乐——现代建筑艺术欣赏. 上海:同济大学出版社,2010

56. 高曾伟,易向阳. 旅游美学. 上海:上海交通大学出版社,2010

57. 褚智勇. 建筑北京(北京·值得一看的当代建筑). 武汉:华中科技大学出版社,2011

后　记

　　本书的写作过程中作出如下的构思:介绍相关的美学基础知识,注重审美意识的培养,增加阅读材料,拓宽学生的鉴赏能力。还对中西的一些美学观点进行比较、研究、探讨,注重现代与传统、经典与世俗的结合,阐述旅游审美的独特感受。力求使全书具有学术性、通俗性,为旅游专业的学生及旅游从业人员提供教材和阅读、思考的文本。

　　本书首先由于德珍提出总体设计与理论框架,经集体讨论后再拟定写作思路,制定编写大纲。全书的主编是于德珍。本书分工如下:第一、二、三、四、六章——于德珍(苏州科技大学经济与管理学院),第五章——于德珍(苏州科技大学经济与管理学院)、付美云(湖南环境生物职业技术学院园林系),第七章——罗艳菊(海南师范大学资源环境与旅游系),第八章——张文敏(华南理工大学经济与贸易学院),第九章——和洁(苏州科技大学经济与管理学院),第八章第二节——钱益春(中南林业科技大学旅游学院)。

　　全书最后由于德珍完成统稿工作。在校稿的过程中得到了苏州科技学院旅游管理班学生朱玉琴、吴劲松等学生的大力协助,在此一并致谢。

　　本书的编写过程中参考与借鉴了大量的书籍和资料,从中汲取养分,援引观点、资料。向这些原书的作者致以深深的敬意,是他们的论著为我们的编写工作打下了基石。课件中所采用的一些图片下载于有关网站,图片为本课件增添了一抹亮丽的色彩,感谢这些图片的摄影者。同时感谢在本书编写过程中给予各种帮助的同事、朋友及我们的家人。感谢我的好友湖南环境生物职业技术学院付美云老师提供的大力帮助。

  本书在吸取前人已有的成果的基础上,努力作一些新的尝试。由于编写时间紧迫,书中尚存的不足之处,请专家及广大读者予以指正。

于德珍

2008 年 4 月